Il a été tiré de cet ouvrage :

69 exemplaires sur papier de Hollande, Van Gelder, dont 55 exemplaires numérotés de H. 1. à H. 55, et 14 hors commerce marqués H.C.H. 1. à H.C.H. 14;

1 000 exemplaires sur papier pur fil Lafuma des papeteries Navarre, dont 975 exemplaires numérotés de L. 1. à L. 975, et 25 hors commerce, marqués H.C.L. 1. à H.C.L. 25.

Le premier volume seul est numéroté.

DISCOURS
ET
MESSAGES

★ ★
★ ★

POUR L'EFFORT

Août 1962 - Décembre 1965

OUVRAGES DU MÊME AUTEUR

Mémoires de guerre. (Librairie Plon.)

★ *L'appel 1940-1942.*
★★ *L'unité 1942-1944.*
★★★ *Le Salut 1944-1946.*

La France et son armée. (Librairie Plon, 1938.)

Discours et Messages. (Librairie Plon, 1970.)

★ *Pendant la Guerre (Juin 1940 - Janvier 1946).*
★★ *Dans l'Attente (Février 1946 - Avril 1958).*
★★★ *Avec le Renouveau (Mai 1958 - Juillet 1962).*

La Discorde chez l'ennemi. (Librairie Berger-Levrault, 1924.)

Le Fil de l'épée. (Librairie Berger-Levrault, 1932.)

Vers l'armée de métier. (Librairie Berger-Levrault, 1934.)

CHARLES DE GAULLE

DISCOURS
ET
MESSAGES

★ ★
★ ★

POUR L'EFFORT

Août 1962 — Décembre 1965

PLON

NOTE DE L'ÉDITEUR

Cette édition se compose d'une série de cinq tomes réunissant les Discours prononcés par le Général de Gaulle, du 18 juin 1940 au 28 avril 1969, dans des circonstances déterminées d'avance et dont, pour cette raison, le texte exact a pu être conservé, soit écrit de sa main pour les allocutions radiodiffusées et télévisées, soit noté par sténographie officielle pour ses discours en public ou devant les Assemblées.

Ne figurent pas dans ces recueils les allocutions (en très grand nombre) improvisées par le Général de Gaulle au cours de la même période, devant les auditoires les plus divers, et dont le texte n'a pu, le plus souvent, être reconstitué d'une manière précise.

L'édition est établie avec le concours de M. François Goguel. Les aide-mémoire et notes que celui-ci a rédigés sont tirés en bistre. La tâche du lecteur sera ainsi facilitée.

NOTE DE L'ÉDITEUR POUR LE TOME IV

Sous le titre « Pour l'Effort », le présent recueil contient les discours, messages et conférences de presse prononcés par le Général de Gaulle au cours de la période comprise entre août 1962 et décembre 1965.

AIDE-MÉMOIRE CHRONOLOGIQUE

1962

22 Août : Le Général de Gaulle échappe à un attentat dirigé contre lui sur la route du Petit-Clamart.

2 Septembre : Le Gouvernement soviétique fait connaître qu'il va livrer des armes à celui de Cuba.

4-9 Septembre : Le Général de Gaulle accomplit un voyage officiel en Allemagne fédérale.

12 Septembre : Après une réunion du Conseil des ministres sous la présidence du Général de Gaulle, un communiqué fait connaître que celui-ci a l'intention de proposer au pays de décider, par voie de référendum, que le Président de la République sera élu dorénavant au suffrage universel.

2 Octobre : Le Général de Gaulle adresse un Message au Parlement.

5 Octobre : L'Assemblée Nationale adopte une motion censurant le gouvernement Pompidou.

6 Octobre : M. Georges Pompidou, Premier ministre, présente la démission de son gouvernement au Général de Gaulle. Celui-ci en prend acte, mais le prie de demeurer en fonctions.

10 Octobre : Le Général de Gaulle prononce la dissolution de l'Assemblée Nationale.

22 Octobre : En raison de l'installation accélérée à Cuba, par des techniciens russes, de bases de lancement de fusées, le Président des États-Unis, John F. Kennedy, établit un blocus du trafic maritime d'armes offensives à destination de Cuba. Il a envoyé M. Dean Acheson mettre le Général de Gaulle au courant de la situation.

24 Octobre : M. Khrouchtchev, Président du Conseil des ministres de l'U.R.S.S., annonce la suspension des envois d'armes russes à Cuba.

28 Octobre : Le peuple français adopte par plus des trois cinquièmes des suffrages exprimés le projet de loi constitutionnelle sur l'élection du Président de la République au suffrage universel, qui lui a été proposé par le Général de Gaulle.
M. Khrouchtchev fait connaître que le matériel militaire, jugé offensif par les États-Unis, qui a été installé à Cuba va être rapatrié en U.R.S.S.

18-25 Novembre : Premier et deuxième tour des élections législatives ; la majorité des élus à la nouvelle Assemblée Nationale est favorable à la politique du Général de Gaulle.

28 Novembre : Le Général de Gaulle accepte la démission que M. Georges Pompidou lui avait présentée le 6 octobre, et nomme de nouveau celui-ci Premier ministre.

7 Décembre : Constitution du deuxième gouvernement Pompidou.

11 Décembre : Le Général de Gaulle adresse un message à l'Assemblée Nationale.

13 Décembre : L'Assemblée Nationale approuve une déclaration de politique générale du nouveau Gouvernement.

15-16 Décembre : Le Général de Gaulle s'entretient à Rambouillet avec le Premier ministre britannique Harold MacMillan.

18-21 Décembre : M. Harold MacMillan s'entretient à Nassau, dans les îles Bahamas, avec le Président Kennedy, et accepte un projet de création, dans le cadre de l'O.T.A.N., d'une force nucléaire « multilatérale ».

1963

14 Janvier : Au cours d'une conférence de presse, le Général de Gaulle fait connaître qu'il n'estime pas qu'il y ait lieu de poursuivre les négociations sur l'entrée de la Grande-Bretagne dans le Marché commun. Il rejette le projet de création d'une force nucléaire multilatérale.

22 Janvier : Signature à Paris d'un traité de coopération entre la France et la République fédérale d'Allemagne.

14 Mars : Déclenchement d'une grève des mineurs qui ne cessera que le 5 avril.

16 Mars : Le Général de Gaulle accomplit un voyage privé aux Pays-Bas.

10 Avril : Publication de l'Encyclique *Pacem in Terris*.

16-19 Mai : Le Général de Gaulle accomplit un voyage officiel en Grèce.

3 Juin : Mort du pape Jean XXIII.

13 Juin : L'Assemblée Nationale vote le projet de loi sur la ratification du traité de coopération franco-allemand.

20 Juin : Le Sénat vote à son tour ce projet.

21 Juin : Le Gouvernement français annonce que ses forces navales de l'Atlantique et de la Manche sont retirées du commandement de l'O.T.A.N.

4-5 Juillet : Le Général de Gaulle accomplit un voyage officiel à Bonn.

29 Juillet : Conférence de presse du Général de Gaulle.

4 Août : Signature à Moscou par les États-Unis, la Grande-Bretagne et l'U.R.S.S. d'un traité sur la cessation des expériences nucléaires dans l'atmosphère. La France n'y donnera pas son adhésion.

12 Septembre : Le Conseil des ministres, réuni sous la présidence du Général de Gaulle, adopte un Plan de stabilisation destiné à supprimer les effets inflationnistes de la surchauffe économique.

11 Octobre : M. Conrad Adenauer se démet de ses fonctions de Chancelier de la République fédérale d'Allemagne.

16 Octobre : M. Ludwig Ehrard est élu Chancelier en remplacement de M. Conrad Adenauer.

16-20 Octobre : Le Général de Gaulle accomplit un voyage officiel en Iran.

1er Novembre : A Saïgon, un coup d'État militaire renverse le régime du Président Diem, qui y trouve la mort.

22 Novembre : Le Président des États-Unis John F. Kennedy est assassiné à Dallas (Texas). Il est remplacé par le Vice-président Lyndon Johnson.

24-25 Novembre : Le Général de Gaulle se rend à Washington pour assister aux obsèques du Président John F. Kennedy.

18 Décembre : M. Gaston Defferre annonce son intention d'être candidat à l'élection présidentielle qui doit avoir lieu en décembre 1965.

21 Décembre : Réuni à Versailles, le Congrès du Parlement ratifie une loi constitutionnelle sur la date d'ouverture des sessions ordinaires.

24 Décembre : Les premiers règlements agricoles sont adoptés à Bruxelles par le Conseil des ministres du Marché commun.

1964

19 Janvier : Publication du décret sur le commandement des forces nucléaires stratégiques, qui sont placées sous l'autorité directe du Président de la République.

27 Janvier : Le Gouvernement français et celui de la République populaire de Chine font connaître leur intention d'établir entre eux des relations diplomatiques.

30 Janvier : A Saigon, un nouveau coup d'État porte au pouvoir le Général Kanh.

31 Janvier : Conférence de presse du Général de Gaulle.

2 Février : Un congrès du Parti socialiste (S.F.I.O.) ratifie la candidature de M. Gaston Defferre à l'élection présidentielle.

25 Février : Les ministres des Six (Allemagne fédérale, Belgique, France, Italie, Luxembourg, Pays-Bas) décident la fusion des trois Communautés : Communauté Européenne du Charbon et de l'Acier, Communauté Économique Européenne (dite Marché commun) et Euratom.

15-19 Mars : Le Général de Gaulle accomplit un voyage officiel au Mexique.

20-23 Mars : Le Général de Gaulle visite la Guadeloupe, la Guyane et la Martinique.

20 Mars : Publication des décrets du 14 mars instituant les Commissions de Développement Économique Régional et créant les Préfets de Région.

3 Avril : Un article de la *Pravda* consacre la rupture entre l'U.R.S.S. et la République populaire de Chine.

17 Avril : Le Général de Gaulle subit une intervention chirurgicale.

20 Avril : M. Jean-Louis Tixier-Vignancour annonce sa candidature à l'élection présidentielle de 1965.

26 Mai : Le Général de Gaulle se rend à Metz, puis à Trèves, pour l'inauguration des travaux de canalisation de la Moselle.

24 Juin : Le Général Taylor remplace M. Cabot Lodge comme ambassadeur des États-Unis à Saigon.

3-4 Juillet : Le Général de Gaulle se rend en voyage officiel à Bonn.

23 Juillet : Conférence de presse du Général de Gaulle.

15 Août : Le Général de Gaulle préside les cérémonies commémoratives du débarquement du 15 août 1944 sur les côtes de Provence. Un attentat préparé contre lui au Mont Faron avorte.

20 Septembre-16 Octobre : Le Général de Gaulle accomplit en Amérique du Sud un voyage qui le conduit successivement au Venezuela, en Colombie, en Équateur, au Pérou, en Bolivie, au Chili, en Argentine, au Paraguay, en Uruguay et au Brésil.

15 Octobre : Les élections britanniques donnent la majorité au Parti travailliste. M. Harold Wilson devient Premier ministre.
M. Khrouchtchev est remplacé, comme Président du Conseil des ministres de l'U.R.S.S. par M. Kossyguine, comme Premier secrétaire du Parti communiste par M. Brejnev.

16 Octobre : Explosion de la première bombe atomique chinoise.

21 Octobre : Un communiqué du Conseil des ministres indique que le Général de Gaulle et le Premier ministre ont déclaré que la France ne pourrait continuer à faire partie du Marché commun si les règlements agricoles à intervenir n'étaient pas adoptés à la date prévue du 30 juin 1965.

28 Octobre : Une motion de censure du gouvernement Pompidou, déposée à propos des problèmes agricoles, n'est pas adoptée.

30 Octobre : Conclusion d'un traité de commerce franco-soviétique.

4 Novembre : M. Lyndon Johnson est réélu Président des États-Unis.

15 Décembre : L'Assemblée Nationale adopte définitivement un projet de loi-programme d'équipement militaire, auquel s'est opposé le Sénat.

1965

25 Janvier : Mort de Sir Winston Churchill.

29-30 Janvier : Le Général de Gaulle se rend à Londres pour les obsèques de Sir Winston Churchill. Il s'entretient à cette occasion avec le Premier ministre Harold Wilson.

4 Février : Conférence de presse du Général de Gaulle.

6 Février : L'aviation des États-Unis entreprend des raids de bombardement sur le Nord Viet-nam.

11 Février : La France renonce au système du *Gold Exchange Standard* ; elle règlera désormais en or et non en dollars les déficits éventuels de sa balance des paiements.

12 Février : Création de l'Organisation Commune Africaine et Malgache (O.C.A.M.) par les États francophones d'Afrique noire et Madagascar.

19 Février : A Saigon, un nouveau coup d'État chasse du pouvoir le Général Kanh.

18 Avril : Le Président Johnson annonce l'envoi d'importants renforts au Viet-nam.

25 Avril : Une « convention libérale » désigne le sénateur Marcilhacy comme candidat à l'élection présidentielle.

27 Avril : Le Général de Gaulle exprime publiquement sa « réprobation » devant la guerre menée au Viet-nam par les États-Unis.

3-5 Mai : La France ne participe pas à la réunion du Conseil de l'organisation du Traité de l'Asie du Sud-Est qui se tient à Londres (O.T.A.S.E.).

14 Mai : Explosion d'une deuxième bombe atomique chinoise.

28 Mai : La France retire ses représentants à l'état-major de l'O.T.A.S.E.

11-12 Juin : Le Général de Gaulle accomplit un voyage officiel à Bonn.

19 Juin : Un coup d'État renverse M. Ben Bella qui est remplacé à la Présidence de la République algérienne par le Colonel Boumedienne.
A Saigon, un nouveau coup d'État donne le pouvoir au Général Ky.

24 Juin : Le Sud Viet-nam rompt ses relations diplomatiques avec la France.

25 Juin : M. Gaston Defferre fait connaître qu'il renonce à être candidat à l'élection présidentielle.

30 Juin : Les règlements agricoles qui auraient dû être adoptés à cette date n'étant pas établis, la France suspend les négociations de Bruxelles et interrompt sa participation aux institutions du Marché commun.

29 Juillet : Conclusion d'accords pétroliers franco-algériens.

25 Août : Un conflit armé éclate entre l'Inde et le Pakistan.

9 Septembre : Conférence de presse du Général de Gaulle.
M. François Mitterand annonce sa candidature à l'élection présidentielle.

22 Septembre : Un cessez-le-feu intervient entre l'Inde et le Pakistan.

19 Octobre : M. Jean Lecanuet annonce sa candidature à l'élection présidentielle.

20 Octobre : M. Ludwig Ehrard est réélu Chancelier de la République fédérale d'Allemagne à la suite des élections législatives qui ont eu lieu le 19 septembre.

4 Novembre : Le Général de Gaulle fait connaître qu'il se présentera à l'élection présidentielle.

5 Décembre : Premier tour de l'élection présidentielle. Arrivé largement en tête, le Général de Gaulle est cependant mis en ballottage.

19 Décembre : Le Général de Gaulle est réélu Président de la République.

1962

4 SEPTEMBRE 1962

Du 4 au 9 septembre 1962, le Général de Gaulle accomplit un voyage officiel en Allemagne fédérale. Accueilli à Bonn par le Président de la République Heinrich Luebke, il répond à l'allocution de bienvenue que celui-ci lui a adressée.

ALLOCUTION PRONONCÉE A BONN

Monsieur le Président de la République fédérale d'Allemagne,

C'est avec honneur et c'est avec joie que je viens, à votre invitation, rendre visite à l'Allemagne.

De toute façon, pour un chef d'État, le fait d'être reçu officiellement par un autre pays comporte une haute signification. Quand il s'agit de deux grands États voisins, l'affaire ne manque pas de prendre un relief particulier. Mais, aujourd'hui, c'est bien un caractère extraordinaire que revêt notre rencontre.

Après la visite que vous nous avez faite, l'an dernier [1], en compagnie de Madame Luebke, et qu'a suivie le voyage chez nous du Chancelier fédéral [2] — visite et voyage qui nous ont laissé de très vivants et excellents souvenirs — voici que la France est l'hôte de l'Allemagne ! Voici qu'elle l'est, alors que nos deux pays, après tant et tant de luttes, sont devenus solidaires délibérément et en complète dignité. Et voici que je viens apporter au peuple allemand, dans une période de l'Histoire où il se trouve menacé à l'avant-garde du monde libre mais où son effort de paix et de civilisation se déploie magnifiquement, le témoignage de son ami le peuple français. Comment ne ressentirais-je pas jusqu'au fond de l'âme ce que ma présence sur votre sol et mon contact avec votre pays ont d'essentiel et d'émouvant?

Vive la République fédérale d'Allemagne !

1. En juin 1961.
2. En juillet 1962.

4 SEPTEMBRE 1962

Le Général de Gaulle prend la parole lors d'une réception offerte en son honneur par le Président de la République fédérale d'Allemagne au château de Brühl.

RÉPONSE AU TOAST PRONONCÉ PAR LE PRÉSIDENT HEINRICH LUEBKE

Monsieur le Président de la République fédérale d'Allemagne,

Que l'Allemagne reçoive officiellement le Chef de l'État français, qu'elle l'accueille avec la cordialité que vos paroles viennent si noblement d'exprimer, que votre hôte soit cet homme même qui a l'honneur de vous répondre, que de telles cérémonies succèdent ici à celles qui, en France, ont eu lieu lors de votre propre et émouvante visite, puis à l'occasion de l'inoubliable voyage du Chancelier fédéral, voilà qui marque notre temps d'une empreinte vraiment extraordinaire. Car le rapprochement amical de nos deux pays est sans conteste l'un des événements les plus importants et éclatants de tous ceux que l'Europe et le monde ont vécus au long des siècles.

D'autant plus que cette union, vers laquelle tendent l'Allemagne et la France, c'est afin d'agir ensemble que toutes deux commencent à la bâtir [1]. Dans les bons rapports mutuels que pratiquent nos gouvernements, des sceptiques pourraient voir simplement cette sorte d'abandon qui, au terme de leur combat, fait s'appuyer l'un sur l'autre des lutteurs chancelants et épuisés. Et, certes, il est bien vrai que Français et Allemands, ayant renoncé — et pour cause ! — à leurs luttes stériles et ruineuses, s'aperçoivent maintenant de ce qui les fait se ressembler. Mais, si nous avons relégué nos querelles et nos fureurs, ce n'est pas pour nous

1. C'est au cours du voyage accompli en Allemagne par le Général de Gaulle en septembre 1962 que s'ouvrent les conversations qui aboutiront à la conclusion du traité franco-allemand de coopération du 22 janvier 1963.

assoupir ! Au contraire, de cette réconciliation, il s'agit que nous fassions une source commune de force, d'influence et d'action.

L'union, pourquoi? L'union, d'abord, parce que nous sommes ensemble et directement menacés. Devant l'ambition dominatrice des Soviets, la France sait quel péril immédiat courraient son corps et son âme, si, en avant d'elle, l'Allemagne venait à fléchir, et l'Allemagne n'ignore pas que son destin serait scellé si, derrière elle, la France cessait de la soutenir. L'union, ensuite, pour cette raison que l'alliance du monde libre, autrement dit l'engagement réciproque de l'Europe et de l'Amérique, ne peut conserver à la longue son assurance et sa solidité que s'il existe sur l'ancien continent un môle de puissance et de prospérité du même ordre que celui que les États-Unis constituent dans le Nouveau Monde. Or, un tel môle ne saurait avoir d'autre base que la solidarité de nos deux pays. L'union, encore, dans la perspective d'une détente, puis d'une compréhension internationales, qui permettraient à toute l'Europe, dès lors qu'auraient cessé à l'Est les ambitions dominatrices d'une idéologie périmée, d'établir son équilibre, sa paix, son développement, de l'Atlantique à l'Oural, à l'impérative condition que soit pratiquée une vivante et forte communauté européenne à l'Ouest, c'est-à-dire essentiellement une seule et même politique franco-allemande. L'union, enfin, je serais même tenté de dire surtout, à cause de l'immense tâche de progrès, scientifique, technique, économique, social, culturel, qui s'impose au monde entier et pour laquelle la conjonction des valeurs de l'Europe, en premier lieu de celles de l'Allemagne et de la France, peut et doit être l'élément majeur de a réussite humaine.

Mais comment faire pour que notre union, sortant du domaine des souhaits, entre dans celui de l'action, autrement dit de la politique? En vérité, la voie est tracée. Parmi les six États d'Europe : Allemagne, France, Italie, Hollande, Belgique, Luxembourg, que leur voisinage immédiat, leur mode de vie analogue, leurs ressources complémentaires, leur sourde conscience d'un destin désormais semblable, ont déterminés déjà à constituer entre eux une communauté économique, tout est maintenant formulé et proposé pour qu'ils organisent leur coopération politique [1]. Sans doute, quelques théories et préjugés du dedans, se combinant avec certaines influences du dehors,

1. Allusion au veto de la Belgique et des Pays-Bas par lequel a été empêchée, le 17 avril 1962, la mise sur pied de l'organisation politique de l'Europe proposée par la commission présidée par M. Christian Fouchet.

ont-ils pu, momentanément, tenir la conclusion en suspens. Mais l'Allemagne et la France, d'accord sur le principe et sur les modalités de cette construction capitale, ont toutes raisons, quant à elles, de resserrer sans tarder, leur propre solidarité. En le faisant, elles peuvent être assurées de bien servir l'Europe et la liberté du monde.

Monsieur le Président, je vous remercie ! Je remercie en votre personne l'homme d'État qui préside au destin de l'Allemagne fédérale avec la plus haute sagesse et une éminente dignité et qui a prononcé tout à l'heure des paroles que nous n'oublierons jamais. Je remercie respectueusement Madame Luebke, si aimable et si bienveillante, pour l'accueil excellent qu'elle nous fait ici, à ma femme et à moi-même, ainsi qu'à ceux et à celles qui nous accompagnent. Je lève mon verre en l'honneur de l'Allemagne, amie et alliée de la France.

5 SEPTEMBRE 1962

Le Général de Gaulle s'adresse en allemand à la population rassemblée devant l'Hôtel de ville de Bonn.

ALLOCUTION PRONONCÉE A BONN DEVANT LA FOULE

Es ist mir eine Freude und eine Ehre in Ihrem Lande empfangen zu werden. Zunächst weil ich es begrüsse, als Staatsoberhaupt Frankreichs, mit den leitenden Männern Deutschlands unmittelbar in Berührung zu kommen ; denn in der Welt von heute haben unsere beiden Völker ein umfassendes und bedeutsames Werk gemeinsam zu vollbringen. Nichts jedoch kann mich besser dazu ermutigen, als der glänzende Empfang, den Sie mir alle bereiten. Wenn ich Sie so um mich herum versammelt sehe und Ihre Kundgebungen höre, empfinde ich noch stärker als zuvor die Würdigung und das Vertrauen, die ich für ihr grosses Volk, ja ! für das grosse deutsche Volk, hege.

Sie können versichert sein, dass in ganz Frankreich, wo man beobachtet und verfolgt was jetzt in Bonn geschieht, eine Welle der Freundschaft in den Geistern und in den Herzen aufsteigt.

Es lebe Bonn!

Es lebe Deutschland!

TEXTE FRANÇAIS

C'est pour moi une joie et un honneur d'être reçu dans votre pays. D'abord, ayant la charge de servir de guide à la France, je me félicite de prendre directement contact, ici même, avec les hommes qui dirigent l'Allemagne, car, dans le monde et au temps d'aujourd'hui, nos deux peuples ont à faire ensemble beaucoup et de grandes choses. Mais rien ne peut m'y encourager mieux que l'accueil magnifique que tous vous voulez bien me faire. Vous voyant aujourd'hui réunis autour de moi, vous entendant m'exprimer votre témoignage, je me sens, plus encore qu'hier, rempli d'estime et de confiance pour le grand peuple que vous êtes, oui! pour le grand peuple allemand.

Soyez sûrs que, dans toute la France, où l'on regarde et où l'on écoute ce qui se passe à Bonn aujourd'hui, c'est la vague de l'amitié qui se lève et qui déferle dans les esprits et dans les cœurs.

Vive Bonn!

Vive l'Allemagne!

5 SEPTEMBRE 1962

Poursuivant son voyage en Allemagne, le Général de Gaulle s'est rendu à Cologne, où il s'adresse en allemand à la population rassemblée devant l'Hôtel de ville.

ALLOCUTION PRONONCÉE A COLOGNE DEVANT LA FOULE

Ich möchte der Stadt Köln sagen, wie sehr ich über ihren herzlichen Empfang gerührt bin.

Ich bin gerührt, weil ihre Empfindung die einer grossen,

schönen und noblen Stadt ist, durchdrungen von berühmten Erinnerungen der Vergangenheit, lebend im Strom der gegenwärtigen Aktivität, erfüllt von den Hoffnungen der Zukunft.

Ich bin gerührt, weil heute, wo die freie Welt und an erster Stelle unsere beiden Länder bedroht sind, Köln, die Stadt am Rhein, beweist, dass die ehemaligen Streitigkeiten zwischen Deutschland und Frankreich der Vereinigung und Freundschaft Platz gemacht haben.

Ich bin gerührt, weil hier, gerade an meiner Seite, ein grosser Deutscher, ein grosser Europäer, ein grosser Mann steht, den Köln besonders gut kennt, der mehr als jeder andere an dieser aussergewöhnlichen Änderung gearbeitet hat, Herr Bundeskanzler Adenauer.

Es lebe Köln !

Es lebe Deutschland !

Es lebe die deutsch-französische Freundschaft !

TEXTE FRANÇAIS

A la ville de Cologne, je veux dire combien je suis sensible à son si cordial accueil.

J'y suis sensible parce que son sentiment est celui d'une grande, belle et noble cité, imprégnée des souvenirs illustres du passé, vivant dans l'ardeur des activités du présent, remplie des espérances de l'avenir.

J'y suis sensible parce qu'aujourd'hui où le monde libre et, d'abord, nos deux pays sont menacés, Cologne donne, au bord du Rhin, la preuve qu'entre l'Allemagne et la France les anciennes querelles ont fait place à l'union et à l'amitié.

J'y suis sensible, parce qu'il y a ici, tout justement, à mes côtés, un grand Allemand, un grand Européen, un grand homme, que Cologne connaît parfaitement bien [1], qui a travaillé plus que personne à cet extraordinaire changement et à qui je rends hommage devant vous tous.

Vive Cologne !

Vive l'Allemagne !

Vive l'amitié franco-allemande !

1. Le Chancelier Conrad Adenauer a longtemps été bourgmestre de la ville de Cologne.

6 SEPTEMBRE 1962

Le Général de Gaulle prend la parole en allemand devant la population de la ville de Düsseldorf, rassemblée en face du Palais du Premier ministre du Land de Rhénanie-Nord-Westphalie.

ALLOCUTION PRONONCÉE A DÜSSELDORF DEVANT LA FOULE

Ihnen allen, die Sie mir in Düsseldorf einen so herzlichen Empfang bereiten, will ich vom ganzen Herzen danke sagen.

Düsseldorf, diese grosse, fleissige, brüderliche Stadt, beweist nun dass die Freundschaft zwischen Deutschland und Frankreich genau das ist, was ihrer Vernunft und ihren Gefühlen entspricht.

Düsseldorf jedoch gibt heute Charles de Gaulle noch eine Ermutigung mit auf den Weg. Jawohl ! In alldem, was ich für unser gemeinsames Wohlergehen, unsere gemeinsame Freiheit und unsere gemeinsame Sicherheit tun kann, bin ich jetzt dank Ihnen, fester und entschlossener. Erneut ! meinen freundlichen Dank.

Es lebe Düsseldorf !

Es lebe Deutschland !

Es lebe die deutsch-französische Freundschaft !

TEXTE FRANÇAIS

A vous tous qui, à Düsseldorf, me faites un si cordial accueil, je veux dire merci, de tout mon cœur.

Düsseldorf, cette grande, laborieuse et fraternelle cité, montre aujourd'hui que l'amitié de l'Allemagne et de la France est bien ce que veulent sa raison et son sentiment.

Mais aussi, Düsseldorf apporte à Charles de Gaulle un témoignage réconfortant. Oui ! dans ce que je puis faire pour notre prospérité, notre liberté, notre sécurité communes, me voilà, grâce à vous tous, plus assuré et plus résolu. Encore une fois : merci !

Vive Düsseldorf !

Vive l'Allemagne !

Vive l'amitié franco-allemande !

6 SEPTEMBRE 1962

Le Général de Gaulle prend la parole en allemand à Duisburg-Hamborn, devant les ouvriers des usines Thyssen.

ALLOCUTION PRONONCÉE AUX USINES THYSSEN

Ich wollte es nicht versäumen auf Ihren Arbeitsplatz zu kommen, um Ihnen den freundschaftlichen Gruss der Franzosen zu entbieten. Die Tatsache dass Charles de Gaulle hier ist und von Ihnen so herzlich empfangen wird, beweist wie sehr unsere beiden Völker schon einander vertrauen.

Wahrhaftig ! Was heute an der Ruhr und in diesen Werken erzeugt wird, erweckt nunmehr in meinem Lande nur noch Sympathie und Befriedigung. Was mich angeht, so habe ich nicht nur mit Interesse, sondern auch mit Freude, die ausgezeichnete Organisation, die modernen Anlagen und blühende Technik des grossen Unternehmens, dem sie angehören, beobachtet. Denn heute sind unsere beiden Länder solidarisch geworden. Wenn Sie in Deutschland und wir in Frankreich wirken, streben wir beide einem und demselben Ziele, zunämlich den freien Menschen Frieden, Würde und Glück zu gewähren. Welch eine Revolution, im Vergleich zur Vergangenheit !

Ich wünsche einem jeden von Ihnen den besten Erfolg in seinem Leben. In Ihnen begrüsse ich das ganze schaffende deutsche Volk. Sie alle fordere ich auf, zusammen mit mir ein neues Ereignis zu feiern, das grösste unseres modernen Zeitalters, die Freundschaft zwischen Deutschland und Frankreich.

TEXTE FRANÇAIS

J'ai souhaité venir vous saluer sur le lieu de votre travail et vous exprimer l'amicale pensée des Français. Pour que Charles de Gaulle soit ici et pour que vous lui fassiez cet accueil cordial et émouvant, il faut vraiment que la confiance existe entre nos deux peuples.

Eh bien ! Oui ! Aujourd'hui, ce qui se fait dans la Ruhr, ce qui se produit dans des usines-modèles comme celles-ci, n'éveille plus dans mon pays que sympathie et satisfaction ! Quant à moi, ce n'est pas seulement avec intérêt, c'est avec joie que je viens de voir l'organisation perfectionnée, l'outillage moderne, la technique en plein essor, qui marquent la grande entreprise dont vous faites partie. Car nos deux pays sont devenus solidaires. Quand vous travaillez en Allemagne et quand nous travaillons en France, cela tend à un même but : la paix, la dignité et le bonheur des hommes libres. Ah ! quelle révolution par rapport à ce qui fut !

A chacune, à chacun de vous, je souhaite dans la vie la meilleure chance possible. A travers vous, j'adresse tous mes vœux au peuple allemand au travail. A vous tous, je demande de vous joindre à moi pour célébrer un fait nouveau, l'un des plus grands des temps modernes : l'amitié de l'Allemagne et de la France.

7 SEPTEMBRE 1962

Le Général de Gaulle s'est rendu à Hambourg, où il prend la parole en français devant les officiers de l'École supérieure de guerre de l'Armée fédérale.

ALLOCUTION PRONONCÉE DEVANT LES OFFICIERS DE L'ÉCOLE DE GUERRE ALLEMANDE

Mon premier mot sera pour vous dire que je me fais un honneur et un plaisir de vous voir. Entre soldats — que nous sommes — il y a de tous temps, en dépit des frontières et quelles qu'aient été les blessures, un grand et noble domaine commun. Cela est vrai du point de vue de la technique militaire. Mais cela est vrai surtout moralement parlant. Car toujours et où que ce soit, le service sous les armes ne peut aller sans une vertu, au sens latin du mot « virtus », qui distingue et élève les hommes et qui, lors même qu'ils se sont combattus, les marque tous d'une seule et même empreinte. C'est pourquoi et de toute façon, le Général de Gaulle aurait bien volontiers rendu visite aux bons officiers que vous êtes.

Mais il apprécie d'autant plus la rencontre, qu'elle a lieu en un temps où, entre l'Allemagne et la France et, par là même, entre leurs armées, les rapports historiques changent du tout au tout. Après des guerres sans cesse renouvelées, notamment depuis deux cents ans, guerres dans lesquelles chacun des deux peuples visait à dominer l'autre et où tous deux ont prodigué une somme immense de courage, de sang, de richesses, sans même, qu'en fin de compte, la limite entre leurs territoires en ait été sensiblement modifiée, voici qu'ils ont pris conscience de l'absurdité du duel. Voici aussi que se dresse une colossale menace mondiale et que l'alliance atlantique qui s'est formée pour la contenir ne vaut que si les Français et les Allemands sont d'accord sur les deux rives du Rhin. Voici, enfin, que le mouvement général du monde leur fait voir qu'ils se trouvent, à tous égards, complémentaires et qu'en conjuguant ce qu'ils sont, ce qu'ils ont et ce qu'ils valent, ils peuvent constituer la base d'une Europe, dont la prospérité, la puissance, le prestige, égaleraient ceux de qui que ce soit.

Mais, dans cette union franco-allemande que tout nous commande d'édifier, pour combien peut et doit compter la solidarité de nos armes ! C'est le fait des Français et c'est le fait des Allemands qu'ils n'ont jamais rien accompli de grand, au point de vue national ou au point de vue international, sans que, chez les uns et chez les autres, la chose militaire y ait éminemment participé. En raison de notre nature propre aussi bien que du commun danger, la coopération organique de nos armées en vue d'une seule et même défense [1] est donc essentielle à l'union de nos deux pays. Après tout, comme l'écrivait votre Zuckmayer :

« War es gestern unsere Pflicht Feinde zu sein,
Ist es heute unser Recht Brüder zu werden ».

D'ailleurs, si les soldats allemands et les soldats français y sont désormais déterminés par les impératifs de leur sécurité nationale et par l'estime réciproque qu'ils se portent, d'autre part et comme tout se tient, les nécessités modernes de la force et de l'art militaire ne manquent pas de les y pousser. L'armement, dans sa conception et dans sa réalisation, exige maintenant, pour être valable — qui ne le sait mieux que vous? — la mise en œuvre de ressources et de capacités, scientifiques, techniques, industrielles, financières, dont les limites s'élargissent tous les jours. La France et l'Allemagne pourront d'autant mieux s'assurer des moyens de la puissance qu'elles conjugueront leurs possibilités. *A fortiori* sera-ce vrai, si celles de leurs voisins d'Europe s'associent avec les leurs.

Je me félicite, Messieurs, d'avoir pu prendre contact avec vous, d'avoir livré quelque matière à vos réflexions, surtout d'avoir marqué ici, comment et pourquoi, en vertu d'une extraordinaire révolution, la raison et le sentiment engagent désormais la France, l'Allemagne et leurs armées dans la voie de l'union et de l'amitié.

Messieurs, j'ai l'honneur de vous saluer.

1. Cette coopération existe dans le cadre du Pacte Atlantique.

8 SEPTEMBRE 1962

Le Général de Gaulle s'est rendu à Munich, où il s'adresse en allemand à la population rassemblée sur la place de l'Odéon.

ALLOCUTION PRONONCÉE A MÜNICH DEVANT LA FOULE

Am heutigen Tag, an welchem Frankreich Gast von Bayern ist, möchte ich Ihnen sagen, wieviel dieser Besuch mir bedeutet und wie sehr mich der freundschaftliche Empfang Münchens berührt.

Wie auch immer in der Vergangenheit die Streitigkeiten zwischen Franzosen und Deutschen waren, so weiss doch jeder, dass stets und trotz allem zwischen Bayern und meinem Land ein gegenseitiges Verständnis und eine besondere Sympathie bestanden haben. Aber heute, wo Frankreich und Deutschland vor der gleichen Bedrohung stehen und in der neuen Welt so vieles gemeinsam zu bewältigen haben, gilt es nur sich zu vereinigen. Demnach kann und muss die Freundschaft, jawohl, die Freundschaft zwischen Franzosen und Bayern sowolh in der Gegenwart wie in der Zukunft ein Schwerpunkt sein.

Von ganzem Herzen und im Namen Frankreichs, Dank an München, dieser liebenswerten und prachtvollen Hauptstadt !

Es lebe München !

Es lebe Bayern !

TEXTE FRANÇAIS

Aujourd'hui, la France rend visite à la Bavière. C'est vous dire combien compte pour moi et aussi combien je suis touché de l'amical accueil de Munich.

Quelles qu'aient pu être dans le passé les querelles et les batailles des Français et des Allemands, tout le monde sait qu'il y eut, toujours et malgré tout, entre la Bavière et mon pays, une compréhension, une sympathie particulières. Mais aujourd'hui, pour l'Allemagne et la France, placées devant la même menace et qui ont dans le monde nouveau tant de choses à faire ensemble, il ne s'agit que de s'unir. Dès lors, l'amitié, oui ! l'amitié des Français et des Bavarois peut et doit peser lourd dans le présent et dans l'avenir.

De tout cœur et au nom de la France, merci à Munich, chère et magnifique capitale !

Vive Munich !

Vive la Bavière !

9 SEPTEMBRE 1962

Le Général de Gaulle prononce en allemand dans la cour du château de Ludwigsburg une allocution qui s'adresse à la Jeunesse allemande.

ALLOCUTION A LA JEUNESSE PRONONCÉE A LUDWIGSBURG

Sie alle beglückwünsche Ich ! Ich beglückwünsche Sie zunächst jung zu sein. Man braucht ja nur die Flamme in Ihren Augen zu beobachten, die Kraft Ihrer Kundgebungen zu hören, bei einem jeden von Ihnen die persönliche Leiden schaftlichkeit und in Ihrer Gruppe den gemeinsamen Aufschwung mitzuerleben, um überzeugt zu sein, dass diese Begeisterung Sie zu den Meistern des Lebens, und der Zukunft auserkoren hat.

Ich beglückwünsche Sie ferner, junge Deutsche zu sein, das heisst Kinder eines grossen Volkes. Jawohl ! eines grossen Volkes ! das manchmal, im Laufe seiner Geschichte, grosse Fehler begangen und viel verwerfliches Unglück verursacht hat. Ein Volk, das aber auch der Welt fruchtbare geistige wissenschaftliche, künstlerische und philosophische Wellen beschert hat, das die Welt um unzählige Erzeugnisse seiner Erfindungskraft, seiner Technik und seiner Arbeit bereichert hat ; ein Volk, das in seinem friedlichen Werk, wie auch in den Leiden des Krieges, wahre Schätze an Mut, Disziplin und Organisation entfaltet hat. Das französische Volk weiss das voll zu würdigen, da es auch weiss, was es heisst, unternehmens — und schaffensfreudig zu sein, zu geben und zu leiden.

Schliesslich beglückwünsche ich Sie, die Jugend von heute zu sein. Im Augenblick wo Sie in das Berufsleben treten, beginnt für die Menschheit ein neues Leben. Angetrieben von einer dunklen Kraft, auf Grund eines unbekannten Gesetzes, unterliegen die materiellen Dinge dieses Lebens einer immer rascheren Umwandlung. Ihre Generation erlebt es und wird es noch weiter erleben, wie die Gesamtergebnisse der wissenschaftlichen Entdeckungen und der maschinellen Entwicklung die physischen Lebensbedingungen der Menschen tief umwälzen. Dieses wunderbare Gebiet, das Ihnen offensteht, soll durch diejenigen, die heute in Ihrem Alter stehen, nicht einigen Auserwählten vorbehalten bleiben, sondern für alle unsere Mitmenschen erschlossen werden. Sie sollen danach streben, dass der Fortschritt ein gemeinsames Gut wird, so dass er zur Förderung des Schönen, des Gerechten und des Guten beiträgt, überall und insbesondere in Ländern wie den unseren, welche die Zivilisation ausmachen ; somit soll den Milliarden der in den Entwicklungsländern Lebenden dazu verholfen werden, Hunger, Not und Unwissenheit zu besiegen und ihre volle Menschenwürde zu erlangen.

Das Leben in dieser Welt birgt jedoch Gefahren. Sie sind umso grösser als der Einsatz stets ethisch und sozial ist. Es geht darum zu wissen ob, im Laufe der Umwälzungen, der Mensch zu einem Sklaven in der Kollektivität wird, oder nicht ; ob sein Los ist, in dem riesigen Ameisenhaufen angetrieben zu werden oder nicht ; oder ob er die materiellen Fortschritte völlig beherrschen kann und will, um damit freier, würdiger und besser zu werden.

Darum geht es bei der grossen Auseinandersetzung in der Welt, die sie in zwei getrennte Lager aufspaltet und die von den Völkern Deutschlands und Frankreichs erheischt, dass sie ihrem Ideal die Treue halten, es mit ihrer Politik unterstützen und es, gegebenenfalls, verteidigen und ihm kämpfend zum Sieg verhelfen.

Diese jetzt ganz natürliche Solidarität müssen wir selbstverständlich organisieren. Es ist dies Aufgabe der Regierungen. Vor allem müssen wir ihr aber einen lebensfähigen Inhalt geben und das soll insbesondere das Werk der Jugend sein. Während es die Aufgabe unserer beiden Staaten bleibt, die wirtschaftliche, politische und kulturelle Zusammenarbeit zu fördern, sollte es Ihnen und der französischen Jugend obliegen, alle Kreise bei Ihnen und bei uns dazu zu bewegen, einander immer näher zu kommen, sich besser kennen zu lernen und engere Bande zu schliessen.

Die Zukunft unserer beiden Länder, der Grundstein auf dem die Einheit Europas errichtet werden kann und muss, und der höchste Trumpf für die Freiheit der Welt, bleiben die gegenseitige Achtung, das Vertrauen und die Freundschaft zwischen dem französischen und dem deutschen Volk.

TEXTE FRANÇAIS

Quant à vous, je vous félicite ! Je vous félicite, d'abord, d'être jeunes. Il n'est que de voir cette flamme dans vos yeux, d'entendre la vigueur de vos témoignages, de discerner ce que chacun de vous recèle d'ardeur personnelle et ce que votre ensemble représente d'essor collectif, pour savoir que, devant votre élan, la vie n'a qu'à se bien tenir et que l'avenir est à vous.

Je vous félicite, ensuite, d'être de jeunes Allemands, c'est-à-dire les enfants d'un grand peuple. Oui ! d'un grand peuple ! qui parfois, au cours de son Histoire, a commis de grandes fautes et causé de grands malheurs condamnables et condamnés. Mais qui, d'autre part, répandit de par le monde des vagues fécondes de pensée, de science, d'art, de philosophie, enrichit l'univers des produits innombrables de son invention, de sa technique et de son travail, déploya dans les œuvres de la paix et dans les épreuves de la guerre des trésors de courage, de discipline, d'organisation. Sachez que le peuple français n'hésite pas à le reconnaître, lui qui sait ce que c'est qu'entreprendre, faire effort, donner et souffrir.

Je vous félicite enfin d'être des jeunes de ce temps. Au moment même où débute votre activité, notre espèce commence une vie nouvelle. Sous l'impulsion d'une force obscure, en vertu d'on ne sait quelle loi, tout ce qui la concerne dans le domaine matériel se transforme suivant un rythme constamment accéléré. Votre génération voit et, sans doute, continuera de voir se multiplier les résultats combinés des découvertes des savants et de l'agencement des machines qui modifient profondément la condition physique des hommes. Mais le champ nouveau et prodigieux qui s'ouvre ainsi devant vos existences, c'est à ceux qui ont aujourd'hui votre âge qu'il appartient de faire en sorte qu'il devienne la conquête, non de quelques privilégiés, mais de tous nos frères les hommes. Ayez l'ambition que le progrès soit le bien commun, que chacun en ait sa part, qu'il permette d'accroître le beau, le juste et le bon, partout et notamment dans les pays qui, comme les nôtres, font la civilisation, qu'il procure aux milliards d'habitants des régions sous-développées de quoi vaincre à leur tour la faim, la misère, l'ignorance et accéder à une pleine dignité.

Mais la vie du monde est dangereuse. Elle l'est d'autant plus que, comme toujours, l'enjeu est moral et social. Il s'agit de savoir si, à mesure de la transformation du siècle, l'homme deviendra, ou non, un esclave dans la collectivité, s'il sera réduit, ou non, à l'état de rouage engrené à tout instant par une immense termitière ou si, au contraire, il voudra et saura maîtriser et utiliser les progrès de l'ordre matériel pour devenir plus libre, plus digne et meilleur.

Voilà la grande querelle de l'univers, celle qui le divise en deux camps, celle qui exige de peuples comme l'Allemagne et comme la France qu'ils pratiquent leur idéal, qu'ils le soutiennent par leur politique et, s'il le fallait, qu'ils le défendent et le fassent vaincre en combattant !

Eh bien ! cette solidarité désormais toute naturelle il nous faut, certes, l'organiser. C'est là la tâche des Gouvernements. Mais il nous faut aussi la faire vivre et ce doit être avant tout l'œuvre de la jeunesse. Tandis qu'entre les deux États la coopération économique, politique, culturelle, ira en se développant, puissiez-vous pour votre part, puissent les jeunes Français pour la leur, faire en sorte que tous les milieux de chez vous et de chez nous se rapprochent toujours davantage, se connaissent mieux, se lient plus étroitement ! [1]

L'avenir de nos deux pays, la base sur laquelle peut et doit se construire l'union de l'Europe, le plus solide atout de la liberté du monde, c'est l'estime, la confiance, l'amitié mutuelles du peuple français et du peuple allemand.

1. L'Office franco-allemand de la Jeunesse créé en exécution du traité de coopération du 22 janvier 1963 sera une grande réussite.

20 SEPTEMBRE 1962

Au cours des dernières semaines de la session parlementaire de juillet, la motion de censure opposée à l'adoption d'un projet de loi de finances rectificative comportant l'ouverture de crédits pour la constitution de la force nucléaire stratégique n'a pas été adoptée par l'Assemblée Nationale : une partie des députés qui avaient signé le 13 juin un manifeste hostile à la politique étrangère du Général n'ont pas voté la censure, sans doute pour ne pas ouvrir le risque d'une dissolution de l'Assemblée Nationale. Mais il n'en est pas moins évident que, depuis la conclusion de la paix en Algérie, le gouvernement du Général de Gaulle ne dispose plus d'une véritable majorité à l'Assemblée Nationale; on s'attend à une offensive des groupes d'opposition contre lui à la session d'automne, qui doit être la dernière avant le renouvellement de l'Assemblée élue en 1958.

Le 22 août, un attentat minutieusement organisé par un ingénieur militaire, le Colonel Bastien-Thiry, qui sera arrêté en septembre, est dirigé sans succès contre le Général de Gaulle. Celui-ci fait connaître après le Conseil des ministres du 29 août son intention de proposer une modification de la Constitution en vue d'assurer la continuité de l'État. On apprend après le Conseil des ministres du 12 septembre que le Général de Gaulle a décidé de proposer au pays de décider par voie de référendum que le Président de la République sera élu, dorénavant, au suffrage universel. La plupart des formations politiques — à la seule exception de l'Union pour la Nouvelle République et de l'Union Démocratique du Travail (qui fusionneront entre elles quelques semaines plus tard) — prennent position contre ce projet. Le Général de Gaulle s'adresse aux Français pour leur expliquer les raisons et la portée de la réforme qu'il va leur soumettre.

ALLOCUTION RADIODIFFUSÉE ET TÉLÉVISÉE PRONONCÉE AU PALAIS DE L'ÉLYSÉE

Depuis que le peuple français m'a appelé à reprendre officiellement place à sa tête, je me sentais naturellement obligé de lui poser, un jour, une question qui se rapporte à ma succession, je veux dire celle du mode d'élection du Chef de l'État. Des raisons que chacun connaît m'ont récemment donné à penser qu'il pouvait être temps de le faire.

Qui donc aurait oublié quand, pourquoi, comment, fut établie notre Constitution? Qui ne se souvient de la mortelle échéance devant laquelle se trouvaient, en mai 1958, le pays et la République en raison de l'infirmité organique du régime d'alors? Dans l'impuissance des pouvoirs, apparaissaient, tout à coup, l'imminence des coups d'État, l'anarchie généralisée, la menace de la guerre civile, l'ombre de l'intervention étrangère. Comme tout se tient, c'est au même moment que s'ouvrait devant nous le gouffre de l'effondrement monétaire, financier et économique. Enfin, ce qu'il y avait d'absurde et de ruineux dans le conflit algérien, après la guerre d'Indochine et à l'annonce de graves déchirements dans l'ensemble de l'Afrique noire, démontrait la nécessité de changer en coopération de pays indépendants les rapports qui liaient la France et ses colonies, tandis que le système tâtonnant et trébuchant des partis se trouvait hors d'état de trancher ce qui devait l'être et de maîtriser les secousses qu'une pareille transformation allait forcément susciter.

C'est alors, qu'assumant de nouveau le destin de la patrie, j'ai, avec mon gouvernement, proposé au pays l'actuelle Constitution. Celle-ci, qui fut adoptée par 80 % des votants, a maintenant quatre ans d'existence. On peut donc dire qu'elle a fait ses preuves. La continuité dans l'action de l'État, la stabilité, l'efficacité et l'équilibre des pouvoirs, ont remplacé, comme par enchantement, la confusion chronique et les crises perpétuelles qui paralysaient le système d'hier, quelle que pût être la valeur des hommes. Par là même, portent maintenant leurs fruits le grand effort et le grand essor du peuple français. La situation de la France au-dedans et au-dehors a marqué d'éclatants progrès, reconnus par le monde entier, sans que les libertés publiques en aient été aliénées. Le grave et pénible problème de la décolonisation a été, notamment, réglé. Certes, l'œuvre que nous avons encore à accomplir est immense, car, pour un peuple, continuer de vivre c'est continuer d'avancer. Mais personne ne croit sérieusement que nous pourrions le faire si nous renoncions à nos solides institutions. Personne, au fond, ne doute que notre pays se trouverait vite jeté à l'abîme, si par malheur nous le livrions de nouveau aux jeux stériles et dérisoires d'autrefois.

Or, la clé de voûte de notre régime, c'est l'institution nouvelle d'un Président de la République désigné par la raison et le sentiment des Français pour être le chef de l'État et le guide de la France. Bien loin que le Président doive, comme naguère, demeurer confiné dans un rôle de conseil et de représentation, la Constitution lui confère, à présent, la charge insigne du destin de la France et de celui de la République.

Suivant la Constitution, le Président est, en effet, garant — vous entendez bien? garant — de l'indépendance et de l'intégrité du pays, ainsi que des traités qui l'engagent[1]. Bref, il répond de la France. D'autre part, il lui appartient d'assurer la continuité de l'État et le fonctionnement des pouvoirs[1]. Bref, il répond de la République. Pour porter ces responsabilités suprêmes, il faut au Chef de l'État des moyens qui soient adéquats. La Constitution les lui donne. C'est lui qui désigne les ministres et, d'abord, choisit le Premier[2]. C'est lui qui réunit et préside leurs Conseils[3]. C'est lui, qui, sur leur rapport, prend, sous forme de décrets ou d'ordonnances, toutes les décisions importantes de l'État[4]. C'est lui qui nomme les fonctionnaires, les officiers, les magistrats. Dans les domaines essentiels de la politique extérieure et de la sécurité nationale, il est tenu à une action directe, puisqu'en vertu de la Constitution il négocie et conclut les traités[5], puisqu'il est le chef des armées, puisqu'il préside à la défense[6]. Par-dessus tout, s'il arrive que la patrie et la République soient immédiatement en danger, alors le Président se trouve investi en personne de tous les devoirs et de tous les droits que comporte le salut public[7].

1. Article 5 de la Constitution.
2. Article 8 de la Constitution.
3. Article 9 de la Constitution.
4. Article 13 de la Constitution.
5. Article 52 de la Constitution.
6. Article 15 de la Constitution.
7. Article 16 de la Constitution.

Il va de soi que l'ensemble de ces attributions, permanentes ou éventuelles, amène le Président à inspirer, orienter, animer, l'action nationale. Il arrive qu'il ait à la conduire directement, comme je l'ai fait, par exemple, dans toute l'affaire algérienne. Certes, le Premier ministre et ses collègues ont, sur la base ainsi tracée, à déterminer à mesure la politique et à diriger l'administration. Certes, le Parlement délibère et vote les lois, contrôle le gouvernement et a le droit de le renverser, ce qui marque le caractère parlementaire du régime. Mais, pour pouvoir maintenir, en tout cas, l'action et l'équilibre des pouvoirs et mettre en œuvre, quand il le faut, la souveraineté du peuple, le Président détient en permanence la possibilité de recourir au pays, soit par la voie du référendum [1], soit par celle de nouvelles élections [2], soit par l'une et l'autre à la fois.

En somme, comme vous le voyez, un des caractères essentiels de la Constitution de la Ve République, c'est qu'elle donne une tête à l'État. Aux temps modernes, où tout est si vital, si rude, si précipité, la plupart des grands pays du monde : États-Unis, Russie, Grande-Bretagne, Allemagne, etc., en font autant, chacun à sa manière. Nous le faisons à la nôtre, qui est, d'une part démocratique et, d'autre part, conforme aux leçons et aux traditions de notre longue Histoire.

Cependant, pour que le Président de la République puisse porter et exercer effectivement une charge pareille, il lui faut la confiance explicite de la nation. Permettez-moi de dire qu'en reprenant la tête de l'État, en 1958, je pensais que, pour moi-même et à cet égard, les événements de l'Histoire avaient déjà fait le nécessaire. En raison de ce que nous avons vécu et réalisé ensemble, à travers tant de peines, de larmes et de sang, mais aussi avec tant d'espérances, d'enthousiasmes et de réussites, il y a entre vous, Françaises, Français, et moi-même un lien exceptionnel qui m'investit et qui m'oblige. Je n'ai donc pas attaché, alors, une importance particulière aux modalités qui allaient entourer ma désignation, puisque celle-ci était d'avance prononcée par la force des choses. D'autre part, tenant compte de susceptibilités politiques, dont certaines étaient respectables, j'ai préféré, à ce moment-là, qu'il n'y eût pas à mon sujet une sorte de plébiscite formel. Bref, j'ai alors accepté que le texte

1. Article 11 de la Constitution.
2. Article 12 de la Constitution.

initial de notre Constitution soumît l'élection du Président à un Collège relativement restreint d'environ 80 000 élus [1].

Mais, si ce mode de scrutin ne pouvait, non plus qu'aucun autre, fixer mes responsabilités à l'égard de la France, ni exprimer à lui seul la confiance que veulent bien me faire les Français, la question serait très différente pour ceux qui, n'ayant pas nécessairement reçu des événements la même marque nationale, viendront après moi, tour à tour, prendre le poste que j'occupe à présent. Ceux-là, pour qu'ils soient entièrement en mesure et complètement obligés de porter la charge suprême, quel que puisse être son poids, et qu'ainsi notre République continue d'avoir une bonne chance de demeurer solide, efficace et populaire en dépit des démons de nos divisions, il faudra qu'ils en reçoivent directement mission de l'ensemble des citoyens. Sans que doivent être modifiés les droits respectifs, ni les rapports réciproques des pouvoirs, exécutif, législatif, judiciaire, tels que les fixe la Constitution, mais en vue de maintenir et d'affermir dans l'avenir nos institutions vis-à-vis des entreprises factieuses, de quelque côté qu'elles viennent, ou bien des manœuvres de ceux qui, de bonne ou de mauvaise foi, voudraient nous ramener au funeste système d'antan, je crois donc devoir faire au pays la proposition que voici : quand sera achevé mon propre septennat ou si la mort ou la maladie l'interrompaient avant le terme, le Président de la République sera dorénavant élu au suffrage universel.

Sur ce sujet, qui touche tous les Français, par quelle voie convient-il que le pays exprime sa décision? Je réponds : par la plus démocratique, la voie du référendum. C'est aussi la plus justifiée, car la souveraineté nationale appartient au peuple [2] et elle lui appartient évidemment, d'abord, dans le domaine constituant. D'ailleurs, c'est du vote de tous les citoyens qu'a procédé directement notre actuelle Constitution. Au demeurant, celle-ci spécifie que le peuple exerce sa souveraineté, soit par ses représentants, soit par le référendum. Enfin, si le texte

1. Aux termes de la rédaction donnée en 1958 à l'article 7 de la Constitution, le Président de la République devait être élu par un collège composé, pour l'essentiel, des maires et de membres des conseils municipaux, collège dans lequel la majorité appartenait aux représentants des petites et moyennes communes qui étaient loin de grouper la majeure partie de la population française. C'est ce collège qui, le 21 décembre 1958, avait élu le Général de Gaulle comme Président de la République par environ 75 % des suffrages exprimés. Mais l'autorité d'un Président élu dans les mêmes conditions à une faible majorité aurait été atteinte par le défaut de représentativité de son corps électoral.

2. Article 3 de la Constitution.

prévoit une procédure déterminée pour le cas où la révision aurait lieu dans le cadre parlementaire, il prévoit aussi, d'une façon très simple et très claire, que le Président de la République peut proposer au pays, par voie de référendum, « tout projet de loi » — je souligne : « tout projet de loi » — « portant sur l'organisation des pouvoirs publics », ce qui englobe, évidemment, le mode d'élection du Président [1]. Le projet que je me dispose à soumettre au peuple français le sera donc dans le respect de la Constitution que, sur ma proposition, il s'est à lui-même donnée.

Françaises, Français, en cette périlleuse époque et en ce monde difficile, il s'agit de faire en sorte, dans toute la mesure où nous le pouvons, que la France vive, qu'elle progresse, qu'elle assure son avenir. C'est pourquoi, en vous proposant, avant peu, de parfaire les institutions nationales sur un point dont, demain, tout peu dépendre, je crois en toute conscience bien servir notre pays. Mais, comme toujours, je ne peux et ne veux rien accomplir qu'avec votre concours. Comme toujours, je vais donc bientôt vous le demander. Alors, comme toujours, c'est vous qui en déciderez.

Vive la République !

Vive la France !

1. Ce point devait être contesté par les partis d'oppositions ; selon eux, si les articles 44 et 46 de la Constitution sur la procédure d'adoption par le Parlement des lois ordinaires et des lois organiques ne faisaient pas obstacle à l'application de l'article 11 sur le référendum, il n'en était pas de même de l'article 89, concernant la procédure d'adoption par le Parlement d'une loi constitutionnelle.

25 SEPTEMBRE 1962

Le Général de Gaulle accueille à Paris, à la gare d'Austerlitz, le roi de Norvège, qui accomplit en France une visite officielle.

ALLOCUTION DE BIENVENUE A S.M. OLAF V, ROI DE NORVÈGE, PRONONCÉE A PARIS

Sire,

La France se félicite hautement de recevoir la visite de Votre Majesté.

C'est par la mer que Vous avez voulu nous aborder et, de la part du roi de Norvège, rien n'était plus naturel.

Vous voici maintenant à Paris. Le grand respect de notre capitale y entoure Votre Majesté, tout comme la très sincère amitié de notre peuple est acquise au peuple norvégien.

D'autant plus que nous sommes, en France, fidèles au souvenir de l'alliance de nos deux pays au cours de la dernière guerre mondiale et profondément conscients de leur solidarité dans le grand effort de sécurité, de paix et de développement qui est aujourd'hui le devoir du monde libre.

Vive le roi Olaf V !

Vive la Norvège !

26 SEPTEMBRE 1962

Le Général de Gaulle prend la parole lors d'une réception donnée au Palais de l'Élysée en l'honneur du roi de Norvège.

TOAST ADRESSÉ A S.M. OLAF V, ROI DE NORVÈGE

Sire,

De tout cœur j'exprime à Votre Majesté l'honneur et la joie que la France éprouve à recevoir le roi de Norvège.

Depuis que, voici cinquante-cinq ans, le roi Haakon VII est venu nous visiter, c'est, en effet, la première fois que les Français ont l'occasion de saluer sur leur sol, en la personne de son souverain, ce peuple si vivant, si vaillant, si entreprenant, auquel le nôtre porte des sentiments profondément sincères d'estime et d'amitié.

Votre peuple, il y a bien des siècles qu'il a rencontré la France. Il est vrai que, dans le passé, les contacts ne furent pas toujours paisibles, tant Vos navigateurs étaient audacieux ! Maintes fois, jadis, ils prirent pied sur nos rivages, au point d'alarmer Charlemagne lui-même et ses successeurs ! Cependant, en fin de compte, le rapprochement fut bénéfique, puisqu'une de nos plus belles provinces en a tiré son nom [1], son caractère et le souffle de son activité.

Par la suite, la différence entre le destin essentiellement maritime des Norvégiens et les attaches surtout continentales des Français a pu tenir les deux peuples, non point à vrai dire séparés, mais quelque peu éloignés l'un de l'autre quant à leur politique et quant à leur économie. Mais la France n'en suivait pas moins, avec la plus grande sympathie, l'effort tenace et courageux de la Norvège pour rendre fécond son territoire malgré toutes les difficultés des distances et du climat, pour faire sillonner sans relâche par ses navires toutes les mers du

1. La Normandie.

globe et pour se donner un équilibre social qui pouvait passer pour modèle. En même temps, les esprits et les cœurs français s'ouvraient aux sources de la pensée et de l'art, par lesquelles les Holberg, les Ibsen, les Grieg et d'autres maîtres, exprimaient l'âme de la Norvège, si chaleureuse en dépit des frimas.

Et voici que, soudain, le drame de la dernière guerre mondiale rendait solidaires les destins de nos deux pays. En 1940, Vous et nous devions faire face, ensemble, à l'agression d'un ennemi effréné et totalitaire. Se joignant aux Vôtres à Narvik [1], nos soldats faisaient par le combat commun la preuve de l'alliance franco-norvégienne. Puis, quelque écrasantes et insidieuses qu'aient pu être chez Vous, comme elles l'étaient chez nous, les épreuves de l'occupation ennemie, le roi Haakon VII, Votre père, se faisait, à partir du territoire de nos amis britanniques, le symbole résolu et l'animateur inébranlable de la résistance et de l'espoir de Votre peuple [2]. Sous son impulsion, maints éléments norvégiens et, notamment, la brave et nombreuse flotte de Vos navires de transport jouaient un rôle important dans l'effort de guerre des Alliés. Comment ne saluerais-je pas aujourd'hui devant Vous la noble mémoire de ce souverain, que j'eus moi-même l'honneur de connaître et l'occasion d'admirer pendant les jours héroïques, et qui put, la tête haute, rentrer en roi dans sa capitale, alors que Vous-même, Sire, à la tête des forces norvégiennes, preniez une part glorieuse à la libération de Votre pays?

Aujourd'hui, une autre menace se dresse devant nous. Au sein de l'alliance atlantique, qui s'est formée pour la contenir et, au besoin, pour la briser, la France et la Norvège se trouvent, tout naturellement, côte à côte. D'autre part, nos deux pays participent, chacun suivant sa nature, ses moyens, son génie, au grand essor de développement, scientifique, technique, économique et social, qui est celui des peuples libres et, d'abord, celui de l'Europe. C'est dire, qu'à tous égards et plus que jamais, Vous et nous avons toutes les raisons de nous connaître encore mieux, de coopérer plus étroitement, de resserrer davantage l'amitié que nous nous portons. La visite que Votre Majesté est venue rendre à la France y contribue de la plus éclatante et de la plus émouvante façon.

1. Le port de Narvik, occupé par les Allemands le 9 avril 1940, avait été reconquis par les Alliés le 28 mai, à la suite d'opérations combinées du Corps expéditionnaire français du Général Béthouart et de la 6e Division norvégienne.

2. Voir *Mémoires de guerre*. T. I, p. 211 et T. III, p. 228.

Je lève mon verre en l'honneur de Sa Majesté le roi Olaf V et en l'honneur de la Norvège, amie éprouvée et alliée respectée de la France.

2 OCTOBRE 1962

A la date où s'ouvre la session d'automne du Parlement, tous les partis traditionnels, qu'ils appartiennent à la droite, au centre ou à la gauche, ont exprimé, parfois très véhémentement, leur opposition au projet de loi qui va être soumis à l'approbation du peuple français, dont ils estiment qu'il ne devrait pas faire l'objet d'un référendum. Le Général de Gaulle adresse aux membres du Parlement un message qui est lu à l'Assemblée Nationale par son Président et au Sénat par son doyen d'âge.

MESSAGE AU PARLEMENT

Mesdames, Messieurs, les Députés,
Mesdames, Messieurs, les Sénateurs.

Voici quatre ans, au lendemain d'une crise grave et à la veille d'autres périls, le peuple français s'est doté d'institutions nouvelles et conformes, à la fois, aux principes démocratiques et aux nécessités de ce temps.

Dès lors, le Président de la République, le Gouvernement et le Parlement ont assumé, chacun dans son domaine, le rôle que leur assignait la Constitution. Ils ont pu, grâce à la stabilité des pouvoirs et à la continuité des desseins qui leur étaient ainsi assurées, résoudre ensemble de difficiles problèmes et surmonter de rudes épreuves.

Il s'agit maintenant de faire en sorte que nos institutions demeurent. C'est dire que, dans l'avenir et à travers les hommes qui passent, l'État doit continuer d'avoir à sa tête un garant effectif du destin de la France et de celui de la République. Or, un tel rôle implique, ici comme ailleurs, pour celui qui doit le tenir, la confiance directe et explicite de l'ensemble des citoyens.

Quand sera achevé mon septennat ou s'il advenait que je ne sois plus en mesure de m'acquitter de ma fonction, je suis convaincu que l'investiture populaire sera nécessaire pour donner, quoi qu'il arrive, à ceux qui me succéderont la possibilité et l'obligation de porter la charge suprême quel qu'en puisse être le poids.

C'est pourquoi, j'estime en conscience que le moment est venu de prévoir dans notre Constitution que le Président de la République sera dorénavant élu au suffrage universel.

En décidant, sur la proposition du Gouvernement, de soumettre dans ce but au référendum un projet de loi constitutionnelle, j'ai jugé qu'il n'est pas de voie meilleure pour apporter au texte adopté en 1958 par le peuple français la modification qui s'impose et qui touche chacun des citoyens. D'autre part, la nation, qui vient d'être placée soudain devant une alarmante perspective, trouvera ainsi l'occasion de conférer à nos institutions une garantie nouvelle et solennelle.

Puissiez-vous, Mesdames, Messieurs, les Députés, Mesdames, Messieurs, les Sénateurs, partager, sur ce grave sujet et en ces graves circonstances, ma confiance et mon espérance !

4 OCTOBRE 1962

Une motion de censure signée par des députés modérés, M.R.P., radicaux et socialistes a été déposée à l'Assemblée Nationale le 2 octobre à l'encontre du Gouvernement, qui doit répondre devant le Parlement de la décision de référendum. Le Général de Gaulle s'adresse aux Français avant que les députés qui représentent ceux-ci au Palais-Bourbon n'ouvrent le débat sur la censure.

ALLOCUTION RADIODIFFUSÉE ET TÉLÉVISÉE PRONONCÉE AU PALAIS DE L'ÉLYSÉE

Voici quatre ans, le peuple français s'est donné à lui-même une Constitution [1]. Il l'a fait au lendemain d'une crise si grave qu'elle faillit jeter la France au gouffre et emporter la République.

Cette Constitution rejette la confusion et l'impuissance du régime d'antan, c'est-à-dire du régime exclusif des partis, et s'inspire des conditions que la vie rude et rapide du monde moderne impose à un grand État. Elle règle en conséquence les rôles respectifs et les rapports réciproques du pouvoir exécutif et du pouvoir législatif. Elle institue un Président qui doit être le garant de ce qui est vital et permanent dans le destin du pays, qui doit assurer la continuité de l'État républicain et qui doit répondre de la France en cas de péril public. Comme, à l'appel général du pays, j'ai assumé la fonction, le mode d'élection du Président était, d'abord, secondaire puisque le rôle était rempli. Mais la question se pose aujourd'hui.

Tout le monde peut constater quels résultats éclatants a atteints le peuple français sous ces institutions nouvelles. Notre

1. La Constitution du 5 octobre 1958, à laquelle il s'agit d'apporter une modification, n'a pas été discutée et votée par le Parlement : celui-ci avait chargé le gouvernement du Général de Gaulle d'en établir le texte, qui a été adopté directement par le peuple français au référendum du 28 septembre 1958.

vie publique, qui, hier, offrait le spectacle des jeux, des combinaisons et des crises que l'on sait, porte, aujourd'hui, la marque de la consistance et de l'efficacité. Au lieu qu'une monnaie malade, des finances en déficit, une économie menacée, nous soient, comme naguère, des sujets constants d'angoisse et d'humiliation, nous sommes, à présent, en plein essor de prospérité et en plein progrès social, sur la base d'un franc solide, d'échanges extérieurs positifs et de budgets équilibrés. Alors que nous étions en train de déchirer notre unité nationale et de gaspiller les éléments de notre puissance militaire, faute d'accomplir la décolonisation, de mettre un terme au conflit algérien et de briser la subversion qui s'apprêtait aux coups d'État, voici que la coopération est établie entre la France et ses anciennes colonies, que l'Algérie y accède à son tour, que nous pouvons entreprendre de moderniser notre Armée et que les graves complots qui menaçaient la République n'ont plus comme honteuse carrière que le vol, le chantage et l'assassinat [1]. Enfin, si, récemment encore, notre pays était considéré comme « l'homme malade » de l'Europe, aujourd'hui son poids et son rayonnement sont reconnus partout dans l'univers.

Étant donné ce qu'en quatre ans nous, Français, avons réalisé en pratiquant notre Constitution, le bon sens le plus élémentaire nous commande de la maintenir. Or, l'un de ses caractères essentiels, que voudraient, bien sûr, lui ôter les partisans du régime condamné et sans lequel, en effet, elle tomberait dans ce qui était hier, c'est qu'elle fait réellement du Président de la République le chef de l'État et le guide de la France. Mais pour être, vis-à-vis de lui-même et vis-à-vis des autres, en mesure de remplir une pareille mission, le Président a besoin de la confiance directe de la nation. Au lieu de l'avoir implicitement, comme c'était mon propre cas en 1958 pour une raison historique et exceptionnelle qui pouvait justifier au départ le collège restreint, dont je n'oublie certes pas le vote ! [2] il s'agit que le Président soit élu, dorénavant, au suffrage universel.

Dès l'origine, je savais que je devrais, avant la fin de mon septennat, proposer au pays de décider qu'il en soit ainsi. Mais

1. Les activistes de l'Algérie française qui se réclamaient de l'O.A.S. se sont livrés en 1961-1962, tant en métropole qu'en Algérie, à de nombreuses extorsions de fonds sous la menace, à des attaques de banques et à des attentats.

2. Le 21 décembre 1958, le collège restreint composé des maires de toutes les communes de France, d'un nombre d'adjoints et de conseillers municipaux variant avec l'importance de la population municipale, des conseillers généraux et des membres du Parlement, a élu le Général de Gaulle Président de la République aux trois quarts des suffrages exprimés.

des raisons pressantes me déterminent à prendre dès maintenant cette initiative, comme j'en ai le droit et le devoir.

Tout d'abord, les attentats perpétrés ou préparés contre ma vie [1] me font une obligation d'assurer après moi, pour autant que je le puisse, une République solide, ce qui implique qu'elle le soit au sommet. En outre, devant l'inquiétude générale suscitée par ces tentatives de meurtre quant aux risques de confusion que la France pourrait courir soudain, je crois nécessaire qu'un vote massif de la nation atteste, en ce moment même, qu'elle a des institutions, qu'elle entend les maintenir et qu'elle ne veut pas, après de Gaulle, revoir l'État livré à des pratiques politiques qui la mèneraient à une odieuse catastrophe, mais, cette fois, sans aucun recours. Enfin, ce que nous sommes en train d'accomplir : développement de notre pays ; transformation de la condition humaine dans toutes les branches de l'activité ; association progressive des catégories économiques et sociales aux responsabilités nationales ; rénovation de notre défense ; union de l'Europe pour le progrès et pour la paix ; aide apportée aux pays qui s'ouvrent à la civilisation ; un jour, peut-être, contribution éminente de la France à la détente, puis à l'entente, entre les peuples de l'Est et de l'Ouest ; toute cette immense entreprise exige que la France ait, au long de l'avenir, le moyen de choisir elle-même ceux qui devront, tour à tour, à sa tête, représenter son unité et répondre de son destin.

Françaises, Français, le projet de loi que je vous soumets propose que le Président de la République, votre Président, sera élu par vous-mêmes. Rien n'est plus républicain. Rien n'est plus démocratique. J'ajoute que rien n'est plus français, tant cela est clair, simple et droit. Une fois de plus, le peuple français va faire usage du référendum, ce droit souverain, qui, à mon initiative, lui fut reconnu en 1945 [2], qu'il a, de même, recouvré en 1958 et qui a, depuis lors, permis à la République de se donner des institutions valables et de trancher au fond le grave problème algérien [3]. Une fois de plus, le résultat exprimera la décision de la nation sur un sujet essentiel.

1. Après l'attentat du 8 septembre 1961, celui du 22 août 1962 a montré que la réalisation de l'indépendance de l'Algérie n'a pas mis fin aux complots contre la vie du Général de Gaulle. Un attentat sera encore préparé contre lui au mois d'août 1964.

2. C'est une ordonnance du Gouvernement provisoire du Général de Gaulle qui, le 19 août 1945, a décidé que le peuple français staturait directement, par référendum, sur le maintien ou l'abrogation des lois constitutionnelles de 1875, puis qu'il aurait ensuite, s'il le décidait lui-même, à ratifier les institutions établies par ses représentants à l'Assemblée Constituante.

3. Par le référendum du 8 janvier 1961 et par celui du 8 avril 1962.

Quant à moi, chaque « Oui » de chacune de celles, de chacun de ceux, qui me l'aura donné, me sera la preuve directe de sa confiance et de son encouragement. Or, croyez-moi ! j'en ai besoin pour ce que je puis faire encore, comme, hier, j'en avais besoin pour ce que j'ai déjà fait. Ce sont donc vos réponses qui, le 28 octobre, me diront si je peux et si je dois poursuivre ma tâche au service de la France.

Vive la République !

Vive la France !

18 OCTOBRE 1962

L'Assemblée Nationale a adopté le 5 octobre, par 280 voix, la motion de censure du gouvernement Pompidou déposée par les représentants des groupes d'opposition. Conformément à la Constitution, le Premier ministre a présenté le 6 octobre au Président de la République la démission du Gouvernement. Le Général de Gaulle a pris acte de cette démission; tout en faisant connaître qu'il a décidé de dissoudre l'Assemblée Nationale, il a invité le Gouvernement à continuer d'assurer ses fonctions jusqu'à l'ouverture de la nouvelle législature. Après avoir procédé aux consultations prévues par l'article 12 de la Constitution, il a prononcé le 10 octobre la dissolution de l'Assemblée. Après le référendum, fixé au 28 octobre, le peuple français aura donc, les 18 et 25 novembre, à élire ses nouveaux représentants. Dès l'annonce de la dissolution, les leaders des partis d'opposition (Centre national des Indépendants et Paysans, M.R.P., Parti radical, Parti socialiste S.F.I.O.) ont constitué ensemble le « Cartel des Non », manifestant ainsi leur intention de rester solidaires, après le référendum, au moment des élections législatives. Telle est la situation au moment où le Général de Gaulle s'adresse aux Français dix jours avant le référendum.

ALLOCUTION RADIODIFFUSÉE ET TÉLÉVISÉE PRONONCÉE AU PALAIS DE L'ÉLYSÉE

Françaises, Français !

Le 28 octobre, ce que vous allez répondre à ce que je vous demande engagera le destin de la France. J'ai le devoir de vous dire pourquoi.

Tout le monde sait qu'en adoptant, sur ma proposition, la Constitution de 1958, notre peuple a condamné, à une immense majorité, le régime désastreux qui livrait la République à la discrétion des partis et, une fois de plus, avait failli jeter la France au gouffre. Tout le monde sait que, par le même vote, notre peuple a institué un Président, chef de l'État, guide de la France, clef de voûte des institutions, et a consacré le référendum qui permet au Président de soumettre directement au pays ce qui peut être essentiel. Tout le monde sait, qu'en même temps, notre peuple m'a fait confiance pour régler, avec mon gouvernement, les lourds problèmes devant lesquels venait de s'effondrer le système de la décadence : menace immédiate de faillite, absurde conflit algérien, danger grave d'opposition entre la nation et son armée, abaissement de la France au milieu d'un monde qui lui était, alors, malveillant ou méprisant.

Cette mission, si j'ai pu, jusqu'à présent, la remplir, c'est tout d'abord parce que j'étais sûr que vous m'en approuviez. Mais c'est aussi parce que nos institutions nouvelles me donnaient les moyens de faire ce qu'il fallait. Ainsi ai-je pu, pendant quatre années, sans altérer les droits des citoyens ni les libertés publiques, assurer la conduite du pays vers le progrès, la prospérité, la grandeur, étouffer à mesure les menaces criminelles qui se dressaient contre l'État et empêcher le retour aux vices du régime condamné.

Comme la preuve est ainsi faite de la valeur d'une Constitution qui veut que l'État ait une tête et comme, depuis que je joue ce rôle, personne n'a jamais pensé que le Président de la République était là pour autre chose, je crois, en toute conscience, que le peuple français doit marquer maintenant par un vote solennel qu'il veut qu'il en soit ainsi, aujourd'hui, demain et plus tard. Je crois que c'est, pour lui, le moment d'en décider, car, autrement, les attentats qui ont été perpétrés et ceux qui sont préparés font voir que ma disparition risquerait de replonger la France dans la confusion de naguère et, bientôt, dans la catastrophe. Bref, je crois que, quoi qu'il arrive, la nation doit avoir, désormais, le moyen de choisir elle-même son Président à qui cette investiture directe pourra donner la force et l'obligation d'être le guide de la France et le garant de l'État.

C'est pourquoi, Françaises, Français, m'appuyant sur notre Constitution, usant du droit qu'elle me donne formellement de proposer au peuple souverain, par voie de référendum, tout projet de loi qui porte sur l'organisation des pouvoirs publics [1], mesurant, mieux que jamais, la responsabilité historique qui m'incombe à l'égard de la patrie, je vous demande, tout simplement, de décider que dorénavant vous élirez votre Président au suffrage universel.

Si votre réponse est : « Non » ! comme le voudraient tous les anciens partis afin de rétablir leur régime de malheur, ainsi que tous les factieux pour se lancer dans la subversion, ou même si la majorité des « Oui » ! est faible, médiocre, aléatoire, il est bien évident que ma tâche sera terminée aussitôt et sans retour [2]. Car, que pourrais-je faire, ensuite, sans la confiance chaleureuse de la nation?

Mais si, comme je l'espère, comme je le crois, comme j'en suis sûr, vous me répondez « Oui » ! une fois de plus et en masse, alors me voilà confirmé par vous toutes et par vous tous dans la charge que je porte ! Voilà le pays fixé, la République assurée et l'horizon dégagé ! Voilà le monde décidément certain du grand avenir de la France !

Vive la République !

Vive la France !

1. Article 11 de la Constitution.

2. La question de confiance que le Général de Gaulle pose ainsi au peuple français provoquera de vives critiques de la part des partisans du vote Non : ceux-ci dénieront au Président de la République le droit de faire savoir qu'un vote négatif au référendum sur un objet qu'il estime capital, ne lui permettrait plus d'exercer ses responsabilités. Cette attitude de l'opposition rappelle celle qui s'était exprimée à l'Assemblée Nationale Constituante au cours de la séance du 31 décembre 1945, lorsqu'on déniait au Général de Gaulle, alors Président du gouvernement provisoire, le droit d'annoncer qu'il se retirerait si l'Assemblée votait une réduction des crédits militaires qu'il estimait inapplicable et dangereuse. Voir *Discours et Messages* T. I. *Pendant la guerre*, pp. 661-664.

24 OCTOBRE 1962

Le Général de Gaulle accueille à Orly le Président de la République de Finlande, qui accomplit en France une visite officielle.

ALLOCUTION DE BIENVENUE A S.E. M. KEKKONEN, PRÉSIDENT DE LA RÉPUBLIQUE DE FINLANDE, PRONONCÉE A L'AÉRODROME D'ORLY

Monsieur le Président,

En votre personne et pour la première fois, la France reçoit la Finlande. Ne doutez pas que ce soit avec honneur et satisfaction.

Car le courage qu'a montré la Finlande pour survivre dans un passé récent, l'effort magnifique qu'elle déploie pour se développer à présent, la personnalité nationale qu'elle dresse devant l'avenir, sont des titres éminents à l'estime et à l'amitié de la France.

Quant à vous, Monsieur le Président, laissez-moi vous dire combien nous sommes heureux d'avoir l'occasion de vous connaître personnellement et désireux de nous entretenir avec vous des graves problèmes de notre Europe et, par là, de ceux du monde.

Monsieur le Président, à vous-même et à Madame Kekkonen que nous nous félicitons d'accueillir à vos côtés, j'exprime les meilleurs souhaits de bienvenue de la République française.

Vive la Finlande !

24 OCTOBRE 1962

Le Général de Gaulle prend la parole lors d'une réception donnée au Palais de l'Élysée en l'honneur du Président de la République de Finlande.

TOAST ADRESSÉ A S.E. M. KEKKONEN, PRÉSIDENT DE LA RÉPUBLIQUE DE FINLANDE

Monsieur le Président,

La visite officielle que vous voulez bien nous faire et l'intérêt amical qu'elle suscite chez nous font apparaître soudain une importante réalité psychologique et politique, je veux dire la grande et naturelle sympathie qui porte l'une vers l'autre la Finlande et la France.

Sans doute, l'expression de ces sentiments fut-elle souvent estompée par l'éloignement relatif, le contraste des climats, la différence des langages des deux pays. Sans doute, le fait que, pendant plusieurs siècles, la Finlande, devenue l'enjeu des ambitions opposées de ses voisins immédiats [1], avait perdu son indépendance, l'empêchait-il de faire valoir au-dehors et, notamment, vers la France sa propre personnalité. Sans doute, enfin, les événements de la Deuxième Guerre mondiale et les déplorables épreuves dans lesquelles la Finlande, alors maîtresse d'elle-même, se trouvait néanmoins entraînée en raison de sa situation géographique et stratégique, avaient-ils, sur le moment, rompu entre nous des rapports récemment établis [2]. Il n'empêche que certaines affinités et l'attrait réciproque de nos deux peuples

1. La Suède et la Russie.

2. Attaquée par l'U.R.S.S. le 30 novembre 1939, la Finlande avait dû conclure le 12 mars 1940 un traité de paix par lequel son territoire était amputé. Elle déclara la guerre à l'U.R.S.S. le 25 juin 1941, trois jours après le déclenchement des hostilités germano-russes, mais conclut un armistice dès le mois de septembre 1944, plusieurs mois avant la capitulation du Reich hitlérien.

étaient demeurés bien vivants. Nous les voyons aujourd'hui apparaître en pleine lumière.

Soyez-en sûr, Monsieur le Président, votre peuple est profondément estimé par le nôtre. D'abord, ceux qui croient à la signification de l'Histoire ne sauraient méconnaître que, tout au long du Moyen Age, des liens étroits unissaient aux vôtres nos penseurs et nos savants, que la Sorbonne recevait nombre d'étudiants de votre pays et, en particulier, celui qui devait devenir Olaf le Grand [1], et qu'elle s'honore encore d'avoir eu à sa tête au moins deux recteurs finlandais [2]. Or, voici que, de nos jours, les Français découvrent à nouveau, et avec enchantement, l'âme de la Finlande, telle qu'elle s'exprime en œuvres littéraires, en musique, en sculpture, en architecture, en efforts et triomphes sportifs. Nous nous sentons attirés, à la fois, par ce que, sur votre territoire, la nature a d'imposant et de difficile, comme de pur et d'émouvant, et par le caractère ferme et solide, en même temps qu'ardent et sensible, des hommes et des femmes qui l'habitent. Nous connaissons et nous admirons votre effort social bâti sur la coopération, l'entraide, la fraternité des citoyens. Enfin, nous avons mesuré le grand courage déployé naguère par vos soldats pour défendre leur sol et demeurer des hommes libres. Bref, la France a assez d'expérience pour rendre franchement hommage à un peuple qui a su s'établir, s'affermir et se maintenir en dépit de tant d'obstacles. Elle est, aussi, assez jeune pour se trouver en pleine sympathie avec un pays qui, comme elle-même, appartient à l'avenir.

Cet avenir, celui du monde, il nous paraît tantôt assombri d'inquiétudes et tantôt éclairé d'espérances. Mais il commande, en tout cas, aux deux États de bonne volonté que sont la Finlande et la France de confronter directement et cordialement leurs vues et leurs intentions sur les problèmes internationaux et, quelles que soient les contingences du moment, d'organiser et de multiplier entre eux toutes les sortes d'échanges, afin de se rapprocher.

Je lève mon verre en l'honneur de Monsieur le Président Kekkonen, Président de la République de Finlande, dont la personnalité est, à tous les égards, si complètement expressive de son pays ; en l'honneur de Madame Kekkonen, à qui nous demandons d'agréer nos hommages très respectueux et aussi

1. L'évêque finlandais Olaf le Grand (Olaf Magnus) a été recteur de la Sorbonne au XVe siècle.

2. Le second recteur finlandais de la Sorbonne, au XVe siècle également, a été Johannes Secundus.

le témoignage que nous adressons à sa notoriété littéraire [1]; en l'honneur de la Finlande, ici présente pour resserrer avec la France les rapports de l'amitié.

26 OCTOBRE 1962

Deux jours avant le référendum, le Général de Gaulle dit encore une fois aux Français pourquoi il leur demande de voter Oui.

ALLOCUTION RADIODIFFUSÉE ET TÉLÉVISÉE PRONONCÉE AU PALAIS DE L'ÉLYSÉE

Françaises, Français !

Après-demain, en toute clarté et en toute sérénité, vous allez par votre vote engager le sort du pays.

La question, qu'en ma qualité de Président de la République et m'appuyant sur la Constitution, je pose aux citoyens français, est aussi nette et simple que possible : « Voulez-vous, dorénavant, élire vous-mêmes votre Président au suffrage universel? »

La raison de cette proposition, c'est, qu'à l'époque moderne, il faut une tête à un grand État, que la désignation du guide intéresse directement toutes les Françaises et tous les Français et qu'ils sont parfaitement capables de le choisir. Or, notre Constitution, pour fonctionner effectivement, exige précisément que le Chef de l'État en soit un. Depuis quatre ans, je joue ce rôle. Il s'agit, pour le peuple français, de dire, dimanche, si je dois poursuivre. Il s'agit de décider si, après moi — et nul n'ignore les menaces qui pèsent sur ma vie — les futurs Présidents auront, à leur tour, grâce à l'investiture directe de la nation, le moyen et l'obligation de porter, comme elle est, cette charge si lourde. Bref, il s'agit de marquer par un scrutin solennel que, quoi qu'il arrive, la République continuera, telle que nous l'avons voulue à une immense majorité.

Bien entendu, tous les partis de jadis, dont rien de ce qui s'est

1. Madame Kekkonen est l'auteur de plusieurs romans.

FACE I

1. Londres - 22 Juin 1940 (*intégral*)
2. Londres - 24 Décembre 1941 (*extrait*)
3. Londres - 11 Juin 1942 (*extrait*)
4. Brazzaville - 30 Janvier 1944 (*extrait*)
5. Londres - 6 Juin 1944 (*extrait*)
6. Paris - 25 Août 1944 (*extrait*)
7. Paris - 8 Mai 1945 (*extraits*)
8. Bayeux - 16 Juin 1946 (*extrait*)
9. Paris - 1er Mai 1950 (*extrait*)
10. Abidjan - 25 Août 1958 (*extrait*)
11. Paris - 4 Septembre 1958 (*extraits*)

FACE II

1. Paris - 29 Janvier 1960 (*extraits*)
2. Paris - 23 Avril 1961 (*extrait*)
3. Paris - 20 Septembre 1962 (*extrait*)
4. Paris - 27 Avril 1965 (*extrait*)
5. Pnom-Penh - 1er Septembre 1966 (*extrait*)
6. Bucarest - 14 Mai 1968 (*extrait*)
7. Paris - 30 Mai 1968 (*intégral*)
8. Paris - 25 Avril 1969 (*extraits*)

Ce disque a été réalisé par le Centre National d'Etude de l'Œuvre du Général de Gaulle.

La qualité technique parfois défectueuse de certains enregistrements est due à l'ancienneté et à l'authenticité des documents utilisés.

passé n'a pu guérir l'aveuglement, vous requièrent de répondre « Non » ! C'est, de leur part, tout naturel. Car, il est vrai, qu'aujourd'hui mon action à la tête de la République, plus tard celle des Présidents successifs qui seraient investis par la confiance du peuple et sauraient, s'il le fallait, lui demander son verdict souverain, sont incompatibles avec le règne absolu et désastreux des partisans. En même temps, tous les factieux, usant de tous les moyens pour que ma mort ou ma défaite fasse reparaître la grande confusion qui serait leur ignoble chance, souhaitent, eux aussi, le « Non » !

Françaises, Français, ! Quant à moi, je suis sûr que vous direz « Oui » ! J'en suis sûr, parce que vous savez qu'en notre monde, qui est si dangereux — on le voit en ce moment même ! — la France ne pourrait survivre si elle retombait dans l'impuissance d'hier, et qu'au contraire son rôle, son poids, son prestige, sont à présent dignes d'elle et de sa mission humaine. Je suis sûr que vous direz « Oui » ! parce que vous comprenez, qu'en notre temps, le chemin du progrès, de la prospérité, de la grandeur, ne passe pas, ne passera jamais, par les jeux dérisoires d'autrefois, mais qu'au contraire la continuité, la fermeté, l'efficacité, instaurées au sommet de l'État, sont les conditions nécessaires de la rénovation que nous avons commencée, qui passionne notre jeunesse et qui stupéfie l'univers. Je suis sûr que vous direz « Oui » ! parce que vous sentez que, si la nation française, devant elle-même et devant le monde, en venait à renier de Gaulle, ou même ne lui accordait qu'une confiance vague et douteuse, sa tâche historique serait aussitôt impossible et, par conséquent, terminée, mais qu'au contraire il pourra et devra la poursuivre si, en masse, vous le voulez.

Françaises, Français ! Après-demain, chacune de vous, chacun de vous, devant sa conscience nationale, décidera du destin de la France.

Vive la République !

Vive la France !

7 NOVEMBRE 1962

Au référendum du 28 octobre, le vote Oui a recueilli 13 150 516 suffrages, contre 7 974 538 au vote Non. Au Conseil des ministres du 31 octobre, le Général de Gaulle a souligné « la grande portée de la réponse positive qui a été faite par la Nation à la question qui lui était posée ». L'attention se porte maintenant sur les élections législatives, en vue desquelles un « programme d'action commun » signé par les représentants du Centre national des Indépendants, du Parti radical, du M.R.P. et du Parti socialiste, unis dans le « Cartel des Non », a été publié le 26 octobre. Le Général de Gaulle s'adresse aux Français pour leur montrer les conséquences que le succès du référendum doit comporter quant aux élections législatives.

ALLOCUTION RADIODIFFUSÉE ET TÉLÉVISÉE PRONONCÉE AU PALAIS DE L'ÉLYSÉE

La décision souveraine, que la nation a prise le 28 octobre et qui s'impose à qui que ce soit, peut avoir la plus vaste portée pour l'avenir de la France.

Car, la loi constitutionnelle, telle qu'elle a été votée, fait que dorénavant le peuple français élira son Président au suffrage universel. Celui à qui notre Constitution confère la charge très lourde d'être réellement le Chef de l'État en aura, après moi, l'obligation et la possibilité grâce au mandat direct qu'il recevra de la nation. Ainsi devra demeurer cet élément capital de permanence et de solidité que comportent nos institutions, je veux dire la présence au sommet de la République d'une tête qui puisse en être une.

D'autant plus que le scrutin souverain du 28 octobre a solennellement confirmé le droit que notre Constitution attribue au Chef de l'État de soumettre au pays, par voie de référendum, tout projet de loi portant sur l'organisation des pouvoirs publics. La nation, seule maîtresse d'elle-même, a donc jugé définitivement que ses futurs Présidents auront la faculté de lui demander, à leur tour, comme je l'ai fait cinq fois moi-même, de trancher directement au fond tel problème qui serait essentiel.

Mais aussi, une fois de plus, le référendum a mis en pleine lumière une donnée politique fondamentale de notre temps. Il s'agit du fait que les partis de jadis, lors même qu'une commune passion professionnelle les réunisse pour un instant, ne représentent pas la nation. On s'en était clairement et terriblement aperçu, quand, en 1940, leur régime abdiqua dans le désastre. On l'avait, de nouveau, constaté en 1958, lorsqu'il me passa la main au bord de l'anarchie, de la faillite et de la guerre civile. On vient de le vérifier en 1962.

Que s'est-il passé, en effet? La nation étant, maintenant, en plein essor, les caisses remplies, le franc plus fort qu'il ne le fut jamais, la décolonisation achevée, le drame algérien terminé, l'armée rentrée tout entière dans la discipline, le prestige français replacé au plus haut dans l'univers, bref, tout danger immédiat écarté et la situation de la France bien établie au-dedans et au-dehors, on vit tous les partis de jadis se tourner contre de Gaulle. On les vit s'opposer tous ensemble au référendum parce qu'il tendait à empêcher que leur régime recommençât. Afin de tenir, de nouveau, le pouvoir à leur discrétion et d'en revenir, au plus tôt, aux jeux qui faisaient leurs délices mais qui seraient la ruine de la France, on les vit se coaliser, sans qu'il en manquât un seul, d'abord au Parlement pour censurer le ministère, ensuite devant le pays pour l'amener à me répondre « Non ». Or, voici que tout leur ensemble vient d'être désavoué par le peuple français.

Assurément, nul ne conteste que les partis de jadis épousent et servent encore divers courants d'opinion, intérêts particuliers, souhaits locaux, mérites personnels. Assurément, grâce aux clientèles, aux influences, aux combinaisons, qui sont leurs moyens éprouvés, peuvent-ils encore faire passer nombre des leurs aux élections. Assurément, certains de leurs hommes ont-ils des capacités qui pourraient être encore utiles au gouvernement du pays dès lors qu'eux-mêmes voudraient agir dans un système dévoué au seul intérêt national; et l'on sait, qu'au long des années du temps de guerre et du temps de paix où je dirigeais les affaires, j'ai, suivant l'opportunité, pris mes ministres dans toutes les formations politiques, tour à tour et sans exception. Mais c'est un fait, qu'aujourd'hui, confondre les partis de jadis avec la France et la République serait simplement dérisoire.

Or, il se trouve qu'en votant « Oui » en dehors d'eux et malgré eux, la nation vient de dégager une large majorité de rénovation politique. Je dis qu'il est tout à fait nécessaire, pour que dure la démocratie, que cette majorité s'affermisse et s'agrandisse et, d'abord, qu'elle s'établisse au Parlement. Si, en effet, le Parlement, qui détient le pouvoir législatif et le contrôle, devait reparaître demain, dominé par les fractions que l'on sait, obstiné à rétablir leur règne impuissant de naguère, bref, se mettant en contradiction avec la volonté profonde que vient d'exprimer le pays, alors, ayant dans ce cas moins que jamais, un caractère réellement représentatif et, d'ailleurs, divisé en groupes rivaux et opposés, un tel Parlement ne manquerait pas, dès l'abord, de foisonner dans l'obstruction, puis de plonger les pouvoirs publics dans une confusion trop connue, en attendant, tôt ou tard, de faire sombrer l'État dans une nouvelle crise nationale. Au contraire, quel rôle peut jouer le Parlement, si, échappant aux prétentions et illusions des partisans, il veut que continue, avec son concours résolu, l'œuvre de redressement national qui s'accomplit depuis plus de quatre ans !

Françaises, Français, vous avez, le 28 octobre, scellé la condamnation du régime désastreux des partis et marqué votre volonté de voir la République nouvelle poursuivre sa tâche de progrès, de développement et de grandeur. Mais, les 18 et 25 novembre, vous allez élire les députés. Ah ! puissiez-vous faire en sorte que cette deuxième consultation n'aille pas à l'encontre de la première ! En dépit, le cas échéant, de toutes habitudes locales et considérations fragmentaires, puissiez-vous confirmer, par la désignation des hommes, le choix, qu'en votant « Oui », vous avez fait quant à notre destin !

Françaises, Français, je vous le demande ! Je vous le demande en voyant les choses bien au-delà de ma personne et de mon actuelle fonction. Je vous le demande en me plaçant, une fois encore, sur le terrain — le seul qui m'importe — du bien de l'État, du sort de la République et de l'avenir de la France.

Vive la République !

Vive la France !

27 NOVEMBRE 1962

M. René Coty, Président de la République de janvier 1954 à janvier 1959, et qui, à ce titre, le 29 mai 1958, a fait appel au Général de Gaulle pour prendre la tête du gouvernement, est décédé au Havre le 22 novembre 1962. Le Général de Gaulle prend la parole lors de la célébration de ses obsèques nationales.

ALLOCUTION PRONONCÉE AU HAVRE AUX OBSÈQUES DU PRÉSIDENT RENÉ COTY

Au jour où le Président Coty est conduit à sa dernière demeure, le pays joint l'hommage de ses profonds regrets et de sa très vive estime au chagrin qui étreint la famille du disparu et à l'affliction de la grande ville du Havre.

René Coty, tout au long de sa vie, fit honneur à l'homme. Vis-à-vis des siens, aux côtés de celle qui fut sa noble et généreuse compagne, ou bien dans l'exercice de sa profession d'avocat et, notamment, quand il assumait des causes particulièrement difficiles, enfin dans son comportement à l'égard des autres, en particulier de ses compatriotes normands, il ne voulut que ce qui était juste et que ce qui était bien.

René Coty fit honneur à la République. Les mandats qu'il exerça comme parlementaire, comme ministre, comme Président et, en dernier lieu, comme membre de droit du Conseil constitutionnel, il ne les exerça jamais qu'en vue de servir l'intérêt national.

René Coty fit honneur à la France, soit qu'il ait courageusement combattu pour sa défense au cours de la Grande Guerre, soit qu'il ait eu à la représenter vis-à-vis des États étrangers, soit qu'au sein de l'Institut il ait pris part aux travaux de l'élite de sa pensée, soit qu'il eût à parler d'elle, ce qu'il fit toujours avec une noblesse et une dignité émouvantes.

En rappelant ce que fut la personnalité de René Coty, comment ne pas évoquer cette pensée de La Bruyère : « La modestie est au mérite ce que les ombres sont aux figures dans un tableau : elles lui donnent force et relief ».

Or voici que cet homme, ce citoyen, ce Français, quand il était établi dans la fonction la plus haute, vit tout à coup se déchaîner une très grave crise nationale, au mois de mai 1958. Sous un régime paralysé par sa propre confusion, la France et la République se trouvaient soudain au bord de l'abîme.

Devant le péril public, le Président voyait autour de lui les hommes en charge des leviers de commande défaillir dans l'impuissance, quelle que pût être leur valeur, et il se voyait lui-même dépourvu des moyens d'assumer la conduite de l'État et de la nation. Qu'il manquât à ce moment de hauteur d'âme et de bon sens, qu'il s'accrochât à un système à la dérive, qu'il cherchât à se réfugier derrière le vide qui était alors le propre de sa fonction, nul doute que la crise eût jeté la France dans les pires épreuves.

Mais c'est alors que, n'écoutant que son patriotisme, sa clairvoyance et son désintéressement, le Président Coty décida de recourir lui-même et adjura le régime aux abois de s'en remettre, comme lui, à la légitimité profonde, celle qui procède, non point de la représentation multiple, incertaine et troublée des tendances qui divisent la nation, mais bien des sentiments, des espoirs, des institutions qui tendent, au contraire, à l'unir. Ainsi put commencer, sans qu'il y eût rupture dans l'État ni déchirement dans la nation, la nécessaire et féconde rénovation de la République française.

Président René Coty, pour toujours votre sommeil est celui du juste, et le respect du peuple français entoure votre mémoire !

11 DECEMBRE 1962

Aux élections des 18 et 25 novembre 1962, les partis d'opposition unis dans le « Cartel des Non » ont subi une défaite : la nouvelle Assemblée Nationale comprend 233 députés membres ou apparentés du groupe de l'U.N.R. et 35 députés membres ou apparentés du groupe des Républicains Indépendants, composé de modérés favorables au Général de Gaulle, sa majorité appartient donc à des élus qui ont combattu le Cartel des Non et le Parti communiste. Ce dernier a 41 élus; le Parti socialiste S.F.I.O. en a 66; le Rassemblement Démocratique, d'inspiration radicale, en a 39; le Centre Démocratique, qui unit M.R.P. et modérés, en a 55. Il y a 13 non-inscrits. Le 28 novembre, le Général de Gaulle a accepté la démission que M. Georges Pompidou, Premier ministre, lui avait présentée le 6 octobre après le vote de la censure, et l'a immédiatement nommé de nouveau Premier ministre. Le 6 décembre, l'Assemblée Nationale a tenu sa première séance, et a élu pour la présider M. Jacques Chaban-Delmas, qui avait exercé le même mandat pendant la législature précédente. Le 7 décembre, le gouvernement a été constitué. Le Général de Gaulle adresse aux membres de l'Assemblée Nationale un message, dont lecture est donnée par leur Président.

MESSAGE A L'ASSEMBLÉE NATIONALE

Mesdames, Messieurs, les Députés,

J'ai l'honneur d'adresser mon salut à l'Assemblée Nationale nouvellement élue. Je le fais au nom de la République, qui est une, et du peuple français tout entier.

Votre Assemblée commence sa carrière sous le signe de données fondamentales qui, au cours des prochaines années, vont sans doute commander la vie de la France et, par là même, être à la base de vos débats et de vos votes.

Tout d'abord, nos institutions, telles que le pays les a adoptées en 1958 et telles qu'elles ont été pratiquées depuis lors, se trouvent maintenant solidement établies. Après l'épreuve qu'il en a faite, le peuple français les a solennellement confirmées. D'autre part, les complots criminels qui visaient à la subversion se sont, tour à tour, effondrés. Ainsi, les principes suivant lesquels fonctionne la République nouvelle : continuité de l'État, stabilité des pouvoirs, efficacité de l'action publique, tout comme les moyens qu'elle se donne pour les assurer : attributions du Chef de l'État investi par la nation, séparation des rôles respectifs et, en même temps, coopération du Parlement et du Gouvernement, possibilité du recours direct à la décision du pays, sont-ils dorénavant acquis. Il en résulte que les activités politiques peuvent prendre un caractère plus objectif, puisqu'elles vont s'exercer dans un cadre qu'il serait vain de mettre en question.

Mais c'est évidemment pour servir le bien public que sont bâties ces institutions. Il suffit de le constater pour indiquer vers quel but doit tendre leur action. Poursuivre, d'après un plan fermement tracé et appliqué, le développement de notre pays, soit en fait de capacité scientifique et technique, soit au point de vue économique, soit dans le domaine social, soit en matière d'instruction, d'éducation, de formation d'une jeunesse toujours plus nombreuse, de telle sorte que s'élèvent à la fois la condition de chacun, la prospérité nationale et la puissance de la France, c'est là, bien évidemment, l'objectif intérieur que tout nous impose à présent. Sans doute, peuvent différer les opinions quant à la voie à prendre pour l'atteindre. C'est pourquoi, la conception d'un parti unique ne saurait se justifier et, au surplus, la délibération demeure essentielle pour éclairer les décisions. Mais le progrès, dans le sens où l'entend le caractère de notre époque, étant désormais la loi suprême de toute société, ce vers quoi nous devons marcher nous est, bel et bien, fixé, tandis que les responsabilités, les moyens et le comportement de la puissance publique doivent être, nécessairement, adaptés au grand effort de la rénovation.

Il en est tout juste de même pour ce qui est de l'action extérieure de notre pays. Face à l'entreprise totalitaire dressée contre l'Occident, la liberté, l'égalité et la fraternité sociales, poursuivies grâce au progrès économique et culturel de la collectivité et à l'action d'un État équitable et vigoureux, s'imposent en effet, non seulement pour assurer l'unité de la nation, mais encore pour offrir à l'autre camp la démonstration frappante et attrayante d'un système de vie plus fécond que le sien et hâter chez lui cette transformation, peut-être déjà commencée, qui est la vraie chance de la paix. D'autre part, à l'intérieur de l'alliance atlantique, actuellement indispensable à la défense du monde libre, le rôle de la France ne se conçoit pas sans qu'elle dispose en propre d'une puissance militaire moderne ; mais celle-ci ne peut résulter que des ressources grandissantes du pays et du maintien de sa consistance politique. Encore l'Europe, que le Traité de Rome a commencé d'unir économiquement, à laquelle la coopération proposée par nous à nos cinq partenaires[1] offre la possibilité de s'assembler politiquement et où le resserrement des relations franco-allemandes apparaît comme essentiel, requiert-elle la participation constante d'une France prospère et décidée. Enfin, pour que soit peu à peu résolu le plus grand problème du monde, autrement dit l'accession de tous les peuples à la civilisation moderne, de quel poids peut et doit peser la France, à condition qu'elle sache développer ses capacités économiques, techniques et culturelles de manière à prêter une large assistance à d'autres et pourvu que ses pouvoirs publics soient à même d'y appliquer un effort ordonné et prolongé ! Combien est-ce vrai surtout pour ce qui est des États d'Afrique, Algérie comprise, vis-à-vis desquels notre vocation historique s'exerce désormais par la coopération !

Ainsi, le destin de la France, qu'il se joue au-dedans ou au dehors, exige de la République une cohésion nationale de plus en plus étroite et une action publique de plus en plus concentrée. Ces obligations, qui procèdent de l'esprit du temps, sont instinctivement ressenties par la masse de notre peuple. D'autres États, en cours d'expansion moderne, les éprouvent tout comme nous. Sans doute est-ce là la cause profonde de l'évolution politique que nous sommes en train d'accomplir et dont les récentes consultations populaires ont mis en pleine lumière le sens et l'accélération.

Mesdames, Messieurs, les Députés, je ne doute pas que l'Assemblée Nationale voudra, elle-même, s'en inspirer. C'est donc en toute confiance que je la vois entreprendre aujourd'hui la grande tâche qui lui incombe au service du peuple français.

1. Le Général de Gaulle indique par ces mots que les propositions tendant à l'organisation politique de l'Europe, auxquelles la Belgique et les Pays-Bas ont refusé de donner leur accord le 17 avril 1962, demeurent valables. Voir *Discours et Messages*. T. III, pp. 403-408.

12 DECEMBRE 1962

La Conférence générale de l'Organisation des Nations Unies pour l'Éducation, la Science et la Culture (Unesco) s'est réunie à Paris. Le Général de Gaulle adresse un message à son président.

MESSAGE A S.E. M. CARNEIRO, PRÉSIDENT DE LA CONFÉRENCE GÉNÉRALE DE L'UNESCO

Au moment où va prendre fin la XIIe Conférence générale de l'Organisation des Nations Unies pour l'Éducation, la Science et la Culture, je vous prie, Monsieur le Président, d'exprimer aux délégations qui y ont pris part sous votre si distinguée présidence, la satisfaction de la France d'avoir accueilli tant d'éminentes personnalités dans sa capitale et les vœux qu'elle forme pour les heureux résultats de leurs travaux.

Je sais quelles importantes décisions a prises la Conférence générale tant pour le développement des recherches fondamentales que pour l'organisation, l'extension et la modernisation de l'enseignement. Cette œuvre internationale, complétant les efforts déployés par chaque pays, est une aide directe apportée au monde entier, en particulier aux peuples qui sont en voie de développement.

La France salue la contribution que les délégations de cent treize États viennent d'apporter en commun à la cause primordiale de l'homme que rien ne peut servir mieux que la culture universelle.

20 DECEMBRE 1962

Le Général Norstad, Commandant suprême en Europe des forces du Pacte Atlantique, a donné le 20 juillet 1962 sa démission, qui prendra effet le 1er janvier 1963 : il est en désaccord avec son gouvernement à l'égard de l'armement nucléaire de l'Europe. Le Général de Gaulle prend la parole lors d'une réception donnée au Palais de l'Élysée à l'occasion de son départ.

TOAST ADRESSÉ AU GÉNÉRAL NORSTAD, COMMANDANT SUPRÊME ALLIÉ EN EUROPE

Au moment où le Général Norstad quitte le grand Commandement interallié que lui valait la confiance de quinze États libres, j'ai le devoir et l'honneur de lui dire à quel point la France a apprécié ses exceptionnelles capacités de chef militaire, ses dons précieux dans les domaines des relations publiques et aussi sa haute valeur humaine.

Oui, mon Général — et tant pis pour votre modestie ! — il me faut vous déclarer combien votre personnalité nous a paru attachante et combien, par conséquent, nous éprouvons de regrets à la voir se détacher.

Quand je dis que vous vous détachez, je ne parle, bien entendu, que pour ce qui concerne la fonction qui fut ici la vôtre. Car, quant à votre œuvre, elle est et demeurera. Sans doute, le stratège que vous êtes a-t-il vu parfois, à son tour, ses plans quelque peu compliqués par les courants de la politique. Mais c'est le destin du soldat. Il reste, qu'en six années, vous avez fait tout ce qui pouvait et devait être fait au service de la puissance, de l'efficacité, de la solidarité de notre alliance atlantique. Je tiens à vous en rendre le bien cordial témoignage.

Je lève mon verre en l'honneur du Général Norstad, Commandant suprême allié en Europe. Je le fais aussi en votre honneur,

Madame, en présentant nos respectueux hommages à votre grâce et à votre amabilité.

A travers vous, mon Général, je bois à la grande Armée américaine. Je bois à notre alliance plus nécessaire aujourd'hui que jamais.

31 DECEMBRE 1962

Au moment où s'achève l'année au cours de laquelle a pris fin le conflit algérien et ont été confirmées par le référendum du 28 octobre et par les élections des 18-25 novembre les institutions de la Ve République, le Général de Gaulle exprime ses vœux aux Français, en indiquant dans quelles directions devra se poursuivre l'effort national.

ALLOCUTION RADIODIFFUSÉE ET TÉLÉVISÉE PRONONCÉE AU PALAIS DE L'ÉLYSÉE

Nous achevons une année qui a, dans le bon sens, marqué le destin de la France. Certes, ne nous y ont manqué ni les épreuves, ni les dangers. Quand commença 1962, on se tuait encore en Algérie, tandis qu'attentats et complots se prolongeaient en métropole. Récemment, un démon, qui nous fut jadis très familier et très malfaisant, celui des crises politiques, a cru trouver l'occasion de revenir nous tenter. Enfin, il y a deux mois, le monde passa près de la guerre [1].

Mais rien n'a empêché notre pays de poursuivre sa rénovation.

1. Une grave crise internationale a eu lieu en octobre, lorsque le Gouvernement des États-Unis a acquis la certitude que des fusées soviétiques à tête nucléaire étaient en cours d'installation à Cuba. Le Président Kennedy a ordonné le blocus du trafic maritime d'armes offensives vers Cuba et exigé le démantèlement des bases d'envoi de fusées qui menacent le territoire des États-Unis. La fermeté dont a fait preuve le Gouvernement de Washington — et qui a été approuvée par le Général de Gaulle — a produit son effet : le 28 octobre, M. Khrouchtchev a informé le Président Kennedy que le Gouvernement soviétique a fait arrêter les travaux de construction de plates-formes d'envoi de fusées et a ordonné le démontage et le rapatriement en Union Soviétique de l'armement considéré comme offensif par les États-Unis.

Ayant réglé, au fond, l'affaire algérienne, nous sommes maintenant en paix partout ; ce qui, en un quart de siècle, ne nous était jamais arrivé. Cette même année, nous avons solennellement confirmé nos institutions nouvelles où l'État trouve une continuité qui lui manquait désespérément depuis des générations. Grâce à l'effort national déployé sous ce régime de bon sens et d'efficacité, notre prospérité atteint un niveau que nous n'avons connu en aucun temps et notre progrès social réalise une avance sans précédent. A mesure que le couple de l'essor et de la raison nous ramène à la puissance, la France retrouve son rang, son attrait, ses moyens. Ainsi avons-nous pu, tout au long de cette année, élargir et approfondir nos relations africaines ; les étendre, en particulier, à la République algérienne, à laquelle très sincèrement nous souhaitons qu'elle s'organise dans l'ordre, nécessaire d'abord à sa vie, puis à sa prospérité. Ainsi avons-nous pu contribuer à mettre effectivement en route la Communauté économique fondée dans la capitale de l'Italie par six États du Continent ; offrir à ces mêmes États un début d'union politique [1] ; resserrer nos rapports avec la République d'Allemagne [2]. Ainsi avons-nous pu renforcer notre sécurité et celle du monde libre en commençant à nous doter d'une défense nationale moderne. Je ne dirai certainement pas qu'il n'y ait point d'ombres au tableau. Tout de même, je crois, qu'en 1962, nous n'avons pas perdu nos peines.

Voici 1963 ! Françaises à chacune de vous, Français à chacun de vous, j'adresse, du fond de mon cœur, mes meilleurs vœux de nouvel an. Et puis, en notre nom à tous, je forme pour la France le souhait immémorial : « Que l'année lui soit heureuse ! » A cet égard, sans doute, beaucoup de choses dépendront surtout des événements. Tout comme un navire sur la mer n'est le maître des vents ni des flots, un peuple ne commande pas, à lui seul, le calme ni les remous du monde. Mais, dans ce qu'il lui advient, pour combien comptent, en toute hypothèse, son effort et sa cohésion ! Travailler et rester unis, voilà quelles sont, quoi qu'il arrive, les meilleures de nos garanties. L'an dernier, pour notre bien, nous avons su nous les assurer. L'an prochain, qu'il en soit de même !

Pour quoi faire? Mais, pour avancer ! Un peuple comme le

1. Allusion au projet d'organisation politique de l'Europe que la Belgique et les Pays-Bas ont refusé d'approuver le 17 avril 1962.

2. Les négociations qui aboutiront au traité franco-allemand du 22 janvier 1963 sont en bonne voie.

nôtre ne prodigue pas son labeur, ne pratique pas la stabilité, n'aide pas à maintenir la paix, afin d'en rester simplement à ce qui est déjà acquis. Le progrès est, aujourd'hui, notre ambition nationale.

Progrès démographique. La France moderne pourrait compter cent millions d'habitants. Combien seront donc bienvenus les bébés qui naîtront chez nous en 1963 ! Quant à ceux de nos rapatriés qui voudront décidément s'installer dans la métropole et dont nous comprenons fort bien les soucis, parfois les chagrins, c'est de grand cœur que nous les aiderons à y trouver, comme les autres Français, leur place, leurs droits et leurs devoirs [1].

Progrès économique, technique et scientifique, dont tout le reste dépend et qui change à un rythme rapide, non point certes l'âme, mais la structure et la figure de la France. Notre Plan règle ce développement. Il nous faut l'exécuter.

Progrès social, ce qui veut dire amélioration nouvelle de la condition de tous, d'abord des moins favorisés et, en particulier, cette fois, des gens âgés, ainsi qu'une étape de plus vers le mieux en tout ce qui concerne la vie et la valeur de la collectivité nationale : logement, éducation, hospitalisation, équipement urbain et agricole.

Progrès international, notamment dans les deux directions où s'exerce au-dehors notre effort principal. Il s'agit d'abord de l'union de l'Europe occidentale, pour son économie, sa politique, sa défense, sa culture, établissant ainsi l'équilibre avec les États-Unis, renforçant de ce fait l'alliance du monde libre, prête à accueillir dans l'avenir une Angleterre [2] qui pourrait et qui voudrait se joindre à elle sans réserves et définitivement, visant à organiser avec les pays de l'Est, s'ils en venaient un jour à la grande détente, la paix et la vie de notre continent tout entier. Il s'agit ensuite de l'aide à prêter aux peuples qui en ont besoin pour leur développement moderne et, avant tout, de notre coopération avec ceux des États d'Afrique, d'Asie, d'Amérique latine, qui souhaitent celle de la France.

Ce sont là de bien grands espoirs? Oui ! Car le temps est venu où, sans tomber dans l'outrecuidance, nous pouvons

1. Contrairement à ce qu'on avait pu espérer au moment de la conclusion des accords d'Évian, et, partiellement au moins, en raison des troubles provoqués d'avril à juin par l'O.A.S., la grande majorité des Français d'Algérie ont regagné la métropole au moment où l'Algérie est devenue indépendante.

2. Des négociations sur l'entrée de la Grande-Bretagne dans le Marché commun ont été ouvertes le 8 novembre 1961.

et nous devons regarder loin et viser haut. Françaises, Français, nos souhaits pour la nouvelle année sont à la mesure de la France nouvelle.

Vive la République !

Vive la France !

31 DECEMBRE 1962

Le Général de Gaulle, Chef des Armées en vertu de l'article 15 de la Constitution, leur adresse ses vœux pour l'année qui va s'ouvrir.

VŒUX AUX ARMÉES

Aux Armées de Terre, de Mer et de l'Air, j'adresse mes meilleurs vœux et ceux du pays pour 1963.

Cette année sera décisive quant à la rénovation de la défense nationale. L'apparition de notre force atomique, la modernisation de nos moyens conventionnels, le regroupement de nos unités et de nos services en vue de l'éventualité d'un conflit mondial, vont accroître la puissance française. Qu'à mesure de cette transformation se resserrent plus étroitement encore les liens qui unissent la nation à ses armées ! Ce doit être le souhait de tous ceux qui ont l'honneur de servir sous les armes.

Soldats, marins, aviateurs, à vous tous et à vos chefs vont du fond de mon cœur, mon affection et mon estime.

Général de Gaulle.

1963

1er JANVIER 1963

Le Général de Gaulle répond aux vœux qui lui ont été présentés, au nom des Corps constitués, par M. Alexandre Parodi, Vice-président du Conseil d'État.

ALLOCUTION PRONONCÉE LORS DE LA PRÉSENTATION DES VŒUX DES CORPS CONSTITUÉS

Monsieur le Président,

C'est avec une grande satisfaction que je reçois les souhaits que vous venez de m'exprimer. Pour ma part, ne doutez pas que mes vœux les plus sincères aillent à l'ensemble des Corps constitués réuni autour de moi, ainsi qu'à chacun d'entre eux.

Puissent ces Corps, dans tous leurs membres et en toutes circonstances, demeurer pénétrés du devoir qui est le leur ! Servir l'État, qui ne saurait être reconnu qu'en ceux qui en sont responsables. Dès lors qu'il s'agit de mesures d'action ou d'administration, s'employer, sous leur direction, à assurer l'exécution sans y apporter de réserve. S'il s'agit de justice, ne considérer rien que les lois telles qu'elles procèdent de la souveraineté nationale. Assurément, c'est là un rôle qui implique souvent l'abnégation, mais c'est de là, précisément, que la fonction publique tire son éminent relief, sa noblesse et son prestige.

L'an dernier, qui le sait mieux que vous ! l'État s'est trouvé soumis à des menaces. Parce qu'il est la République, il les a surmontées grâce à l'appui du pays. En même temps et pour la même raison, il a réussi à conduire la France à plus de prospérité, d'unité, de fraternité intérieures et à une position extérieure mieux affermie et plus respectée. J'adresse mon témoignage aux Corps Constitués pour la part qu'ils ont prise, en général, à cette grande œuvre.

Sans doute peut-il aujourd'hui sembler que l'année nouvelle commence sous un horizon dégagé. Mais l'effort du progrès national ne saurait en être que plus grand. C'est dire que le rôle des cadres administratifs, judiciaires et militaires sera, en 1963, et autant que jamais, essentiel.

A vous-mêmes, Messieurs et, par vous, à l'ensemble de ceux qui ont vocation de servir, j'adresse avec mes meilleurs souhaits, l'expression bien cordiale de mon estime et de ma confiance.

1er JANVIER 1963

Le Général de Gaulle répond à l'allocution par laquelle Mgr. Bertoli, nonce apostolique, lui a présenté les vœux du Corps diplomatique, dont il est le doyen.

RÉPONSE AUX VŒUX DU NONCE APOSTOLIQUE

Monsieur le Nonce,

Les vœux que vous voulez bien m'exprimer au nom du Corps diplomatique m'ont vivement touché. D'autant plus qu'au début de cette année 1963, plus peut-être que lors des précédentes, il me semble qu'un souhait commun et vraiment sincère nous unit tous en cette occasion. Il s'agit, naturellement, de la paix dont vous venez de parler si justement et si noblement.

En effet, nous le sentons tous, aucun État du monde ne peut méconnaître, aujourd'hui, que briser la paix et déchaîner un conflit général reviendrait à condamner notre race et se condamner lui-même à la destruction. Au contraire, si la paix devait durer, *a fortiori* si elle était assurée, que de progrès, matériels, moraux et culturels, pourraient accomplir nos semblables à une époque qui leur en offre tant de moyens puissants et nouveaux ! Ainsi se trouve tracé à notre époque, plus nettement qu'il ne le fut jamais, le devoir primordial des États.

Monsieur le Nonce, je vous demande de transmettre à Sa Sainteté le pape les vœux de notre filial attachement, vœux plus ardents que jamais en un temps où, par son ordre et autour de lui, a commencé le Grand Concile qui éveille tant et tant d'espoirs [1].

Messieurs les Ambassadeurs et Ministres, mes souhaits et ceux de la France vont, avec l'expression de ma très haute considération, à chacun des pays que vous représentez ici, aux souverains et aux chefs d'État qui président à leurs destinées, à vous-mêmes que je me félicite vivement de voir assemblés près de moi le premier jour de l'année nouvelle.

14 JANVIER 1963

Le Général de Gaulle a convoqué les journalistes au Palais de l'Élysée. C'est à cette occasion qu'il exposera les raisons pour lesquelles il ne lui paraît pas possible que la Grande-Bretagne entre dans le Marché commun, sa politique étant à beaucoup d'égards liée à celle des États-Unis plus qu'à celle de l'Europe.

CONFÉRENCE DE PRESSE TENUE AU PALAIS DE L'ÉLYSÉE

Mesdames, Messieurs,

Je me félicite de vous voir. J'espère que notre réunion pourra contribuer à éclairer l'opinion sur les questions principales qui se posent actuellement à la France. Chacun comprendra certainement que, pour répondre à vos questions, je procède de telle façon que ce que je dirai revête le caractère d'un ensemble plutôt que d'indications de détails.

D'ailleurs, il se trouve que maintenant la France est en mesure de considérer et de traiter les problèmes, non pas sous une forme plus ou moins haletante et changeante, mais en tant que desseins continus et décisions de longue portée.

Cela dit, je demande à ceux d'entre vous qui souhaitent m'in-

1. La première session du Concile de Vatican II, convoqué par le pape Jean XXIII, a eu lieu du 11 octobre au 8 décembre 1962.

terroger de bien vouloir formuler, dès à présent, leurs questions que je grouperai pour y répondre.

....

Je groupe ces questions-là. Elles se rapportent d'abord, et c'est tout naturel, à l'orientation du pays au lendemain des consultations populaires récentes aux points de vue constitutionnel, politique et, du même coup, économique et social. Voilà une famille de questions qui m'ont été posées. Il y en a naturellement une tout à fait de circonstance, et d'ailleurs essentielle, qui se rapporte au Marché commun et à la candidature de l'Angleterre à ce Marché. Une question est également capitale, au sujet de la position de la France par rapport à l'affaire des Bahamas. C'est comme cela que je le comprends, n'est-il pas vrai? Il y a ensuite les questions qui m'ont été posées relativement aux rapports de la France et de l'Allemagne. Enfin, on m'a demandé, *ex abrupto*, si nous avions quelque chose à dire concernant le désarmement. Plus quelques questions du moment sur tel et tel État africain. Eh bien, me voilà renseigné. Je vais tâcher maintenant que vous le soyez à votre tour !

Q. — *Tout le monde ici attend vos déclarations de politique étrangère, mais nous croyons qu'il serait intéressant de connaître votre vue actuelle sur la politique intérieure française, surtout sous l'angle économique et social.*

Q. — *Après les récentes consultations populaires françaises, le référendum et les élections, comment, s'il vous plaît, envisagez-vous les perspectives politiques françaises et les perspectives du régime?*

R. — Nous allons prendre, d'abord, la question de notre situation et de nos perspectives intérieures après que le pays a, en effet, confirmé les institutions qu'il s'était votées en 1958. En décidant que le Chef de l'État sera élu au suffrage universel, en approuvant, après quatre ans d'expérience, la façon dont sont exercées les attributions du Président de la République, en consacrant le principe et les conditions d'emploi du référendum, tout le monde pense que notre pays a tranché les controverses qui s'étaient présentées en ce qui concerne le caractère, le sens, la portée, de la réforme constitutionnelle que nous avons accomplie.

Ce qui saute aux yeux, dans cette réforme constitutionnelle, c'est, me semble-t-il, qu'elle a réussi parce qu'elle correspond, avant tout, à une nécessité vraiment absolue des temps modernes. Il est banal de constater que l'évolution actuelle rend toujours et de plus en plus essentiel le rôle de l'État et il n'y a pas d'activité nationale qui, dès à présent, puisse s'exercer sans son consentement, souvent sans son intervention, et parfois sans sa direction. Tout, et même le sort de chacun, est donc lié, plus ou moins directement, à l'action des pouvoirs publics, laquelle se traduit par une orientation nationale, par des règlements et par des lois. A cette action-là, comme à toute action, il faut une tête, et comme cette tête est une personne, il convient que celle-ci reçoive l'expression personnelle de la confiance de tous les intéressés. Il faut tenir compte aussi de ce fait écrasant que, dans la situation politique et stratégique où se trouve le monde, il y a des pays, en particulier le nôtre, qui sont à tout instant, on peut le dire, en danger de mort subite. D'où la nécessité pour ces pays d'avoir au sommet une autorité permanente qui soit en mesure d'assumer le destin et, le cas échéant, de prendre instantanément des décisions d'une immense portée. Ce sont ces conditions qui ont exclu dorénavant l'ancien système des partis, instable, incertain, inconstant, et ce sont ces mêmes conditions qui ont porté le pays, dans son instinct et dans sa raison, à répondre comme il l'a fait, d'abord en confirmant encore une fois les institutions nouvelles, puis en choisissant ses députés.

Pour la première fois depuis sa naissance, la République est établie dans la continuité. Assurément, les problèmes avec lesquels nous sommes confrontés comportent que demeure ouvert un libre débat d'où peuvent et doivent sortir maintes idées, propositions, améliorations, de la part de ceux qui ne sont pas de parti pris. Il ne faut pas s'attendre, bien sûr, à ce que les professionnels de la nostalgie, du dénigrement, de l'aigreur, renoncent, tout au moins pour le moment, à suer le fiel, à cracher la bile et à lâcher le vinaigre. Seulement, c'est un fait que le jeu de naguère, celui des continuelles intrigues, combinaisons, chutes, élévations, qui était pratiqué par les spécialistes, ce jeu-là ne peut pas reprendre. La simple application des dispositions de la Constitution s'y oppose et, s'il le fallait, le recours au jugement du pays serait là pour l'empêcher.

Ainsi, depuis quatre ans, la stabilité, l'efficacité des pouvoirs publics ont permis d'accomplir une œuvre dont il n'y a pas de raison que je cache qu'elle me paraît considérable. Je ne veux pas manquer, à ce sujet, d'évoquer les mérites véritablement éminents de celui que j'avais alors placé auprès de moi comme Premier ministre, M. Michel Debré, et aussi les mérites de ses collègues du Gouvernement. Maintenant il faut poursuivre la tâche sur une base de cohésion nationale plus assurée. J'y ai appelé M. Georges Pompidou ainsi que les autres ministres. Le pays a donné son accord à l'entreprise et la nouvelle Assemblée Nationale a exprimé sa confiance aux hommes [1].

Quelle est cette entreprise? C'est tout simplement la transformation de notre pays suivant ce que commande la civilisation moderne. Transformation qui s'applique d'abord à la condition de l'homme. Tous ces biens matériels et spirituels auxquels chacun souhaite accéder, il s'agit de les rendre de plus en plus accessibles, d'abord en en multipliant le nombre, puis en procurant des moyens accrus pour les acquérir. Cette transformation touche aussi à la vie collective dont il faut s'efforcer qu'elle soit de plus en plus aisée et de plus en plus féconde, et cela pour les familles, pour les villes, pour les campagnes, pour les professions ; d'où la nécessité de ces investissements sociaux qui s'appellent l'Éducation, le Logement, l'Hospitalisation, l'Équipement urbain, agricole, sportif. Transformation qui embrasse l'ensemble de la nation ; soit par l'aménagement de son activité et de son administration sur son propre territoire ; soit par le resserrement de ses rapports avec les autres États, en particulier avec ses voisins, puis avec ceux qui sont portés par leurs besoins ou par leurs tendances à coopérer de préférence avec elle. Enfin, cette transformation vise la mise sur pied des moyens destinés à nous défendre. Il va de soi que tout cela doit être rigoureusement lié au développement de notre économie, faute de quoi les rémunérations et les dépenses subissant des hausses effrénées, nous en reviendrions très vite à l'inflation. Mais si nécessaire, si juste, si désiré que soit ce progrès, la France se connaît assez bien pour savoir qu'il n'y a pas de théorie qui puisse faire jaillir d'elle, tout à coup, les richesses de l'Eldorado. Tout ce que nous voulons avoir en plus de ce que nous avons ne proviendra que de l'augmentation régulière de notre produit national. Il n'y a pas une seule société humaine dans le monde, quel que soit son régime politique, économique et social, qui puisse nourrir le progrès autrement que par l'expansion.

1. Le 13 décembre 1962, l'Assemblée Nationale a approuvé par 268 voix contre 116 et 69 abstentions une déclaration de politique générale du gouvernement Pompidou.

Notre expansion à nous est, dans l'ensemble, en bonne voie. Pour le constater, en dehors même des statistiques, il n'y a qu'à regarder la masse croissante des choses que l'on achète, le nombre de plus en plus grand des écoles, des logements, des hôpitaux, qui sont construits, le développement de la distribution de l'eau, de l'électricité, du gaz, du pétrole, la foule grandissante des autos sur toutes nos routes. Naturellement, la distribution de tout ce qui est produit, compte tenu de ce qui est dû à l'esprit d'entreprise, aux biens qui sont investis, à la valeur et à la hiérarchie professionnelle, cette distribution doit être plus équitable qu'elle ne l'est. Si la répartition de notre revenu national s'est certainement améliorée, il faut poursuivre dans cette voie. Mais, de toute manière, pour devenir plus prospères, il y a des conditions à remplir qui, toutes, exigent le travail et impliquent l'évolution.

Il s'agit de multiplier et de développer les moyens dont nous disposons, ce qui incombe à la recherche scientifique et technique et ce qui exige des investissements continuels et rigoureux prélevés sur les bénéfices obtenus. Il s'agit de tirer de ces moyens un rendement meilleur et cela ne peut résulter que du travail fourni et de l'élévation des capacités professionnelles déployées. Il s'agit de faire en sorte que tous ceux qui accomplissent l'œuvre économique soient mieux informés de ses réalités et participent d'une manière plus effective à ses responsabilités, ce qui implique à la base une association plus étendue du personnel à la marche des entreprises et au sommet la collaboration plus étroite des représentants des activités nationales, économiques, sociales, administratives, culturelles, aux travaux des Conseils où sont élaborés et contrôlés le développement de nos régions et celui de notre pays. Il s'agit enfin de maintenir notre effort suivant les conditions qui nous sont imposées pour quelques années encore. Les destructions et les pertes que nous avons subies au cours des deux dernières guerres mondiales et la lamentable dénatalité d'autrefois font que notre population active doit accomplir la tâche du développement national tout en portant la charge et le devoir d'aider un nombre relativement très grand de vieilles gens à finir dignement leur vie, d'assurer l'existence, la croissance et l'éducation d'une jeunesse maintenant multipliée mais qui n'a pas encore abordé l'œuvre économique. Voilà de quoi dépendent la prospérité et la puissance de la France.

Eh bien ! nous nous sommes fixé à cet égard les objectifs à atteindre et les moyens d'y parvenir ; nous nous les sommes fixés par le Plan, dont toutes les parties sont étroitement liées, qui s'étend sur quatre années et qui mesure pour cette durée un progrès déterminé et prépare pour la suite une nouvelle et rationnelle avance. Ce Plan est notre Plan, l'essentiel de notre politique économique et sociale c'est de l'appliquer nettement et fermement.

Notre solidité nous le permet dorénavant, à moins que quelque drame extérieur, qui serait provoqué par l'ambition des autres — car il ne le sera pas par notre propre ambition — ne vienne tout compromettre. A part cette circonstance dramatique, le bien de la France et celui des Français dépendent tout simplement d'éléments longtemps éprouvés : le travail, l'ordre et la paix.

Q. — *Pourriez-vous définir explicitement la position de la France face à l'entrée de l'Angleterre dans le Marché commun et l'évolution de leur rôle politique respectif?*

R. — Voilà une question claire à laquelle je vais m'efforcer de répondre clairement.

Quand on parle d'économie et, à plus forte raison, quand on en fait, il faut que ce que l'on dit et ce que l'on fait soient conformes aux réalités, parce que, sans cela, on va à des impasses et même, quelquefois, à la ruine.

Dans cette très grande affaire de la Communauté économique européenne et aussi dans celle de l'adhésion éventuelle de la Grande-Bretagne, ce sont les faits qu'il faut d'abord considérer. Les sentiments, si favorables qu'ils puissent être et qu'ils soient, ne sauraient être invoqués à l'encontre des données réelles du problème. Quelles sont ces données?

Le Traité de Rome a été conclu entre six États continentaux. Des États qui, économiquement parlant, sont en somme de même nature. Qu'il s'agisse de leur production industrielle ou agricole, de leurs échanges extérieurs, de leurs habitudes et de leurs clientèles commerciales, de leurs conditions de vie et de travail, il y a entre eux beaucoup plus de ressemblances que de différences. D'ailleurs, ils sont contigus, ils s'interpénètrent, ils se prolongent les uns les autres par leurs communications. Le fait de les grouper et de les lier entre eux de telle façon que ce qu'ils ont à produire, à acheter, à vendre, à consommer, ils le produisent, l'achètent, le vendent, le consomment, de préférence dans leur propre ensemble est donc conforme aux réalités.

Il faut ajouter d'ailleurs qu'au point de vue de leur développement économique, de leur progrès social, de leur capacité technique, ils vont en somme du même pas et ils marchent d'une façon fort analogue. Encore, se trouve-t-il qu'il n'existe entre eux aucune espèce de grief politique, aucune question de frontière, aucune rivalité de domination ou de puissance. Au contraire, ils sont solidaires à cause, d'abord, de la conscience qu'ils ont de détenir ensemble une part importante des sources de notre civilisation et aussi, quant à leur sécurité, parce qu'ils sont des Continentaux et qu'ils ont devant eux une seule et même menace d'un bout à l'autre de leur ensemble territorial.

Enfin, ils sont solidaires par le fait qu'aucun d'entre eux n'est lié au-dehors par aucun accord politique ou militaire particulier.

Il a donc été possible, psychologiquement et matériellement, d'organiser une Communauté économique des Six. D'ailleurs, cela n'a pas été sans peine. Quand le Traité de Rome a été signé en 1957, c'était après de longues discussions et, une fois conclu, pour qu'on pût réaliser quelque chose il fallait que nous autres Français, nous nous mettions en ordre dans les domaines économique, financier, monétaire etc., et cela a été fait en 1959.

A partir de ce moment-là, la Communauté était en principe viable mais il fallait alors appliquer le Traité. Or, ce Traité qui était assez précis, assez complet, au sujet de l'industrie, ne l'était pas du tout, au sujet de l'agriculture. Et cependant, pour notre pays, il fallait que ce fût réglé.

Il est bien évident, en effet, que dans l'ensemble de notre activité nationale l'agriculture est un élément essentiel. Nous ne pouvons concevoir un Marché commun dans lequel l'agriculture française ne trouverait pas des débouchés à la mesure de sa production et nous convenons d'ailleurs que, parmi les Six, nous sommes le pays auquel cette nécessité s'impose de la manière la plus impérative.

C'est pourquoi, en janvier dernier, quand on pensa à mettre en œuvre la deuxième phase du Traité, autrement dit un commencement pratique d'application, nous avons été amenés à poser comme condition formelle l'entrée de l'agriculture dans le Marché commun.

Cela fut finalement accepté par nos partenaires mais, il y fallut des arrangements très complexes et très difficiles [1]. Et encore, certains règlements sont-ils toujours en cours. Je note en passant que, dans cette vaste entreprise, toutes les décisions prises l'ont été par les Gouvernements, car il n'y a nulle part ailleurs d'autorité, ni de responsabilité. Mais je dois dire que,

1. Il s'agit des accords conclus à Bruxelles le 14 janvier 1962.

pour préparer et éclairer les affaires, la Commission de Bruxelles a travaillé d'une façon très objective et très pertinente.

Là-dessus, la Grande-Bretagne a posé sa candidature au Marché commun [1]. Elle l'a fait après s'être naguère refusée à participer à la Communauté qu'on était en train de bâtir, après avoir créé une sorte de libre-échange avec six autres États, après avoir enfin — je peux bien le dire, on se rappelle les négociations qui ont été menées si longuement à ce sujet — après avoir fait quelques pressions sur les Six pour empêcher que ne commence réellement l'application du Marché commun. L'Angleterre donc a demandé à son tour à y entrer, mais suivant ses propres conditions.

Cela pose, sans aucun doute, à chacun des six États et cela pose à l'Angleterre des problèmes d'une très grande dimension.

L'Angleterre, en effet, est insulaire, maritime, liée par ses échanges, ses marchés, son ravitaillement, aux pays les plus divers et souvent les plus lointains. Elle exerce une activité essentiellement industrielle et commerciale et très peu agricole. Elle a, dans tout son travail, des habitudes et des traditions très marquées, très originales.

Bref, la nature, la structure, la conjoncture, qui sont propres à l'Angleterre, diffèrent profondément de celles des Continentaux.

Comment faire pour que l'Angleterre, telle qu'elle vit, telle qu'elle produit, telle qu'elle échange, soit incorporée au Marché commun tel qu'il a été conçu et tel qu'il fonctionne?

Par exemple, le moyen par lequel se nourrit le peuple de Grande-Bretagne, c'est-à-dire en fait l'importation de denrées alimentaires achetées à bon marché dans les deux Amériques ou dans les anciens Dominions, tout en donnant encore des subventions considérables aux paysans anglais, ce moyen-là est évidemment incompatible avec le système que les Six ont établi tout naturellement pour eux-mêmes.

Le système des Six consiste à faire un tout des produits agricoles de toute la Communauté, à fixer rigoureusement leurs prix, à interdire qu'on les subventionne, à organiser leur consommation entre tous les participants et à imposer à chacun de ces participants de verser à la Communauté toute économie qu'il ferait en faisant venir du dehors des aliments au lieu de manger ceux que fournit le Marché commun.

1. Cette candidature a été annoncée par M. Harold MacMillan, Premier ministre britannique, le 31 juillet 1961. Elle a donné lieu à des négociations qui se sont ouvertes le 8 novembre 1961.

Encore une fois, comment faire entrer l'Angleterre telle qu'elle est dans ce système-là?

On a pu croire parfois que nos amis Anglais, en posant leur candidature pour le Marché commun, acceptaient de se transformer eux-mêmes au point de s'appliquer toutes les conditions qui sont acceptées et pratiquées par les Six ; mais la question est de savoir si la Grande-Bretagne, actuellement, peut se placer, avec le Continent et comme lui, à l'intérieur d'un tarif qui soit véritablement commun, de renoncer à toute préférence à l'égard du Commonwealth, de cesser de prétendre que son agriculture soit privilégiée et encore de tenir pour caducs les engagements qu'elle a pris avec les pays qui font partie de sa zone de libre-échange. Cette question-là, c'est toute la question.

On ne peut pas dire qu'elle soit actuellement résolue. Est-ce qu'elle le sera un jour? Seule, évidemment, l'Angleterre peut répondre.

La question est posée d'autant plus que, à la suite de l'Angleterre, d'autres États qui sont, je le répète, liés à elle dans la zone de libre-échange, pour les mêmes raisons que la Grande-Bretagne, voudraient ou voudront entrer dans le Marché commun.

Il faut convenir que l'entrée de la Grande-Bretagne, d'abord, et puis celle de ces États-là changera complètement l'ensemble des ajustements, des ententes, des compensations, des règles, qui ont été établies déjà entre les Six, parce que tous ces États, comme l'Angleterre, ont de très importantes particularités. Alors, c'est un autre Marché commun dont on devrait envisager la construction. Mais celui qu'on bâtirait à onze et puis à treize et puis peut-être à dix-huit ne ressemblerait guère, sans aucun doute, à celui qu'ont bâti les Six.

D'ailleurs, cette Communauté s'accroissant de cette façon verrait se poser à elle tous les problèmes de ses relations économiques avec une foule d'autres États, et d'abord avec les États-Unis.

Il est à prévoir que la cohésion de tous ses membres, qui seraient très nombreux, très divers, n'y résisterait pas longtemps et, qu'en définitive, il apparaîtrait une Communauté atlantique colossale sous dépendance et direction américaines et qui aurait tôt fait d'absorber la Communauté européenne.

C'est une hypothèse qui peut parfaitement se justifier aux yeux de certains, mais ce n'est pas du tout ce qu'a voulu faire et ce que fait la France et qui est une construction proprement européenne.

Alors, il est possible qu'un jour l'Angleterre vienne à se transformer elle-même suffisamment pour faire partie de la communauté européenne, sans restriction et sans réserve, et de préférence à quoi que ce soit, et dans ce cas-là les Six lui ouvriraient la porte et la France n'y ferait pas obstacle, bien qu'évidemment la simple participation de l'Angleterre à la Communauté changerait considérablement sa nature et son volume.

Il est possible aussi que l'Angleterre n'y soit pas encore disposée et c'est bien là ce qui paraît résulter des longues, si longues, conversations de Bruxelles [1]. Mais, si c'est le cas, il n'y a rien qui puisse être dramatique.

D'abord, quelque décision que prenne l'Angleterre à cet égard, il n'y a aucune raison pour que soient changés, en ce qui nous concerne, les rapports que nous avons avec elle. La considération, le respect, qui sont dûs à ce grand État-là, ce grand peuple, n'en seront pas altérés le moins du monde.

Ce que l'Angleterre a fait à travers les siècles et dans le monde est reconnu comme immense, bien qu'elle ait eu souvent des conflits avec la France. La participation glorieuse de la Grande-Bretagne à la victoire qui couronna la Première Guerre mondiale, nous, Français, l'admirons pour toujours. Quant au rôle qu'a joué l'Angleterre dans le moment le plus dramatique et décisif de la Deuxième Guerre mondiale [2], nul n'a le droit de l'oublier.

En vérité le destin du monde libre, et d'abord le nôtre, et même celui des États-Unis et celui de la Russie, ont dépendu dans une large mesure de la résolution, de la solidité, du courage du peuple anglais, tels que Churchill a su les mettre en œuvre. Aujourd'hui même, personne ne peut contester la capacité et la valeur britanniques.

Alors, je le répète, si les négociations de Bruxelles ne devaient pas actuellement aboutir, rien n'empêcherait que soit conclu entre le Marché commun et la Grande-Bretagne un accord d'association, de manière à sauvegarder les échanges, et rien n'empêcherait non plus que soient maintenues les relations étroites de l'Angleterre et de la France et que se poursuive et se développe leur coopération directe dans tous les domaines, notamment ceux de la science, de la technique et de l'industrie, comme d'ailleurs les deux pays viennent de le prouver en décidant de construire ensemble l'avion supersonique « Concorde ».

Enfin, il est très possible que l'évolution propre à la Grande-Bretagne et l'évolution de l'univers portent les Anglais vers

1. Il s'agit des négociations ouvertes le 8 novembre 1961.

2. De juin à octobre 1940.

le continent, quels que soient les délais avant l'aboutissement. Pour ma part, c'est cela que je crois volontiers, et c'est pourquoi, à mon avis, de toute manière, ce sera un grand honneur pour le Premier ministre britannique, pour mon ami M. Harold MacMillan et pour son gouvernement, d'avoir discerné cela d'aussi bonne heure, d'avoir eu assez de courage politique pour le proclamer et d'avoir fait faire les premiers pas à leur pays dans la voie qui, un jour peut-être, le conduira à s'amarrer au continent [1].

Q. — *Quelle est la position de la France face au projet Kennedy de formule multilatérale, c'est-à-dire face aux accords des Bahamas [2] ?*

R. — Déjà plusieurs fois, j'ai saisi l'occasion d'indiquer publiquement quelle était la politique de la France au point de vue de sa défense et aussi de quels moyens elle jugeait nécessaire de se doter en conséquence. Cette fois encore, je vais tâcher d'éclairer le sujet. De toute manière je répète, après l'avoir souvent dit, que la France entend avoir en propre sa défense nationale. Il est évident qu'un pays, comme est en particulier le nôtre, ne peut pas par le temps qui court, ne pourrait pas, conduire à lui tout seul une grande guerre moderne. Avoir des alliés, cela va de soi pour nous dans la période historique où nous sommes. Mais avoir aussi, pour un grand peuple, la libre disposition de soi-même et de quoi lutter pour la garder, c'est une nécessité formelle, car les alliances n'ont pas de vertus absolues, quels que soient les sentiments qui les fondent. Si

1. Sur l'initiative de la délégation française, les négociations ouvertes le 8 novembre 1961 à Bruxelles au sujet de l'entrée de la Grande-Bretagne dans le Marché commun seront interrompues le 29 janvier 1963.

2. Le Premier ministre britannique Harold MacMillan et le Président John F. Kennedy se sont entretenus à Nassau, dans les îles Bahamas, du 18 au 21 décembre 1962. En 1960, la Grande-Bretagne a abandonné la construction de la fusée Blue Streak, destinée à équiper sa force nucléaire stratégique, et conclu un accord entre les États-Unis en vue du développement en commun de la construction d'un autre type de fusées, dit Skybolt. Mais en décembre 1962, les États-Unis ont décidé de renoncer à construire la fusée Skybolt, ce qui risque de priver à brève échéance la force nucléaire britannique de toute efficacité. Au cours de leurs entretiens de Nassau, M. MacMillan et le Président Kennedy se sont mis d'accord sur la fourniture à la Grande-Bretagne par les États-Unis de fusées Polaris, dont les ogives thermo-nucléaires seraient fabriquées par l'Angleterre, de même que les sous-marins destinés à utiliser ces fusées. Ils ont également envisagé la création d'une force nucléaire multilatérale, composée d'éléments américains, britanniques et éventuellement français, étant cependant admis que la Grande-Bretagne pourrait utiliser librement ses propres fusées Polaris si son Gouvernement estimait que des intérêts nationaux suprêmes étaient en jeu. Des propositions tendant soit à la création de la force multilatérale, soit à la fourniture à la France par les États-Unis de fusées Polaris dans les mêmes conditons qu'à la Grande-Bretagne, ont été faites à la France le 21 décembre 1962.

on perd spontanément et même pour un temps la disposition de soi-même, on risque fort de ne la retrouver jamais. Et puis, les conditions dans lesquelles nous nous trouvons nous imposent, elles aussi, d'agir de cette façon.

Nous sommes à l'ère atomique et nous sommes un pays qui peut être détruit à tout instant, à moins que l'agresseur ne soit détourné de l'entreprise par la certitude qu'il subira, lui aussi, des destructions épouvantables. Cela justifie simultanément l'alliance et l'indépendance. Les Américains, nos alliés, nos amis, ont eu longtemps, à eux seuls, un armement nucléaire. Tant qu'ils avaient seuls un tel armement et qu'ils manifestaient la volonté de l'utiliser aussitôt si l'Europe était attaquée — car seule l'Europe pouvait alors être attaquée — les Américains faisaient en sorte que, pour la France, la question d'une invasion ne se posât guère puisque l'attaque était invraisemblable. Il s'agissait alors pour l'Alliance Atlantique, c'est-à-dire pour le commandement américain, de disposer en Europe et en Amérique d'une aviation tactique et stratégique capable de lancer les projectiles atomiques — car, à ce moment-là, seuls les avions pouvaient le faire — et, ainsi, de protéger l'Europe. Il s'agissait aussi de mettre en ligne, en Europe même, des forces conventionnelles terrestres, navales, aériennes qui pussent assurer le déploiement et la mise en œuvre des moyens atomiques. On peut dire que, pendant ce temps-là, la dissuasion jouait à plein et qu'il y avait un empêchement pratiquement infranchissable à une invasion de l'Europe. On ne saurait trop apprécier l'étendue du service, fort heureusement passif, que pendant cette période les Américains ont, de cette façon, rendu à la liberté du monde.

Depuis, les Soviets ont eu, eux aussi, un armement nucléaire [1] et cet armement est assez puissant pour mettre en question la vie même de l'Amérique. Naturellement je ne fais pas d'évaluation — si tant est qu'on puisse établir un rapport entre le degré d'une mort et le degré d'une autre — mais le fait nouveau et gigantesque est là. Dès lors, les Américains se trouvaient, ils se trouvent, devant l'hypothèse d'une destruction directe. Alors la défense immédiate, et on peut dire privilégiée, de l'Europe et le concours militaire de l'Europe, qui étaient naguère les données fondamentales de leur stratégie, passent, par la force des choses, au second plan. On vient de le voir tout justement dans l'affaire de Cuba.

1. La première bombe atomique russe a explosé le 14 juillet 1949.

Les Américains, se trouvant exposés à une attaque atomique directe à partir des Caraïbes, ont agi de manière à se débarrasser de la menace et, s'il l'avait fallu, à la briser, sans qu'il parût ni à eux, ni d'ailleurs à personne, que la partie se jouerait nécessairement en Europe et sans recourir au concours direct des Européens [1]. D'autre part, les moyens qu'ils ont tout aussitôt décidé d'utiliser pour faire face à une attaque directe, soit qu'elle provînt seulement de Cuba, soit qu'elle fût combinée avec une autre venant d'ailleurs, se sont trouvés automatiquement affectés à autre chose qu'à la défense de l'Europe, lors même que celle-ci eût été attaquée à son tour. Et puis, par-dessus tout, la dissuasion est maintenant le fait des Russes comme le fait des Américains, ce qui veut dire, qu'en cas de guerre atomique générale, il y aurait fatalement des destructions épouvantables et peut-être mortelles pour l'un et pour l'autre pays. Dans ces conditions personne dans le monde, en particulier personne en Amérique, ne peut dire si, où, quand, comment, dans quelle mesure, les armements nucléaires américains seraient employés à défendre l'Europe. Cela n'empêche, d'ailleurs, pas du tout que les armements nucléaires américains, qui sont les plus puissants de tous, demeurent la garantie essentielle de la paix mondiale. Ce fait, et la détermination avec laquelle le Président Kennedy s'en est servi, sont, eux aussi, apparus en pleine lumière à partir de l'affaire de Cuba. Mais il reste que la puissance nucléaire américaine ne répond pas, nécessairement et immédiatement, à toutes les éventualités concernant l'Europe et la France.

Ainsi, les principes et les réalités s'accordent pour conduire la France à se doter d'une force atomique qui lui soit propre. Cela n'exclut pas du tout, bien entendu, que soit combinée l'action de cette force avec celle des forces analogues de ses alliés. Mais, pour nous, dans l'espèce, l'intégration est une chose qui n'est pas imaginable [2]. En fait, on le sait, nous avons commencé, par nos seuls et propres moyens, à inventer, à expérimenter et à construire des bombes atomiques et les véhicules pour les lancer.

Il est tout à fait explicable que cette entreprise française

1. Le Général de Gaulle a approuvé l'attitude prise par le Président Kennedy en octobre 1962, au moment de la crise de Cuba. Mais cette attitude a été décidée par le Gouvernement américain sans consultation de ses alliés européens, qu'il s'est borné à informer de ses intentions.

2. La force nucléaire multilatérale dont la création a été envisagée par M. Harold MacMillan et par le Président John F. Kennedy à Nassau, serait une force « intégrée ».

ne paraisse pas très satisfaisante à certains milieux américains. En politique et en stratégie, comme en économie, le monopole, tout naturellement, apparaît à celui qui le détient comme le meilleur système possible. Alors, on entend un chœur multiple d'officieux, de spécialistes, de publicistes américains s'en prendre violemment, fortement, à notre armement autonome. « La force atomique dont la France prétend se doter est et restera, disent-ils, infime par rapport à celle des États-Unis et de la Russie. La construire, c'est donc perdre beaucoup d'efforts et beaucoup d'argent pour rien. Et puis, à l'intérieur de l'alliance, les États-Unis ont une supériorité écrasante, alors qu'on n'aille pas contrarier leur stratégie par quelque action divergente ! »

Il est parfaitement vrai que la quantité des moyens nucléaires dont nous pourrons nous doter n'équivaudra pas, de loin, à la masse de ceux des deux géants d'aujourd'hui. Mais, depuis quand est-il prouvé qu'un peuple doit demeurer privé des armes les plus efficaces pour cette raison que son principal adversaire éventuel et son principal ami ont des moyens très supérieurs au sien? La France, lorsque c'était naguère son tour d'être un colosse du monde, a souvent éprouvé ce que valent, ou bien la résistance d'un adversaire moins puissant, mais qui était bien équipé, ou bien le concours d'un allié mettant en ligne des moyens inférieurs, mais bien trempés et bien utilisés.

Du reste, la force atomique a ceci qui lui est propre qu'elle a une efficacité certaine, et dans une mesure effrayante, même si elle n'approche pas du maximum imaginable. En 1945, deux bombes, alors élémentaires, ont amené à capituler le Japon qui ne pouvait pas répondre. Je ne veux pas évoquer ici les hypothèses dans lesquelles l'Europe pourrait subir des actions nucléaires localisées, mais dont les conséquences politiques et psychologiques seraient immenses, à moins qu'il n'y ait la certitude qu'une riposte du même degré serait aussitôt déclenchée. Je veux dire seulement que la force atomique française, dès l'origine de son organisation, aura la sombre et terrible capacité de détruire en quelques instants des millions et des millions d'hommes. Ce fait ne peut pas manquer d'influer, au moins quelque peu, sur les intentions de tel agresseur éventuel.

Là-dessus, aux Bahamas, l'Amérique et l'Angleterre ont conclu un accord et il nous a été demandé d'y adhérer nous-mêmes. Bien entendu, je ne parle de cette proposition et de cet accord que parce qu'ils ont été publiés et qu'on en connaît le contenu. Il s'agit de constituer une force atomique, dite multilatérale, dans laquelle l'Angleterre verse les moyens qu'elle a et ceux qu'elle aura et où les Américains placent quelques-uns des leurs. Cette force multilatérale est affectée à la défense de l'Europe et elle dépend du commandement américain de l'O.T.A.N. Il est toutefois entendu que les Anglais conservent la faculté de reprendre à leur disposition leurs moyens atomiques dans le cas où l'intérêt national suprême leur paraîtrait l'exiger. Quant à la masse des moyens nucléaires américains, elle demeure en dehors de la force multilatérale et sous les ordres directs du Président des États-Unis. D'autre part, et en somme par compensation, l'Angleterre peut acheter à l'Amérique, si elle le veut, des fusées Polaris, qui sont, comme on le sait, lancées à partir de sous-marins construits en conséquence et qui emportent à 2 000 ou 3 000 kilomètres les projectiles thermo-nucléaires qui leur sont adaptés. Pour construire ces sous-marins et ces projectiles, les Anglais disposent du concours privilégié des Américains [1]. On sait, je le dis en passant, que ce concours-là ne nous a jamais été proposé et on doit savoir, en dépit de ce que certains racontent, que nous ne l'avons jamais demandé.

La France a pris acte de l'accord anglo-américain des Bahamas. Tel qu'il est conçu, personne sans doute ne s'étonnera que nous ne puissions y souscrire. Il ne nous serait vraiment pas utile d'acheter des fusées Polaris, alors que nous n'avons ni sous-marins pour les lancer, ni têtes thermo-nucléaires pour les armer. Sans doute, un jour viendra où nous aurons ces sous-marins et ces têtes nucléaires. Mais le délai sera long. Car la guerre mondiale, l'invasion et leurs conséquences nous ont beaucoup retardé dans notre développement atomique. Lorsque nous aurons un jour ces sous-marins et ces têtes, que vaudront alors les Polaris? A ce moment-là, vraisemblablement, nous disposerons de fusées de notre propre invention. Autrement dit, pour nous, techniquement parlant, l'affaire n'est pas « d'actualité ».

Mais aussi elle ne répond pas au principe dont j'ai parlé tout à l'heure, qui consiste à disposer, en propre, de notre force de dissuasion. Verser nos moyens dans une force multilatérale sous commandement étranger, ce serait contrevenir à ce principe de notre défense et de notre politique. Il est vrai que nous pourrions garder nous aussi, théoriquement, la faculté de reprendre entre nos mains, dans une hypothèse suprême, nos éléments incorporés à la force multilatérale. Mais comment le ferions-

1. La législation américaine sur le secret nucléaire, dite loi Mac-Mahon, n'exclut pas la communication par les États-Unis à la Grande-Bretagne d'informations scientifiques et techniques utiles à la création d'un armement nucléaire.

nous pratiquement, dans les instants inouïs de l'apocalypse atomique? Et puis, cette force multilatérale comporte forcément un enchevêtrement de liaisons, de transmissions, d'interférences à l'intérieur d'elle-même et un enveloppement de sujétions extérieures tels que, si on lui arrachait soudain une partie intégrante d'elle-même, on risquerait fort de la paralyser juste au moment où, elle devrait agir.

Au total, nous nous en tenons à la décision que nous avons arrêtée : construire et, le cas échéant, employer nous-mêmes notre force atomique. Cela sans refuser bien sûr la coopération, qu'elle soit technique ou qu'elle soit stratégique, si celle-ci est, d'autre part, souhaitée par nos alliés.

On m'a posé plusieurs questions au sujet de l'Allemagne. Celles-là sont d'actualité puisque nous allons avoir le grand honneur et le grand plaisir de recevoir ici, la semaine prochaine, le Chancelier fédéral et plusieurs de ses ministres.

Q. — *Comment concevez-vous, à la veille de votre entretien avec le Chancelier Adenauer, l'évolution de la coopération franco-allemande?*

R. — J'espère que cette question couvre à peu près toutes celles qui ont été posées sur ce sujet et auxquelles je vais répondre ensemble.

Parmi les éléments nouveaux qui sont en train de façonner le monde d'à présent, je crois qu'il n'y en a pas qui soient plus frappants et plus féconds que le fait franco-allemand. Deux grands peuples, qui se sont longuement et terriblement opposés et combattus, se portent maintenant l'un vers l'autre dans un même élan de sympathie et de compréhension. Il ne s'agit pas seulement d'une réconciliation commandée par les circonstances. Ce qui se produit, en vérité, c'est une espèce de découverte réciproque des deux voisins, dont chacun s'aperçoit à quel point l'autre est valable, méritant et attrayant.

De là, part ce désir de rapprochement manifesté partout dans les deux pays, conforme aux réalités et qui commande la politique parce que, pour la première fois depuis maintes générations, les Germains et les Gaulois constatent qu'ils sont solidaires. Ils le sont évidemment quant à leur sécurité, puisque la même menace de domination étrangère se dresse devant eux, tandis que leurs territoires constituent une même aire stratégique. Ils le sont économiquement parce que, pour chacun d'entre eux, les échanges mutuels sont un élément essentiel et prépondérant.

Ils le sont au point de vue de leur rayonnement et de leur développement culturels, parce qu'en fait de pensée, de philosophie, de science, d'art, de technique, ils se trouvent complémentaires.

Mais voici que la voix des peuples fait entendre que ces courants correspondent en profondeur à quelque chose de décisif et, sans aucun doute, d'historique. Déjà quand, dans notre capitale, le Président Luebke [1], puis officiellement, à Paris et en province, le Chancelier Adenauer [2], sont venus visiter la France, il se leva de nos populations un ensemble d'hommages et de témoignages qui ne pouvaient laisser aucun doute sur le cours complètement nouveau — c'est le moins que l'on puisse dire — qu'avaient pris chez nous ces sentiments. Quand moi-même, en septembre dernier, j'eus l'honneur d'aller porter à l'Allemagne le salut du peuple français, quand je fus reçu à Bonn, à Cologne, à Düsseldorf, à Duisbourg, à Hambourg, à Munich, à Stuttgart et dans d'autres localités, tous ceux qui pouvaient voir et entendre ont été bouleversés par le déferlement élémentaire, extraordinaire, d'enthousiasme qui s'est produit à cette occasion en faveur de l'amitié de l'Allemagne et de la France, de l'union de l'Europe telle qu'elles la veulent toutes les deux et de leur action commune dans l'univers. Quant à moi, j'en ai été, je dois le dire, touché jusqu'au tréfonds de mon âme et affermi dans ma conviction que la politique nouvelle des relations franco-allemandes repose sur une base populaire incomparable.

Or, cette politique, ce fut depuis toujours, c'est un hommage qu'on doit lui rendre, celle du Chancelier Adenauer. Ce grand homme d'État n'a jamais cessé de penser et de proclamer que la coopération de l'Allemagne et de la France était une nécessité absolue de la vie et du développement moderne des deux pays, mais aussi qu'elle constituait la condition et le fondement même de la construction de l'Europe, enfin qu'elle était dans le présent l'élément primordial de la sécurité de notre continent et, peut-être, dans l'avenir, celui de l'équilibre et de la paix entre les nations qui le peuplent de l'est à l'ouest. Comme nous pensons exactement de même, les Gouvernements de Bonn et de Paris n'ont pas eu grand-peine à s'accorder pour resserrer pratiquement leurs rapports dans les domaines politique, économique, culturel et dans celui de la défense.

La réunion franco-allemande que nous aurons ici prochainement

1. En juin 1961.
2. En juillet 1962.

nous permettra, nous l'espérons bien, d'organiser notre coopération mieux qu'elle ne l'est déjà[1]. Il va sans dire qu'il n'y a là rien qui ressemble, ni qui tende, à l'édification entre l'Allemagne et la France de quelque communauté exclusive. Les deux pays ont décidé et se sont engagés à faire partie intégrante de l'Europe telle qu'on la bâtit à partir du traité de Rome. Au demeurant, il est absolument impossible de voir comment le rapprochement plus effectif des peuples français et allemand pourrait nuire en quoi que ce soit à la fraternité de l'Italie et de la France — fraternité deux fois millénaire et aujourd'hui plus vivante que jamais — et aux liens si étroits que les siècles ont tissés entre nous, la Belgique, la Hollande, et le Luxembourg.

Mais il est vrai, qu'en rendant leur coopération plus étroite, l'Allemagne et la France donnent un exemple qui peut être utile à la coopération de tous.

Q. — *Je vous avais demandé si l'armée de la République fédérale allemande, déployée où elle se trouve et commandée comme elle l'est, pouvait être munie et disposer d'armements nucléaires.*

R. — Monsieur, en l'occurrence, il appartient à l'Allemagne fédérale de dire ce qu'elle veut et de mener sa politique. Vous avez vu, qu'en matière de défense, la France mène la sienne. Il est évident qu'il y a une solidarité étroite entre la défense de l'Allemagne et celle de la France, mais chaque pays est maître chez lui et je ne répondrai pas pour le Gouvernement allemand.

Q — *Étant donné que vous avez maintes fois dit dans vos discours passés que, le moment venu, la France dirait la contribution qu'elle entend apporter au désarmement, ne pensez-vous pas, mon Général, que le moment est venu d'en parler?*

R. — Je ne vois pas en quoi le désarmement se pratique[2]. Il est question périodiquement entre les États-Unis et la Russie soviétique, qui ont d'énormes armements nucléaires, de suspendre leurs expériences. Cela arrive généralement quand tous les deux viennent d'en faire une série considérable.

Nous ne voyons aucun inconvénient à ce que ces deux grands États suspendent leurs expériences atomiques, mais le fait qu'ils les suspendraient ne changerait absolument rien à leur

1. Cette réunion aboutira à la conclusion du traité de coopération du 22 janvier 1963.

2. Une Conférence du désarmement siège à Genève, sous les auspices de l'O.N.U., depuis le 14 mars 1962. Elle n'a abouti à aucun résultat. La France n'y participe pas.

armement tel qu'il existe et ne sera absolument pas une mesure de désarmement. Il nous est arrivé très souvent de dire que, tant qu'il existe dans le monde des forces nucléaires telles que celles qui s'y trouvent, rien ne pourra empêcher la France de s'en procurer elle-même, mais que, si le jour venait où ces armements-là seraient vraiment détruits, c'est de grand cœur que la France renoncerait à en faire pour son propre compte.

Eh bien ! je crois que j'ai satisfait, Mesdames, Messieurs, autant que j'ai pu, à votre curiosité. Je vous remercie de l'aimable attention que vous m'avez portée et j'ai l'honneur de vous saluer.

15 JANVIER 1963

Le Général de Gaulle prend la parole lors d'une réception donnée au Palais de l'Élysée en l'honneur du Premier ministre de Suède.

TOAST ADRESSÉ A M. TAGE ERLANDER, PREMIER MINISTRE DE SUÈDE

Monsieur le Premier ministre,

Nous nous félicitons de vous voir. De toute manière et en tous temps, nous aurions été heureux de la visite du Premier ministre suédois. Votre pays fut si longtemps si près du nôtre, notamment quand il s'alliait à nos rois Valois et, sous Richelieu, à nos Bourbons ! et certains de vos héros d'autrefois, tels Gustave-Adolphe ou Charles XII, ont naguère si fortement marqué les esprits de chez nous ! Comment oublierions-nous, qu'aux XVIIe et XVIIIe siècles, les rapports culturels de la France et de la Suède étaient aussi actifs que possible ? Comment ignorerions-nous l'origine française de la famille de vos souverains? [1]

Il est vrai que ces souvenirs historiques, s'ils gardent leur

1. La dynastie qui règne sur la Suède remonte au Maréchal Bernadotte, désigné en 1810 comme Prince héritier par les États de Suède, et devenu roi de Suède sous le nom de Charles XIV, en 1818.

valeur dans l'ordre des sentiments, ne déterminent pas à eux seuls les réalités du présent. C'est de ces réalités, pour autant qu'elles touchent la Suède, et dans une époque où l'Europe est en pleine gestation économique, politique, sociale et culturelle, que vous êtes venu vous entretenir avec nous. A ce titre également nous sommes heureux de vous voir. Car il nous est certainement utile de mesurer plus directement comment la Suède, avec ses propres intentions, nécessités et particularités, souhaite s'adapter au cours nouveau des choses. Et nous-mêmes tenons à vous faire cordialement connaître quelle direction nous entendons suivre dans cette grande conjoncture. Enfin, voici pour moi l'occasion de vous demander de transmettre, à Sa Majesté le roi Gustave VI Adolphe, l'honneur que nous ressentons de sa prochaine visite.

Je lève mon verre en l'honneur de M. Tage Erlander, Premier ministre de Suède, en l'honneur de Madame Erlander, en l'honneur de la Suède.

19 JANVIER 1963

Le Général de Gaulle prend la parole devant les anciens élèves de l'École nationale d'administration.

ALLOCUTION PRONONCÉE A L'ÉCOLE NATIONALE D'ADMINISTRATION

Mon cher Président, [1]

C'est un grand plaisir pour moi de me trouver à l'Assemblée générale de votre Association. D'autant plus, qu'ayant naguère décrété la mise au monde de l'École nationale d'administration, je me félicite de la voir prospérer. Il m'est d'ailleurs agréable de le dire en présence de celui qui me l'avait alors conseillé — le Président Michel Debré — et d'être accompagné, notamment, par le ministre d'État qui était à cette époque secrétaire général

1. M. Olivier Philip.

du Gouvernement [1] et par deux anciens élèves qui sont à présent ministres [2].

Le fait même que les anciens de cette École nationale ont tenu à se donner, en créant votre Association, un cadre propre à se retrouver entre personnes et entre promotions est de nature à me réjouir. Car c'est la preuve qu'ils demeurent, en connaissance de cause, fidèlement attachés à la Maison — j'emploie ce terme dans son sens le plus élevé — d'où ils ont pris leur essor dans la carrière. C'est également le signe, qu'autour de l'E.N.A., cependant toute jeune encore, s'établit déjà la tradition, autrement dit un ensemble affectif qui aide puissamment à la solidité d'une institution.

Comment ne pas approuver ce qu'une association comme la vôtre apporte à ses membres de solidarité et, par là, de sécurité? D'autre part, le fait qu'en se réunissant des hommes de votre qualité et, pour certains déjà, de votre expérience échangent des idées au sujet de votre devoir et de votre vocation, ce fait, dis-je, doit avoir des suites fécondes. Il peut être, notamment, avantageux que vous considériez entre vous ce qu'il serait souhaitable de réaliser pour rendre meilleurs encore l'organisation et le fonctionnement de cette grande École. Mais il n'en saurait évidemment résulter que les pouvoirs publics, altérant la raison d'être et le caractère de votre Association, attendent d'elle des avis publics pour ce qui concerne les actes de l'État. Cela, bien qu'étant fonctionnaires, vous ayez à leur fournir votre collaboration sous le couvert du service. Ce n'est certes pas à vous, en effet, que j'aurais à apprendre ce que sont des attributions et la nécessité de faire en sorte qu'elles ne soient pas confondues.

J'ai parlé de votre devoir et de votre vocation et, avant de vous quitter, j'entends leur rendre, une fois de plus, hommage. Si le service de l'État est foncièrement honorable, c'est tout d'abord parce qu'il fait participer ceux qui y appartiennent aux responsabilités les plus élevées qui soient au monde, celles de la puissance publique. Mais c'est également parce qu'à travers l'État on sert d'une manière directe et, à tout prendre, désintéressée, la collectivité humaine et nationale. Combien est-ce vrai, par-dessus tout, quand l'État c'est la République et quand la collectivité c'est la France !

1. M. Louis Joxe.
2. MM. Valéry Giscard d'Estaing et Alain Peyrefitte.

30 JANVIER 1963

Le Général de Gaulle prend la parole lors d'une réception donnée au Palais de l'Élysée à l'occasion du départ de l'ambassadeur d'Uruguay.

TOAST ADRESSÉ A S.E. M. ABELARDO SAENZ, AMBASSADEUR D'URUGUAY

Monsieur l'Ambassadeur,

Nous vous perdons et, en votre personne, nous perdons plusieurs personnages !

Nous perdons l'éminent ambassadeur d'Uruguay, qui a été pendant son long séjour en France le représentant hautement qualifié d'un pays qui nous est cher et dont nous savons combien il est près du nôtre à tant d'égards.

Nous perdons aussi le vice-doyen du Corps diplomatique, c'est-à-dire un témoin averti et bienveillant, qui, en raison de ses fonctions, a pu suivre de très près la vie du monde telle qu'elle s'est déroulée ici, et qui a su le faire de telle façon qu'il ne subsiste pas une ombre entre ce qui le concerne et ce qui nous concerne.

Nous perdons encore un représentant éminent de l'Amérique latine, dont nous saluons, une fois de plus, l'importance essentielle et dans l'avenir de laquelle nous voyons en grande partie celui du monde libre. Il y a tant de liens entre elle et nous que nous croyons, sans manifester par là une prétention excessive, être comme désignés pour comprendre ce continent dans sa vie d'aujourd'hui et dans son destin de demain. Mais, s'il en est ainsi, je puis dire que c'est notamment parce que vous-même, M. l'Ambassadeur, nous avez éclairés, ce dont nous vous remercions.

Nous perdons enfin en vous un homme, un homme par excellence humain, au surplus un Parisien et, pour tout couronner, un savant [1].

1. Professeur à la Faculté de médecine de Montevideo, le docteur Abelardo Saenz a été également chef de service à l'Institut Pasteur de Paris.

Monsieur l'Ambassadeur, nous gardons et garderons de vous beaucoup de souvenirs très vivants et c'est du fond du cœur que nous formons le souhait très vif de vous revoir.

Mais, à ce sujet aussi, nous vous devons d'avance quelque chose. Je veux dire notre certitude de ne pas vous perdre longtemps.

Je lève mon verre en l'honneur de M. l'ambassadeur Abelardo Saenz ; en votre honneur, Madame, dont la bonne grâce, la bienveillance et l'amabilité nous ont été prodiguées sans relâche ; en l'honneur de l'Uruguay et en l'honneur de l'Amérique latine, dont la France est l'amie fidèle.

12 FEVRIER 1963

Le Général de Gaulle prend la parole lors d'une réception donnée au Palais de l'Élysée en l'honneur de la Garde républicaine de Paris.

TOAST ADRESSÉ AUX OFFICIERS DE LA GARDE RÉPUBLICAINE DE PARIS

C'est pour moi une grande satisfaction que de voir réunis ici aujourd'hui tous les officiers de la Garde et vous, Mesdames, qui voulez bien nous faire l'honneur et le plaisir de votre compagnie.

Je ne veux pas manquer cette occasion vraiment exceptionnelle de dire ce que je pense de ce grand Corps et des services qu'il rend à l'État. Il les rend d'abord en assurant sa sécurité, non sans mérite, non sans peine, et parfois non sans danger. Et puis, la Garde rend service à l'État par l'éclat qu'elle déploie toujours dans les grandes manifestations et autour de ces manifestations ; aussi, sans aucun doute, par le concours artistique qu'elle prête, et que prête en particulier la Musique de la Garde, à toutes les réceptions officielles qui se déroulent à Paris et souvent ailleurs, concours qu'elle prête également à nos cérémonies ; par dessus tout par l'exemple qu'elle donne, l'exemple du service bien fait, l'exemple de la dignité, l'exemple, je tranche le mot, de la majesté militaire. Tout cela, c'est votre honneur, c'est l'honneur de votre Corps fidèle à son brillant passé. Vous êtes constamment à la peine et je me félicite aujourd'hui d'avoir l'occasion de vous mettre à l'honneur. Je lève mon verre, à la Garde.

15 FEVRIER 1963

A l'occasion d'une inspection des institutions de l'Enseignement militaire supérieur, le Général de Gaulle expose les conséquences que la France doit tirer du fait atomique quant à l'organisation de sa défense.

ALLOCUTION PRONONCÉE A L'ÉCOLE MILITAIRE

Messieurs,

Ce n'est pas la peine que je vous cache l'émotion que j'éprouve à me trouver, une fois de plus dans ma vie, dans les lieux où nous sommes et où, jadis, j'ai eu, à plusieurs reprises, à rencontrer des idées, à participer à des travaux, à me livrer à des réflexions qui ont, sans aucun doute, contribué dans une large mesure à ce qu'il m'a été donné par la suite de faire au service de la France.

Je ne veux pas vous cacher non plus la satisfaction que j'ai ressentie à prendre contact avec vous tous, c'est-à-dire avec les différentes branches de l'Enseignement militaire supérieur et avec l'Institut de la Défense nationale. J'ai vu ces branches en pleine activité et en plein essor. Il va de soi que je m'en félicite.

Partout où je suis passé parmi vous, j'ai rencontré dans vos travaux et dans vos préoccupations ce qui est le fait écrasant d'aujourd'hui, je veux dire le fait atomique. Puisque j'ai l'occasion de vous voir, il est naturel que je vous indique en quelques mots quelles sont, dans la matière, les conceptions générales qui conduisent le Chef de l'État et son Gouvernement quant à la défense telle qu'ils l'imaginent, telle qu'ils ont la charge de l'organiser et, éventuellement, de la diriger.

Jadis, l'apparition des armes métalliques a fait surgir les grandes hégémonies de l'Antiquité. Après, il y eut le déferlement des Barbares et le système féodal qui s'en est suivi. Puis, l'avènement des armes à feu a permis de réinstituer des États centralisés. De là ont résulté les grandes guerres, celles de l'Europe, où chacune des grandes puissances de ce temps voulait dominer à son tour : Espagne, Angleterre, France, Turquie, Allemagne, Russie. D'autre part, cette apparition des armes à feu a déclenché et permis de réaliser la colonisation, autrement dit la conquête d'immenses régions : Amérique, Inde, Orient, Afrique. Ensuite, le moteur survint comme un élément du combat, naval, aérien, terrestre. C'est cela qui a permis de finir la Première Guerre mondiale. C'est cela qui a fourni à l'ambition conquérante de l'Allemagne nazie un instrument. C'est cela aussi qui a donné au monde libre ce qu'il a fallu en définitive pour écraser celle-ci.

A présent, la réalisation des armements nucléaires vient à son tour apporter un bouleversement complet dans ce qui est la sécurité et, par conséquent, dans ce qui est la politique des États, et cela dès le temps de paix. A plus forte raison serait-ce le cas en temps de guerre. L'imagination elle-même ne parvient pas à embrasser quelles seraient les conséquences de l'emploi des armes nucléaires, sinon pour savoir que, de toutes les façons, cet emploi entraînerait une subversion totale dans la société des hommes. Nous savons tous que les capacités intrinsèques des armes atomiques sont telles, en effet, que le peuple qui en sera victime, même s'il ne s'agit que d'un emploi restreint, subira, sinon la mort, tout au moins un drame inouï, même si ce peuple-là, en même temps qu'il recevra les bombes, parvenait à anéantir l'adversaire qui les lui aurait lancées.

Dans ces conditions, il est évident que, pour un pays, il n'y a pas d'indépendance imaginable s'il ne dispose pas d'un armement nucléaire, parce que, s'il n'en a pas, il est forcé de s'en remettre à un autre, qui en a, de sa sécurité et, par conséquent, de sa politique. Il est vrai que certains des pays du monde se figurent pouvoir s'enfermer dans ce qui est la neutralité, c'est-à-dire se tenir dans leur coin en cas de conflit mondial, pensant qu'ainsi ils seront oubliés par le destin. Mais, en fait, ces peuples-là ne feront qu'attendre leur sort sans pouvoir rien y changer.

Pour la France, à qui sa situation géographique, sa raison d'être historique et sa nature politique interdisent la neutralité, pour la France qui, d'autre part, n'entend pas remettre son destin en propre à un étranger, si amical qu'il puisse être, il est absolument nécessaire qu'elle ait de quoi agir dans la guerre, autrement dit un armement atomique.

La question de savoir si la puissance totale de ses armes équivaudra à la puissance totale des armes de l'adversaire éventuel, et la question de savoir si notre pays pourrait mener un conflit mondial sans alliances — aucune réponse autre que négative ne pouvant, évidemment, être faite à ces deux questions — ne changent absolument rien à la nécessité élémentaire où nous sommes d'avoir en propre un armement nucléaire, de l'employer, le cas échéant, comme cela nous paraîtra le mieux et, bien entendu aussi, de conjuguer l'emploi de ces armes avec celles des armes analogues de nos alliés dans le cadre de l'effort commun.

Voilà les principes. Quelle pourrait être l'application?

Le fait atomique, dès lors qu'il est apparu dans la guerre avec la bombe d'Hiroshima et dès lors qu'ensuite il n'a cessé de grandir dans des proportions qu'on peut vraiment qualifier d'illimitées, le fait atomique, dis-je, ne change pas seulement jusqu'au tréfonds les conditions de la sécurité et de la politique des États. Il fait aussi planer sur les batailles, sur leur caractère, sur leur rythme, sur leur développement, une immense incertitude.

Dès lors que l'échange des décharges nucléaires stratégiques entre les deux camps — ces deux camps étant régis par les deux États principaux — doit provoquer peut-être la mort de ces deux États-là, il s'ensuit que, quelles que soient les intentions, rien, absolument rien, ne peut permettre de prévoir si, pourquoi, où, quand, comment, dans quelle mesure, ces deux nations, qui se donneraient réciproquement la mort, voudraient déclencher l'opération. Dès lors que l'échange des décharges nucléaires tactiques doit provoquer nécessairement l'anéantissement des fronts de bataille et des populations voisines, ces fronts de bataille étant ceux de deux armées intégrées dirigées respectivement par les deux États dont nous avons parlé tout à l'heure, et dès lors que cet échange de décharges nucléaires tactiques doit provoquer le déclenchement des décharges stratégiques et, par conséquent, d'épouvantables destructions dans les deux nations principales, rien, absolument rien, ne permet de dire si, pourquoi, où, comment, dans quelle mesure, les deux puissances qui détiennent ces armes tactiques voudraient les employer.

L'indétermination où nous sommes, nous autres Français, dans cette matière, d'autre part le fait que, si la bataille d'Allemagne, la première bataille de la guerre, tournait mal, qu'elle ait été plus ou moins atomique ou qu'elle ne l'ait pas été du tout, il s'en suivrait instantanément la destruction ou l'invasion de la France et, du même coup, la perte de toute tête de pont du monde libre en Europe, alors que nous sommes résolus, quoi qu'il arrive, à ne pas disparaître en tant qu'État et en tant que Nation sans avoir défendu sur place le corps et l'âme de la Patrie et que nous sommes en outre convaincus qu'en le faisant nous ménagerions une des chances de la victoire finale, tout cela nous conduit à avoir un armement nucléaire dont nous disposerions en propre pour frapper dans le domaine atomique. Cela nous conduit aussi à avoir de quoi intervenir, sur terre, sur mer et dans les airs, là où les circonstances nous paraîtraient le commander, et enfin cela nous conduit à avoir de quoi opposer le cas échéant, à l'envahisseur une résistance nationale sur notre propre territoire.

Telles sont les conceptions qui, je le répète, ont conduit le Chef de l'État et son Gouvernement au plan de défense, au plan d'organisation et au plan d'armement qui sont actuellement en vigueur ou en cours. Mais, à partir de là, il va de soi que l'Enseignement militaire supérieur et aussi la préparation de la défense dans son ensemble doivent y trouver une impulsion nouvelle. C'est, en effet, une ère nouvelle d'initiative, d'autorité et de responsabilité que ces nécessités imposent désormais au commandement français. Qu'il s'agisse de concevoir les hypothèses dans lesquelles nous pouvons militairement nous trouver à tous les échelons, qu'il s'agisse d'y préparer les armes, les cadres, les troupes et les services, qu'il s'agisse enfin, je dirai presque surtout, pour ceux qui auraient l'honneur de commander au milieu du cataclysme, de s'y tenir prêts intellectuellement, moralement et techniquement parlant, le rôle et le devoir de l'Enseignement militaire supérieur sont sans aucun doute essentiels.

Pour jouer ce rôle et pour remplir ce devoir, Messieurs, j'ai confiance en vous et j'ai confiance dans les chefs qui ont la charge de vous diriger.

Messieurs, j'ai l'honneur de vous saluer.

26 MARS 1963

Le Général de Gaulle accueille à Orly le Président de la République des États-Unis du Mexique, qui accomplit en France une visite officielle.

ALLOCUTION DE BIENVENUE A S.E. M. LOPEZ MATEOS, PRÉSIDENT DE LA RÉPUBLIQUE DES ÉTATS-UNIS DU MEXIQUE

Monsieur le Président,

Votre arrivée en France marque un grand jour.

Nous saluons, en votre personne, ce Mexique très ancien et, pourtant, très nouveau, d'où, depuis plus de quatre cents ans, nous viennent tant de vives images, de récits dramatiques et de témoignages émouvants.

Nous saluons une nation, qui, grâce à un long et rude effort, a su se délivrer des séquelles d'un passé troublé, bâtir son indépendance et son unité nationales et marcher vers l'avenir.

Nous saluons un pays en plein essor, exemplaire à cet égard pour l'Amérique latine et pour d'autres États en voie de développement et avec lequel tout nous porte à coopérer pour le progrès et dans l'amitié.

Enfin, Monsieur le Président, nous saluons en vous-même un éminent homme d'État, entièrement dévoué au service du peuple mexicain qui l'a choisi pour le guider, heureux et honorés que nous sommes, au surplus, d'accueillir à vos côtés Madame Lopez Mateos.

Vive la République des États-Unis du Mexique !

26 MARS 1963

Le Général de Gaulle prend la parole lors d'une réception donnée au Palais de l'Élysée en l'honneur du Président de la République des États-Unis du Mexique.

TOAST ADRESSÉ A S.E. M. LOPEZ MATEOS, PRÉSIDENT DE LA RÉPUBLIQUE DES ÉTATS-UNIS DU MEXIQUE

Monsieur le Président,

Votre visite en France est un événement solennel. Elle est aussi un fait sans précédent. Car, quelque multiples et variés que soient depuis quatre siècles les liens entre nos deux pays, vous êtes le premier Chef de l'État du Mexique que nous recevons officiellement. Pour cette raison, mais aussi pour d'autres, notre rencontre revêt un caractère exceptionnel. A un moment capital de l'évolution du monde, il y a là, en effet, la manifestation publique et chaleureuse du mouvement qui porte les Mexicains et les Français à se rapprocher et à coopérer de plus en plus et de mieux en mieux.

Pour nous, Français, entre naturellement dans cette orientation l'attrait que nous ressentons à l'égard du Mexique. D'abord, l'extraordinaire passé, qui fait de votre pays l'héritier des antiques civilisations Maya, Toltèque, Aztèque, ne pouvait manquer de saisir nos pensées et nos sentiments. Comment ne serions-nous pas transportés par les grandioses témoignages humains, qu'ont accumulés, millénaire après millénaire, vos pyramides, vos palais, vos temples, vos tombeaux, vos œuvres d'art?

Puis, la dramatique histoire qui fut la vôtre au cours de la conquête espagnole et à mesure de votre affranchissement, comme ensuite les longues épreuves traversées par votre pays, en raison des luttes intérieures, des interventions étrangères —

auxquelles, d'ailleurs, nous-mêmes fûmes mêlés [1] — des amputations territoriales que vous avez subies [2], nous ont laissé, quant au Mexique, l'impression d'un État cherchant passionnément et durement son unité, son indépendance et son équilibre, ce qui ne saurait manquer de susciter notre sympathie. En outre, si les luttes historiques de Cuauthemoc, de Hidalgo, de Morelos, plus tard les efforts d'Iturbide, de Santa-Anna, de Madero, de Garranza, le tout mené sur un sol épique de montagnes, de forêts, de sierras, de ravins, de déserts, avaient retenti profondément chez nous, nous n'ignorions pas non plus que des Français, tels les Laporte et les La Croix, plus récemment nos « Barcelonnettes » [3], avaient pu vous être utiles et que vous vous étiez largement ouverts aux idées de notre grande Révolution.

Enfin, nous considérons avec une admirative attention la révolution entreprise chez vous depuis un demi-siècle, largement étendue au cours des récentes années et puissamment conduite par vous-même en ce moment. Il s'agit d'une très grande œuvre : démocratiser les esprits et les institutions, attribuer les terres à ceux qui les cultivent, assurer à la Nation la possession de ses ressources pétrolières et minières [4], développer l'industrie, mettre en valeur toutes les parties du territoire, intégrer en un seul peuple des éléments très différents d'origine et de tradition, instruire les populations et leur ouvrir l'accès des richesses littéraires, scientifiques et artistiques qui sortent du génie mexicain, bref procurer à votre pays ces trois bienfaits conjugués que sont : la stabilité politique, le développement économique et le progrès social.

Ces raisons, à elles seules, auraient engagé la France moderne à multiplier ses rapports avec le Mexique moderne. Mais il se trouve, au surplus, que l'avènement de votre pays se manifeste en notre époque où le monde est aux prises avec d'immenses problèmes et des menaces illimitées. Il se trouve, en même temps, que l'évolution de l'Amérique latine, à laquelle votre ascension donne l'exemple, apparaît aujourd'hui comme essen-

1. Au moment où Napoléon III tente d'imposer au Mexique l'empereur Maximilien de Habsbourg (1862-1867).

2. Le Texas, ayant fait sécession en 1836, se réunit aux États-Unis en 1845. La guerre entre Mexique et États-Unis qui s'en suivit aboutit pour le Mexique à la perte de la Haute-Californie et du Nouveau-Mexique.

3. Allusion à l'émigration temporaire au Mexique, traditionnelle chez les montagnards des Alpes de Haute-Provence.

4. Les États-Unis du Mexique ont accompli un grand et persévérant effort pour soustraire l'exploitation des richesses de leur sol et de leur sous-sol aux compagnies étrangères auxquelles elle avait été concédée.

tielle à l'Europe et à la France. De ce que deviendra, en général, aux points de vue économique, social, culturel, politique, cette vaste partie du monde actuellement en pleine gestation, et de ce que voudra et saura faire, en particulier, le Mexique, dépendra dans une large mesure le sort de l'Humanité. C'est pourquoi, indépendamment de l'attrait naturel que le peuple français éprouve pour le vôtre, et sans vouloir altérer en rien les liens américains ou mondiaux qui vous sont propres, la France attache une importance croissante à ce qui est du Mexique et est amicalement disposée à coopérer avec lui.

Votre visite, Monsieur le Président, est la preuve qu'à cet égard nos deux gouvernements et nos deux peuples ont fait leur choix. Elle offre aussi à vous et à nous l'occasion de préciser les arrangements pratiques voulus, puisqu'aujourd'hui se trouve à Paris, en votre personne, l'homme d'État éminent qui imprime, au pays qu'il a la charge de conduire, une impulsion connue du monde entier.

Je lève mon verre en l'honneur de Son Excellence Monsieur le Président Lopez Mateos, Président de la République des États-Unis du Mexique; en l'honneur de Madame Lopez Mateos, à qui nous nous félicitons de pouvoir présenter nos très respectueux hommages ; en l'honneur du Mexique, noble pays auquel la France porte une haute estime et une grande amitié.

19 AVRIL 1963

Une grève des houillères, provoquée par des appréciations divergentes des syndicats ouvriers et des pouvoirs publics sur le retard des rémunérations des mineurs par rapport à celles du personnel de l'industrie privée, a eu lieu du 1er mars au 5 avril. Le développement rapide de l'expansion économique comporte un risque de « surchauffe » : une augmentation désordonnée des rémunérations et des prix pourrait faire réapparaître l'inflation. Le Général de Gaulle, avant l'ouverture de la session parlementaire de printemps, s'adresse aux Français pour leur rappeler la nécessité de l'effort et de la discipline.

ALLOCUTION RADIODIFFUSÉE ET TÉLÉVISÉE PRONONCÉE AU PALAIS DE L'ÉLYSÉE

Pour être prospères, maîtres de nous-mêmes et puissants, nous, Français, avons fait beaucoup. Il nous reste beaucoup à faire. Car le progrès exige l'effort. L'indépendance n'est pas pour rien. La sécurité coûte cher. C'est bien pourquoi l'État, qui a pour rôle et pour raison d'être de servir l'intérêt général, n'a pas droit au laisser-aller.

Cela est clair, tout d'abord, dans le domaine économique et social. Actuellement, il est vrai, notre pays est en plein essor. Après avoir rétabli ses finances, ses échanges et sa monnaie, il accomplit, quant à son développement, des progrès rapides et saisissants. Tous les chiffres, tous les signes, démontrent, en particulier, que la condition des Français ne cesse de s'améliorer. Le terme même de « rattrapage », souvent employé aujourd'hui, en est la meilleure preuve. Car, si certains, qui se croient en retard, veulent rattraper le peloton, c'est, bien évidemment, parce qu'il a pas mal avancé. Mais il n'y a pas d'ascension qui dure si la marche n'est pas régulière et la montée méthodique.

Il nous faut donc un Plan, et qui soit effectivement observé.

Ce Plan, nous l'avons ! Il a été, comme on sait, bâti avec le concours des représentants de toutes les activités nationales. Il a fait l'objet d'une loi. Il aboutit, en quatre années, dont l'une est déjà passée et la seconde commencée, à un accroissement d'expansion de 24 % et, une fois prélevés sur ce total les investissements nécessaires aux progrès futurs, à 20 % d'amélioration du niveau de vie des Français, s'ajoutant aux 10 % atteints pendant les trois années antérieures. Cela ne s'est jamais vu. De ce fait, s'ouvrent devant la nation, et spécialement devant sa jeunesse, les plus vastes perspectives d'activité et de fraternité. Mais le devoir des pouvoirs publics est de faire en sorte que soient respectées les règles et les limites, faute que tout soit compromis.

Naturellement, chaque personne et chaque profession désirent, pour ce qui les concerne, obtenir davantage encore. Naturellement, chacun de ceux qui sont directement intéressés à telle ou telle de nos grandes entreprises : logement, enseignement, agriculture, aménagement du territoire, hospitalisation, communications, etc., voudrait que, dans la branche particulière qui le touche, on aille plus vite qu'on ne va. Et de crier : « Des sous ! Des sous ! »[1] ou bien : « Des crédits ! Des crédits ! ». Mais les sous et les crédits ne sauraient être alloués que si nous les possédons, si l'équilibre entre nos rémunérations et nos prix, nos achats et nos ventes, nos recettes et nos dépenses ne s'en trouve pas bouleversé, si notre pays ne tombe pas dans l'inflation, c'est-à-dire dans un désordre qui arrêterait l'expansion, ruinerait la masse des citoyens et mettrait notre existence à la merci de l'étranger.

Ce n'est pas à dire, qu'à mesure que nous montons, il n'y ait pas à effectuer à l'intérieur du revenu national des aménagements commandés par la justice ou par le rendement. Le pouvoir a l'obligation d'assurer, non pas la parité qui ne saurait exister dans la diversité et la complexité de la société moderne, mais la part de chacun dans le progrès général. Comprenons bien, cependant, que notre époque nous contraint aux disciplines inhérentes à cette vaste transformation. Comme celle-ci se heurte, parfois, à des habitudes d'antan, il n'est pas surprenant, bien qu'il soit évidemment fâcheux, que se produisent, chez nous comme ailleurs, des tâtonnements et des erreurs. Cela vient d'être le cas avec la grève des charbonnages. Mais,

1. L'expression a souvent été employée au cours de manifestations accompagnant certaines grèves.

justement, ce qui s'est passé et qui a, tout à la fois, ralenti quelque peu l'ensemble de notre production, coûté vraiment trop cher aux mineurs et risqué de peser sur l'avenir de leur profession, a contribué à faire voir combien il est nécessaire que la collectivité s'adapte, mieux qu'elle ne l'est, aux conditions nouvelles de sa vie et de son progrès.

Cela implique, d'abord, que le Gouvernement lui-même soit organisé, dans ses conseils techniques et dans son administration, pour étudier, apprécier et décider en plus complète connaissance de cause, quand il s'agit, soit de mesurer ce qu'il est équitable de faire en faveur de telle profession, soit de l'appeler à fournir ce qu'elle doit à la vie de la nation [1]. Cela implique aussi que les syndicats, quelqu'explicables que puissent être leurs revendications professionnelles, soient affranchis des sujétions et des griefs partisans et pratiquent l'esprit de la coopération nationale dans leurs rapports avec les hommes responsables de l'intérêt public. Cela implique encore que notre Conseil économique et social, où collaborent les représentants des diverses activités du pays, voie son rôle assez étendu pour mieux éclairer, par ses débats et par ses avis, les décisions, décrets et lois qui incombent aux pouvoirs politiques, exécutif et législatif. Mais, par-dessus tout, cela implique que l'État tienne les rênes, qu'il soit la force qui soulève la vague mais aussi la digue qui contient la marée et que, loin de laisser les ruisseaux de la démagogie se faire jour de tous les côtés, grossir, devenir des torrents irrésistibles, jusqu'à ce que la maison soit engloutie sous l'inondation, il continue de mener le pays, conformément aux règles et aux objectifs du Plan, vers une puissance et une prospérité accrues au profit de tous ses enfants. La République, pour être le progrès, ne peut être la facilité.

Elle ne saurait, non plus, l'être au-dehors. Après la dernière guerre mondiale, notre pays a vu, en effet, sa puissance et son influence terriblement diminuées par rapport à celles des deux colosses du monde. Encore, jusqu'à l'année dernière, était-il divisé et paralysé par les séquelles d'une colonisation qui eut ses mérites et ses gloires mais qui, en notre temps, n'était plus que vaine et périmée. Or, voici que, ressaisi par le génie du renouveau, en plein développement d'invention, de production, de démographie, pourvu d'institutions solides, dégagé des servi-

1. Il semble n'être pas exclu que la grève des mineurs ait été provoquée, ou au moins prolongée, par des erreurs d'appréciation commises dans certains services de l'administration sur la situation réelle des rémunérations des travailleurs des houillères.

tudes coloniales, il se retrouve, pour la première fois depuis un demi-siècle, avec l'esprit et les mains libres. Aussi peut-il et doit-il jouer dans l'univers un rôle qui soit le sien.

Cette politique n'est pas aisée. L'univers abonde en sirènes qui nous chantent les douceurs du renoncement, à moins que, dépitées de nous voir insensibles à leur séduction, elles n'élèvent à notre égard un chœur bruyant d'invectives. Mais, sans outrecuidance, dans l'intérêt de tous comme dans le nôtre, notre navire suit sa ligne. Il n'y a aucune chance pour que, cédant à la facilité, nous laissions s'effacer la France.

C'est pourquoi, si l'union de l'Europe occidentale : Allemagne, Italie, Hollande, Belgique, Luxembourg, France, est un but capital de notre action au-dehors, nous n'avons pas voulu nous y dissoudre. Tout système qui consisterait à transmettre notre souveraineté à des aréopages internationaux serait incompatible avec les droits et les devoirs de la République française. Mais aussi, un pareil système se trouverait, à coup sûr, impuissant à entraîner et à diriger les peuples et, pour commencer, le nôtre, dans des domaines où leur âme et leur chair sont en cause. Cette abdication des États européens, en particulier de la France, aboutirait inévitablement à une sujétion extérieure. C'est, d'ailleurs, pour éviter une telle inconsistance et, de ce fait, une telle dépendance, que nous tenons à voir l'union de l'Europe constituée par des nations qui puissent et veuillent réellement lui appartenir. Gardant l'espoir qu'un jour peut-être le grand peuple anglais, s'étant détaché de ce qui le retient hors de notre communauté [1], viendra s'y joindre suivant les conditions qui sont celles de l'institution, nous estimons qu'elle doit se développer telle qu'elle est et sans attendre. Bref, il nous paraît essentiel que l'Europe soit l'Europe et que la France soit la France.

D'autre part, à l'intérieur de l'alliance atlantique, indispensable tant que se dressent les ambitions et les menaces des Soviets, notre pays, tout en conjuguant sa défense avec celle de ses alliés, entend en rester le maître et, le cas échéant, apporter à l'effort commun tout autre chose que le concours sans âme et sans force d'un peuple qui ne serait plus responsable de lui-même. Cela nous conduit à nous doter des moyens modernes de notre sécurité, autrement dit de ceux qui pourraient détourner quiconque d'attaquer notre pays, à moins de subir lui-même d'épouvantables destructions. Je veux parler, naturellement, des armes

1. Allusion aux « liens spéciaux » entre la Grande-Bretagne et les États-Unis.

atomiques. Il est vrai que nos alliés américains disposent, à cet égard, d'une puissance colossale, susceptible de jeter au chaos tout ou partie de l'Empire soviétique, qu'ils sont résolus, nous le savons, à combattre éventuellement pour empêcher que l'Europe ne tombe, morte ou vive, dans l'autre camp, qu'ils sont nos bons alliés comme nous-mêmes sommes les leurs. Mais toute la question n'est pas là !

En effet, l'adversaire éventuel est pourvu, lui aussi, de moyens énormes et de la même sorte. Cela étant, personne, nulle part, ne peut savoir d'avance si, dans le cas d'un conflit, les bombes atomiques seraient, ou non, initialement employées par les deux principaux champions, si, dans l'affirmative, ils les emploieraient seulement en Europe centrale et occidentale sans se frapper l'un l'autre directement et aussitôt, ou si, au contraire, ils seraient amenés tout de suite à se lancer réciproquement la mort dans leurs œuvres vives. De toute façon, et compte tenu de cette immense et inévitable incertitude, il faut que la France ait elle-même de quoi atteindre directement tout État qui serait son agresseur, de quoi, par conséquent, le dissuader de l'être et de quoi, suivant les circonstances, concourir à la défense de ses alliés, y compris, qui sait? l'Amérique.

En somme, notre pays, perpétuellement menacé, se trouve, une fois de plus, confronté avec la nécessité de disposer des armes les plus puissantes de l'époque, à moins, bien entendu, que les autres cessent d'en posséder. Cependant, pour nous en détourner, s'élèvent, comme toujours, les voix simultanées de l'immobilisme et de la démagogie. « C'est inutile ! » disent les unes. « C'est trop cher ! » disent les autres. Ces voix, la France les écouta, parfois et pour son malheur, notamment à la veille de chacune des deux guerres mondiales. « Pas d'artillerie lourde ! » clamaient-elles, de concert, jusqu'en 1914. « Pas de corps cuirassé ! Pas d'aviation d'attaque ! » criaient ensemble, avant 1939, les mêmes catégories d'attardés et d'écervelés. Mais, cette fois, nous ne laisserons pas la routine et l'illusion appeler chez nous l'invasion. Et puis, au milieu du monde tendu et dangereux où nous sommes, notre principal devoir c'est d'être forts et d'être nous-mêmes.

Françaises, Français, après beaucoup d'épreuves, nous avons eu à nous décider pour le progrès ou pour le déclin. Le choix est fait. Nous avançons. Mais il y faut l'ordre et l'effort. A d'autres la facilité !

Vive la République !

Vive la France !

16 MAI 1963

Du 16 au 19 mai 1963, le Général de Gaulle accomplit un voyage officiel en Grèce. Lors d'une réception donnée en son honneur au Palais royal d'Athènes, il répond au toast que lui a adressé le roi des Hellènes.

RÉPONSE AU TOAST ADRESSÉ PAR S.M. CONSTANTIN II, ROI DES HELLÈNES

Sire,

Laissez-moi Vous dire quelle émotion j'éprouve à me trouver sur le sol de la Grèce, à y prendre la parole, à le faire au nom de la France !

Depuis longtemps et tandis que je songeais à ma visite à Votre pays, se présentaient à mon esprit les images, les idées, les sentiments, que le seul nom de la Grèce ne manque pas d'évoquer pour tout homme civilisé. En même temps, les dramatiques souvenirs d'un passé récent, où nos deux peuples luttèrent, une fois de plus, côte à côte pour leur liberté et pour celle des autres, venaient se dresser devant moi. Encore, pensais-je aux conditions difficiles dans lesquelles les Grecs et les Français doivent vivre au sein du monde d'aujourd'hui. Mais, combien ma conviction d'accomplir ici une démarche essentielle, autant que solennelle, s'est-elle trouvée renforcée depuis le matin de ce jour ! Car, le noble accueil de Votre Majesté, le magnifique spectacle offert par Votre capitale, les témoignages prodigués par tant d'hommes et tant de femmes au premier des chefs de l'État français qui soit venu porter à Votre peuple l'amical salut du sien, ont démontré qu'il y a dans ce contact direct de la Grèce et de la France quelque chose d'exceptionnel, qui, je le crois, est profondément ressenti par tous ceux qui y participent et qui ne laissera pas de retentir dans l'univers.

En effet, si les paroles que Votre Majesté vient de prononcer émeuvent le sentiment, elles apparaissent aussi comme le signe du resserrement délibéré des rapports de nos deux pays. Soyez assuré, Sire, que cela répond directement aux intentions de la France. Tout ce qui s'est passé, au cours des dernières années, nous a fait mesurer mieux que jamais ce que vaut le peuple hellène. Il en fut ainsi pour moi-même lors de la dernière guerre [1], où mes rencontres avec le roi Georges II, avec des membres de son gouvernement, avec vos forces armées, même avec telles ou telles fractions des populations qui avaient cherché sur d'autres rivages un refuge pour leur fierté et leur espérance, me permirent à mon tour d'apprécier le courage des Grecs, tant de fois submergés, écrasés et piétinés, mais gardant toujours intacte leur âme nationale et destinés, par conséquent, à d'admirables redressements. Et voici qu'à présent Athènes se révèle à moi comme l'ardente capitale d'un pays en plein essor. Eh bien ! puisque nul ne peut ignorer que le monde où nous vivons comporte encore maintes menaces pesant sur la liberté humaine et, par là même, tout particulièrement, sur nos deux nations, nul ne doit ignorer non plus, qu'en face d'un avenir chargé tout à la fois d'inquiétudes et d'espoirs, la France et la Grèce savent que leurs destins sont liés et veulent conjuguer leurs efforts.

La Grèce, continentale et insulaire, croisant en pleine Méditerranée, charnière du monde latin et du monde slave, comme de l'Europe occidentale et du Moyen-Orient, a, comme toujours, choisi d'appartenir au camp de la liberté. La France, boulevard capital de notre continent, seul pays de l'Europe qui soit ouvert à la fois sur les mers du Nord, l'Atlantique et la Méditerranée, fidèle à la vocation qui en fit en permanence un champion du droit des hommes, entend se tenir ferme et forte pour elle-même et pour les peuples libres. Ainsi est-il conforme à la nature de nos deux pays que ce qu'il advient d'eux retentisse sur beaucoup d'autres. Chargés de gloire, ils sont aussi chargés de devoirs.

C'est pourquoi, chacun d'entre eux, tout en poursuivant le développement économique et social que lui commande l'époque moderne, adhère solidement à l'alliance formée de part et d'autre de l'Atlantique et sans laquelle l'univers roulerait au pire des chaos. C'est pourquoi, également, tandis que s'organise entre six États de l'Europe continentale une communauté économique dont mon pays fait partie intégrante et dont on peut penser qu'elle devra se prolonger en une union politique, la Grèce s'est, en plein et cordial accord avec la France, associée à ce grand ensemble [2]. C'est pourquoi, enfin, la Grèce fait à

1. Voir *Mémoires de Guerre*. T.I, p. 211.
2. Au mois de mai 1961.

la France l'honneur de sa confiance, tandis que la France fait de sa solidarité à l'égard de la Grèce un des éléments de sa politique de progrès et de paix.

Sire, en Vous remerciant et en remerciant Sa Majesté la Reine de toutes les attentions dont Vous voulez bien nous entourer, ma femme et moi, je souhaite que la visite, qu'il m'est donné de faire à la Grèce, vivifie et fortifie davantage encore, si possible ! notre amitié et notre alliance. Je crois que c'est à quoi l'Histoire, le sentiment et la raison engagent nos gouvernements. Je suis sûr que c'est cela qu'attendent, dans l'état présent du monde, le peuple grec et le peuple français.

Sire, je lève mon verre en l'honneur de Votre Majesté ; en l'honneur de Sa Majesté la Reine ; en l'honneur de la famille royale ; en l'honneur de la Grèce, plus que jamais chère à la France.

17 MAI 1963

Le Général de Gaulle s'adresse aux députés grecs au cours d'une séance tenue par ceux-ci pour l'entendre.

DISCOURS PRONONCÉ DEVANT LA CHAMBRE DES DÉPUTÉS GRECQUE

Monsieur le Président,
Messieurs les Députés,

C'est un grand honneur pour moi d'être reçu au Parlement grec, d'y être salué par des paroles aussi élevées et éclairées que celles qui m'ont été dites, de m'y sentir accueilli, de la part des parlementaires, par tant de prévenances et de preuves de sympathie. Le fait qu'une telle réception représente, par-dessus ma personne, un émouvant hommage à la France en est la marque et en fait le prix.

Mais il semble qu'il y ait, dans cette cérémonie et dans l'atmosphère qui l'entoure, non seulement un témoignage d'estime historique et d'ancestrale cordialité décerné au peuple français par les élus du peuple grec, mais encore l'expression d'une importante réalité politique moderne. Je veux parler de la solidarité de votre pays et du mien en face des conditions si complexes et si difficiles dans lesquelles vit le monde d'à présent. Comment n'être pas frappé par toutes les raisons qu'ont nos deux peuples de se rapprocher l'un de l'autre et de conjuguer leur action? C'est, en tout cas, le profond souhait de la France. Je voudrais dire ici pourquoi.

Dans le mouvement de l'esprit, du cœur et de la raison qui porte Paris vers Athènes, il y a évidemment le fait, établi pour l'éternité, qu'à une époque décisive pour la destinée des hommes la Grèce personnifia, soudain et à la fois, toutes les merveilles de la pensée, de l'art, de la science, de l'action et enfanta notre civilisation. En aucun pays et depuis beaucoup de siècles, une réussite de cette dimension n'a été, vous le savez, plus ardemment ressentie que dans le mien. Mais, dans l'attrait que vous nous inspirez, il y a également l'émotion particulière suscitée de tous temps, notamment depuis un siècle et demi, par la vaillance des Hellènes, d'abord dressés contre leurs oppresseurs, puis défendant leur indépendance et, au cours des deux guerres mondiales, menant une lutte farouche pour contribuer à sauver la liberté du monde. Comment les Français qui, eux aussi, eurent à le faire assez souvent, ne seraient-ils pas, plus que quiconque, sensibles à un pareil exemple? Et comment aurais-je pu, personnellement, oublier ce profond appel du courage et de l'honneur, que la Grèce, en combattant contre les deux dictatures [1], fit retentir dans les âmes à l'instant même où la résistance française commençait la lutte du peuple pour sa libération?

Mais, si vivants que soient les sentiments que nous inspirent à votre égard tant de preuves éclatantes de votre énergie nationale, nous ne sommes pas moins impressionnés par l'extraordinaire vitalité que vous montrez en ce moment où l'avenir se bâtit. En dépit des destructions accumulées sur votre territoire au cours et au lendemain de la guerre, et ayant relevé vos ruines malgré toutes les difficultés que vous opposaient la nature, les dissensions [2], le manque de moyens, nous vous voyons en train de vous doter de communications et d'un équipement adé-

1. La Grèce a été attaquée par l'Italie le 28 octobre 1940 et par l'Allemagne le 6 avril 1941.

2. La Grèce a longtemps été ravagée par la rébellion d'éléments de l'ancienne résistance communiste contre le gouvernement régulier.

quats aux besoins nouveaux, de mettre en valeur vos ressources, d'accroître votre production, d'élever votre revenu national. Nous voyons une partie grandissante de votre jeunesse tournée vers la formation scientifique et technique qui est l'atout du progrès. Nous voyons votre activité, agricole, industrielle, commerciale, touristique, se développer d'une façon continue. Bref, nous vous voyons résolus à vous assurer votre part et à jouer votre rôle dans l'évolution moderne. Laissez-moi vous dire à quel point cette démonstration de la valeur et du labeur de votre peuple et des capacités de ses dirigeants attire vers la Grèce d'aujourd'hui la confiance et la coopération d'une France qui, justement, se trouve elle-même en complète transformation.

D'autant plus que ce que vous faites et ce que nous faisons visent au même but et répondent au même idéal. Assurément, nous savons, vous et nous, que l'effort a ses rigueurs et que les pires adversaires du progrès sont la facilité, l'abandon, la démagogie. Mais, pour vous comme pour nous, quelles que soient les peines que nous impose notre développement, c'est le bien des hommes qui est notre objectif final. La civilisation, qui naquit grâce à la Grèce sur les bords de notre Méditerranée, qu'ensuite les nations de l'Europe et, en particulier, la France firent fleurir chez elles et portèrent au loin dans l'univers, a sans nul doute plié les collectivités à des règles rigoureuses. Mais c'est grâce à ces règles-là que furent produits tant de chefs-d'œuvre, philosophiques, littéraires, artistiques, ou bien politiques, économiques, guerriers. Encore, dans l'effort général d'où procédaient de tels résultats, toujours l'emportaient en dernier ressort les droits des individus. A notre époque, la science, la technique, la machine, impriment certes à nos activités un caractère de plus en plus mécanique et aggloméré et certains, soumis à des systèmes totalitaires, tentent encore de donner à croire, qu'aux temps modernes la vie, le rendement, la prospérité, exigent la servitude. Mais les peuples grec et français, qui savent très bien et qui prouvent aujourd'hui combien sont fécondes la cohésion et la continuité de l'État, sauvegardent, à travers tous les rouages, l'âme et la dignité des hommes, la liberté des citoyens.

Cependant, pour essentielle que soit cette similitude démocratique, Paris et Athènes ne sauraient s'en tenir là. Qu'il s'agisse de sécurité ou qu'il s'agisse de prospérité, nos deux États participent côte à côte à des organismes faits pour l'action. Si nous appartenons, vous et nous, à l'alliance atlantique, celle que notre Europe a nouée avec l'Amérique, c'est avec la conviction que, dans l'état dangereux du monde, il n'y a pas pour les peuples libres d'autre garantie de la paix et, le cas échéant, d'autre chance de l'emporter que d'être complètement engagés les uns vis-à-vis des autres et organisés pour agir tous, immédiatement, avec tous leurs moyens. Quel pays discerne cela mieux que la Grèce, avant-poste de l'alliance? Quelle nation mesure, mieux que la France, qu'en pareille matière le doute risquerait d'aboutir à la dislocation?

D'autre part, si la République française a commencé de pratiquer avec cinq autres États de l'Europe continentale la communauté économique instituée par le Traité de Rome et qui, pour valoir et durer, implique l'union politique, et si la Grèce s'y est récemment associée[1], c'est parce que nous croyons, vous et nous, que le développement d'une économie moderne exige un large champ de libres échanges, mais aussi un grand ensemble doté d'une structure solide, d'ajustements délibérés et de règles bien établies. Nos deux pays participent donc, quoique suivant les conditions particulières qui leur sont propres, à ce début d'une grande entreprise, convaincus que, faute d'y réussir, chacun des États européens qui s'y emploient n'aurait le choix qu'entre la stricte défense de ses intérêts à l'intérieur de ses frontières, ou bien une situation de satellite économique.

En pratiquant entre elles l'amitié, la Grèce et la France sont, autant que jamais, fidèles à leur Histoire. Elles n'en contribuent que mieux au développement de l'Europe et à la défense du monde libre, grâce à quoi, en ces temps difficiles, la voie est ouverte à la foi et à l'espérance. Mais, si étroits que soient nécessairement les liens des alliances et de la coopération, la France et la Grèce demeurent elles-mêmes comme nations et comme États. Tel est, une fois de plus, le service suprême que toutes deux rendent au genre humain.

1. Voir note 2 du discours précédent.

24 MAI 1963

Le Général de Gaulle prend la parole à Paris, au Palais de Chaillot, lors de la célébration du centenaire de la Croix-Rouge internationale.

ALLOCUTION PRONONCÉE A L'OCCASION DU CENTENAIRE DE LA CROIX-ROUGE INTERNATIONALE

Monsieur le Président,
Mesdames, Messieurs,

C'est le destin de l'humanité que sa vie soit un combat, qu'il y ait toujours en elle coexistence du bien et du mal, que la pitié, la générosité, l'entraide, y aillent de pair avec la souffrance. Ainsi, la bienfaisante Croix-Rouge trouva sa source dans la guerre.

Mais, pour que cette institution ait pu, en cent années, prendre l'envergure et acquérir l'efficacité qu'admirent les contemporains, il ne suffisait pas que la triste carence des soins à donner aux soldats blessés sur les champs de bataille d'Italie ait suscité l'émotion, notamment celle de l'empereur Napoléon III. Il ne suffisait pas que Henri Dunant ait pris l'initiative et mené la campagne qui conduisirent douze Gouvernements à conclure, en 1863 et 1864, la première Convention de Genève instaurant, en faveur des militaires victimes des combats, un ensemble international de règles et d'engagements. Il ne suffisait pas, qu'en 1949, après les odieux abus de la force commis pendant la Deuxième Guerre mondiale par la dictature totalitaire que l'on sait, une convention complémentaire vînt étendre aux combattants sans uniforme, aux otages, aux déportés, une protection codifiée. Encore fallait-il qu'une organisation, et une seule, fût créée pour faire valoir et respecter la Convention, qu'elle eût assez de capacité, d'impartialité, de prestige, pour pouvoir agir en dépit des prétentions intéressées, des passions opposées et des tempêtes guerrières, enfin qu'elle trouvât dans la conscience des peuples et de leurs dirigeants le consentement et le concours qui lui ont permis de durer. Le Comité international de la Croix-Rouge a accompli depuis un siècle, et continue d'accomplir, cette tâche incomparable. Aujourd'hui, je lui adresse, en la personne de son Président ici présent [1], le salut et le témoignage de la République française.

Mais, si l'idéal et l'objet de la Croix-Rouge sont purement et simplement humains, autrement dit sans frontières, c'est des réalités nationales que l'institution tire partout sa vie et ses moyens. Il en est d'elle, à cet égard, comme de toutes les organisations internationales, y compris celles, qu'en ce moment même, des peuples construisent en commun pour leur économie, leur culture et leur défense. En France, la Croix-Rouge a pu s'établir, agir et se développer parce qu'elle est la Croix-Rouge française.

Par là, quelle œuvre magnifique a-t-elle réalisée ! Qui peut ignorer ce qu'ont fait, auprès du Service de santé, durant les guerres de 1870-71, 1914-18, 1939-45, le personnel de la Croix-Rouge française et, d'abord, ses infirmières? Qui a le droit d'oublier les efforts, les peines, les sacrifices, prodigués par les siennes et par les siens pendant toutes nos campagnes d'outre-mer? Qui méconnaîtrait l'aide multiple apportée par elle, en toute occasion, à tant de malades, de sinistrés, de prisonniers, de réfugiés? Monsieur le Président [2], ayant entendu les nobles et magistrales paroles par lesquelles vous avez résumé la réussite de la Croix-Rouge française, c'est la reconnaissance de la patrie que je lui exprime, à ses dirigeants, à son personnel, à ses infirmières, ambulancières, assistantes, secouristes, après cent ans d'admirables services.

Eh bien ! Que la Croix-Rouge internationale poursuive son œuvre, la plus humaine qui soit ! Que, demain comme hier, elle veuille bien compter sur la France ! Que la Croix-Rouge française garde très pures et très élevées sa raison d'être, qui consiste à secourir dans le danger ceux qui souffrent, et sa marque qui, par-dessus toutes les tendances particulières, est, dans le meilleur sens possible et au plus haut point, nationale !

1. M. Léopold Boissier.
2. M. André François-Poncet.

28 MAI 1963

Le Général de Gaulle accueille à l'aérodrome d'Orly le roi de Suède, qui accomplit en France une visite officielle.

ALLOCUTION DE BIENVENUE A S.M. GUSTAVE VI ADOLPHE, ROI DE SUÈDE, PRONONCÉE A ORLY

Sire,

La France se félicite vivement d'accueillir Votre Majesté.

Elle voit en Vous un Souverain dont la personnalité mérite hautement respect et considération, dont les origines ne nous sont point toutes étrangères [1] et dont la culture et la valeur scientifique nous sont particulièrement bien connues.

Elle voit en Vous un État qui, au temps jadis, fut souvent associé au nôtre dans les domaines moraux, intellectuels, politiques et militaires et qui, pour avoir ensuite suivi des voies assez différentes, a traversé un siècle et demi sans nous avoir jamais nui.

Elle voit en Vous la Suède, aujourd'hui en pleine prospérité économique et sociale, confrontée en Europe avec d'importants problèmes d'échanges et de sécurité [2] et, sans doute, portée par là à s'approcher d'une France qui se renouvelle.

Voilà pourquoi, Sire, nous sommes très heureux de recevoir officiellement à Paris, Vous-même et Sa Majesté la Reine que nous avons l'honneur de saluer à vos côtés.

Vive la Suède !

1. La dynastie qui règne sur la Suède remonte au Maréchal français Bernadotte.

2. La Suède appartient à l'Association européenne de libre-échange, constituée autour de la Grande-Bretagne au moment où a été créé le Marché commun, et qui n'a pas obtenu les résultats qu'en attendaient ses promoteurs. Elle ne fait pas partie du Pacte Atlantique.

28 MAI 1963

Le Général de Gaulle prend la parole lors d'une réception donnée au Palais de l'Élysée en l'honneur du roi de Suède.

TOAST ADRESSÉ A S.M. GUSTAVE VI ADOLPHE, ROI DE SUÈDE

Sire,

La visite officielle que Votre Majesté fait à la France revêt une éminente signification.

Tout d'abord, elle nous permet de témoigner à la Suède cette sympathie ancestrale que, depuis toujours, Votre pays inspire au mien. C'est là, d'ailleurs, une des données permanentes de l'Europe, quelles que puissent être les différences ethniques, climatiques et géographiques existant entre la Suède et la France, et bien que, depuis un siècle et demi, leurs destinées et leurs politiques, sans s'être jamais opposées, ne se soient point non plus réunies.

En même temps, nous y trouvons l'occasion bien venue de marquer la très haute et particulière considération que nous portons à un souverain que beaucoup de liens de pensée, de culture et de science mettent en contact naturel et personnel avec nous, au point d'être membre de notre Institut [1]. Encore saluons-nous en Votre personne une famille royale dont l'origine peut nous toucher et qui fait grand honneur à l'Europe, ainsi qu'une ancienne monarchie qui, parfois, au temps jadis, fut l'alliée de la nôtre et qui, notamment par la gloire de ses rois héroïques, tels Gustave Adolphe et Charles XII, resplendit dans l'histoire du monde.

Mais, sans doute, notre rencontre répond-elle aussi aux conditions du présent. En effet, il est banal, mais capital, de

1. Le roi Gustave VI Adolphe de Suède appartient à l'Académie des inscriptions et belles-lettres et à l'Académie des beaux-arts.

constater que notre époque, où tout se transforme à un rythme précipité, ne laisse pas de changer également les données qui, hier encore, déterminaient les relations des peuples et des États. Entre la Suède et la France, si longtemps éloignées, les distances sont maintenant réduites au point qu'aller de l'une à l'autre c'est moins un voyage qu'une excursion, tandis que se multiplient les échanges d'idées, d'images, de visiteurs et de marchandises. De là, pour les deux pays, de bonnes raisons pratiques de resserrer leurs rapports. Mais aussi, le fait que vous et nous sommes des Européens au milieu d'un monde dangereux et difficile établit, entre Stockholm et Paris, une solidarité latente, lors même qu'aucun accord particulier ne lie les deux États.

Oui ! Nous sommes deux peuples libres, résolus à le rester et animés du même idéal face à une identique menace. Par là, ce qu'il advient de la Suède touche évidemment la France et, sans doute, réciproquement. D'autre part, six pays de notre continent, surmontant leurs griefs d'autrefois et leurs différences d'aujourd'hui, entreprennent de former une communauté économique, puis une union politique. Comment ce grand groupement européen ne considérerait-il pas avec une particulière attention l'ensemble des États scandinaves, si actifs à tous les égards et dont les territoires prolongent et flanquent au nord, sur de vastes étendues, ceux des Germains, des Gaulois, des Latins? Inversement, comment les Nordiques ne seraient-ils pas portés à préciser leurs contacts avec la grande organisation de ressources, de forces et d'hommes qui s'institue sur le continent? Or, dans cette mutuelle recherche, la Suède tient une place spécialement importante, en raison de sa situation géographique, de sa solidité politique, de sa capacité économique, de son influence culturelle, de sa valeur militaire. Certes, c'est suivant les principes du libre-échange qu'elle veut avoir affaire aux autres et c'est dans la neutralité qu'elle compte, le cas échéant, sauvegarder son intégrité. Mais, cela étant, tout engage les Suédois et les Français à confronter, pour les harmoniser, leurs besoins et leurs intentions. Dans ce domaine aussi, la visite que Votre Majesté est venue faire à Paris contribue essentiellement au rapprochement des deux peuples.

Je lève mon verre en l'honneur de Sa Majesté Gustave VI Adolphe, roi de Suède, en l'honneur de Sa Majesté la Reine à qui nous sommes heureux de pouvoir présenter nos très respectueux hommages, en l'honneur de la Suède que la France salue aujourd'hui avec une franche amitié.

7 JUIN 1963

Le Général de Gaulle prend la parole à la séance solennelle que tient l'Académie des inscriptions et belles-lettres pour la célébration de son tricentenaire.

ALLOCUTION PRONONCÉE A L'ACADÉMIE DES INSCRIPTIONS ET BELLES-LETTRES

Monsieur le Président,
Messieurs,

Notre pays se doit d'exprimer son témoignage à l'Académie des inscriptions et belles-lettres, à l'occasion du tricentenaire de sa noble et féconde carrière. Celle-ci, qui procéda des initiatives de Louis XIII et de Louis XIV, de Richelieu et de Colbert, et qui fut relancée par la Convention, n'a jamais été consacrée qu'au service des recherches humaines, de l'Histoire générale ou française, de tout ce qui atteste et de tout ce qui explique l'œuvre de nos semblables au long des âges de notre univers.

C'est ce témoignage national que j'apporte aujourd'hui à votre éminente Compagnie, heureux d'avoir, en même temps, pris place au milieu des maîtres de la pensée et de la science qui la constituent et d'avoir entendu son président, ainsi que ceux de ses membres qui viennent de parler pour elle [1].

Quant à l'avenir, les vœux de la France y accompagnent votre Académie qui lui fait grandement honneur.

1. M. Pierre Montet, Président de l'Académie, et MM. Charles Virolleaud, Jean Charbonneaux et Robert Fawtier.

26 JUIN 1963

Le Général de Gaulle accueille à l'aérodrome d'Orly le roi du Maroc, qui accomplit en France une visite officielle.

ALLOCUTION DE BIENVENUE A S.M. HASSAN II, ROI DU MAROC, PRONONCÉE A ORLY

Sire,

En Vous accueillant officiellement à Paris, je tiens à Vous dire quel prix nous attachons à la visite de Votre Majesté.

Sans doute entrent pour beaucoup dans nos sentiments les multiples souvenirs qui, à travers tous les changements résultant de l'évolution, attachent la France au Maroc depuis des siècles et, surtout, au cours de celui-ci. Vous savez, en particulier, à quel point nous est chère et respectée la mémoire de Votre illustre père, le roi Mohammed V [1], et combien Vous-même êtes chez nous honoré et populaire.

Mais aussi, nous voyons en Votre personne un État maître de lui-même, fidèle à ses traditions et, en même temps, résolu à s'ouvrir toutes les voies de la civilisation moderne. Comment un pareil effort ne serait-il pas aussi sympathique que possible à la France? D'autant plus qu'il se développe sans nulle atteinte à notre amitié.

Ici, Vous êtes, Sire, par excellence, le bienvenu !

Vive le Maroc !

1. Le roi Mohammed V avait été accueilli par le Général de Gaulle parmi les Compagnons de la Libération.

26 JUIN 1963

Le Général de Gaulle prend la parole lors d'une réception donnée au Palais de l'Élysée en l'honneur du roi du Maroc.

TOAST ADRESSÉ A S.M. HASSAN II, ROI DU MAROC

Sire,

La visite officielle de Votre Majesté répond tout à la fois au profond souhait de la France, à la nature des rapports existant entre nos deux pays, enfin au fait que tout, à notre époque, les engage l'un et l'autre à une amicale coopération.

J'ai parlé du souhait de la France. Oui, Sire ! Nous sommes très heureux de recevoir solennellement le souverain du Maroc. Nous le sommes d'abord parce que, depuis bien des siècles, les Français savent qui sont les Marocains. Ils les tiennent, au long des âges, pour un peuple fier et courageux, entraîné par sa valeur dans maintes grandes entreprises, au point d'avoir jadis établi des royaumes dans la péninsule Ibérique et porté ses avant-gardes jusqu'aux abords de la Loire ! [1] Ils les tiennent pour un peuple que ses dynasties successives, principalement celle des Alaouites [2], surent maintenir avec sa personnalité malgré de multiples épreuves intérieures et extérieures, ouvrir aux contacts européens, illustrer par la construction de métropoles imposantes dont la noblesse répond à son âme comme à sa figure. Ils les tiennent, enfin, pour un peuple que les conditions de l'Histoire leur ont permis de connaître bien et d'estimer beaucoup. C'est pourquoi, et de toute façon, nous ressentirions profondément l'honneur de recevoir le Maroc en la personne de son roi. Mais, combien cela est vrai surtout parce que ce roi c'est Vous-même, autrement dit un chef d'État aux dons et aux actions de qui nous portons, dès le premier jour de son règne [3], une exceptionnelle considération !

1. En 732, les Maures ont été arrêtés par Charles Martel à la bataille de Poitiers.
2. A laquelle appartient le roi Hassan II.
3. Le roi Hassan II est monté sur le trône le 26 février 1961.

Or, dans nos rapports avec le Maroc d'aujourd'hui, c'est essentiellement à un État que nous avons affaire. A vrai dire, Votre pays n'a jamais cessé d'en être un, quelles qu'aient pu être, pour lui comme pour beaucoup d'autres, les vicissitudes de l'évolution. C'est cette dignité supérieure qui a permis à Vos rois de rassembler leur peuple autour d'eux. C'est elle qu'ont voulu servir tous les dirigeants marocains, fût-ce dans les conditions diverses et parfois même, opposées où les plongeaient la soudaine transformation de leur pays, celle du Maghreb et celle de l'Afrique. C'est elle qu'ont, en général, reconnue et soutenue les Français qui, en vertu des traités, eurent à aider naguère à la naissance du Maroc moderne et, d'abord, celui d'entre eux qui lui fut le plus hautement utile et dévoué ; j'ai nommé Lyautey. C'est elle que j'ai moi-même saluée et respectée dans la personne de Votre père, mon ami et mon compagnon, l'illustre Mohammed V, notamment au cours de la guerre où Français et Marocains combattaient pour la même cause, puis au jour où je Le vis — Vous étiez d'ailleurs à Ses côtés — sortant à peine d'une de ces épreuves que, bien souvent, rencontrent les grands destins, mais plus fort d'avoir souffert avant d'aller prendre en main les rênes de Son pays désormais émancipé [1].

Aujourd'hui, c'est un État national et populaire, fidèle à ses traditions et ardemment tourné vers le progrès, fondé sur une Constitution votée à la majorité immense et enthousiaste de ses citoyens, que nous voyons et honorons en Votre personne. C'est avec cet État que la République française traite de nos intérêts communs.

Je dis bien nos intérêts communs. D'une manière générale, nos deux pays, en somme voisins, les seuls au monde avec l'Espagne à s'ouvrir à la fois sur l'Atlantique et sur la Méditerranée, reliés, géographiquement, historiquement, économiquement, par la voie de ces deux mers, ont, autant que jamais, toutes raisons de s'accorder. Mais aussi, l'interpénétration réciproque, pratiquée entre eux depuis un demi-siècle dans maints domaines de l'activité, les engage à coopérer. Enfin, le monde d'à présent, qui conjugue au-dessus des frontières les productions et les techniques, qui rapproche automatiquement l'Europe pourvue de moyens et l'Afrique avide de développement, qui met mieux en valeur, chaque jour, une culture et une langue grâce auxquelles

1. Le 7 novembre 1955, le roi Mohammed V avait rendu visite au Général de Gaulle, accompagné de son fils le prince héritier Moulay Hassan : il avait signé la veille, de concert avec M. Antoine Pinay, ministre des Affaires étrangères, les accords de La Celle-Saint-Cloud, et devait rentrer au Maroc le 16 novembre.

vous, nous et beaucoup d'autres dans les quatre grands continents sommes en communication directe, qui ne laisse à notre espèce que le seul choix entre la paix ou la mort universelle, oui ! ce monde-là nous porte à joindre nos efforts et nos esprits. La visite de Votre Majesté apparaît, à cet égard, comme le signe amical et éloquent de nos communes intentions.

Je lève mon verre en l'honneur de Sa Majesté Hassan II, roi du Maroc ; du Maroc, aux côtés duquel la France souhaite marcher sur la route de l'avenir.

29 JUILLET 1963

Le Général de Gaulle a convoqué les journalistes au Palais de l'Élysée.

CONFÉRENCE DE PRESSE TENUE AU PALAIS DE L'ÉLYSÉE

Mesdames, Messieurs,

Je me félicite de vous voir ; d'autant plus que cette conférence m'offre l'occasion d'expliquer ce qu'est l'orientation de la France et de sa politique devant les principaux problèmes qui occupent en ce moment l'esprit public partout. Sur ces problèmes, sur ces sujets, je ne crois pas qu'il puisse y avoir beaucoup de doute sur ce qu'ils sont et, comme ce que je vais dire résultera de ce que vous allez me demander, le mieux que j'ai à faire, c'est de vous prier tout de suite de m'indiquer les questions qu'il vous paraîtra utile de me poser et auxquelles je répondrai le mieux possible.

Alors, je prie ceux d'entre vous qui ont quelque chose à me demander de bien vouloir se lever et le dire. Nous grouperons, comme habituellement, les interrogations sur certains sujets et c'est sur ces sujets que je m'expliquerai devant vous.

. . . .

Personne n'est étonné de voir que la question qui occupe les esprits — bien qu'on l'ait posée en dernier lieu — c'est celle de notre propre développement et des conditions sociales qu'il implique. D'autre part, toujours pour ce qui est de nos sujets intérieurs, la question de l'apaisement. Et puis, au point de vue de la situation internationale, tout ce qui est dit a trait essentiellement aux rapports de la France avec les États-Unis, à l'accord de Moscou quant aux expériences nucléaires [1], et aussi à l'Europe et au rôle du traité franco-allemand dans cette construction [2]. C'est bien cela, me semble-t-il, qui est essentiel. Je m'en vais répondre à ces différents sujets. Je commencerai par ce qui m'a été demandé en dernier lieu, ce qui, à propos du Plan et de notre développement, semble devoir être fait en matière de coopération entre l'autorité publique, d'une part, et les représentations professionnelles, d'autre part.

Q. — *Croyez-vous que, malgré les incertitudes actuelles, les objectifs du Plan seront atteints? Pensez-vous que, pour les atteindre, il faudra modifier les rapports existant entre l'État d'une part, et les organisations professionnelles ou syndicales d'autre part? Si oui, comment concevez-vous cette évolution?*

R. — Quand on parle de la situation de la France, il faut avant tout penser à l'immense transformation qu'elle est en train d'accomplir. Bien que nous y assistions partout et à chaque instant, il nous est difficile d'en imaginer l'étendue et le rythme. Par rapport à l'avant-guerre, notre industrie, on le sait, a presque triplé sa production. Notre agriculture, qui emploie beaucoup moins de bras, produit environ deux fois plus par tête de cultivateur actif. Nos établissements d'enseignement secondaire, nos lycées, nos collèges, reçoivent 2 000 000 d'élèves au lieu de 500 000 à peine. 1 200 000 Français entrent ou entreront cette année dans 325 000 logements neufs, c'est-à-dire trois fois plus que dans une année d'antan. Il roule sur nos routes 8 000 000 d'autos alors qu'il en roulait 2 000 000 ! Cet immense mouvement, l'État est obligatoirement amené à le diriger. Il l'oriente, il le planifie, il l'exécute souvent lui-même et il le

1. Un traité sur l'arrêt des expériences nucléaires non souterraines, conclu entre les États-Unis, la Grande-Bretagne et l'U.R.S.S., mais ouvert en outre à tous les États, a été paraphé à Moscou le 25 juillet 1963. Il sera définitivement signé le 4 août.

2. Le traité franco-allemand de coopération a été signé le 22 janvier. Sa ratification a été autorisée par le Parlement fédéral de Bonn le 16 mai, mais assortie du vote d'un « préambule » qui mentionne notamment l'association de l'Europe avec les États-Unis et l'intégration des forces armées des États membres du Pacte Atlantique. En France, la ratification a été autorisée purement et simplement, le 13 juin par l'Assemblée Nationale, le 20 juin par le Sénat.

paie pour la plus grande part. Il lui faut, tout à la fois, pousser l'expansion nationale, en répartir les fruits entre les catégories, toutes ardentes et revendicatives, faire monter le niveau de vie régulièrement et constamment.

Mais il lui faut aussi, absolument, faire en sorte que ce qui est distribué soit maintenu dans les limites compatibles avec les réalités de la productivité, les besoins d'investissement, les moyens des Caisses publiques, faute de quoi le désastre économique, financier et monétaire ne manquerait pas de se déchaîner[1]. Comme de semblables conditions s'imposent ailleurs, comme chez nous, on s'explique pourquoi certains pays ont été ou sont la proie de régimes totalitaires, terriblement expéditifs ceux-là : la dictature, pour ordonner et imposer sans contestation ; le parti unique, pour encadrer, contrôler et noyauter les activités. Naturellement, des idéologies codifiées et implacables ne manquent pas pour étayer ce colossal pouvoir. Sur le moment, son succès est d'autant plus aisé que les pays en cause sont en même temps menacés du dehors ou emportés par de grandes ambitions, tandis que leurs structures antérieures se trouvent plus inefficaces, abusives et déconsidérées. Ce furent les cas, différents sans doute, mais à certains égards analogues, de la Russie soviétique, de l'Allemagne hitlérienne, de la République chinoise. Une pareille oppression serait à coup sûr détestée dans un pays comme le nôtre qui veut la justice sociale, mais qui ne croit pas qu'on puisse l'établir sur l'écrasement de la liberté et de la dignité de l'homme. Cependant, pour conduire des changements tels que ceux que nous réalisons, il faut évidemment un régime qui soit capable de décision, de continuité et d'autorité. Au contraire, un système de discussions sans relâche, de crises sans fin, de velléités sans aboutissement est contradictoire avec notre temps. C'est bien parce que la nation française était consciente de l'inadaptation du régime des partis aux nécessités modernes que celui-ci s'est évaporé aussi facilement, dès que la menace parut à Alger. Et c'est parce que la Ve République mène effectivement la rénovation française qu'elle est, depuis cinq ans, soutenue par le sentiment public et même que, l'année dernière, elle a vu se former une majorité électorale sans précédent. Mais si, pour réaliser complètement le grand destin de prospérité,

1. Depuis les premières semaines de 1963, l'expansion économique s'est accompagnée d'augmentations de prix et de salaires qui risquent de déclencher un mouvement inflationniste. C'est en septembre que le gouvernement du Général de Gaulle tirera les conclusions de cet état de choses en décidant d'appliquer un plan de stabilisation.

de fraternité, de puissance qui s'offre à nous en ce siècle, un bon édifice politique nous est à coup sûr nécessaire, il nous faut en même temps, dans le même esprit, des règles et des pratiques adéquates dans le domaine économique et social.

Or, trois données, à mon avis, dominent la vie du pays à cet égard. La première, c'est le fait que l'État, puisqu'il est investi de la direction, doit prendre carrément les moyens de l'exercer comme il convient. La seconde, c'est la solidarité des catégories, solidarité telle que la collectivité a intérêt au bien de toutes, mais que chacune a envers elle des devoirs qui, au bout du compte, l'emportent sur ses droits, tandis que l'exagération de ses propres exigences la vouerait à la longue à la réprobation publique. La troisième, c'est la nécessité, pour chacune de ces catégories, de se doter d'organisations qui soient assez solides et assez valables, non seulement pour représenter les revendications de leurs mandants, ce qui est normal et nécessaire, mais encore, ce qui ne l'est pas moins, pour concourir d'une manière positive à l'œuvre des diverses branches de l'activité ainsi qu'au progrès d'ensemble de la collectivité nationale. Car, en dernier ressort, c'est cela que veut le peuple français.

Eh bien ! ces conditions de l'effort moderne nous commandent d'importants changements en fait de discipline et d'organisation sociales [1], dès lors que nous repoussons la tyrannie du totalitarisme et qu'en même temps nous rejetons le fatalisme inhumain du « laisser-faire laisser-passer ». A vrai dire, ces changements nous les avons déjà accomplis pour une large part et c'est la raison pour laquelle, dans notre essor présent, nous évitons non pas certes les heurts — comment une transformation aussi rapide et aussi profonde n'en comporterait-elle pas? — mais bien les grandes secousses, malgré tous les efforts que font pour les provoquer les diverses sortes de profiteurs de catastrophes.

C'est ainsi, d'abord, que l'action des pouvoirs publics et des administrations, au-dedans et au-dehors, est presque tout entière consacrée aux problèmes économiques et sociaux, lesquels, d'ailleurs, à mesure que la France s'éloigne des drames et des crises sont ceux qui intéressent la nation au premier chef. C'est ainsi, d'autre part, que l'avènement de la technicité à tous les étages, l'apparition de cadres de plus en plus importants et diversifiés, le développement de l'instruction à tous les degrés,

1. A la suite de certains mouvements de grève inopinés, notamment dans les transports parisiens, le Gouvernement vient de faire voter une loi qui subordonne à un préavis le déclenchement de toute grève dans les services publics.

la pratique des contacts, des conventions, des contrats collectifs, le début de l'intéressement et les premiers pas de l'association à l'intérieur des entreprises, estompent la lutte des classes dont, au surplus, la notion même ne saurait être qu'une vaine survivance pour ce qui est des services publics depuis leur nationalisation. C'est ainsi, enfin, que nous nous sommes mis à régler notre développement d'après le Plan, auquel contribuent les représentants de toutes les catégories, que nous avons institué le Conseil économique et social où ceux-ci se joignent, prennent l'attache des administrations, formulent les avis qui leur sont demandés par le pouvoir, que nous sommes en train de créer dans les régions du territoire des comités d'expansion répondant localement aux mêmes buts. Mais il nous faut aller plus avant.

Sans qu'on se berce naturellement de l'illusion qu'il soit possible d'éviter toujours les retards de l'Administration, l'opposition des intérêts, la surenchère des exigences ; sans qu'on se propose de réduire la liberté, en fait de représentation syndicale, de discussion des contrats, de droit de grève, etc., tout nous porte à ériger la coopération en principe fondamental de notre activité économique et sociale. Oui, organiser mieux la coopération du travail, du capital et de la technique à l'intérieur des entreprises, la coopération de l'administration avec les services publics dont elle a directement la charge, la coopération du pouvoir avec l'ensemble des représentations professionnelles, voilà ce qui est à faire !

Cela implique, du côté de l'autorité publique, une meilleure adaptation pratique à la tâche primordiale qui est la sienne. Cela implique, de la part des syndicats, un renouvellement quant à leur capacité et quant à leur volonté de prendre part, d'une manière constructive, à ce qui est projeté et exécuté pour la vie de notre pays. Cela implique, bien entendu, du côté de l'autorité publique, des dispositions législatives et réglementaires, notamment, en ce qui concerne les rapports entre participants à la marche des entreprises, l'élaboration et l'application du Plan, la composition et les attributions du Conseil économique et social, le fonctionnement des comités régionaux, etc.

La France des années 1960 avance à grands pas sur la route de la prospérité et, par là, de la puissance. D'où inévitablement quelques remous, que tâchent, bien sûr, d'exploiter opposants et agitateurs, mais que la coopération des intéressés entre eux et avec le pouvoir apaiserait le plus souvent sans dommage. Tout de même, la grande œuvre se poursuit sous l'égide de la République. Il y faut le concours délibéré et mieux organisé de tous ceux qui portent une responsabilité économique et sociale dès lors qu'ils visent, non au bouleversement, mais au progrès de la collectivité française et, par là même, de la collectivité humaine. J'espère vous avoir répondu.

Q. — *Pouvons-nous espérer que des mesures d'apaisement seront prochainement prises, par vous-même ou par le Gouvernement, en faveur de ceux qui ont pu se laisser entraîner dans l'action subversive, lors des événements d'Algérie?* [1]

R. — La grave subversion — vous lui donnez le nom qu'elle mérite — qui avait été déclenchée par certains groupes, enflammés d'anciennes rancunes ou d'ambitions récentes, en excitant et en exploitant les colères et les craintes de beaucoup de Français d'Algérie, ainsi que la nostalgie de divers éléments militaires, cette tentative de subversion est, en somme, aujourd'hui, vaincue.

A mesure que les passions s'apaisent ou s'atténuent, et les choses rentrant dans l'ordre, il est naturel et il est souhaitable que l'esprit de la clémence commence à apparaître à l'horizon. Mais son heure, ses degrés, ses modalités, font partie du domaine de la sécurité de l'État et, je le dis très simplement, ne peuvent pas procéder d'impulsions émotives, les unes, sans doute, bien intentionnées, les autres, certainement pas, et provenant de personnes qui n'ont pas toutes, elles, à répondre de la République.

Aujourd'hui, les hommes, les femmes, les enfants, qui ont été tués par l'insurrection, gisent dans des tombes encore bien récentes ; ceux qu'elle a estropiés ou blessés ne sont pas encore tous guéris. Les déchirements qu'elle a causés, notamment dans notre armée, ne sont pas complètement réparés. Un certain nombre de criminels, de voleurs, de faussaires, d'incendiaires, de maîtres-chanteurs, prolongent encore cette révolte. On doit prendre garde de ne pas les renforcer en élargissant hâtivement des gens qui ont été ou pourraient devenir leurs complices. J'ajoute que la Justice devant terminer pour l'essentiel son œuvre dans le courant de l'automne prochain, prendre, à l'heure qu'il est, des mesures de libération en faveur de tels ou tels condamnés, ce serait fausser d'avance ses jugements à l'égard de ceux qui doivent encore comparaître devant elle.

Il y a un Chef de l'État. Il y a des pouvoirs publics. Pour

1. Certains partis d'oppositions se sont prononcés en faveur du vote d'une loi d'amnistie des condamnations prononcées pour des faits en rapport avec les événements d'Algérie.

toutes sortes de raisons, c'est à eux qu'il appartient d'aménager, d'abord l'indulgence vis-à-vis des moins coupables — qui sont le plus souvent et naturellement les plus jeunes — puis, sans doute un jour, le pardon de la France envers ceux qui se sont tant perdus.

On peut croire que cela sera fait le moment venu, sans méconnaître que, parfois, ce ne furent pas des motifs bas qui inspirèrent des actions mauvaises et sans négliger ce qui pourra servir à l'unité nationale, mais de telle sorte que ne subsiste aucun danger qui puisse compromettre encore le salut et l'honneur du navire.

On m'a interrogé sur tout un ensemble se rapportant à la situation extérieure. On m'a parlé des rapports de la France et des États-Unis, de l'accord de Moscou, de l'Europe. Nous allons traiter ensemble de ces sujets-là l'un après l'autre.

Prenons, si vous le voulez, d'abord la question fondamentale des rapports entre la France et son amie et alliée l'Amérique. Qui avait parlé de cela?

Q. — *Pourriez-vous nous dire quelle est, à votre avis, l'incidence des récents accords internationaux qui viennent d'être signés à Moscou sur l'évolution des rapports franco-américains?*

R. — On a été très agité, en particulier dans les journaux américains, depuis quelques mois [1]. Je vous dirai que la pratique que je peux avoir personnellement depuis tantôt vingt-cinq années des réactions publiques aux États-Unis fait que je m'étonne assez peu des saccades de ce qu'on est convenu d'y appeler l'opinion. Cependant, j'avoue que, voici quelque temps, le ton et la chanson en ce qui concerne la France m'ont paru assez excessifs.

Sans doute, pour en juger, convient-il de faire la part d'une certaine tension qui existe là-bas, naturellement causée par des soucis intérieurs et extérieurs pressants ainsi que par une conjoncture électorale sans cesse renouvelée. Sans doute avais-je moi-même à maintes reprises constaté combien ce pilonnage était aussi vain qu'exagéré.

1. Depuis que le Général de Gaulle a refusé son assentiment aux projets anglo-américains de création d'une force nucléaire « multilatérale » et mis fin aux négociations sur l'entrée de la Grande-Bretagne dans le Marché commun — décisions qui ont été annoncées dans la Conférence de Presse du 14 janvier 1963 — une campagne qui dénature en les critiquant violemment les intentions et les moyens de la politique extérieure de la France s'est produite dans la presse américaine.

Un certain nombre d'entre vous s'en souviennent : ce fut le cas par exemple dans les temps héroïques, quand je fus amené à faire occuper les Iles Saint-Pierre-et-Miquelon [1], ou lors de la formation en Afrique du Nord du gouvernement de la Libération [2], ou bien quand il m'arriva de désapprouver Yalta et de décliner de me rendre à Alger pour y rencontrer Roosevelt [3] qui revenait de cette déplorable conférence, ou bien, après la Victoire, à l'occasion du maintien de nos troupes à Stuttgart jusqu'à ce qu'une zone d'occupation en Allemagne eut été reconnue à la France [4]. Ce fut le cas plus tard à propos du fameux projet de « Communauté Européenne de Défense », qui consistait à priver notre pays, non pas certes de ses dépenses militaires, mais bel et bien de son armée, et auquel, du fond de ma retraite, je m'opposai catégoriquement. C'est le cas aujourd'hui sur des sujets d'ailleurs fort importants comme l'organisation de l'Europe, la création d'une force atomique française, le traité franco-allemand, etc.

Mais il me paraît utile de souligner tout de suite que ces agitations de presse, de milieux politiques, d'organismes plus ou moins officieux, qui sévissent outre-atlantique et qui naturellement rencontrent ici l'écho empressé de diverses sortes d'opposants inconditionnels, toutes ces agitations, dis-je, ne sauraient altérer en France ce qui est fondamental à l'égard de l'Amérique. Pour nous, les données fondamentales des relations franco-américaines, ce sont l'amitié et l'alliance.

L'amitié ! Voilà tantôt deux cents ans qu'elle existe comme une éminente réalité psychologique répondant à la nature des deux pays, développée par toutes sortes de penchants, d'influences, de rapports, de liens particuliers et réciproques, maintenue par le fait que, de toutes les puissances du monde, la France est la seule — en dehors, je dois le dire, de la Russie — avec laquelle jamais les États-Unis n'ont échangé un coup de canon, tandis qu'elle est, entre toutes, sans exception, la seule qui ait combattu à leurs côtés pendant trois guerres : la guerre de l'Indépendance, la Première et la Deuxième Guerre mondiale dans des conditions à jamais inoubliables.

Pour qu'un pareil capital moral puisse être entamé, il faudrait des dissensions infiniment graves et infiniment longues. Il peut

1. Voir *Mémoires de Guerre*, T. I, pp. 184-187.
2. Voir *Mémoires de Guerre*, T. II, pp. 41-102.
3. Voir *Mémoires de Guerre*, T. III, pp. 81-89.
4. Voir *Mémoires de Guerre*, T. III, p. 170.

y avoir, il y a, des divergences politiques entre Paris et Washington, il y a des malveillances journalistiques, mais ce ne sont pas ces divergences et ce ne sont pas ces malveillances journalistiques du moment qui peuvent donner à croire à la France que l'Amérique cherche à lui faire du tort. Inversement, pour les États-Unis, s'imaginer que la France cherche à leur nuire, ce serait d'une dérisoire absurdité.

Quant à l'alliance franco-américaine, si, depuis le temps de Washington, de Franklin, de La Fayette, de de Grasse, de Rochambeau, elle ne s'était renouée que pendant la Première Guerre mondiale, en 1917 et 1918, et, au cours de la Seconde, à partir de décembre 1941 [1], c'est un fait qu'elle existe actuellement et que tout impose aux deux pays de la maintenir. Aussi longtemps en effet que, devant le monde libre, se dressera le bloc soviétique capable de submerger tout à coup tel ou tel territoire et qui est animé par une idéologie dominatrice et détestable, il faudra que, de part et d'autre de l'Océan, les peuples qui veulent se défendre soient liés entre eux pour le faire.

L'alliance atlantique est une élémentaire nécessité et il va de soi, qu'à ce point de vue, les États-Unis et la France ont une responsabilité capitale ; les États-Unis parce qu'ils disposent d'un armement nucléaire sans lequel le sort du monde serait rapidement réglé, et la France parce que, quelle que soit l'infériorité actuelle de ses moyens, elle est politiquement, géographiquement, moralement, militairement, essentielle à la coalition.

Si donc, encore une fois, sur le fonctionnement, sur l'organisation de l'alliance, il y a des divergences entre Washington et Paris, l'alliance elle-même — c'est-à-dire le fait qu'en cas de guerre générale la France, avec les moyens qu'elle a, serait aux côtés des États-Unis, cela étant, je le crois, réciproque — est hors de la question, excepté dans les élucubrations de ceux qui font profession d'alarmer les bonnes gens en dépeignant chaque écorchure comme une inguérissable plaie. Ainsi donc, ni l'amitié, ni l'alliance, franco-américaines ne sauraient être et ne sont en cause. Mais il est vrai que, devant les problèmes qui se posent actuellement aux deux pays, leur politique ne concorde pas toujours. Il n'y a d'ailleurs là rien d'essentiel ni de foncièrement inquiétant, ni même d'étonnant. Mais il

1. Certains journaux américains ont vivement reproché au ministre de l'Information, M. Alain Peyrefitte, d'avoir rappelé les dates de 1917 et de 1941 au cours d'un discours prononcé le 27 juin devant la presse parlementaire.

faut nous adapter de part et d'autre à cette situation nouvelle.

A mon sens les différences d'aujourd'hui proviennent, tout, bonnement, des changements intrinsèques qui se sont produits depuis quelques années et qui se poursuivent en ce qui concerne la situation absolue et relative de l'Amérique et de la France.

La France avait été, matériellement et moralement, démolie par l'effondrement de 1940 et la capitulation des gens de Vichy. Sans doute, le redressement réalisé par la Résistance, aux côtés des Alliés, lui avait-il rendu, comme par miracle, son intégrité, sa souveraineté et sa dignité. Mais elle sortait de l'épreuve très affaiblie à tous les égards.

D'autre part, l'inconsistance du régime où elle était retombée l'empêchait de prendre son essor à l'intérieur et son rang à l'extérieur. En outre, faute d'adopter et d'appliquer les décisions nécessaires au sujet de la décolonisation, elle était entravée dans son développement national et son action internationale par des luttes lointaines sans issue.

C'est pourquoi, vis-à-vis des États-Unis, riches, actifs et puissants, elle se trouvait en situation de dépendance. Il lui fallait constamment leur concours pour éviter une débâcle monétaire. Les armes de ses troupes, c'est de l'Amérique qu'elle les recevait. Sa sécurité ne tenait qu'à leur protection. Quant aux entreprises internationales auxquelles prenaient part ses dirigeants d'alors, c'était souvent en vue de l'y dissoudre, comme si le renoncement à elle-même était désormais sa seule possibilité, voire son unique ambition, tandis que ces entreprises, sous le couvert de l'intégration, postulaient automatiquement l'autorité américaine. Il en était ainsi de l'O.T.A.N. où la responsabilité de la défense de notre pays était attribuée en propre au commandement militaire américain. Il en était ainsi du projet d'une Europe dite « supra-nationale » où la France, en tant que telle, aurait disparu, sauf pour payer et pour discourir, d'une Europe régie en apparence par des comités anonymes, technocratiques et apatrides, c'est-à-dire d'une Europe sans réalité politique, sans ressort économique, sans capacité de défense, et vouée par conséquent, face au bloc soviétique, à n'être qu'une dépendance de cette grande puissance occidentale qui avait, elle, une politique, une économie, une défense : les États-Unis d'Amérique.

Mais il se trouve que, depuis lors, la situation de la France a profondément changé. Ses institutions nouvelles la mettent en mesure de vouloir et d'agir. Son développement intérieur lui procure la prospérité et la fait accéder aux moyens de la puissance. Elle a rétabli sa monnaie, ses finances, l'équilibre de ses échanges. Si bien, qu'à ce point de vue, elle n'a plus besoin de personne, tandis qu'elle se voit, au contraire, sollicitée de beaucoup de côtés. Aussi, loin d'emprunter à d'autres, notamment aux Américains, elle leur rembourse ses dettes et, même, leur assure à l'occasion quelques facilités. Elle a transformé en coopération entre États le régime de colonisation qu'elle appliquait naguère à ses territoires d'Afrique, et, pour la première fois depuis un quart de siècle, elle vit dans une paix complète. Elle modernise son armée, l'équipe elle-même en matériel et entreprend de se doter d'une force atomique propre. Elle a dissipé les nuées qui enveloppaient et paralysaient la construction de l'Europe et entamé cette grande œuvre sur la base des réalités, en commençant par la mise sur pied de la Communauté économique, en donnant avec l'Allemagne l'exemple d'un début de coopération politique[1] et en marquant qu'elle veut être la France dans une Europe qui doit être européenne. Encore une fois, la condition nationale et internationale de notre pays ressemble de moins en moins à ce qu'elle était naguère. Comment les modalités de ses relations avec les États-Unis n'en seraient-elles pas modifiées? D'autant plus que, de leur côté, les État-Unis voient se produire, quant à leurs problèmes, de grands changements qui modifient le caractère de solidarité hégémonique dont étaient, depuis la guerre mondiale, marqués leurs rapports avec la France.

Au point de vue politique, il est vrai que le bloc soviétique s'en tient à une idéologie totalitaire et menaçante et que, récemment encore, le mur de Berlin, le scandale du mur de Berlin[2], et l'installation d'un armement nucléaire à Cuba [3] ont montré que, de son fait, la paix demeurait précaire. D'autre part, l'évolution humaine en Russie et chez les satellites, d'importantes difficultés économiques et sociales dans la vie de ces pays-là et surtout le commencement d'opposition qui se manifeste entre un empire européen détenteur d'immenses territoires asiatiques, qui font de lui la plus grande puissance coloniale de notre temps, et l'empire de Chine, son voisin sur 10 000 kms, peuplé de 700 millions d'hommes, empire indestructible, ambitieux et dénué de tout, tout cela peut, en effet, introduire quelques conjonctures nouvelles dans les soucis du Kremlin et l'ame-

1. Par le Traité du 22 janvier 1963.

2. La fermeture de la frontière entre Berlin-Est et Berlin-Ouest date du 13 août 1961.

3. Allusion à la crise d'octobre 1962. Voir note 1, p. 52.

ner à mettre une note de sincérité dans les couplets qu'il consacre à la coexistence pacifique. Du coup, les États-Unis qui, depuis Yalta et Potsdam [1], n'ont en somme rien à réclamer aux Soviets, les États-Unis voient s'offrir à eux des perspectives tentantes. De là, par exemple, toutes les négociations séparées entre les Anglo-Saxons et les Soviétiques qui, à partir de l'accord limité sur les expériences nucléaires, paraissent devoir s'étendre à d'autres questions, notamment européennes, jusqu'à présent en l'absence des Européens, ce qui, évidemment, contrevient aux vues de la France [2].

La France, en effet, croit, depuis longtemps, qu'il peut venir un jour où une détente réelle et même une entente sincère permettront de changer complètement les rapports entre l'Est et l'Ouest en Europe, et elle compte, si ce jour vient, je l'ai dit en d'autres occasions, faire des propositions constructives pour ce qui concerne la paix, l'équilibre et le destin de l'Europe. Mais, pour le moment, elle ne souscrirait pas à quelque combinaison qui serait réalisée par-dessus sa tête et qui concernerait l'Europe et notamment l'Allemagne. Quant à un projet de pacte de non-agression, dont on a, nous dit-on, parlé à Moscou entre les États qui font partie de l'O.T.A.N. et les dirigeants des pays soumis au joug du Kremlin, je dois dire tout de suite que la France n'apprécie pas cette assimilation entre l'alliance atlantique et la servitude communiste. Et puis d'ailleurs, il n'y a besoin d'aucun pacte pour que la France déclare qu'elle n'attaquera jamais la première, étant entendu qu'elle se défendrait avec les moyens qu'elle peut avoir contre quiconque attaquerait, ou bien elle-même, ou bien ses alliés. Mais aujourd'hui, solennellement, elle déclare, par la bouche du Président de la République, qu'il n'y aura jamais d'agression française. Alors, du même coup, notre éventuelle participation à un pacte de non-agression n'a plus aucune espèce d'objet.

Mais il reste que ce qui s'est passé à Moscou montre que la voie suivie par la politique des États-Unis ne se confond pas avec la nôtre.

Pour ce qui est de la défense, jusqu'à ces derniers temps, les Américains, grâce à leurs armes nucléaires, étaient en mesure d'assurer au monde libre une protection quasi absolue. Mais

1. La conférence de Yalta a eu lieu du 4 au 12 février 1945. Celle de Potsdam du 17 juillet au 2 août 1945.

2. L'U.R.S.S. a proposé, en liaison avec la négociation du Traité sur les expériences nucléaires, la conclusion d'un pacte de non-agression entre les États membres du Pacte Atlantique et ceux du Pacte de Varsovie, qui l'unit à ses satellites d'Europe orientale.

ils ont perdu ce monopole, tout en continuant à grands frais de renforcer leur puissance. Du fait que les Russes ont, eux aussi, maintenant, de quoi détruire l'univers et notamment le nouveau continent, il est tout naturel que l'Amérique voie dans sa propre survie l'objectif principal d'un conflit éventuel et n'envisage le moment, le degré, les modalités, de son intervention nucléaire pour la défense d'autres régions, en particulier de l'Europe, qu'en fonction de cette nécessité naturelle et primordiale. C'est d'ailleurs une des raisons pour lesquelles la France se dote d'un armement atomique propre. Il en résulte que, pour le Gouvernement français, des modifications importantes s'imposent, pour ce qui est des conditions, des modalités, de notre participation à l'alliance, puisque cette organisation a été fondée sur l'intégration, laquelle, aujourd'hui, n'est plus valable pour nous.

Enfin, dans l'ordre économique, le moment est venu où les États-Unis, dont l'énorme capacité de production et d'échanges n'est pas du tout entamée, voient s'élever celle des pays européens, en particulier de la France, au point d'en faire des concurrents assez incommodes. En outre, les charges que représentent pour les États-Unis le soutien financier qu'ils apportent à beaucoup d'États et les forces militaires qu'ils entretiennent à l'extérieur ne laissent pas de leur peser très lourd, tandis qu'une part considérable de leurs capitaux vont s'investir au-dehors. Pour ces raisons, la balance des paiements et le problème du dollar des États-Unis deviennent des soucis essentiels. On comprend donc parfaitement bien que leurs intentions ne soient plus celles qu'ils avaient naguère au sujet de l'organisation d'une Europe européenne et du rôle que peut y jouer la France. Mais on comprend aussi que la France, qui est industrielle et agricole, ne puisse pas et ne veuille pas voir se dissoudre, ni l'économie naissante de l'Europe, ni la sienne, dans un système du genre « Communauté atlantique », qui ne serait qu'une forme nouvelle de la fameuse intégration [1]. Au total, pour la France et, je le crois, pour les États-Unis, l'amitié qui les unit et l'alliance qui les lie sont au-dessus de toute atteinte. Mais il est vrai qu'il y a des différences entre les deux pays, face à certains problèmes internationaux. L'évolution de l'un et de l'autre pays

1. Les propositions américaines concernant les échanges économiques entre les États-Unis et les pays du Marché commun, notamment en ce qui concerne les exportations de produits agricoles américains, prennent depuis quelques mois un caractère particulièrement insistant, et s'accompagnent de la menace de mesures douanières de rétorsion.

a créé cet état de choses qui, encore une fois, n'a rien d'étonnant, pour incommode qu'il puisse, peut-être, paraître aux Américains. En tout cas, dans les rapports entre les deux peuples, nous pensons qu'il faut qu'on prenne son parti de cette situation nouvelle. Cela fait, il conviendra sans doute de concerter pour chaque cas, et dans toute la mesure du possible, les politiques respectives. La France, pour sa part, y est cordialement, très cordialement, disposée.

Q. — *Que pensez-vous de l'accord sur l'interdiction des expériences nucléaires entre les trois puissances qui se sont réunies à Moscou et de la rupture qui a eu lieu entre la Chine et l'Union Soviétique dans un domaine qui est, semble-t-il, idéologique, mais qui est effectivement politique?*

R. — Je vais parler d'abord de la rupture idéologique, puis des réalités, c'est-à-dire de l'accord de Moscou.

La rupture? sur quelle idéologie? Depuis que je vis, l'idéologie communiste a été personnifiée par beaucoup de gens. Il y a eu l'époque de Lénine, de Trotsky, de Staline, que j'ai connu personnellement, de Beria, de Malenkov, de Khrouchtchev, et de Tito, et de Nagy, et de Mao Tse-toung. Je connais autant de détenteurs de l'idéologie communiste qu'il y a de pères de l'Europe, et cela en fait un certain nombre. Chacun de ces détenteurs, à son tour, condamne, excommunie, écrase et quelquefois tue les autres. En tout cas, il combat fermement le culte de la personnalité des autres.

Je me refuse à entrer dans une discussion valable sur le sujet de la querelle idéologique entre Pékin et Moscou. Ce que je veux considérer, ce sont les réalités profondes qui, sont humaines, nationales et, par conséquent, internationales.

L'étendard de l'idéologie ne couvre en réalité que des ambitions. Et, je crois bien qu'il en est ainsi depuis que le monde est né.

Passons à l'accord de Moscou.

Que les Soviétiques et les Anglo-Saxons décident directement de cesser leurs expériences nucléaires dans l'espace, dans l'air et dans la mer c'est — en soi — satisfaisant, et nous sympathisons à la joie que le Président Kennedy a si éloquemment exprimée avant-hier au sujet de cet événement.

Il faut dire que ce n'est pas la première fois que les essais nucléaires seraient interrompus. Il y a déjà eu, à diverses reprises, de longues périodes où aucun des deux côtés n'exécutait d'essais importants. Mais, cette fois, le fait de s'engager réciproquement à l'abstention rend celle-ci beaucoup plus probable. D'ailleurs, après avoir effectué chacun des expériences qui se comptent par plusieurs centaines et dont les dernières sont toutes récentes, on voit mal à quoi de nouveaux essais pourraient à présent leur servir. Pourtant, le domaine des expériences souterraines reste en dehors de l'accord et chacun des partenaires se réserve la possibilité de dénoncer l'accord dans les trois mois, si cela lui convient.

Cependant, sans méconnaître que cet accord de Moscou n'a certes — et bien au contraire — rien qui puisse désobliger personne, et en tout cas pas nous, il faut constater qu'il ne change rien à la terrible menace que les armements nucléaires des deux rivaux font peser sur le monde et, avant tout, sur les peuples qui en sont dépourvus.

C'est un fait qu'ils ont tous les deux de quoi anéantir l'univers et c'est un fait qu'il n'est pas question qu'ils s'apprêtent à y renoncer.

Dans ces conditions, la situation du monde par rapport à cette menace n'étant changée en quoi que ce soit, il est tout à fait naturel qu'un pays comme la France, qui commence à avoir les moyens de s'affranchir, dans une certaine mesure, de cette terreur permanente, poursuive dans cette voie. D'autant plus que rien n'empêche les deux rivaux, leurs expériences ayant cessé, de continuer à fabriquer des projectiles de plus en plus nombreux, de plus en plus puissants, et de se doter de véhicules de lancement, fusées, avions, sous-marins, satellites de plus en plus perfectionnés[1]. Les économies, que pourra, peut-être, leur procurer la cessation des expériences, leur permettront d'ailleurs de renforcer encore leurs moyens de destruction. C'est pourquoi, l'accord de Moscou, je le dis franchement, n'a qu'une importance pratique réduite, à moins, naturellement, qu'il ne soit le point de départ d'autre chose qui s'étendrait à d'autres domaines très différents. C'est la raison pour laquelle, l'accord, tout en ayant l'approbation de la France, éveille pourtant sa vigilance.

Alors, me demandez-vous, que va faire la France après l'accord de Moscou?

Je vous répéterai, une fois de plus, que si un jour les Américains et les Soviétiques en venaient au désarmement, c'est-à-dire à la destruction et à l'interdiction contrôlées de leurs moyens

1. Le Général de Gaulle a toujours affirmé que c'est à l'égard des véhicules de lancement des armes atomiques qu'un accord sérieux de désarmement pourrait être conclu. Voir notamment sa conférence de presse du 15 mai 1962. *Discours et Messages*, T. III, p. 416.

nucléaires, c'est de grand cœur que nous-mêmes nous renoncerions à nous en procurer. Rien n'annonce malheureusement qu'on soit sur le point d'en venir là. Et la triste Conférence de Genève aura, comme c'était à prévoir, interminablement siégé pour rien[1].

Cependant, je puis dire que, de toute façon et à tout hasard, la France n'attendait que la fin de cette vaine figuration, je parle de la Conférence de Genève, pour proposer aux trois autres puissances atomiques certaines premières mesures de désarmement effectif portant, en particulier, sur les véhicules cosmiques, aériens et maritimes qui sont susceptibles de lancer des projectiles nucléaires. Ce qui s'est passé à Moscou ne fait que la confirmer dans cette intention et elle compte, avant la fin de cette année, inviter les États intéressés à étudier avec elle ce problème essentiel alors qu'il n'est peut-être pas encore devenu insoluble à son tour. Mais nous répétons, également, qu'un simple accord sur les essais entre Soviétiques et Anglo-Saxons, déjà investis d'une puissance incommensurable, qui ne cessent de la renforcer et qui par là confirment de jour en jour leurs hégémonies respectives, ne détournera pas la France de se doter, elle aussi, des moyens de la même sorte, faute de quoi, puisque d'autres en ont, sa propre sécurité et sa propre indépendance ne lui appartiendraient jamais plus.

Q. — *Si par hasard les États-Unis et l'Angleterre venaient proposer à la France de lui fournir tout ce dont elle a besoin pour son armement nucléaire, après des expériences de vérification faites dans le Pacifique, accepteriez-vous de poser votre signature au bas de cet accord, consacrant ainsi la France comme la quatrième puissance nucléaire?*

R. — Vous savez, on ne donne pas la signature de la France sur une série d'hypothèses dont aucune jusqu'à présent n'a reçu le moindre commencement d'exécution.

Q. — *La France est-elle d'accord pour favoriser un développement qui, sur le plan militaire, politique et scientifique, éviterait que, dans l'Europe de demain, les petits pays soient aussi dépendants envers la France que l'Europe l'est à présent, pour les mêmes raisons, envers l'Amérique?*

R. — C'est encore une série d'hypothèses sur lesquelles je

19. La Conférence du désarmement des Nations Unies siège à Genève depuis le 14 mars 1962.

vous demande de ne pas entrer. Nous parlons de réalités, de choses effectives, et j'en reviens à l'Europe qui commence à être quelque chose d'effectif.

Q. — *Depuis votre dernière conférence, le traité franco-allemand a été mis à l'épreuve, en beaucoup de domaines. En ce qui concerne la coordination des politiques française et allemande dans le Marché commun ou vis-à-vis de l'adhésion éventuelle de l'Angleterre, dans l'organisation atlantique ou dans les rapports de l'Europe vis-à-vis de l'Amérique ou, sur des plans plus modestes, dans les achats de produits agricoles français par l'Allemagne, dans la fabrication d'un char européen, etc., est-ce que les faits ont dépassé, satisfait ou déçu vos espérances?*

R. — L'organisation économique de l'Europe continue de faire des progrès et le traité franco-allemand y contribue directement. La première réunion des deux gouvernements qui, conformément au traité, s'est tenue à Bonn au début de ce mois a eu d'abord l'avantage de ménager et d'élargir les contacts pour l'examen des problèmes d'intérêt commun. C'est ainsi que moi-même, par exemple, indépendamment de mes entretiens avec le Chancelier Adenauer, j'ai eu l'occasion de converser d'une manière approfondie avec le Vice-chancelier Erhard, ce dont je me félicite. D'autre part, la réunion de Bonn a renforcé dans l'esprit de ses participants le sentiment que la coopération franco-allemande devait, au cours de cette année même, s'affirmer dans un domaine essentiel : l'organisation économique de l'Europe, la mise sur pied complète et effective du Marché commun. Il est bien clair que c'est là, si l'on peut dire, le banc d'essai du traité.

Si, en pareille matière, celui-ci fait la preuve de son efficacité, on peut croire qu'il ira ensuite se développant et s'affermissant sur d'autres sujets tels que ceux que vous avez évoqués et où il n'y a encore que des ébauches.

Pour ce qui est du Marché commun, au développement duquel nous espérons que le Traité franco-allemand contribuera d'une manière effective, c'est, bien entendu, le problème agricole que les Six ont encore à régler. Que signifieraient les mots mêmes de « Communauté économique européenne » si l'Europe n'assurait pas, pour l'essentiel, son alimentation grâce à ses propres produits agricoles, lesquels peuvent y suffire largement? Et qu'irait faire la France dans un système à l'intérieur duquel il n'y aurait bientôt plus de douanes, excepté pour son blé, sa viande, son lait, son vin et ses fruits? Sans doute, le Traité de Rome, assez complètement agencé pour ce qui concerne l'industrie, se bornait-il à évoquer sans la résoudre la question de l'agriculture. Mais, depuis le mois de janvier de l'année dernière[1], où la France a obtenu de ses partenaires l'engagement formel d'aboutir dans ce domaine, faute de quoi le développement de l'ensemble serait arrêté, d'importants progrès ont été faits. Il reste à en accomplir de plus importants encore et cela doit avoir lieu avant la fin de cette année.

En effet, le terme adopté pour l'achèvement des règlements qui demeurent en suspens est le 31 décembre ; d'abord, parce que le déséquilibre entre les conditions des échanges industriels et celle des échanges agricoles ne saurait durer plus longtemps ; ensuite, parce que c'est sous cette condition que les Six, ayant pris acte du fait que la Grande-Bretagne ne peut entrer actuellement dans l'organisation d'une Europe européenne, se sont mis d'accord pour utiliser l'U.E.O., déjà existante, afin d'échanger leurs vues avec celles des Britanniques sur les problèmes économiques mondiaux[2]; enfin, pour cette raison que les négociations tarifaires entre les États-Unis et l'Europe vont s'ouvrir au printemps prochain et que, devant les grands vents qui ne manqueront pas de se lever à cette occasion, il faudra alors que le Marché commun soit debout, complet et assuré, ou bien qu'il disparaisse.

Ainsi, l'année 1963 est-elle décisive pour l'avenir d'une Europe unie. Si, au cœur de l'univers, une communauté réelle s'établit entre les Six dans le domaine économique, on peut penser, en effet, qu'ils seront plus portés qu'ils ne le sont à s'organiser pour mener en commun une politique qui soit européenne. A ce point de vue aussi, le traité franco-allemand offre un exemple qui peut être suivi et un cadre qui peut s'élargir. D'autant mieux que les événements dont nous avons parlé tout à l'heure et notamment les contacts directs qui s'établissent de nouveau entre les Anglo-Saxons et les Soviétiques et qui, une fois de plus, peuvent engager son propre sort devraient convaincre l'Europe

1. L'accord de principe des Six sur la politique agricole commune a été conclu le 14 janvier 1962.

2. Le Gouvernement français a donné son accord, au cours de la réunion du Conseil des ministres du Marché commun des 10 et 11 juillet 1963, à l'utilisation du cadre de l'Union de l'Europe occidentale (à laquelle appartiennent les six États du Marché commun et la Grande-Bretagne, et qui a été instituée en 1954 après le rejet de la Communauté européenne de défense) pour le maintien de contacts entre les Six et l'Angleterre au sujet de leurs politiques économiques respectives.

que c'est le temps d'être elle-même ou qu'elle risque de ne l'être jamais.

Q. — *Étant donné qu'aucune déclaration n'a été faite par vous après le voyage que vous avez effectué en Grèce, dans quel sens les rapports franco-helléniques doivent-ils se développer dans ce cadre géographique et culturel qu'est la Méditerranée et qui constitue un lien, à travers l'Histoire, pour les deux pays ?*

R. — Je tiens à vous dire à vous, Monsieur, ceci : les impressions que j'ai rapportées de Grèce sont excellentes, vous n'en doutez pas. Les contacts qu'il m'a été donné de prendre à cette occasion à Athènes constituent un élément qui renforce notre solidarité européenne, au meilleur sens du terme.

Sans vouloir désobliger personne, j'ajoute que le Premier ministre vient, lui-même, de voir et de faire en Turquie quelque chose de tout à fait analogue. L'Europe peut naître. C'est aux Six qu'il appartient de la faire naître. Et la France, pour sa part, s'y attend.

Mesdames, Messieurs, je vous remercie vivement de l'attention que vous m'avez apportée.

6 SEPTEMBRE 1963

Le Général de Gaulle prend la parole lors d'une réception donnée au Palais de l'Élysée en l'honneur de Sir Milton Margaï, Premier ministre de Sierra Leone.

TOAST ADRESSÉ A SIR MILTON MARGAÏ, PREMIER MINISTRE DE SIERRA LEONE

Monsieur le Premier ministre,

Nous sommes heureux de vous recevoir.

Nous voyons en vous, en effet, le représentant d'un groupe humain et africain que le fait qu'il est humain et le fait qu'il est africain nous rendent tout naturellement sympathique ; celui d'un pays avec lequel nous, Français, n'avons jamais eu que de bons rapports ; celui d'un État nouveau [1], dont nous saluons l'avènement et auquel nous souhaitons de grand cœur le présent le plus prospère et le meilleur avenir possible.

Dans ce présent et dans cet avenir, la France est disposée à étendre et à approfondir les relations qu'elle a déjà nouées avec le Sierra Leone. Elle l'est d'autant plus que la situation géographique et économique de votre pays se prête à ce resserrement. Elle l'est d'autant plus que le peuple de Sierra Leone s'inspire, dans son développement, du même idéal moral et politique qui est essentiellement le sien. Elle l'est, enfin, d'autant plus, que pour une telle coopération son Gouvernement a affaire à un Gouvernement dont le chef est vous-même, Monsieur le Premier ministre, c'est-à-dire quelqu'un dont nous connaissons la valeur et l'action et dont nous estimons hautement la personnalité.

Je lève mon verre en votre honneur, Monsieur le Premier ministre, en votre honneur, Madame, à qui nous sommes heureux de présenter nos respectueux hommages, en l'honneur du Sierra Leone en qui la France voit un pays ami.

10 SEPTEMBRE 1963

Le Général de Gaulle prend la parole lors d'une réception donnée au Palais de l'Élysée en l'honneur du roi de Jordanie.

TOAST ADRESSÉ A S.M. HUSSEIN, ROI DE JORDANIE

Sire,

Bien que Votre Majesté ait voulu que soit limité l'appareil de Votre visite, nous nous félicitons vivement de Vous recevoir.

Sans doute, notre satisfaction tient-elle d'abord à ce que nous portons au Souverain et au Chef d'État que Vous êtes, à Sa valeur, à Son courage, à Son dévouement pour le bien de Son pays, une très haute et particulière estime. Sans doute, le fait

1. L'indépendance du Sierra Leone date du 27 avril 1961.

qu'il n'existe actuellement entre la Jordanie et la France aucun grief politique donne-t-il à notre rencontre un caractère naturellement cordial. Mais aussi, la présence à Paris du roi Hussein revêt une grande signification.

Nous y voyons, en effet, comme une preuve de cette tendance réciproque de la France et du monde arabe de l'Orient à renouer entre eux les rapports particulièrement étroits et, je puis dire, amicaux qui ont existé depuis des siècles, qui répondent probablement à la nature des choses et des hommes de part et d'autre, que divers événements [1] avaient pu compromettre au cours des dernières années, mais que tout commande aujourd'hui de rétablir et de développer.

Nous y voyons, en outre, une sorte de constatation de ce qu'il y eut d'artificiel et d'artificieux dans l'espèce de malentendu qu'une politique, inspirée du dehors [2], a longtemps entretenu entre les princes de la noble famille Hachémite et la République française et auquel Votre volonté et la nôtre ont mis, désormais, un terme.

Nous y voyons, enfin, l'intention d'une coopération pratique plus étendue entre la Jordanie et la France, notamment dans les domaines économique et culturel où se rencontrent les peuples amis. Au développement de cette coopération, je puis Vous assurer, Sire, que la France est, pour sa part, très volontiers disposée.

Je lève mon verre en l'honneur de Sa Majesté Hussein, roi de Jordanie, et en l'honneur de son peuple auquel la France souhaite la paix, le progrès et la prospérité.

1. Les difficultés, nées après la Seconde Guerre mondiale du processus de décolonisation en Afrique du Nord et de l'expédition de Suez avaient détérioré les relations de la France avec les États musulmans.

2. Allusion à certains aspects de la politique britannique au Proche-Orient.

12 SEPTEMBRE 1963

Le Général de Gaulle prend la parole lors d'une réception donnée au Palais de l'Élysée en l'honneur du Premier ministre du Laos.

TOAST ADRESSÉ A S.A. LE PRINCE SOUVANNA-PHOUMA, PREMIER MINISTRE DU LAOS

Monsieur le Premier ministre,

Une fois de plus, vous êtes le bienvenu en France. Il y a, à cela, d'excellentes raisons et les voici :

Tout d'abord, votre personnalité, qui est ici, depuis toujours, très connue et très estimée. Ensuite, le fait que vous êtes le Chef du Gouvernement d'un pays qui, dans son ensemble et quels qu'aient été les événements, n'a jamais laissé se rompre les rapports étroits que, dans bien des domaines et depuis bien des années, il entretient avec la France. Enfin, l'effort clairvoyant, patient et courageux, qu'au milieu de multiples obstacles, vous poursuivez en ce moment même pour l'unité du Laos et qui tend à la libre disposition de votre peuple en dépit des interventions étrangères [1], à l'apaisement au-dedans et à la paix au-dehors.

Or, ces trois buts sont liés entre eux. Ils le sont pour le Laos. Ils le sont pour les pays voisins. Ils le sont pour tous ceux du monde. Un État peut avoir des amis et recevoir des concours. Mais il lui appartient de régler ses propres affaires sans que s'en mêlent les menées, ingérences et rivalités extérieures. C'est là, bien évidemment, la condition qui, pour une nation, justifie et vivifie son indépendance. C'est là le respect essentiel, faute duquel, en ces temps difficiles, un peuple ne saurait s'assurer la concorde, ni la dignité. C'est là, Monsieur le Premier ministre, le principe de votre politique, qui rencontre, soyez-en certain, l'entière compréhension et l'amical soutien de la France.

1. Allusion à la politique menée par les États-Unis dans la péninsule Indochinoise, et particulièrement au Viet-nam, depuis la Conférence de Genève de juillet 1954.

Je vous demande, Monsieur le Premier ministre, de transmettre à Sa Majesté le roi Savang Watthana, l'expression de ma très haute et très cordiale considération. Je lève mon verre en votre honneur, en l'honneur de Son Altesse la princesse Souvanna-Phouma que nous sommes heureux de saluer à vos côtés, en l'honneur du Laos en qui la France voit un ami fidèle et cher.

28 SEPTEMBRE 1963

Le Général de Gaulle prend la parole à Lyon, place des Terreaux, après avoir accompli un voyage dans les départements du Sud-Est.

DISCOURS PRONONCÉ A LYON

Vous pensez bien que, devant la manifestation magnifique du sentiment d'une ville comme la vôtre, mon premier mot sera pour vous dire merci. Merci pour moi-même, merci pour ceux qui sont associés aux responsabilités nationales que je porte, le Gouvernement, en particulier le Premier ministre Georges Pompidou, et merci pour le pays.

Pour parler de la France de tous les temps et de notre temps, quelle ville convient mieux que la vôtre? Lyon, la grande cité, jadis par excellence gauloise, à présent par excellence française; placée au cœur d'une région, géographiquement, économiquement, stratégiquement, essentielle à notre pays ; liée de corps et d'âme à chacun des bonheurs et des malheurs de notre Histoire ; fille ardente de la patrie au point d'avoir été, pendant la dernière guerre, la capitale intérieure de la Résistance. Lyon, métropole européenne, située sur le grand axe, fluvial, routier, ferroviaire, aérien, qui, par les vallées du Rhin, de la Saône et du Rhône, va des mers du Nord à la Méditerranée ; étape naturelle entre les bassins du Pô, du Danube, de la Loire et de la Seine ; débouché des passages des Alpes et du Jura ; centre de civilisation ouvert à tous les courants venus des peuples voisins : Italie, Allemagne, Hollande, Belgique, Luxembourg, France, aujourd'hui réunis après des drames sans nombre et qui peuvent former ensemble la grande source de l'Occident. Lyon, ville moderne, en plein essor de progrès, qui, avec les communes de son agglomération, a, depuis 25 ans, doublé sa population, triplé sa production, quadruplé ses échanges, quintuplé son effectif scolaire, qui ne cesse d'élargir et de multiplier au-dedans et alentour d'elle les routes comme les activités, qui, enfin, par le seul aspect de la vaste assemblée — et notamment de la nombreuse et magnifique jeunesse — remplissant cette place des Terreaux, proclame son élan, sa puissance et son ambition.

Voilà qui va vraiment bien à notre pays, puisque lui-même tout entier, il croît, multiplie, évolue, dans des limites qui s'étendent constamment et suivant une cadence accélérée. A ce point que nous sommes amenés, précisément en ce moment même, à tenir de plus près les commandes afin que notre progrès se poursuive régulièrement [1].

Chacun comprend, en effet, que, pour continuer de marcher vers la prospérité, il faut que notre économie, nos finances, notre monnaie, soient maintenues en équilibre. Chacun comprend que nos moyens d'achat doivent être calculés, nos rémunérations adaptées, nos dépenses publiques limitées, nos prix fixés, non point suivant les désirs ou au gré des uns et des autres, mais en ordre et à mesure de notre avance réelle, autrement dit que l'élévation du niveau de vie de tous et la dimension de ce qu'entreprend l'État sont à régler d'après la montée effective de la productivité nationale, faute de quoi tout — développement scientifique et technique, activité industrielle, évolution agricole, organisation commerciale, construction de logements, d'écoles, d'hôpitaux, de centrales, de routes, modernisation de l'Armée, sécurité sociale et familiale, conditions d'existence des Français — irait lamentablement se noyer dans l'inflation. Chacun comprend, qu'aux temps modernes, c'est le rôle des pouvoirs publics d'agir sur le volant, l'accélérateur, les freins, de telle sorte que la voiture ne dévie, ni ne s'arrête, ni ne s'emballe, mais que, compte tenu des montées, des descentes et des tournants, elle suive normalement la route.

Comme apparaissaient dans nos affaires des signes avertisseurs, comme autour de notre expansion rapide, de nos finances en équilibre et de nos paiements en balance positive on voyait se dessiner, en matière de crédit, de consommation, de prix, de dépenses publiques, des dépassements qui, faute qu'on les arrête, compromettraient cette expansion, cet équilibre et cette balance, bref comme l'inflation s'avançait insidieusement,

1. Allusion au Plan de stabilisation annoncé par le communiqué du Conseil des ministres du 12 septembre 1963.

les mesures nécessaires ont été prises. Sans doute, chaque intérêt particulier ressent-il, sur le moment, quelque contrariété à voir réduire la facilité, mais l'intérêt général y trouve certainement son compte. C'est donc sur la base d'une stabilité consolidée que nous continuerons d'accomplir notre développement. D'autant mieux que la valeur économique et la bonne santé sociale que celui-ci nous apporte nous protègent de l'emprise du dehors en même temps qu'elles nous permettent la prospérité au-dedans.

Or, si nous entendons que la France pourvoie elle-même à la vie des Français et qu'elle ne retourne point à cet ancien état de choses où, de mois en mois, elle n'évitait la culbute monétaire, financière et économique que par la grâce de l'étranger, c'est avant tout pour qu'elle puisse, dans le monde, conduire ses propres affaires. Assurément, c'est une charge. 1 500 ans d'Histoire nous ont appris qu'être effectivement la France cela ne va ni sans difficultés, ni sans risques, ni sans frais. Et pourtant, aujourd'hui plus que jamais, nous tenons à l'indépendance. D'abord, parce que, depuis beaucoup de siècles, nous en avons pris l'habitude. Ensuite, parce que nous pensons, après maintes expériences, être les meilleurs juges de ce que nous avons à faire. Enfin, parce que l'effacement de la France serait désastreux pour le monde tout entier.

Cette obligation de jouer notre rôle à nous, de ne laisser à personne le droit d'agir ou de parler pour nous, de ne reconnaître aucune loi qui ne soit voulue par nous, marque l'esprit et la manière de notre participation aux entreprises internationales, en elles-mêmes salutaires assurément, mais dans lesquelles certains, à l'intérieur et à l'extérieur, auraient voulu, on le sait, que la France allât se dissoudre. C'est ainsi que, si nous voyons dans l'Organisation des Nations Unies un utile forum où peuvent, périodiquement, se rencontrer, s'exprimer, s'informer, les délégations des pays qui en sont membres, nous n'accepterions pas qu'elle s'érigeât en une sorte de super-État qui prétendrait nous imposer quoi que ce soit qui nous concerne. C'est ainsi que, si nous tenons l'alliance atlantique pour tout à fait nécessaire, nous rejetons pour nous-mêmes dans son organisation tout système qui nous ôterait la disposition de nos forces et la responsabilité de notre propre défense. C'est ainsi que, si nous voulons que les six pays qui ont conclu le Traité de Rome s'unissent en une Europe organisée, nous prétendons qu'ils le fassent sur la base des réalités, autrement dit celle des États, et non point en s'annihilant eux-mêmes dans on ne sait quelle intégration qui livrerait à l'une ou à l'autre des deux hégémonies étrangères une Europe sans âme, sans vertèbres et sans racines.

C'est dans la même intention de ne pas laisser autrui devenir maître de notre destin que nous avons commencé à nous pourvoir, nous aussi, d'un armement atomique. Car, c'est un fait gigantesque et sans précédent que, désormais, la vie de chaque pays se trouve tout entière et d'un instant à l'autre absolument à la merci de qui possède des forces de cette sorte, à moins qu'il n'y ait quelque part des moyens de la même espèce dont le méchant sache péremptoirement qu'ils le frapperaient lui-même aussitôt s'il se risquait à l'agression. Et puis, comme tout se tient dans l'ordre scientifique et technique, le développement de l'énergie atomique, qui de plus en plus largement s'ajoute au charbon et au pétrole, ainsi que celui des multiples industries qui s'y rattachent, sont conjugués à celui de la puissance nucléaire. Pour nous, la question était donc de savoir si ces moyens de dissuasion et ces ferments nouveaux d'activité économique nous les posséderions nous-mêmes, comme nous le pouvons fort bien, ou si nous remettrions aux Anglo-Saxons, d'une part nos chances de vie et nos chances de mort, d'autre part certaines de nos possibilités industrielles. Cette question-là est tranchée. Nous demeurons solidement attachés à nos alliés d'outre-Atlantique. Mais nous avons décidé d'avoir, comme eux, de quoi nous défendre et, en même temps, de nous assurer les connaissances et les réalisations qui, sans doute, commanderont l'avenir.

Il est vrai que, pour le moment, Anglo-Saxons et Soviétiques, après avoir exécuté des centaines d'explosions aériennes et s'en être amplement servis pour se doter d'armements susceptibles de détruire l'univers, ont décidé d'un commun accord de suspendre cette sorte d'essais, ce dont, bien sûr, nous nous félicitons. Ensuite, et sans renoncer en rien à leurs armements, ils ont invité tous les autres pays du monde, ceux qui sont libres et ceux qui ne le sont pas, à souscrire à l'engagement de ne point faire d'expériences. Nombre d'États, qui de toute façon ne sont pas en mesure d'y procéder, ont donc mis leur signature au bas du fameux accord, tout de même que beaucoup de gens sont prêts à déclarer, si l'on y tient, qu'ils ne projettent aucunement de se rendre dans la lune. Mais la France, qui, elle, est maintenant au milieu de ses essais et qui n'accepte pas que deux États priviligiés détiennent désormais et pour toujours le monopole de la puissance et de la domination, la France, dis-je, poursuivra naturellement l'effort qu'elle a entrepris pour sa propre sécurité et pour celle des peuples alliés. De quel cœur elle y renoncerait le jour ou l'on en viendrait à désarmer ceux qui ont de telles armes plutôt qu'à les interdire à ceux qui ne les ont pas !

Cette volonté d'indépendance ne nous empêche nullement, bien au contraire, de pratiquer, dans une entière liberté, une stabilité politique que les plus vieux de nos contemporains ne nous ont jamais connue, d'accomplir une transformation, économique, sociale, démographique, dont l'étendue et le rythme sont sans aucun précédent, de prendre au maintien de la paix, côte à côte avec nos alliés, une part active et lucide, d'aider à s'organiser notre Europe européenne dont la base est nécessairement l'accord de la France et de l'Allemagne, de coopérer plus largement qu'aucun autre État, relativement à nos moyens, avec de nombreux pays en voie de développement.

Oui ! Nous avons plus que jamais besoin de disposer de nous-mêmes. C'est là le ressort profond indispensable à notre peuple à mesure de son effort. En même temps, c'est par là que la France offre à maintes nations du monde un exemple et un réconfort. En Europe, combien d'entre elles, actuellement pliées sous le joug étranger des Soviets, en tirent une secrète espérance ! En Amérique latine, quel mobile d'inspiration peuvent y puiser des peuples qui s'efforcent de dégager leur personnalité à eux ! En Afrique et en Asie, que d'États, nouveaux ou bien ressuscités, pour lesquels la nécessité primordiale est à présent de s'affermir et de s'organiser plutôt que de courir aux aventures où les appellent, pour les absorber, les influences dominatrices du dehors, voient dans cette France maîtresse d'elle-même de quoi soutenir leur courage et leur raison. Il n'est point jusqu'à ces pauvres pays, coupés en deux ou en trois par l'affrontement des interventions extérieures, qui ne sentent que le libre arbitre de la France peut être pour eux la chance de l'unité et de la paix [1].

Or, la résolution d'être la France, pour elle, certes, mais aussi pour les autres, qu'est-elle donc, sinon, transposée aux temps où nous vivons, celle qui exprime depuis toujours la vocation et le génie de notre race? Tout comme la grande ville de Lyon se montre aujourd'hui à la fois plus moderne et plus lyonnaise que jamais, ainsi, pour nous tous Français, la règle féconde de notre époque c'est d'être fidèles à la France !

Vive Lyon !

Vive la République !

Vive la France !

1. Allusion au Sud-Viet-nam, dont la situation intérieure se détériore en raison de la politique menée par le Président Diem, qui a bénéficié depuis plusieurs années d'un important soutien américain.

2 OCTOBRE 1963

Le Général de Gaulle assiste à l'audience solennelle de rentrée de la Cour de cassation, à la tête de laquelle est installé le Premier Président Bornet.

ALLOCUTION PRONONCÉE A LA COUR DE CASSATION

C'est bien volontiers que je m'associe aux souhaits qui viennent d'être adressés à Monsieur le Premier Président Bornet au moment où il accède à la tête du Corps judiciaire.

D'autre part, c'est avec émotion que j'ai entendu le noble éloge qui vient d'être fait du Président Patin, magistrat éminent s'il en fut, exemple même de science juridique, d'équité et de courage, mon ami très regretté.

Je tiens à dire à la Cour de cassation que, du côté du Gouvernement, les mesures nécessaires sont actuellement à l'étude pour que, dans l'esprit de la réforme de 1959, soient complétés les moyens dont la Justice dispose pour remplir sa haute mission en notre époque.

Enfin, je ne saurais manquer de saluer ici la part que les magistrats de France ont prise et continuent de prendre à la sûreté de la République.

2 OCTOBRE 1963

Le Général de Gaulle accueille à Orly la Grande-Duchesse de Luxembourg, qui accomplit en France un voyage officiel.

ALLOCUTION DE BIENVENUE A S.A.R. LA GRANDE-DUCHESSE DE LUXEMBOURG, PRONONCÉE A ORLY

Madame,

C'est un grand honneur pour nous que d'accueillir aujourd'hui Votre Altesse Royale, de Vous présenter l'hommage de la France et de Vous adresser le salut du peuple français pour le peuple luxembourgeois.

La France et le Luxembourg sont, sans doute, étroitement voisins. Mais, de part et d'autre de leur frontière, les âmes sont semblables et les aspirations communes. Voilà longtemps que les deux peuples partagent le même idéal de liberté et de dignité humaines, d'indépendance nationale. Voilà longtemps qu'ils s'estiment profondément l'un l'autre et, tout de même qu'ils se trouvèrent naturellement ensemble dans les épreuves des deux guerres mondiales, ils se trouvent naturellement ensemble pour travailler à présent aux œuvres du progrès et de la paix.

Aussi, est-ce du fond du cœur que j'exprime, Madame, à Votre Altesse Royale les meilleurs souhaits de bienvenue de la République française, souhaits dont Son Altesse Royale le prince Félix voudra bien prendre sa part.

Vive le grand-duché de Luxembourg !

2 OCTOBRE 1963

Le Général de Gaulle prend la parole lors d'une réception donnée au Palais de l'Élysée en l'honneur de la Grande-Duchesse de Luxembourg.

TOAST ADRESSÉ A S.A.R. LA GRANDE-DUCHESSE DE LUXEMBOURG

Madame,

Nous sommes particulièrement heureux de recevoir officiellement à Paris la Souveraine gracieuse et respectée d'un pays qui nous est très proche et très cher. Nous saluons en la personne de Votre Altesse Royale le peuple du grand-duché de Luxembourg, que tant de relations anciennes et présentes lient d'amitié au peuple français.

La ville de Luxembourg fête cette année le millénaire de sa fondation. En ces 1 000 ans, l'histoire de Votre pays, depuis la féodalité jusqu'au début de l'Europe unie, fit partie intégrante de la vie de notre continent, de ses peines et de ses grandeurs. Mais le Luxembourg n'en a pas moins maintenu et affermi à travers tant d'épreuves sa personnalité nationale.

En effet, que vous ayez donné des empereurs, et parmi les plus grands, aux pays germaniques d'autrefois, ou qu'au contraire l'un ou l'autre de vos voisins ait convoité et, parfois, saisi votre territoire, vous avez toujours voulu et, en définitive, assuré votre indépendance. C'est là une des raisons pour lesquelles la France porte au Luxembourg une grande et profonde estime.

Cependant, en 1940, pour la seconde fois en un quart de siècle, Votre pays fut envahi au mépris de sa neutralité.

Votre Altesse Royale, avec son gouvernement, devait connaître l'exil pour sauvegarder sa souveraineté. Comment n'évoquerais-je pas, Madame, cette époque tragique et héroïque où j'eus moi-même l'honneur de connaître Votre Altesse Royale, de Vous connaître aussi, Monseigneur, et d'admirer la fermeté et le courage avec lesquels la Souveraine et Sa famille inspiraient la fière attitude du peuple du Luxembourg et la vaillante conduite de ses combattants [1]. Les Luxembourgeois ont, en effet, payé à la Résistance un lourd et glorieux tribut. A la fin du drame et, notamment, au cours du suprême retour offensif de l'ennemi à travers la région des Ardennes, le Luxembourg fut au surplus, comme il l'avait été dans les débuts, un théâtre essentiel de la Deuxième Guerre mondiale, parce qu'il est, par nature, un carrefour et un foyer importants de notre continent.

Depuis lors, la France découvre chaque jour des raisons nouvelles d'apprécier le Luxembourg et de coopérer avec lui. C'est ainsi que, pour notre part, nous mesurons mieux que jamais ce que valent à l'époque moderne vos mines, vos usines, vos campagnes, vos travailleurs, vos ingénieurs. C'est ainsi, surtout, qu'ayant entrepris avec vous et avec quatre autres États d'unir et d'organiser notre Europe occidentale — la première en date de nos communautés [2] fonctionnant d'ailleurs chez vous — la France se sent pleine de considération pour la part que vous prenez, ainsi que pour la conviction, la sagesse et l'efficacité que vous apportez, à cette œuvre sans précédent.

L'entreprise a donc commencé ! Comme de juste, c'est d'abord dans l'ordre économique que nous autres, Européens, sommes en train de bâtir. Si nous pouvons y parvenir, comme tout commande de l'espérer, sans doute verrons-nous naître et, peu à peu s'affirmer dans le domaine politique, c'est-à-dire dans celui de la sécurité, une Europe unie, puissante et rayonnante. Laissez-moi ajouter, Madame, que nous, Français, sommes d'autant plus satisfaits d'y avoir le Luxembourg pour partenaire que, dans la construction commune, une devise qui est Vôtre : « Nous voulons rester ce que nous sommes », pourrait tout aussi bien être une devise pour la France.

Je lève mon verre au bonheur personnel de Votre Altesse Royale ; en l'honneur de Monseigneur le prince de Luxembourg, à l'amitié des peuples français et luxembourgeois et à l'avenir de notre Europe.

1. Voir *Mémoires de guerre*, T.I, p. 211 et T. III, p. 228.

2. La Communauté Européenne du Charbon et de l'Acier.

16 OCTOBRE 1963

Le Général de Gaulle accomplit un voyage officiel en Iran, du 16 au 20 octobre 1963. Il prend la parole lors d'une réception donnée en son honneur au Palais du Golestan.

RÉPONSE AU TOAST ADRESSÉ PAR S.M.I. MOHAMMED REZA PAHLAVI, CHAH-IN-CHAH DE L'IRAN

Sire,

Laissez-moi Vous dire combien je suis sensible à l'aimable accueil de Votre Majesté et aux émouvantes paroles que Vous venez de prononcer à l'adresse de mon pays et de moi-même. Laissez-moi Vous dire, aussi, à quel point nous apprécions, ma femme et moi, les attentions dont nous sommes l'objet de Votre part et de la part de Sa Majesté l'Impératrice. Laissez-moi Vous dire, enfin, quelle importance la France attribue à ma visite en Iran.

De toute façon, le passé grandiose de Votre noble pays ne peut manquer d'impressionner Vos hôtes. Une des plus anciennes et des plus admirables civilisations du monde étant née sur cette terre, des gloires magnifiques s'y étant déployées, des souverains, des penseurs, des poètes, des artistes, renommés à tout jamais, ayant eu cette contrée pour patrie, des séries de générations ayant prodigué sur ce sol difficile leur effort d'hommes courageux, la France éprouve à l'égard de l'Iran de multiples affinités. Comme au surplus, et en dépit des invasions et des interventions qui ont, de siècle en siècle, déferlé sur ce territoire — essentiellement le confin de l'Orient de l'Occident — l'Iran a su conserver son indépendance et sauvegarder sa personnalité, il exerce sur la France un attrait profond et singulier. Celle-ci, d'ailleurs, sent avec joie qu'elle est payée de retour. C'est donc un fait que, de tout temps, nos deux États furent de sincères amis.

Sire, ils le sont aujourd'hui. On peut même penser que le caractère de l'époque où nous vivons les rapproche davantage encore. En effet, à nos deux peuples libres, la liberté paraît d'autant plus précieuse qu'elle se trouve actuellement menacée. Aussi l'un et l'autre, fiers et sachant ce qu'ils valent, sont prêts à défendre la leur pour ne point cesser d'être eux-mêmes. Il y a donc là entre eux, à cet égard, un lien puissant et permanent.

Mais, tandis qu'à Vous entendre, Sire, on est autorisé à croire que l'élan qui emporte aujourd'hui la France vers une prospérité accrue et une plus grande puissance est approuvé par le peuple iranien, soyez sûr que nous, Français, nous félicitons de l'essor nouveau qu'a pris l'Iran sous la haute et énergique impulsion de Votre Majesté. Nous voyons avec satisfaction Votre pays se transformer en un État moderne, développer son économie, élever la condition sociale de chacun de ses enfants. Nous assistons en toute sympathie à Votre combat et à celui de Votre peuple pour surmonter tous les obstacles que des données naturelles et humaines difficiles dressent ici contre le progrès. Bref, nous saluons l'épanouissement de l'Iran avec d'autant plus de cordial intérêt que son Histoire plonge au plus profond de l'Histoire des hommes, que ce qui se passe chez Vous pèse lourd quant à la destinée du monde, que la géographie, la stratégie et la politique confèrent à cette contrée une importance considérable.

C'est Vous dire, Sire, quel prix nous attachons à cette rencontre. C'est Vous dire aussi quelle admiration nous portons à Votre action de Souverain, dans l'univers et au temps où nous sommes. C'est Vous dire, enfin, pour quelles raisons, qui tiennent à l'équilibre et à la paix du monde autant qu'au sentiment de notre peuple pour le Vôtre, la France se sent plus que jamais solidaire de l'Iran. J'ajoute qu'elle est disposée, dans toute la mesure de ce qui est possible de part et d'autre, à coopérer avec lui en tous domaines où un même idéal, une même civilisation et une même sécurité appellent ensemble nos deux pays.

Sire, je lève mon verre avec grande amitié en l'honneur de Votre Majesté, avec grand respect en l'honneur de Sa Gracieuse Majesté l'Impératrice, avec grande confiance en l'honneur de l'Iran et de son heureux avenir.

17 OCTOBRE 1963

Le Général de Gaulle prend la parole au Sénat iranien, devant les membres du Sénat et de la Chambre réunis en séance commune.

DISCOURS PRONONCÉ DEVANT LE PARLEMENT IRANIEN

Monsieur le Président,
Mesdames,
Messieurs,

L'accueil émouvant que veut bien me réserver l'ancien et, cependant, tout jeune Parlement iranien, les nobles paroles, que vient de prononcer à mon adresse Monsieur le Président du Sénat, m'ont vivement touché. Vous pouvez être assurés que la France elle-même, qui vous rend visite aujourd'hui, y verra comme les témoignages de l'amitié d'un peuple pour lequel elle ressent, depuis toujours, un attrait exceptionnel.

Beaucoup de raisons justifient ces sentiments. Comment les Français ne seraient-ils pas pénétrés d'admiration pour une Histoire aussi prestigieuse que la vôtre? Comment seraient-ils fermés à l'antique et magnifique civilisation indo-européenne qui a fleuri sur votre terre? Comment seraient-ils insensibles aux chefs-d'œuvre littéraires, artistiques et philosophiques produits ici au long des siècles? Inversement, comment un peuple ayant la valeur du vôtre n'éprouverait-il pas de l'intérêt pour les longs mérites de la France? De fait, il y a bien longtemps que se tissent entre vous et nous des liens privilégiés, que votre culture et la nôtre se rejoignent, que nous avons très volontiers affaire les uns aux autres, que chez nous c'est avec une dilection réellement particulière qu'on pense à vous et, j'ose le souhaiter, réciproquement. Mais, si utiles et positives qu'aient été naguère ces relations, elles sont restées jusqu'à une date récente limitées par l'éloignement et, sans doute aussi, par l'absence du dramatique intérêt commun que révèle aux peuples situés dans la même aire idéologique et géographique, c'est-à-dire stratégique, la pression du danger et de la nécessité.

Il n'en est plus de même aujourd'hui. Les vicissitudes que nos deux pays ont traversées depuis vingt-cinq ans, l'expérience qu'ils ont acquise, les idées qui les animent, les tâches qu'ils affrontent, les menaces auxquelles ils doivent faire face, présentent beaucoup de traits semblables, tandis que l'évolution moderne, qui raccourcit toutes les distances, les a soudain rapprochés en mettant les problèmes humains, autrement dit politiques, aux dimensions de la Terre.

Au lendemain de la dernière guerre, la France a entrepris une immense tâche de rénovation. Elle poursuit aujourd'hui, avec un élan renouvelé, le développement sans lequel il ne saurait y avoir à notre époque ni prospérité, ni puissance, ni rayonnement. Dans des conditions différentes, mais avec la même conviction, l'Iran se voue à une tâche analogue. Sous la conduite très éclairée et admirée de Sa Majesté Impériale le Chah, la nation iranienne s'efforce de réaliser les profondes transformations politiques, économiques, sociales et techniques qui garantissent l'unité nationale, l'ordre intérieur, la sécurité au-dehors. La France observe cette œuvre imposante avec un très vif intérêt et une profonde sympathie. Sans doute, lui rendez-vous la pareille. De là, dans nos rapports, un tour essentiellement nouveau et dont les effets pratiques ne laissent pas de se manifester.

C'est ainsi que vient d'être organisé un début de communauté de nos intérêts économiques par l'accord commercial entre l'Iran et l'Europe [1]. Premier acte de ce type conclu par celle-ci avec un pays tiers ! Le fait me semble illustrer la volonté convergente de progrès qui anime l'Iran et les six pays de la communauté européenne, en particulier la France.

C'est ainsi, également, que, dans le domaine de la coopération directement apportée par la France à nombre de peuples du monde qui poursuivent leur avance matérielle, technique et culturelle, l'Iran entre de plus en plus en ligne de compte. Certes, pour nous, Français, le fait que nos moyens sont évidemment limités, comme aussi le large concours que nous prêtons au progrès d'États africains qui nous furent longtemps attachés et qu'aujourd'hui leur indépendance, si elle les distingue de nous, ne les en éloigne point — je pourrais dire, au contraire — nous obligent-ils à adapter ce que nous pouvons faire ailleurs

1. Cet accord a été signé le 14 octobre 1963.

à nos propres possibilités. Mais, à mesure que se multiplient nos contacts directs avec l'Iran, nous discernons plus nettement l'étendue de vos ressources, de vos efforts, de vos capacités, autrement dit le grand avenir qui s'ouvre devant vous. Nous n'en sommes que plus désireux de contribuer d'une manière efficace au développement de votre pays, sûrs que nous sommes d'y avoir nous-mêmes, en fin de compte, tout avantage.

C'est qu'en effet, l'exemple donné par l'Iran, celui d'une grande nation d'Asie, foyer d'une illustre civilisation, qui a entrepris avec résolution et accomplit avec succès, sur un territoire dont la nature a voulu qu'il soit difficile, une complète transformation, tout en maintenant son indépendance et en renforçant sans relâche ses liens avec l'Occident, est à nos yeux essentiel au milieu du vaste mouvement qui entraîne notre univers et dont dépend le destin des hommes. Mais aussi, la personnalité nationale de votre pays, les richesses qu'il recèle et qui se révèlent peu à peu en ses âpres profondeurs, la situation d'éternel carrefour mondial qui est la sienne, la position qu'il occupe dans cette si importante région du monde qu'est le Moyen-Orient, où la France entretient avec l'ensemble des États qui y vivent des sympathies et des liens traditionnels qu'elle souhaite multiplier, font en sorte que ce qu'il advient de l'Iran, au-dedans et au-dehors, nous apparaît comme une des conditions de l'équilibre universel et de la paix générale. Enfin, votre volonté de rester simplement et fermement vous-mêmes, sans méconnaître pour autant vos engagements et vos amitiés, répond d'une manière directe à l'attitude que la France adopte pour son propre compte. En même temps que les sentiments que les deux pays se portent l'un à l'autre, voilà les bonnes raisons pratiques qui expliquent et justifient leur profonde solidarité.

Monsieur le Président, Mesdames, Messieurs, cette imposante réception du Président de la République française par le Parlement iranien est, à cet égard, la meilleure preuve possible quant au présent et la plus éclatante promesse pour l'avenir. La France vous en remercie de toute son amitié.

21 NOVEMBRE 1963

Le Chancelier Conrad Adenauer ayant donné sa démission le 11 octobre 1963, M. Ludwig Ehrard a été élu le 16 octobre pour lui succéder. Le Général de Gaulle prend la parole lors d'une réception donnée en son honneur au Palais de l'Élysée.

TOAST ADRESSÉ A M. LUDWIG EHRARD, CHANCELIER DE LA RÉPUBLIQUE FÉDÉRALE D'ALLEMAGNE

Monsieur le Chancelier fédéral,

Nous sommes heureux et honorés de vous voir aujourd'hui à Paris.

Heureux et honorés, d'abord, pour cette raison que vous êtes le chef du Gouvernement de l'Allemagne, un grand voisin avec lequel la France a eu depuis l'aurore de l'Histoire plus de rapports qu'avec aucun autre pays du monde, rapports souvent féconds aux points de vue matériel, intellectuel et humain, rapports, hélas ! souvent hostiles,rapports que les deux peuples, après beaucoup de malheurs, ont décidé, par une sorte de miracle de la raison et du sentiment, de faire en sorte qu'ils soient désormais actifs, efficaces et amicaux. En le disant, je ne saurais manquer de saluer la part éminente qu'a prise à cette œuvre magistrale le grand et cher Chancelier Conrad Adenauer.

Nous sommes heureux et honorés aussi, parce qu'en ce moment même il est particulièrement utile à l'Allemagne et à la France de considérer en commun les grandes affaires auxquelles elles sont ensemble confrontées : organisation économique, puis, nous l'espérons, politique de l'Europe, sécurité du monde libre et, notamment, de son avant-garde sur l'ancien continent, avant-garde formée par l'Allemagne et par la France, développement économique et social de l'univers, maintien de la paix sur la terre.

Nous sommes heureux et honorés enfin, car nous voyons en votre personne un homme d'État hautement confirmé, partout connu et qui symbolise la prospérité même que son pays a trouvée sous sa direction. Mais aussi nous voyons en vous un homme qui, par son courage en temps de guerre et par son dévouement à la chose publique en temps de paix, consacre tout de lui-même au service de son pays, ce qui vous assure, veuillez le croire, notre profonde estime et notre sincère sympathie.

Je lève mon verre en l'honneur de Monsieur le Chancelier fédéral Ludwig Ehrard, en l'honneur du Gouvernement de l'Allemagne fédérale, en l'honneur de l'Allemagne amie et alliée de la France !

11 DECEMBRE 1963

Le Général de Gaulle prend la parole lors d'une réception donnée au Palais de l'Élysée en l'honneur du patriarche maronite d'Antioche.

TOAST ADRESSÉ A SA BÉATITUDE MONSEIGNEUR MEOUCHI, PATRIARCHE MARONITE D'ANTIOCHE ET DE TOUT L'ORIENT

Nous sommes très honorés et nous sommes très satisfaits de voir à côté de nous Sa Béatitude le patriarche maronite d'Antioche et de tout l'Orient.

Nous sommes très honorés et très satisfaits pour des raisons littéralement historiques. Il est passé beaucoup de siècles depuis que la France et les Chrétiens d'Orient ont établi entre eux des rapports particuliers. Ces rapports ont toujours duré, durent encore et sont aujourd'hui aussi présents que jamais à l'esprit et au cœur de nos compatriotes.

Nous sommes très honorés et très satisfaits, parce que, parmi les Chrétiens d'Orient, les Maronites nous sont spécialement chers. En combien de circonstances cela a-t-il été prouvé ! Chaque jour continue d'en donner la preuve tant du côté maronite que du côté français.

Nous sommes très honorés et très satisfaits enfin, puisque le patriarche que nous recevons c'est Vous-même, Monseigneur, à qui nous portons un respect et une considération éminents. Du reste, en conversant avec Vous tout à l'heure, j'ai pu constater et admirer, une fois de plus, votre sagesse et votre clairvoyance à propos des événements, qu'ils soient d'ordre religieux ou qu'ils soient d'autres sortes. Oui ! je me suis félicité très sincèrement d'avoir pris, cette fois encore, contact direct avec Votre Béatitude.

En souhaitant la bienvenue à Messeigneurs les Évêques qui accompagnent le patriarche, j'adresse aussi mon salut à Monseigneur le Nonce qui se trouve à côté de nous et je lui demande de transmettre à Notre Saint-Père le pape l'hommage de notre filial respect.

Je lève mon verre en l'honneur de Sa Béatitude Monseigneur Meouchi, patriarche maronite d'Antioche et de tout l'Orient, en l'honneur de la communauté maronite, en l'honneur du Liban à qui la France est liée par une amitié multiséculaire.

14 DECEMBRE 1963

ALLOCUTION PRONONCÉE LORS DE L'INAUGURATION DE LA MAISON DE LA RADIO

A tant d'idées, de mots, d'images, de sons, lancés sur des ondes merveilleuses, à ces rafales de suggestions déclenchées vers la foule secrète des esprits, à un tel mode d'expression du monde offert par la diffusion instantanée des nouvelles et des œuvres, bref à la Radio, fallait-il une maison? Oui ! Car, pour étendues que soient ses limites, dispersées ses sources, variées ses émissions, la Radio est une action humaine, autrement dit collective. Sans doute se nourrit-elle de la capacité des individus. Mais elle exige, pour être valable, l'effort conjugué des équipes. Or, le monument complexe et imposant, mais unitaire et circulaire, qui l'abritera désormais est le signe de l'organisation, de la concentration et de la cohésion, dont dépendent son audience et son influence.

Quelles responsabilités incombent à ce vaste ensemble ! Après la parole, le dessin, la scène, l'écriture, l'imprimerie, la photo, le cinéma, voici qu'à son tour la Radio s'est saisie du contact direct avec les intelligences, les sensibilités, les volontés. Par tout ce qu'elle projette de vivant et d'émouvant, par la façon qui est la sienne, péremptoire et immédiate, elle est le moyen d'information adapté par excellence à notre époque mécanisée, agglomérée et précipitée. Mais, comme ce qui est utile aux âmes ne l'est qu'en vertu d'une grande cause et comme nous avons choisi la nôtre, il faut que la Radio française, tout en captant sans parti pris et en répandant sans exclusive les courants de l'événement, de l'art, de la science, de la politique, concoure à la liberté, à la dignité, à la solidarité des hommes.

Cette responsabilité humaine est en même temps nationale. La Radiodiffusion-télévision française, par le fait qu'elle jaillit de notre esprit, qu'elle s'exprime en notre langue, qu'elle tient à notre technique, qu'elle évoque les gens et les choses de chez nous, assume un rôle unique de représentation. L'idée que nous nous faisons de la France et l'idée que s'en font les autres dépendent maintenant, dans une large mesure, de ce qui est, à partir d'ici, donné à voir, à entendre, à comprendre, et qui frappe au même instant une innombrable multitude. Dans cette vie de société qu'instituent entre les citoyens, ainsi qu'entre les pays, tant de communications, il s'agit que la France apparaisse telle qu'elle est, je veux dire aux prises avec ses peines et ses problèmes, mais vivant pleinement son siècle, en grand essor de progrès, bienveillante à l'égard de tous les peuples de la terre. Car, si la réalité d'un fait ou d'un moment particulier peut parfois prendre les traits du doute, de l'amertume et de la division, la vérité totale et profonde de la France, c'est la foi, l'espoir et la fraternité.

Telle doit être l'inspiration de notre Radio française.

31 DECEMBRE 1963

Le Général de Gaulle s'adresse aux Français pour dresser le bilan de l'année qui s'achève et montrer les perspectives qui s'ouvrent pour 1964.

ALLOCUTION RADIODIFFUSÉE ET TÉLÉVISÉE PRONONCÉE AU PALAIS DE L'ÉLYSÉE

Pour la France, l'année qui finit a été, en somme, favorable. Par contraste avec d'autres temps qui furent cruels et agités et en dépit des annonces alarmantes de partisans inassouvis, nous n'avons pas, en la saluant, à évoquer de catastrophes. Au contraire ! Certes, ne nous vantons pas ! Mais ne soyons pas non plus injustes envers nous-mêmes. Car le bilan est positif. Pendant ces douze mois, la France a continué de monter.

En 1963, notre population s'est augmentée de presque 600 000 âmes. Il nous est né environ 900 000 bébés. La proportion croissante des jeunes devant progressivement accélérer le processus, on peut penser que, parmi les enfants qui sont venus récemment au monde, beaucoup verront un jour une France de cent millions d'habitants. En 1963, le revenu de la nation a progressé de plus de 5 % et, une fois prélevé sur le total ce que nous devions investir, celui de chaque Français en moyenne de 4 %. Jamais nous n'avons ni produit, ni gagné, autant. Comme il nous faut évidemment plus de maisons et plus d'écoles à mesure que nous sommes plus nombreux, que notre industrie grandissante attire plus de gens vers les villes, que pour démultiplier les chances et élargir le champ des valeurs nous avons à instruire plus d'élèves, plus longtemps et plus complètement, 325 000 logements ont été construits en 1963 et 520 000 places nouvelles assurées dans les établissements de l'enseignement public. Naguère, quand donc en fîmes-nous autant? Il va de soi que ce grand essor, démographique, économique et scolaire exige que l'ordre soit maintenu et affermi en ce qui concerne le budget, le crédit. les prix, la monnaie. En 1963, le nécessaire a été fait.

Tandis que s'accroissent nos moyens, nous avançons dans le domaine social. L'année écoulée a vu, notamment, améliorer toutes les rémunérations ; réaliser le reclassement de 200 000 chefs de famille rapatriés d'Algérie ; créer le fonds national de l'emploi pour garantir les travailleurs contre les à-coups qu'entraîne l'évolution de notre économie[1] ; mettre en place le fonds d'action sociale en faveur de l'agriculture ; majorer notablement les pensions, allocations, assurances, attribuées aux personnes âgées ; organiser pour la première fois une libre consultation des représentations qualifiées sur le sujet capital d'une politique des revenus, destinée à répartir entre les diverses catégories de producteurs les fruits de l'expansion qui est leur œuvre. Bien entendu, ce développement et ce progrès n'eussent pas été possibles si nous en étions revenus aux crises et à l'impuissance du régime d'autrefois. Mais le fonctionnement des pouvoirs publics, Gouvernement et Parlement, tel qu'il est réglé par notre Constitution, tel qu'il est appliqué, tel qu'il a été confirmé l'année dernière par la nation, permet à l'État de vouloir et d'agir. Au milieu de tant de pays en proie aux troubles, aux secousses, aux incertitudes, la République française apparaît comme l'exemple même de la stabilité politique. On n'avait jamais vu cela !

Notre position dans le monde se ressent naturellement de cette situation intérieure. C'est un fait qu'entre le 1er janvier et le 31 décembre nous n'avons pas eu à tirer un seul coup de canon, ce qui n'était pas arrivé en l'espace d'un quart de siècle. C'est un fait que, tout en réduisant de moitié la durée du service militaire, nous sommes, par la création de nos premières armes atomiques et la modernisation de nos forces, en train de reprendre en main notre destin, qui était passé, depuis 1940, à la discrétion des autres. C'est un fait qu'en tentant d'établir sur une base nouvelle nos rapports avec l'Allemagne, puis en nous appliquant à faire en sorte que la « Communauté économique européenne » fût réellement une communauté et réellement européenne, qu'elle englobât l'agriculture comme elle inclut l'industrie, qu'elle ne se laissât, ni dissoudre par l'admission d'un nouveau membre qui ne pouvait se plier aux règles[2], ni annexer au système existant outre-atlantique, nous avons

1. Adoptée à l'unanimité par l'Assemblée Nationale le 28 novembre, par le Sénat le 10 décembre, la loi créant un Fonds National de l'Emploi doit faciliter la réadaptation professionnelle des travailleurs rendue nécessaire par les mutations économiques.

2. La Grande-Bretagne.

largement aidé à bâtir le Marché commun et, par là, à dégager la voie qui mène à l'Europe unie. C'est un fait qu'à l'égard de tous les États de la terre et, en particulier, de ceux qui viennent de naître, y compris maintenant l'Algérie, nous avons mené, cette année, une politique pratique et objective, mais aussi humaine et généreuse, où chacun connaît désormais que la France sait ce qu'elle doit aux autres, dès lors qu'ils savent ce qui lui est dû.

Ces résultats, pour bons qu'ils soient, ne nous cachent pas ce qui reste à faire. D'ailleurs, tout en vivant au présent, c'est pour l'avenir que nous travaillons. Mais, après une période mêlée de drame et de médiocrité qui détermina tant de gens à tenir notre patrie pour vouée à l'effacement, voici qu'on s'est repris partout à en attendre de grandes entreprises. C'est pourquoi, malgré les doutes, les aigreurs et les invectives de ceux qui, chez nous et ailleurs, trouvaient naguère leur intérêt ou cherchaient leur délectation dans la décadence française, il s'est levé, du fond de notre peuple, l'allègre sentiment, qu'en somme, être la France cela vaut la peine !

En 1964, nous allons donc poursuivre notre développement moderne dont dépendent notre puissance et notre prospérité. Le IVe Plan sera exécuté et le Ve établi. Qu'il s'agisse de la répartition du surplus du revenu national entre un niveau de vie plus élevé et les investissements nécessaires ; ou bien de l'activité et du rendement de l'industrie, de l'agriculture, du commerce ; ou bien de l'action publique pour la recherche scientifique et technique, l'énergie, la construction, l'armement, les transports, les communications, les sports ; ou bien du rayonnement de notre pensée, de nos arts, de nos lettres, comme aussi du renouveau des marques de notre Histoire — soit dit en passant : qu'il est beau notre vieux Paris rajeuni ![1] — ou bien de la mise en œuvre d'une administration répondant mieux aux vastes changements qui se produisent sur place, avant tout dans l'agglomération entourant la capitale ; ou bien de l'aménagement de l'ensemble du territoire et de chacune de ses régions ; ou bien d'une meilleure coopération des catégories économiques et sociales, soit entre elles, soit avec l'État ; ou bien de l'adaptation de l'éducation nationale aux conditions de notre époque et au flot montant des disciples, nous continuerons d'avancer dans la voie que nous avons prise.

1. Allusion à l'action de grande envergure menée sous l'impulsion d'André Malraux pour le nettoiement des monuments de Paris.

Il en sera de même de notre action au-dehors. La France, parce qu'elle le peut, parce que tout l'y invite, parce qu'elle est la France, doit mener au milieu du monde une politique qui soit mondiale. Au long de l'année qui commence, nous travaillerons donc aux trois grandes tâches qui nous incombent. Union de l'Europe, comportant dès que possible une coopération régulière et organisée de l'Allemagne, de l'Italie, de la Hollande, de la Belgique, du Luxembourg et de la France dans les domaines de la politique, de la défense et de la culture, comme cela va être le cas dans celui de l'économie. Progrès des pays en voie de développement, avant tout de ceux qui, en Afrique, sont déjà liés à nous par des accords particuliers et de ceux qui le seront sur ce même continent ou sur d'autres. Enfin, contribution au maintien de la paix.

Quant à cet objectif-là, des conditions s'imposent à nous. Il faut, d'abord, que nous poursuivions l'effort qui doit nous doter d'un armement thermonucléaire, le seul dont la puissance soit adéquate à la menace d'une agression et le seul, par conséquent, qui nous permette l'indépendance. Il faut, ensuite, que nous aidions notre Europe occidentale, dès lors qu'elle serait unie, à pratiquer avec l'Amérique une entente, politique, économique et stratégique véritablement concertée. Il faut, enfin, que sans céder aux illusions dont se bercent les faibles, mais sans perdre l'espoir que la liberté et la dignité des hommes finiront par l'emporter partout, nous envisagions le jour où, peut-être, à Varsovie, à Prague, à Pankow, à Budapest, à Bucarest, à Sofia, à Belgrade, à Tirana, à Moscou, le régime totalitaire communiste, qui parvient encore à contraindre des peuples enfermés, en viendrait peu à peu à une évolution conciliable avec notre propre transformation. Alors, seraient ouvertes à l'Europe tout entière des perspectives à la mesure de ses ressources et de ses capacités.

Françaises, Français ! C'est en toute sérénité que je souhaite à chacune et à chacun de vous une bonne et heureuse année 1964. Et, puisqu'en raison de notre Histoire, aussi bien que de mes fonctions, j'ai l'honneur et la charge de parler en notre nom à tous, j'offre à la France, cette fois encore, les vœux très ardents et très confiants de ses enfants.

Vive la République !

Vive la France !

31 DECEMBRE 1963

Le Général de Gaulle exprime ses vœux aux Armées, dont il est le Chef.

MESSAGE AUX ARMÉES

Avec la France et à son service, nos Armées ont, en 1963, achevé de surmonter l'épreuve morale et matérielle imposée par les temps nouveaux.

Avec la France et à son service, nos Armées se sont engagées sur le chemin de la puissance moderne.

Avec la France et à son service, nos Armées vont, en 1964, accomplir une phase décisive de leur rénovation.

Aux officiers, sous-officiers, soldats, marins, aviateurs, des Armées de Terre, de Mer et de l'Air, j'adresse, pour l'année nouvelle, les vœux de mon entière confiance et de ma profonde affection.

C. de Gaulle

1964

1er JANVIER 1964

Le Général de Gaulle répond aux vœux qui lui ont été présentés, au nom des Corps constitués, par M. Alexandre Parodi, Vice-président du Conseil d'État.

ALLOCUTION PRONONCÉE LORS DE LA PRÉSENTATION DES VŒUX DES CORPS CONSTITUÉS

C'est avec grand plaisir que j'ai reçu les vœux que vous venez de m'exprimer au nom des Corps constitués, de la Magistrature, des Armées, de l'Université. Et c'est de tout cœur que je leur adresse mes propres souhaits, les plus sincères qui puissent être.

Mon espoir raisonné est que 1964 sera, pour notre pays, fécond à tous les égards. Comme vous l'avez dit, l'année qui s'est terminée hier a vu la République surmonter heureusement beaucoup d'obstacles au-dedans et au-dehors. Il me semble qu'à partir de là et pour l'essentiel, je veux dire le maintien de la paix dans le monde, le développement national, l'union de notre Europe, le progrès des pays avec lesquels le nôtre est lié par des accords de coopération, enfin — condition de tout — l'action et la stabilité de l'État, c'est dans d'assez bonnes conditions que la France commence l'année nouvelle.

Cependant, il suffit d'évoquer les tâches à accomplir pour mesurer ce que sont, sous l'autorité du gouvernement, les devoirs et les responsabilités de l'administration française. Certes, celle-ci rencontre des difficultés que vous avez vous-même exposées. Qui les connaît mieux que les ministres qui ont à en diriger les divers secteurs et, avant tout, le Premier ministre dont c'est la tâche capitale d'assurer la mise en œuvre et la coordination de l'ensemble ? A ces difficultés, il appartient aux pouvoirs publics de porter remède dans la mesure du possible. Mais je sais, pour l'avoir longtemps et heureusement éprouvé, quelle confiance l'État peut et doit porter à ceux qui ont la charge et l'honneur de le servir. Monsieur le Président, Messieurs, je vous en donne hautement le témoignage.

1er JANVIER 1964

Le Général de Gaulle répond à l'allocution par laquelle Mgr Bertoli, nonce apostolique, lui a présenté les vœux du Corps diplomatique, dont il est le doyen.

RÉPONSE AUX VŒUX DU NONCE APOSTOLIQUE

Les vœux que Votre Excellence vient de me présenter au nom du Corps diplomatique m'ont vivement touché. Il me semble qu'au-dessus de la cérémonie d'aujourd'hui plane quelque chose de cet esprit de détente entre les peuples, de recherche réciproque entre familles spirituelles et d'espoir pour l'Humanité qui a paru récemment se lever sur le monde, qui a été si noblement exprimé dans une encyclique à tout jamais célèbre comme son auteur[1] et dont tant de nations, en dépit des différences de conditions et d'intérêts qui souvent les séparent, paraissent vouloir aider le développement. En tout cas, pour ce qui est de la France, je puis bien vous dire, Monsieur le Nonce, Messieurs les Ambassadeurs, que rien n'est, plus que cet esprit-là, conforme à sa tradition et à ses intentions, par conséquent à sa politique.

Monsieur le Nonce, je vous prie de faire part à Sa Sainteté le pape Paul VI des vœux que nous inspire notre filial respect[2]. Messieurs les Ambassadeurs, pour chacun des souverains et chefs d'État qui vous ont accrédités et à qui je vous demande de transmettre l'expression de ma très haute considération, pour les nations que vous représentez, pour vous-mêmes, je forme les souhaits les meilleurs et les plus sincères à l'occasion de la nouvelle année.

Puisse 1964 être favorable à la paix des hommes!

1. L'Encyclique *Pacem in terris* a été publiée le 10 avril 1963 par le pape Jean XXIII.

2. Le pape Paul VI a été élu le 21 juin 1963, dix-huit jours après le décès du pape Jean XXIII.

15 JANVIER 1964

Le Général de Gaulle prend la parole lors d'une réception donnée au Palais de l'Élysée en l'honneur du Premier ministre du Canada.

TOAST ADRESSÉ A M. LESTER PEARSON, PREMIER MINISTRE DU CANADA

Monsieur le Premier ministre,

La visite que vous nous faites est une visite d'amitié. Vous témoignez ainsi des liens de sympathie qui, longuement, ont été tissés entre le Canada et la France et qu'ici nous ressentons vivement. Certes, ce qui se passe dans les domaines de l'âme, du sentiment, de la langue, de la culture, et ce qui peut se passer au point de vue économique et à maints autres égards entre nous, Français en France, et ceux des habitants de votre vaste territoire qui sont notre peuple installé au Canada, ne laissent pas de nous émouvoir et de nous intéresser très spécialement et très profondément. Cependant, il ne saurait y avoir, dans cette solidarité particulière et naturelle, rien qui doive contrarier les heureuses relations de la République française avec votre État fédéral.

En lui, nous voyons un allié fidèle et vaillant, dont le sang a coulé à flots sur notre sol pendant les deux guerres mondiales, qui aujourd'hui fait partie de notre camp, et auquel sa situation, à la fois atlantique, arctique et pacifique, confère, dans la défense éventuelle du monde libre, une importance essentielle. En lui, nous reconnaissons une considérable réalité économique appelée, grâce à ses ressources et à ses capacités, à une expansion assez grande pour assurer son indépendance, ce qui est la condition même du désir que nous avons ici d'accroître nos rapports mutuels. En lui, enfin, nous saluons un ensemble de valeurs humaines qui, dans la grande affaire du monde d'aujourd'hui, autrement dit dans le développement des pays qui s'élèvent en civilisation, joue déjà un rôle fécond autant que désintéressé.

Si, Monsieur le Premier ministre, j'ajoute à ce tableau, comme vous me permettrez de le faire, l'expression de la haute estime que nous portons à votre personnalité d'homme d'État, j'aurai dit pourquoi et comment nous tenons votre voyage pour très heureux et très utile. Des entretiens que vous-même et Monsieur le ministre des Affaires étrangères Paul Martin avez eus déjà et allez poursuivre avec nous, sortiront à coup sûr une compréhension plus précise de nos problèmes respectifs et une coopération plus étroite du Canada et de la France, à l'avantage de tous ceux qui, dans le monde, veulent l'équilibre, le progrès et la paix.

Je lève mon verre en l'honneur de nos hôtes très appréciés et très distingués, Monsieur Lester Pearson, Premier ministre, et Monsieur Paul Martin, ministre des Affaires étrangères du Canada, en l'honneur de Madame Lester Pearson et de Madame Paul Martin, à qui nous nous félicitons de présenter nos très heureux hommages, en l'honneur du Canada, ami et allié de la France.

31 JANVIER 1964

Le Général de Gaulle a convoqué les journalistes au Palais de l'Élysée.

CONFÉRENCE DE PRESSE TENUE AU PALAIS DE L'ÉLYSÉE

Mesdames, Messieurs,

Je me félicite de vous voir.

La nation française est en paix. Elle l'est à l'intérieur d'elle-même, où les luttes politiques n'ont pas de profonde réalité, où la subversion s'est dissipée, où les divisions sociales s'estompent grâce à la prospérité générale et à une équité croissante et nécessaire quant à la répartition des fruits du progrès national. La nation est en paix dans le monde, où, au moment présent, elle n'est engagée dans aucun conflit d'aucune sorte, tout en se mettant en mesure de disposer, le cas échéant, de moyens de défense modernes et puissants.

Cette situation, si nouvelle pour elle, lui permet de considérer et de traiter sereinement les grands sujets qui la concernent. C'est de certains de ceux-là que je voudrais vous entretenir. Je crois qu'entre eux ils font un tout et qu'ils rejoignent tous les autres.

Alors, à vous la parole s'il vous plaît, Mesdames et Messieurs, et je vous demande d'annoncer les questions qu'il vous paraît particulièrement intéressant de me poser. Ensuite, nous les grouperons, comme nous le faisons d'habitude, et je tâcherai d'y répondre, cette fois-ci encore.

....

Eh bien, je vous remercie, Messieurs ; vous voyez combien le monde est compliqué ! Nous allons tâcher, non pas de le simplifier lui-même, mais de concentrer les sujets. D'après ce qu'il me semble, les principaux concernent d'abord nos institutions ; concernent également l'Europe, en particulier ce qui a trait au Marché commun et ce qui peut s'en suivre ; concernent également la coopération de la France avec un certain nombre de pays du monde et concernent enfin, naturellement, l'ouverture de relations régulières, normales, entre la France et la Chine[1]. C'est de ces sujets-là que je m'en vais traiter devant vous, si vous le voulez bien, en commençant par le premier que j'ai évoqué et qui concerne les institutions, sur lesquelles vous m'avez posé une question, dont je vous demande de bien vouloir me la formuler de nouveau.

Q. — *Mon Général, c'est une question qui est extrêmement simple. Je me permets de vous demander quel est le jugement que vous portez sur la Constitution actuelle après l'expérience qui en a été faite, puisqu'il y a maintenant cinq ans que vous êtes entré en fonctions comme Président de la République ?*

R. — Je vous répondrai qu'une Constitution, c'est un esprit, des institutions, une pratique.

Pour ce qui est de la nôtre, son esprit procède de la nécessité d'assurer aux pouvoirs publics l'efficacité, la stabilité et la

1. C'est le 27 janvier 1964, quatre jours avant cette Conférence de Presse, qu'a été rendue publique la décision prise d'un commun accord par le Gouvernement de la République française et par celui de la République populaire de Chine d'établir entre eux des relations diplomatiques.

responsabilité dont ils manquaient organiquement sous la Troisième et sous la Quatrième République.

Sans doute, le déclenchement de la réforme, en 1958, a-t-il été déterminé par la secousse survenue à Alger, étalant l'impuissance du régime d'alors à surmonter un drame où était en train de sombrer notre unité nationale. D'ailleurs, en 1940, dans des circonstances beaucoup plus tragiques encore, on avait déjà vu abdiquer un régime semblable. Mais, même en dehors de ces brutales démonstrations, nul ne doutait, et depuis longtemps, qu'un système, qui mettait le pouvoir à la discrétion des partis, végétait dans les compromis, s'absorbait dans ses propres crises, était inapte à mener les affaires de notre pays. C'est pourquoi, l'esprit de la Constitution nouvelle consiste, tout en gardant un Parlement législatif, à faire en sorte que le pouvoir ne soit plus la chose des partisans, mais qu'il procède directement du peuple, ce qui implique que le chef de l'État, élu par la nation, en soit la source et le détenteur. C'est ce qui fut réalisé au vu et au su de tout le monde quand je repris la direction des affaires, puis quand j'assumai les fonctions de Président. C'est ce qui a été simplement précisé par le dernier référendum [1]. Il ne semble pas que, depuis qu'elle s'applique, cette conception ait été méconnue par les responsables, ni rejetée par le peuple, ni infirmée par les événements.

Quant à la répartition des pouvoirs, elle a été observée suivant ce que prévoit notre Constitution. Les rôles attribués respectivement : au Président, garant du destin de la France et de celui de la République, chargé par conséquent de graves devoirs et disposant de droits étendus ; au Gouvernement, nommé par le chef de l'État, siégeant autour de lui [2] pour la détermination et la mise en œuvre de la politique et dirigeant l'Administration ; au Parlement, exerçant le pouvoir législatif et contrôlant l'action du Ministère, ont été remplis ainsi que l'exigeaient la volonté du pays, les conditions où nous nous trouvons, l'obligation de mener les affaires d'une manière active, ferme et continue.

Il est vrai que, concurremment avec l'esprit et avec le texte, il y a eu la pratique. Celle-ci a naturellement tenu pour une part aux hommes. Pour ce qui est du chef de l'État, il est bien évident que son équation personnelle a compté et je doute que, dès

1. Le référendum du 28 octobre 1962, par lequel le peuple français a décidé que, dorénavant, le Président de la République sera élu au suffrage universel.

2. Aux termes de l'article 9 de la Constitution, c'est le Président de la République qui préside le Conseil des ministres.

l'origine, on ne s'y attendît pas. Quant aux ministres et, d'abord, aux Premiers : successivement M. Michel Debré et M. Georges Pompidou, ils ont agi avec une évidente efficacité, mais chacun à sa façon et qui n'était pas la même. Enfin, le Parlement a imprimé à sa tâche et à son attitude un caractère différent, suivant que, dans l'actuel régime, il ait vécu sa première ou sa deuxième législature[1]. Il faut dire aussi que nos institutions ont eu à jouer, depuis plus de cinq ans, dans des conditions très variables, y compris à certains moments sous le coup de graves tentatives de subversion[2]. Mais, justement, l'épreuve des hommes et des circonstances a montré que l'instrument répond à son objet, non point seulement pour ce qui concerne la marche ordinaire des affaires, mais encore en ce qui a trait aux situations difficiles, auxquelles la Constitution actuelle offre, on l'a vu, les moyens de faire face : référendum, article 16, dissolution de l'Assemblée Nationale[3].

Sans doute, cette réussite tient-elle essentiellement à ceci que nos institutions nouvelles répondent aux exigences de l'époque autant qu'à la nature du peuple français et à ce qu'il souhaite réellement. Cependant, certains, trouvant peut-être la mariée trop belle, suggèrent des changements qui, en fait, bouleverseraient le système de fond en comble.

C'est ainsi que quelques-uns préconisent un « Gouvernement de législature ». L'Assemblée Nationale, quand elle aurait, une fois, donné sa confiance au Ministère, ne pourrait plus le renverser sans qu'il soit procédé à la dissolution automatique[4]. De cette façon, le chef de l'État — et c'est bien là, sans doute, le but essentiel du projet — n'aurait pas à intervenir. Mais, par là même, les partis auraient beau jeu de faire en sorte que la désignation du Premier ministre et, au moment choisi

1. C'est depuis les élections de novembre 1962 qu'il existe à l'Assemblée Nationale une majorité homogène, formée essentiellement par les deux groupes de l'Union pour la Nouvelle République et des Républicains Indépendants. De 1958 à 1962, la majorité qui reposait, outre l'U.N.R., sur une partie des Indépendants et Paysans et du M.R.P., avait un caractère plus composite.

2. Notamment en janvier 1960, au moment de la « Semaine des Barricades », à Alger, et en avril 1961 lors du coup d'État tenté à Alger par les Généraux Challe, Salan, Jouhaud et Zeller.

3. Le Général de Gaulle a eu recours au référendum le 8 janvier 1961, le 8 avril 1962 et le 28 octobre 1962 ; il a mis en vigueur l'article 16, qui permet au Président de la République d'assumer des pouvoirs exceptionnels, du 23 avril au 1er octobre 1961; il a prononcé le 10 octobre 1962 la dissolution de l'Assemblée Nationale, qui avait adopté le 5 octobre une motion de censure du gouvernement Pompidou.

4. C'est le système que M. Paul Reynaud a suggéré le 11 janvier 1960 par une lettre du Premier ministre qui a été rendue publique. (Voir *Discours et Messages*, T. III, p. 302 note 1).

par eux, son remplacement en souplesse, la composition du Cabinet, puis ses divisions provoquées du dehors ainsi que ses remaniements, la politique adoptée en apparence, ensuite ses fluctuations, soient de nouveau les objets de leurs jeux et de leurs combinaisons, tandis que leur savoir-faire éviterait à volonté qu'une crise en bonne et due forme n'imposât la dissolution. Ainsi en reviendrait-on au régime d'assemblée.

D'autres, faisant contre mauvaise fortune bon cœur, font profession d'accepter l'existence d'un chef de l'État qui en soit un, mais à la condition que le Parlement soit, de son côté, érigé en citadelle inexpugnable où les partis retrouveraient leur empire et leur sûreté. Ceux-là témoignent d'une préférence, assez nouvelle de leur part, en faveur d'un régime qualifié de « présidentiel » et qui serait analogue à celui des États-Unis. « Que le Président, disent-ils, soit élu par le peuple en même temps que l'Assemblée Nationale et assume en personne le pouvoir exécutif, mais que, d'autre part, le Parlement exerce intégralement le pouvoir législatif. Surtout, que chacun des deux, strictement enfermé dans son domaine, n'ait aucune prise sur l'autre : le Président ne pouvant dissoudre, ni le Parlement renverser. »[1] Ainsi, allèguent ces néophytes, le Gouvernement serait concentré entre les mains d'un seul, ce qui obvierait aux inconvénients d'une autorité divisée entre un Président et un Premier ministre, tandis que le Parlement, se trouvant intangible, voterait, ou non, les lois et le budget comme il le jugerait bon.

On ne saurait méconnaître qu'une Constitution de cette sorte a pu, jusqu'à présent, fonctionner cahin-caha aux États-Unis, c'est-à-dire dans un pays qui, en raison de sa composition ethnique, de ses richesses économiques, de sa situation géographique, n'a connu aucune invasion, ni même, depuis un siècle, aucune révolution ; dans un pays qui comprend deux partis politiques seulement, lesquels ne sont opposés par rien d'essentiel dans aucun domaine : national, social, moral ou international ; dans un pays fédéral, enfin, où le Gouvernement n'assume que les tâches générales : défense, diplomatie, finances, tandis qu'il appartient aux 50 États de l'Union de pourvoir à tout le reste. Mais, comment ce régime conviendrait-il à la nation française, très fortement centralisée par le long effort des siècles, victime de toutes les secousses intérieures et extérieures depuis sept

1. L'établissement d'un régime purement présidentiel sera envisagé devant l'Assemblée Nationale le 24 avril 1964 par M. François Mitterand et par M. Paul Coste-Floret.

générations, toujours exposée à en subir d'autres, et où les multiples partis politiques, à l'exception de celui qui pousse au bouleversement[1], sont divisés et inconsistants?

Tout d'abord, parce que la France est ce qu'elle est, il ne faut pas que le Président soit élu simultanément avec les députés, ce qui mêlerait sa désignation à la lutte directe des partis, altérerait le caractère et abrégerait la durée de sa fonction de chef de l'État[2]. D'autre part, il est normal chez nous que le Président de la République et le Premier ministre ne soient pas un seul et même homme. Certes, on ne saurait accepter qu'une dyarchie existât au sommet. Mais, justement, il n'en est rien. En effet, le Président, qui, suivant notre Constitution, est l'homme de la nation, mis en place par elle-même pour répondre de son destin ; le Président, qui choisit le Premier ministre, qui le nomme ainsi que les autres membres du Gouvernement, qui a la faculté de le changer, soit parce que se trouve accomplie la tâche qu'il lui destinait et qu'il veuille s'en faire une réserve en vue d'une phase ultérieure, soit parce qu'il ne l'approuverait plus ; le Président, qui arrête les décisions prises dans les Conseils, promulgue les lois, négocie et signe les traités, décrète, ou non, les mesures qui lui sont proposées, est le chef des Armées, nomme aux emplois publics ; le Président, qui, en cas de péril, doit prendre sur lui de faire tout ce qu'il faut[3]; le Président est évidemment seul à détenir et à déléguer l'autorité de l'État. Mais, précisément, la nature, l'étendue, la durée, de sa tâche impliquent qu'il ne soit pas absorbé, sans relâche et sans limite, par la conjoncture, politique, parlementaire, économique et administrative. Au contraire, c'est là le lot, aussi complexe et méritoire qu'essentiel, du Premier ministre français.

Certes, il ne saurait y avoir de séparation étanche entre les deux plans, dans lesquels, d'une part le Président, d'autre part celui qui le seconde, exercent quotidiennement leurs attributions. D'ailleurs, les Conseils et les entretiens sont là pour permettre au chef de l'État de définir à mesure l'orientation de la politique nationale et aux membres du Gouvernement, à commencer par le Premier, de faire connaître leurs points de vue, de préciser

1. Le Parti communiste.

2. En annonçant son intention d'être candidat à l'élection présidentielle de 1965, M. Gaston Defferre, l'un des leaders du Parti socialiste S.F.I.O., a suggéré, quelques semaines avant cette Conférence de Presse, que la Constitution devrait être revisée de manière à rendre à peu près simultanées l'élection du Président de la République et celle de l'Assemblée Nationale.

3. En vertu de l'article 16 de la Constitution.

leur action, de rendre compte de l'exécution. Parfois, les deux plans sont confondus quand il s'agit d'un sujet dont l'importance engage tout, et dans ce cas le Président procède à la répartition comme il le juge nécessaire. Mais, s'il doit être évidemment entendu que l'autorité indivisible de l'État est confiée tout entière au Président par le peuple qui l'a élu, qu'il n'en existe aucune autre, ni ministérielle, ni civile, ni militaire, ni judiciaire, qui ne soit conférée et maintenue par lui, enfin qu'il lui appartient d'ajuster le domaine suprême qui lui est propre avec ceux dont il attribue la gestion à d'autres, tout commande, dans les temps ordinaires, de maintenir la distinction entre la fonction et le champ d'action du chef de l'État et ceux du Premier ministre.

Pourtant, objectent parfois ceux qui ne sont pas encore défaits de la conception de jadis, le Gouvernement, qui est celui du Président, est en même temps responsable devant le Parlement. Comment concilier cela? Répondons que le peuple souverain, en élisant le Président, l'investit de sa confiance. C'est là, d'ailleurs, le fond des choses et l'essentiel du changement accompli. De ce fait, le Gouvernement, nommé par le chef de l'État et dont au surplus les membres ne peuvent être des parlementaires[1], n'est plus du tout, vis-à-vis des Chambres, ce qu'il était à l'époque où il ne procédait que de combinaisons de groupes. Aussi, les rapports entre le Ministère et le Parlement, tels qu'ils sont réglés par la Constitution, ne prévoient la censure que dans des conditions qui donnent à cette rupture un caractère d'extraordinaire gravité[2]. En ce cas extrême, le Président, qui a la charge d'assurer la continuité de l'État, a aussi les moyens de le faire, puisqu'il peut recourir à la nation pour la faire juge du litige par voie de nouvelles élections, ou par celle de référendum, ou par les deux[3]. Ainsi, y a-t-il toujours une issue démocratique. Au contraire, si nous adoptions le système américain, il y en aurait aucune. Dans un pays comme le nôtre, le fait que le chef de l'État serait aussi Premier ministre et l'impossibilité où il se trouverait, dans l'hypothèse d'une obstruction législative et

1. L'article 23 de la Constitution de 1958 établit une incompatibilité entre l'exercice de fonctions gouvernementales et celui d'un mandat parlementaire.

2. Sauf si le Gouvernement a engagé sa responsabilité sur l'adoption d'un texte, un député ne peut signer de motion de censure qu'une fois par session. Pour être recevable, une motion de censure doit avoir été signée par un dixième au moins des membres de l'Assemblée Nationale. Pour être adoptée, elle doit avoir recueilli les suffrages de la majorité absolue des membres composant l'Assemblée.

3. En octobre 1962, le référendum a été décidé par le Général de Gaulle avant le vote de la censure, la dissolution de l'Assemblée après ce vote.

budgétaire, de s'en remettre aux électeurs, alors que le Parlement ne pourrait le renverser lui-même, aboutirait fatalement à une opposition chronique entre deux pouvoirs intangibles. Il en résulterait, ou bien la paralysie générale, ou bien des situations qui ne seraient tranchées que par des *pronunciamientos*, ou bien enfin la résignation d'un Président mal assuré qui, sous prétexte d'éviter le pire, choisirait de s'y abandonner, en se pliant, comme autrefois, aux volontés des partisans. On peut penser que c'est cette troisième hypothèse que caressent le plus volontiers les champions imprévus du « régime présidentiel ».

Notre Constitution est bonne. Elle a fait ses preuves depuis plus de cinq années, aussi bien dans des moments menaçants pour la République qu'en des périodes de tranquillité. Sans doute, d'autres circonstances et d'autres hommes donneront-ils plus tard à son application un tour, un style, plus ou moins différents. Sans doute, l'évolution de la société française nous amènera-t-elle, en notre temps de progrès, de développement et de planification, à reconsidérer l'une de ses dispositions. Je veux parler de celle qui concerne le rôle et la composition du Conseil économique et social [1]. Mais, en dehors de cette précision, qui ne bouleversera pas l'économie de la Constitution, gardons celle-ci telle qu'elle est. Assurément, on s'explique que ne s'en accommodent volontiers, ni les nostalgiques, avoués ou non, de la confusion de naguère, ni cette entreprise qui vise au régime totalitaire et qui voudrait créer chez nous un trouble politique d'où sa dictature sortirait. Mais le pays, lui, a choisi et je crois, pour ma part, qu'il l'a fait définitivement.

On m'avait parlé de la Coopération, en particulier à propos de l'Amérique latine [2]. Voulez-vous me répéter la question que vous m'aviez posée?

Q. — *Quelle part pourrait avoir l'Amérique latine dans votre politique de coopération avec les pays en voie de développement ?*

R. — Il est bien vrai que le développement des pays du monde et en particulier de ceux qui, jusqu'à présent, n'ont fait qu'entamer ce grand mouvement, c'est la question mondiale par excellence. Il y a une civilisation moderne. L'Europe l'inventa et, ensuite, la transporta en Amérique. Aujourd'hui, l'Occident, de part et d'autre de l'Atlantique, en demeure la

1. Une Commission, présidée par M. Louis Vallon, a étudié en 1963 une réforme éventuelle du Conseil économique et social.

2. Au cours de l'année 1964, le Général de Gaulle accomplira deux voyages officiels en Amérique latine.

source et l'artisan. Combiner le travail humain avec le rendement des machines, c'est en quoi consiste cet immense effort de progrès. La science, la technique, la politique, s'y appliquent essentiellement.

Or, voici que cette civilisation a atteint le reste de l'univers, où des peuples. qui en pratiquaient d'autres et quelquefois très avancées, se tournent vers la nouvelle venue. Tant que les obstacles naturels, les distances, l'hostilité, l'immobilisme, tinrent ces masses lointaines à l'écart des courants nouveaux, les pays développés purent ne voir dans les retardataires que des marchés exotiques ou des terres à coloniser. Entre les uns et les autres, les contacts ne s'établissaient guère que par les explorateurs, les commerçants, les soldats, les missionnaires, les administrateurs, que les premiers envoyaient aux seconds. Mais cette époque est révolue.

Par l'effet des communications, de l'interpénétration militaire, politique, économique, survenue lors des deux guerres mondiales, du mouvement d'idéalisme qui, du côté des plus avancés, détermine beaucoup d'esprits à vouloir aider les moins pourvus, ceux-ci prennent peu à peu conscience de tout ce qui leur manque. Bien entendu, la rivalité du camp totalitaire et de celui de la liberté, ainsi que les ambitions nationales qui sont à l'œuvre sous le couvert des idéologies, ne laissent pas de provoquer, dans cette immense mutation, des bouillonnements de toutes sortes. Mais, quoi qu'il en soit, deux milliards d'hommes prétendent aujourd'hui au progrès, au mieux-être et à la dignité. Depuis que le monde est le monde, il y a là un fait dont l'importance et la dimension n'ont jamais été égalées.

Naturellement, la France, en dépit des épreuves qui ont pu pour un temps la meurtrir et l'affaiblir, joue un rôle considérable dans cette vaste évolution. Cela tient sans doute aux positions que sa politique, son économie, sa culture, sa force, lui avaient fait acquérir dans toutes les parties du monde. Mais cela tient, aussi et surtout, à la nature de son génie qui a fait d'elle, de tout temps, un ferment et un champion de la libération humaine. En dépit des saccades de notre action dans ce domaine, nous en sommes toujours revenus à notre ligne générale. En dehors même des multiples interventions et encouragements que nous avons prodigués depuis des siècles pour aider à l'affranchissement de tant de peuples ou d'hommes opprimés, et outre les influences spirituelles et culturelles qui, à partir de chez nous, rayonnèrent dans le même sens en toutes régions de l'univers, la marque de ce que nous donnâmes aux autres pour élever leur condition, partout où nous nous trouvions, est imprimée d'une manière éclatante dans beaucoup d'âmes et sur bien des sols. Certes, au temps où la colonisation était la seule voie qui permît de pénétrer des peuples repliés dans leur sommeil, nous fûmes des colonisateurs, et parfois impérieux et rudes. Mais, au total, ce que nous avons, en tant que tels, accompli laisse un solde largement positif aux nations où nous l'avons fait.

Cependant, l'évolution depuis longtemps en cours d'un bout à l'autre du monde et l'ébranlement universel provoqué par les guerres mondiales rendaient inéluctable la décolonisation. D'ailleurs, les puissances occidentales, en répandant parmi les peuples qu'elles administraient, notamment dans les élites, les idées et la pratique de leur propre civilisation, préparaient elles-mêmes l'affranchissement des colonisés. Pour nous, Français, il est clair que la politique des Gentil, des Brazza, des Gallieni, des Sarraut, des Lyautey, des Ponty [1], en aidant à s'élever à tous égards les populations sur lesquelles ils pouvaient agir, a conduit celles-ci à prendre conscience de leurs possibilités nationales. Reconnaître à tous les peuples qui n'étaient pas proprement le nôtre mais qui dépendaient de nous le droit de disposer d'eux-mêmes, mener l'affaire de telle sorte qu'en définitive et malgré les déchirements cela se fît d'accord avec nous et qu'ensuite, dans l'amitié, fût établie entre nous et les nouveaux États une belle et bonne coopération, ce fut effectivement la politique de la France, telle qu'à Brazzaville, il y a vingt ans, la France Libre l'avait proclamée [2] et telle qu'elle fut accomplie dès que la République put enfin se dégager d'un régime d'impuissance et de confusion.

C'est donc tout naturellement aux pays d'outre-mer qui, à partir de notre administration, sont devenus des États souverains que nous prêtons surtout notre aide. Bien sûr, cela nous coûte cher. Un important rapport a été, comme on le sait, récemment déposé par Monsieur Jean-Marcel Jeanneney et sa Commission au sujet des tenants et des aboutissants de cette

1. Émile Gentil, explorateur français rejoignit (en 1900)) en partant de l'Oubangui, la mission Foureau-Lamy, partie d'Algérie ; Savorgnan de Brazza explora et conquit pacifiquement le Congo ; le Maréchal Gallieni a pacifié le Tonkin, puis Madagascar ; le Maréchal Lyautey, avant d'organiser le protectorat français au Maroc, avait servi au Tonkin, à Madagascar et dans le Sud-Oranais ; Albert Sarraut a été à deux reprises gouverneur général de l'Indochine, puis a présidé, pendant plusieurs années, l'Assemblée de l'Union Française ; William Ponty, gouverneur général de l'A.O.F., y a créé et développé les services d'enseignement.

2. Voir *Mémoirès de Guerre*, T. II, pp. 184-185.

aide partout où nous l'apportons[1]. Pour l'aide publique, c'est-à-dire celle qui est fournie d'État à États aux points de vue économique, financier, technique, culturel et militaire, cela fait environ 5 milliards de nos francs actuels en une année. Quant aux multiples aides privées, elles atteignent quelque 2 milliards. Les 7 milliards que nous prélevons ainsi annuellement sur nos ressources équivalent à plus de 2 % de notre revenu national et à plus de 10 % du montant des investissements que nous réalisons en France. Il n'y a pas un seul pays au monde qui consacre au progrès des autres une pareille proportion de ce qu'il fait pour le sien. Après nous, celui qui, à ce point de vue, vient en tête est l'Amérique. Sans doute verse-t-elle à un grand nombre de pays des concours dont, en valeur absolue, le total est, de beaucoup, le plus considérable. Mais, par rapport à ses moyens, l'aide qu'elle fournit n'est pas, en pourcentage, la moitié de ce qu'est la nôtre. Quant à l'Union Soviétique, elle est encore beaucoup plus loin.

Il est vrai que cette coopération n'est pas seulement à sens unique. Le maintien de courants commerciaux actifs avec les États arabes et les États noirs africains qui ont conclu des accords avec nous et les droits d'exploitation qui nous y sont reconnus sur telle ou telle matière première, notamment une part du pétrole algérien, ne sont pas pour nous sans valeur. Assurément, ce que nous en retirons est très au-dessous de ce que nous donnons. Mais le fait seul qu'il existe une contrepartie ne nous paraît pas négligeable et il est bien évident que nous serions peu portés à fournir beaucoup à ceux qui ne nous fourniraient rien. Pourtant, l'importance que revêt la coopération tient moins aux chiffres et aux comptes immédiats qu'aux avantages d'ordre général qu'elle peut assurer dans l'avenir à nous-mêmes et à nos partenaires.

Pour ceux-ci, en effet, le concours qui leur est apporté, à condition qu'il se conjugue avec leur effort à eux, contribue à élever progressivement leur condition matérielle. Mais aussi, en formant, mentalement, techniquement, pratiquement, leurs éléments nationaux aux activités productrices de notre siècle, la coopération les met, peu à peu, en mesure de conduire eux-mêmes leur progrès. Ainsi, pourront-ils, tôt ou tard, fournir leur propre contribution à la civilisation moderne. Or, c'est là que le monde les attend. Car c'est de cela qu'il s'agit. Qu'ils parvien-

1. Les problèmes concernant l'aide de la France aux pays en voie de développement ont fait l'objet d'un rapport, publié en décembre 1963, qu'avait établi une Commission présidée par M. Jean-Marcel Jeanneney.

nent à prendre leur part dans le développement de l'Humanité tel que l'accomplit notre époque, alors leur place sera assurée dans la société des États. Mais, qu'ils se gaspillent eux-mêmes en stériles agitations ou surenchères au-dedans et au-dehors, alors l'univers aura tôt fait de n'y plus voir que des terrains de rivalités et, un jour, des champs de bataille pour les grandes ambitions impérialistes d'aujourd'hui et de demain. Quant à la France, il va de soi qu'un pareil aboutissement l'amènerait à porter ailleurs son aide et son espérance. Au contraire, la réussite de peuples édifiant, en commun avec le sien, une œuvre utile à tous les hommes ne manquerait pas d'étendre son rayonnement et ses moyens d'action. On voit combien sont élevés les buts et combien sont forts les motifs de la coopération.

Mais c'est par là que l'entreprise dépasse le cadre africain et constitue, en vérité, une politique mondiale. Par cette voie, la France peut se porter vers d'autres pays, qui, dans d'autres continents, sont plus ou moins largement en cours de développement, qui nous attirent d'instinct et de nature et qui, souhaitant pour leur évolution un appui qui leur soit prêté suivant notre esprit et à notre manière, peuvent vouloir nous associer directement à leur progrès et, réciproquement, prendre part à tout ce qui est de la France. C'est de cela, par exemple, que nous avons traité avec M. Lester Pearson, Premier ministre du Canada, lors de l'aimable et fructueuse visite qu'il nous a faite tout récemment. C'est de cela que nous comptons nous entretenir prochainement avec M. Lopez Mateos, Président du Mexique, et plus tard sans doute avec les Gouvernements des États d'Amérique du Sud à l'occasion des voyages que j'espère avoir l'honneur d'y faire. C'est de cela que nous parlerons à notre ami le prince Sihanouk, Chef de l'État du Cambodge, puis à Sa Majesté le roi du Laos et à son Premier ministre le prince Souvanna-Phouma, quand nous les recevrons à Paris.

Sans doute, l'effort que nous autres, Français, sommes en mesure de fournir matériellement à cet égard se trouve-t-il limité par nos ressources qui ne sont pas immenses. Mais notre propre avance, qui se poursuit au dedans de chez nous, nous procure des moyens qui s'accroissent d'année en année. D'ailleurs, le problème consiste souvent pour nous à porter chez nos amis des ferments de progrès techniques et culturels qui exigent des capacités humaines et une compréhension cordiale, plus encore que de l'argent. Enfin, on peut penser qu'une Europe organisée demain comme nous le lui proposons voudrait, solidairement avec nous, prendre une part plus grande à cette œuvre dont dépend le sort de notre espèce. Tout se tient. Ce que nous tentons pour bâtir une Europe qui soit elle-même se conjugue avec ce que nous faisons en faveur de peuples qui montent à l'intérieur de notre civilisation. Oui ! La coopération est, désormais, une grande ambition de la France.

Puisque j'ai évoqué l'Europe, je voudrais que celui d'entre vous, Messieurs, qui m'a posé une question au sujet de l'organisation européenne, veuille bien la répéter.

Q. — *Pouvez-vous nous dire, mon Général, comment vous voyez les perspectives du Marché commun après l'aboutissement des négociations de Bruxelles*[1]*?*

R. — Ce qui est capital dans l'adoption des règlements agricoles par les Six c'est que l'Europe économique semble avoir choisi d'exister.

Jusqu'alors, on pouvait en douter. Certes, les déclarations de principe et les considérations théoriques, au sujet de l'avantage que présenterait l'établissement d'une communauté économique européenne, étaient depuis longtemps prodiguées dans beaucoup de milieux, à Bonn, à Rome, à la Haye, à Bruxelles, à Luxembourg, à Paris. Ah ! comme on en discourait et comme on en écrivait ! Mais, cette communauté, il fallait la faire, ce qui exigeait qu'on sortît du royaume enchanté de la spéculation pour agir dans le domaine des âpres réalités.

Comme toujours, les éléments de solution ont été élaborés par des techniciens. Mais ensuite, pour aboutir, en dépit d'intérêts contradictoires, la décision ne pouvait venir que des États. C'est bien ce qui s'est passé. La Commission de Bruxelles ayant accompli objectivement des travaux d'une grande valeur et offrant aux négociateurs, à mesure de leurs discussions, des suggestions bien étudiées, les Gouvernements ne s'en sont pas moins trouvés dans l'obligation de trancher en prenant leurs responsabilités. Ils l'ont fait, et dans le délai qu'ils s'étaient à eux-mêmes imparti. Notons, qu'à partir de là, c'est à eux seuls qu'il incombe de faire exécuter par leurs pays respectifs les engagements qu'ils ont pris en commun. Si importants qu'aient été et que doivent continuer d'être les travaux et les conseils de la Commission de Bruxelles, on a bien vu que le pouvoir et le devoir exécutifs n'appartiennent qu'aux Gouvernements. Ainsi ressort, une fois de plus, l'impropriété tendancieuse de conception

1. Les premiers règlements agricoles des Six ont été adoptés à Bruxelles le 23 décembre 1963.

et de terme par laquelle un certain langage intitule « exécutif » une réunion, si qualifiée qu'elle soit, d'experts internationaux.

Pour que les six Gouvernements aient pu franchir les fossés qui les tenaient séparés, il fallait que l'idée et l'intérêt contenus dans le projet d'unir l'Europe en commençant par l'économie eussent une force et un attrait puissants. Car les obstacles étaient de taille. Naturellement, c'est dans le domaine de l'agriculture qu'ils se dressaient principalement. Il se trouve, en effet, que l'industrie, dans des pays aussi développés que les Six, ne présente pas, de l'un à l'autre, de différences de nature. La production, le travail, l'équipement, l'organisation, l'approvisionnement des entreprises, tout au moins des principales, sont, non de la même dimension, mais du même ordre, chez les Allemands, les Italiens, les Hollandais, les Belges, les Luxembourgeois, les Français. Sans doute, pour supprimer à l'intérieur de la Communauté ceux des tarifs douaniers qui s'appliquent aux produits fabriqués et pour adopter des tarifs communs vis-à-vis des autres pays du monde, faut-il que chacun des Six procède à une adaptation de sa propre industrie en vue de la concurrence sur un marché de 200 millions d'hommes. Mais si, pour aucun d'entre eux, ces ajustements ne sont des bouleversements, il n'en est pas de même pour ce qui est de l'agriculture.

En effet, la nature, le volume, l'espèce, des productions agricoles, les conditions relatives à la structure et au travail des exploitations, la part que prennent respectivement les produits nationaux et les produits importés dans la nourriture de la population et dans le commerce extérieur, varient beaucoup entre les six États. Pour accepter que, dans ces domaines, toutes les barrières s'abaissent depuis l'Atlantique jusqu'à l'Elbe et depuis la mer du Nord jusqu'à la Méditerranée, et qu'on y mange ce qui y pousse plutôt que ce qu'on y importe, il fallait donc que chaque Gouvernement fût résolu à surmonter les objections qui s'élevaient de la part de telles ou telles catégories de ses agriculteurs redoutant de voir disparaître les protections dont elles jouissent. Il fallait que, dans un domaine aussi vital — c'est bien le cas de le dire — que celui de l'alimentation, il prît réellement son parti d'être incorporé à la Communauté européenne et, du même coup, de contrarier certains États qui lui vendent des denrées agricoles en échange d'un égal montant de ses produits fabriqués.

On aurait pu concevoir que les Six se fussent bornés à organiser le Marché commun seulement pour l'industrie. De fait, le Traité de Rome, qui réglait l'affaire industrielle, touchait à peine à la question agricole. Mais, laisser en dehors de l'économie européenne ce que produit le sol de l'Europe, c'eût été renoncer à bâtir une réelle communauté.

D'ailleurs, ce traité limité, la France n'aurait pu l'admettre. Nous sommes un pays agricole en même temps qu'industriel. Placer la production de nos usines dans un cadre européen tandis que celle de nos champs serait demeurée à l'écart, c'eût été provoquer une insupportable rupture de notre équilibre économique, social et financier. Pour nous, il était nécessaire que la Communauté englobât l'agriculture, faute de quoi, comme nous le fîmes connaître, nous eussions repris notre liberté à tous égards et il n'y aurait pas eu de Marché commun.

Convenons, au demeurant, que, des six États, nous sommes le plus intéressé à cette grave affaire agricole, car, des Six, c'est nous qui pouvons fournir le plus de céréales, de viande, de lait, de beurre, de fromage, de vin et, avec l'Italie, le plus de légumes et de fruits, ce qui nous amena, à Bruxelles, à nous montrer les plus pressants. Convenons aussi que, des Six, c'est l'Allemagne qui accepta les plus grands changements dans son système économique. Car, jusqu'à présent, tout en subventionnant largement son agriculture, elle achète dans des pays extérieurs à la Communauté la moitié de ses aliments. Saluons donc la preuve très claire de solidarité européenne et d'application de l'accord franco-allemand qui vient d'être donnée par le gouvernement du Chancelier Ludwig Erhard, et disons que notre fidélité aura l'occasion de répondre à cette fidélité. Convenons, enfin, que l'ouverture progressive d'un vaste et nouveau marché aux agriculteurs de l'Europe va leur causer de nombreux et rudes problèmes d'adaptation. Les nôtres, en particulier, doivent savoir que les possibilités qui leur sont ainsi offertes ne pourront être maintenues, ni même utilisées, sans qu'ils se passent des soutiens qui leur sont accordés dans le cadre national et sans qu'ils sachent, par leurs propres réformes de structure, d'organisation, de commercialisation, ainsi que par leurs capacités de production et de qualité, faire face à une concurrence qui se fera sentir jusque chez nous. A cet égard, comme aux autres, le Marché commun, c'est un plus grand effort pour un meilleur résultat.

Certes, tout n'est pas achevé. Il reste à régler certaines mesures détaillées d'application, puis à fixer progressivement les prix agricoles communs. Après quoi, la Communauté étant bâtie et mise en route, les Six pourront négocier avec d'autres pays, notamment avec l'Amérique, les conditions de leurs échanges à l'extérieur[1]. A ce sujet, la France a l'intention d'entretenir des courants commerciaux aussi actifs que possible, mais elle est aussi résolue à n'accorder d'avantages que moyennant réciprocité. Enfin et surtout, les Six devront dorénavant vivre en commun, c'est-à-dire combattre à l'intérieur de leur ensemble les forces centrifuges qui ne manqueront pas de s'y manifester et, au-dehors, les pressions qui s'efforceront de le rompre. On ne voit pas comment ils le pourraient s'ils ne s'accordaient pas d'une manière régulière, notamment à l'échelon de leurs responsables suprêmes, chefs d'État ou de Gouvernement. La Communauté européenne ne saurait se maintenir, *a fortiori* se développer, sans une coopération politique.

Pour cette raison et pour d'autres, la France a proposé à ses cinq partenaires d'organiser la coopération[2]. On sait que le gouvernement du Chancelier Adenauer avait, pour sa part, approuvé la proposition et même, à titre d'exemple, pris l'initiative du traité franco-allemand [3]. On sait que le projet d'union politique des Six n'a pas encore abouti et on sait aussi pourquoi : les opposants formulant trois conditions, qui, à notre sens, sont irréalisables, contradictoires l'une avec l'autre, et tendant, ou bien à placer délibérément l'Europe sous la coupe de l'Amérique, ou bien à la maintenir dans le domaine des brillants sujets de déclarations politiques sans qu'on la réalise jamais.

« Pas d'union européenne, disent-ils, sinon par une intégration à direction supranationale ! Pas d'union européenne, si l'Angleterre n'en fait pas partie ! Pas d'union européenne, sauf à l'incorporer dans une communauté atlantique ! » Pourtant, il est clair qu'aucun des peuples de l'Europe n'admettrait de confier son destin à un aréopage principalement composé d'étrangers. De toute façon, c'est vrai pour la France. Il est clair, également, que l'Angleterre, grande nation et grand État, l'accepterait moins que quiconque. Il est clair enfin que, fondre dans une politique multilatérale atlantique la politique de l'Europe, ce serait faire en sorte qu'elle-même n'en ait aucune et, dès lors, on ne voit pas pourquoi elle en viendrait à se confédérer.

Cependant, divers signes peuvent donner à penser que les

1. Une négociation sur les tarifs douaniers entre les Etats-Unis, les États du Marché commun et les autres États d'Europe occidentale doit s'ouvrir à Genève, le 4 mai 1964.

2. Il s'agit des propositions pour une organisation politique de l'Europe établies par la Commission présidée par M. Christian Fouchet, conformément à la décision prise à Paris sur l'initiative de la France, le 11 février 1961. Ces propositions ont été rejetées par la Belgique, les Pays-Bas et l'Italie le 17 avril 1962.

3. Il s'agit du Traité franco-allemand de Coopération du 22 janvier 1963.

objections dressées contre l'organisation politique des Six ont perdu de leur virulence. A cet égard, l'heureux aboutissement des négociations au sujet du Marché commun semble assez démonstratif. La force des choses faisant son œuvre, il est possible qu'un projet pratique de coopération entre les six États vienne de nouveau à l'ordre du jour. On ne saurait douter que la France serait alors, comme elle l'était hier, disposée à le prendre en attentive considération.

Nous allons parler de la Chine.

De multiples questions m'ont été posées. Je répondrai à tout le monde en même temps, en expliquant ce qu'il en est.

La Chine, un grand peuple, le plus nombreux de la terre ; une race, où la capacité patiente, laborieuse, industrieuse, des individus a, depuis des millénaires, péniblement compensé son défaut collectif de méthode et de cohésion et construit une très particulière et très profonde civilisation ; un très vaste pays géographiquement compact quoique sans unité, étendu depuis l'Asie Mineure et les marches de l'Europe jusqu'à la rive immense du Pacifique, et depuis les glaces sibériennes jusqu'aux régions tropicales des Indes et du Tonkin ; un État plus ancien que l'Histoire, constamment résolu à l'indépendance, s'efforçant sans relâche à la centralisation, replié d'instinct sur lui-même et dédaigneux des étrangers, mais conscient et orgueilleux d'une immuable pérennité, telle est la Chine de toujours.

Son entrée en contact avec les nations modernes lui fut très rude et très coûteuse. En un siècle, de multiples interventions, sommations, expéditions, invasions, européennes, américaines, japonaises, lui valurent autant d'humiliations et de démembrements. Ces terribles secousses nationales, ainsi que la volonté des élites de transformer coûte que coûte leur pays pour qu'il parvienne à la même puissance et à la même condition que les peuples qui l'avaient opprimé, ont mené la Chine à la révolution. Sans doute, le Maréchal Tchang Kaï-chek — à la valeur, au patriotisme, à la hauteur d'âme de qui j'ai le devoir de rendre hommage, certain qu'un jour l'Histoire et le peuple chinois ne manqueront pas d'en faire autant —, le Maréchal Tchang Kaï-chek, après avoir conduit la Chine à la victoire alliée qui scella dans le Pacifique la Deuxième Guerre mondiale, avait-il tenté de canaliser le torrent. Mais les choses en étaient au point qu'elles excluaient tout, sauf l'extrême. Dès que les États-Unis, qui avaient prêté au Maréchal le concours direct de leurs forces sur le continent, durent renoncer à le lui laisser, il se replia sur

Formose et le régime communiste, longuement préparé par Mao Tsé-toung, établit sa dictature [1]. Il y a quinze ans de cela.

Depuis lors, l'énorme effort qui, de toute façon, s'imposait quant à la mise en valeur des ressources naturelles, au développement industriel, à la production agricole, à l'instruction de la nation, à la lutte contre les fléaux inhérents à ce pays : la faim, les épidémies, l'érosion des sols, le débordement des fleuves, etc., a été déployé sur l'ensemble du territoire. Comme c'est toujours le cas en système communiste, ce qui put être réalisé comporta de terribles souffrances populaires, une implacable contrainte des masses, d'immenses pertes et gaspillages de biens, l'écrasement et la décimation d'innombrables valeurs humaines. Il apparaît, cependant, qu'au prix de tant de sacrifices, des résultats ont été atteints, dus, en partie, à l'action de l'appareil totalitaire et aussi, pour beaucoup, à l'ardeur d'un peuple fier, résolu dans ses profondeurs à s'élever en tous les cas, ainsi qu'aux trésors de courage et d'ingéniosité qu'il est capable de prodiguer, quelles que soient les circonstances.

Il est vrai que la Russie soviétique a, tout d'abord, prêté à la Chine un assez large concours : ouverture de crédits pour l'achat d'outillage et de ravitaillement, fourniture d'équipements miniers et industriels, installation d'usines entières, formation directe d'étudiants et de spécialistes, envoi sur place d'ingénieurs, de techniciens, d'ouvriers qualifiés, etc. C'était le temps où le Kremlin, utilisant, là comme ailleurs, sa rigoureuse prépondérance à l'intérieur de l'Église communiste pour soutenir la suprématie de la Russie sur les peuples qu'une dictature semblable à la sienne lui avait subordonnés, comptait garder la Chine sous sa coupe et, par elle, dominer l'Asie. Mais l'illusion s'est dissipée [2]. Sans doute, demeure encore entre les régimes régnant à Moscou et à Pékin une certaine solidarité doctrinale qui peut se manifester dans la concurrence mondiale des idéologies. Mais, sous un manteau chaque jour plus déchiré, apparaît l'inévitable différence des politiques nationales. Le moins qu'on puisse dire à ce sujet, c'est qu'en Asie, où la frontière entre les deux États, depuis l'Indou-Kouch jusqu'à Vladivostok, est la plus longue qui existe au monde, l'intérêt de la Russie, qui conserve et qui maintient, et celui de la Chine, qui a besoin de croître et de prendre, ne sauraient être confondus.

1. C'est en 1949 que Mao Tsé-toung a établi son pouvoir sur l'ensemble de la Chine continentale. La Grande-Bretagne a reconnu son gouvernement dès le 6 janvier 1950.

2. L'aide soviétique à la Chine a pris fin et les experts russes ont été retirés en juillet 1960.

Il en résulte que l'attitude et l'action d'un peuple de 700 millions d'habitants ne sont effectivement réglées que par son propre gouvernement.

Du fait que, depuis quinze ans, la Chine presque tout entière est rassemblée sous un gouvernement qui lui applique sa loi et, qu'au-dehors, elle se manifeste comme une puissance souveraine et indépendante, la France se trouvait disposée à nouer avec Pékin des relations régulières. Sans doute, certains échanges économiques et culturels étaient-ils déjà pratiqués. Sans doute, la force des choses nous avait-elle amenés, ainsi que l'Amérique, l'Angleterre, l'Union Soviétique, l'Inde et d'autres États, à négocier avec les représentants chinois, lorsqu'en 1954 la Conférence de Genève fixa le sort de l'Indochine ou lorsqu'en 1962, sous la même forme et dans la même ville, la situation au Laos fut quelque peu définie. Mais, le poids de l'évidence et celui de la raison grandissant jour après jour, la République française a jugé, pour sa part, le moment venu de placer ses rapports avec la République populaire de Chine sur un plan normal, autrement dit diplomatique. Nous avons rencontré à Pékin une intention identique et on sait que, sur ce point, le Président Edgar Faure, prié d'effectuer sur place un sondage officieux, a rapporté à Paris des indications positives [1]. C'est alors que les deux États se sont officiellement accordés pour accomplir le nécessaire [2].

J'ai parlé du poids de l'évidence et de la raison. Il n'y a effectivement, en Asie, aucune réalité politique concernant, notamment, le Cambodge, le Laos, le Vietnam, ou bien l'Inde, le Pakistan, l'Afghanistan, la Birmanie, la Corée, ou bien la Russie soviétique, ou bien le Japon, etc., qui n'intéresse ou ne touche la Chine. Il n'y a, en particulier, ni guerre, ni paix, imaginables sur ce continent sans qu'elle y soit impliquée. C'est ainsi que serait absolument inconcevable en dehors d'elle un accord éventuel de neutralité relatif aux États du Sud-Est asiatique, auxquels, pour tant de raisons, nous, Français, portons une toute spéciale et cordiale attention ; neutralité qui, par définition, devrait être acceptée pour eux tous, garantie sur le plan international, et exclurait à la fois les agitations armées soutenues par tel d'entre eux chez tel ou tel autre et les interventions multiformes de l'extérieur ; neutralité qui semble bien, dans la

1. M. Edgar Faure a effectué ces sondages au cours d'un voyage accompli en Chine à la fin de 1963.

2. L'établissement éventuel de relations diplomatiques entre la France et la Chine a été critiqué le 9 janvier 1964 par le département d'État de Washington. L'annonce officielle de cet établissement a été faite le 27 janvier 1964.

période où nous sommes, être la seule situation compatible avec la vie pacifique et le progrès des populations. Mais aussi, la masse propre à la Chine, sa valeur et ses besoins présents, la dimension de son avenir, la font se révéler de plus en plus aux intérêts et aux soucis de l'univers tout entier. Pour tous ces motifs, il est clair que la France doit pouvoir entendre directement la Chine et aussi s'en faire écouter.

Pourquoi, d'ailleurs, ne pas évoquer ce qu'auront peut-être de fécond les rapports de peuple à peuple qui ont chance de s'établir à la faveur du contact institué entre les deux États ? Certes, on doit se garder de nourrir trop d'illusions à cet égard. C'est ainsi que, dans le domaine des échanges économiques, ce qui se fait actuellement et qui peut, à coup sûr, être amélioré, restera longtemps limité. Il en est de même des investissements consacrés par nous au développement industriel chinois. Toutefois, le cas est différent pour ce qui est de la technique, dont les sources, en France, sont de plus en plus valables et pour laquelle la Chine est un champ infini d'application. Enfin, qui sait si les affinités qui existent notoirement entre les deux nations pour tout ce qui a trait aux choses de l'esprit, compte tenu du fait qu'elles se portent, dans leurs profondeurs, sympathie et considération réciproques, ne les conduira pas à une croissante coopération culturelle ? Cela est, en tout cas, sincèrement souhaité ici.

Paris et Pékin sont donc convenus d'échanger des ambassadeurs. Est-il besoin de dire que, de notre part, il n'y a dans cette décision rien qui comporte la moindre approbation à l'égard du système politique qui domine actuellement la Chine ? En nouant à son tour, et après maintes nations libres [1], des relations officielles avec cet État, comme elle l'a fait avec d'autres qui subissent un régime analogue, la France reconnaît simplement le monde tel qu'il est. Elle pense que, tôt ou tard, certains gouvernements, qui se réservent encore, jugeront bon de suivre son exemple. Par-dessus tout, il se peut, dans l'immense évolution du monde, qu'en multipliant les rapports entre les peuples, on serve la cause des hommes, c'est-à-dire celle de la sagesse, du progrès et de la paix. Il se peut que de tels contacts contribuent à l'atténuation, actuellement commencée, des dramatiques contrastes et oppositions entre les différents camps qui divisent le monde. Il se peut qu'ainsi les âmes, où qu'elles soient

1. Le Gouvernement de la République populaire de Chine a été officiellement reconnu par la Grande-Bretagne.

sur la terre, se rencontrent un peu moins tard au rendez-vous que la France donna à l'univers, voici 175 ans, celui de la liberté, de l'égalité et de la fraternité.

Je ne veux tout de même pas terminer sans dire un mot qui réponde à une question qu'on m'a posée, puisqu'on prétend que des millions de Français voudraient être fixés sur l'avenir.

Vous m'avez demandé, Monsieur, ce que je ferai dans deux ans. Je ne peux pas et je ne veux pas vous répondre. Alors, comme ça, pour vous, Monsieur X [1], ce sera le Général de Gaulle.

19 FEVRIER 1964

Le Général de Gaulle accueille à Orly le Président de la République italienne, qui accomplit en France une visite officielle.

ALLOCUTION DE BIENVENUE A S.E. M. A. SEGNI, PRÉSIDENT DE LA RÉPUBLIQUE ITALIENNE

Monsieur le Président,

Nous sommes particulièrement heureux de vous recevoir officiellement à Paris.

En votre personne, en effet, l'Italie fait visite à la France et il suffit de dire cela pour que, chez nous, une amitié aussi ancienne que nos deux anciennes nations se lève dans tous les cœurs français.

Et puis, le Chef de l'État que nous avons aujourd'hui l'honneur d'accueillir, c'est Monsieur le Président Antonio Segni, dont l'action dans toutes les grandes affaires dont à des titres divers, il a eu à prendre la charge depuis longtemps, dont l'action, dis-je, a constamment tendu à rendre aussi bonnes et aussi confiantes que possible les relations entre Rome et Paris.

1. Au cours de l'automne 1963, la candidature de M. Gaston Defferre à la Présidence de la République a été préparée, dans l'hebdomadaire l'*Express*, par une série d'articles dessinant le « portrait-robot » d'un candidat, désigné comme « Monsieur X », portrait qui, d'une semaine à l'autre, a ressemblé de plus en plus à M. Defferre.

Nous sommes convaincus, Monsieur le Président, qu'il en sera de même à l'occasion solennelle de votre voyage, et la présence aux côtés de M. le Président de la République italienne de M. Saragat, ministre des Affaires étrangères, nous confirme dans cette certitude. Enfin, nous nous réjouissons de pouvoir souhaiter à Madame Segni une très respectueuse bienvenue.

Vive l'Italie !

19 FEVRIER 1964

Le Général de Gaulle prend la parole lors d'une réception donnée au Palais de l'Élysée en l'honneur du Président de la République italienne.

TOAST ADRESSÉ A S.E. M. A. SEGNI, PRÉSIDENT DE LA RÉPUBLIQUE ITALIENNE

Monsieur le Président,

Nous saluons en votre personne un grand pays qui, entre tous, nous est cher et nous est proche. Nous saluons un homme d'État que nous estimons aussi hautement qu'il est possible. Nous nous félicitons, enfin, de la présence à vos côtés de Monsieur le ministre Saragat, à qui, pour maintes raisons, nous sommes particulièrement attachés.

Vous le voyez ! Qu'il s'agisse du sentiment ou du contact, la primauté italienne est bien établie en France. Que vous, Italiens, et nous, Français, nous comprenions aussitôt, que, de but en blanc, nos rapports soient remplis d'aise, c'est là l'effet des liens innombrables et privilégiés qu'ont créés entre nous, que n'ont cessé d'entretenir et que continuent de multiplier une étroite parenté latine, une commune civilisation vécue depuis deux millénaires, une perpétuelle osmose physique, intellectuelle et morale de deux peuples joints et voisins au bord de la Méditerranée. En dépit des vicissitudes, des disputes, parfois des conflits, l'Italie et la France se tiennent pour ce qu'elles sont, je veux dire deux filles d'une même famille naturellement plus rapprochées l'une de l'autre qu'elles ne le sont d'aucun pays de l'univers. Ah ! Monsieur le Président, cela est bien agréable !

Mais aussi, c'est encourageant ! Tandis que, depuis bien longtemps, nous voyions en l'Italie une source incomparable de pensée, d'art, de valeur humaine ; que les maîtres de notre esprit voulurent toujours s'y abreuver ; que vos écrivains, vos peintres, vos musiciens, vos architectes, ne laissèrent jamais de nous pénétrer ; que rien de ce qui fut, chez nous, composé, chanté, joué, construit, ne se passa de votre influence, voici qu'en notre époque de science et de technique nous assistons dans votre Péninsule au déploiement de capacités modernes, qui la transforment, suivant un rythme impressionnant, en un pays industriel de premier ordre. Or, cet extraordinaire développement de l'Italie s'apparente bel et bien à l'esprit d'entreprise de la France. Le monde voit donc, non sans quelque étonnement, les nations latines que nous sommes figurer dans le peloton de tête qui mène la course au progrès.

Cet accroissement des moyens de nos deux pays étend leurs responsabilités. Le monde est ainsi fait que nul ne peut y devenir plus capable, plus riche, plus puissant, qu'il ne l'était sans en tirer les conséquences dans l'ordre international. Or, en ce domaine, et pour peu qu'on consente à exorciser les fantômes, comment ne pas reconnaître qu'un même but essentiel s'impose à l'Italie et à la France ? Faisant corps avec l'Europe libre, qui ne peut évidemment exister qu'avec elles et par elles et dont, réciproquement, la prospérité, la sécurité, le rayonnement, sont indispensables aux leurs, elles ont pour intérêt vital et pour élémentaire devoir de faire en sorte, qu'au milieu d'un univers en pleine gestation et agité par tant de menaces, leur continent s'unisse et s'organise.

Tout justement, voici qu'elles viennent, avec l'Allemagne, la Belgique, la Hollande et le Luxembourg, d'achever le gros-œuvre de la Communauté économique européenne [1]. Ainsi, le Traité de Rome [2], qui était une grande espérance, devient-il une première réussite. Mais la construction de l'Europe ne saurait consister seulement à réglementer son industrie et son agriculture. Après les affreux déchirements qu'elle s'était à elle-même infligés et en présence des vastes perspectives que lui offre

1. Il s'agit de l'accord sur les règlements agricoles conclu à Bruxelles le 23 décembre 1963.

2. Le Traité de Rome, conclu le 25 mars 1957 entre l'Allemagne fédérale, la Belgique, la France, l'Italie, le Luxembourg et les Pays-Bas, a établi le Marché commun.

l'évolution mondiale, la question qui lui est posée devant l'univers tout entier est de savoir si elle sera capable, ou non, de s'ériger en une réalité cohérente et agissante. L'Europe voudra-t-elle, ou non, fixer elle-même ses buts, son attitude, sa marche — autrement dit sa politique — les moyens de sa défense et la pratique de ses alliances — autrement dit sa sécurité — le concours de son économie, de sa technique et de sa culture — autrement dit son aide — à tant de pays d'Amérique latine, d'Afrique et d'Asie, dont il faut, sous peine de bouleversements mortels pour l'espèce humaine, qu'ils accèdent à leur tour à notre civilisation ? On peut penser, et nous pensons, que l'avenir du monde en dépend.

Monsieur le Président, nous souhaitons que votre visite, en rapprochant davantage encore nos deux pays, les incite à considérer comment leurs intentions communes pourront, le mieux possible, les conduire à un effort commun.

Je lève mon verre en l'honneur de Son Excellence Monsieur le Président Antonio Segni, Président de la République italienne ; en l'honneur de Madame Segni, à qui nous sommes heureux de pouvoir présenter nos très respectueux hommages ; en l'honneur de l'Italie, dont le destin est, autant que jamais, lié au destin de la France.

4 MARS 1964

Le Général de Gaulle accueille à Orly le Président de la République togolaise, qui accomplit en France une visite officielle.

ALLOCUTION DE BIENVENUE A S.E. M. N. GRUNITZKY, PRÉSIDENT DE LA RÉPUBLIQUE TOGOLAISE

Monsieur le Président,

En votre haute qualité de Président de la République togolaise, vous êtes le bienvenu à Paris.

Il y a cinquante ans que la Première Guerre mondiale a mis votre pays et le mien en contact immédiat[1].

Depuis lors, si la nature de leurs rapports a changé, si le Togo est devenu indépendant et souverain[2], l'amitié réciproque des deux peuples s'est, une fois pour toutes, établie.

Laissez-moi vous dire, Monsieur le Président, qu'il en est de même de l'estime que nous vous portons, vous que nous avons connu étudiant, combattant, représentant du Togo[3], et que nous saluons aujourd'hui comme le Chef d'un État avec lequel la France coopère très cordialement pour le progrès et pour la paix.

Vive le Togo !

4 MARS 1964

Le Général de Gaulle prend la parole lors d'une réception donnée au Palais de l'Elysée en l'honneur du Président de la République togolaise.

TOAST ADRESSÉ A S.E. M. N. GRUNITZKY, PRÉSIDENT DE LA RÉPUBLIQUE TOGOLAISE

Monsieur le Président,

La France se félicite de recevoir aujourd'hui, en votre personne, la République togolaise.

Dans le chapitre de l'Histoire du monde où sont inscrites les relations de la France avec l'Afrique, votre pays occupe une place particulière et dans des conditions que les événements ont parfois un peu agitées. C'est, en effet, la Grande Guerre qui

1. Colonie allemande de 1885 à 1914, le Togo avait été occupé par des troupes franco-britanniques en 1914.

2. Le Togo a été placé sous mandat français par le Traité de Versailles. Ce mandat a été transformé en tutelle en 1945. Après avoir été représenté au Parlement français de 1946 à 1959, le Togo a accédé à l'indépendance le 27 avril 1960.

3. M. N. Grunitzky a siégé à l'Assemblée Nationale comme député du Togo de 1951 à 1959.

a, tout à coup, introduit le Togo dans le cercle de nos devoirs et de nos amitiés. Encore, s'y trouva-t-il d'abord sous le couvert d'un mandat international. Par la suite, le comportement du Togo, devenu indépendant, avait, à l'égard de Paris, marqué diverses variations. En outre, l'incertitude créée par une frontière occidentale assez arbitraire pouvait sembler, chez vous, hypothéquer l'avenir. Enfin, une grave tragédie publique, survenue dans votre capitale, avait suscité quelques doutes [1]. Cependant, c'est un fait que rien n'a pu empêcher les relations de nos deux peuples d'évoluer vers une libre et croissante coopération. Aujourd'hui, des accords précisent et organisent ce que le Togo et la France veulent faire et font en commun, tandis que votre Gouvernement s'est joint à ceux des États de l'Union Africaine et Malgache pour promouvoir, à l'intérieur de votre continent, le développement d'un ensemble solidaire par l'économie, la langue, la culture et l'idéal [2].

La coopération franco-togolaise est donc à l'œuvre. Elle ne tend à rien d'autre qu'au progrès, à la sécurité et à la paix. Elle n'exclut nullement les concours que peuvent vous prêter d'autres pays. Dans toute la profondeur de votre territoire, si allongé, si étroit, séparé de ses trois voisins par le tracé théorique de frontières étendues sur 1 300 km ; dans chacune de vos régions très différentes les unes des autres et qui s'étagent entre la côte tropicale et la savane intérieure ; parmi vos populations, à la fois variées et capables, notre coopération se poursuit dans les domaines économique, social, technique et culturel. En la pratiquant, vous et nous entendons servir, non seulement une amitié bien établie, mais aussi la cause de l'Homme, c'est-à-dire celle de son développement. Pourquoi ne pas ajouter que, par là, nous croyons apporter à notre monde en pleine gestation un utile concours et un fraternel exemple ?

Il se trouve, Monsieur le Président, que vous êtes, par excellence, un des hommes qui, à force de vouloir et d'agir, ont donné sa signification à la rencontre du Togo et de la France. Que vous fussiez naguère étudiant, et l'un des premiers de chez vous qui soient venus parfaire leurs études ici, ou bien combattant de la France Libre, ou bien député du Togo, ou bien chef d'un gou-

1. Le Président de la République togolaise, Sylvanus Olympio, dont la politique, depuis la proclamation de l'indépendance du Togo en 1960, n'a pas été orientée vers la coopération avec la France, a été assassiné le 13 janvier 1963. M. Nicolas Grunitzky lui a succédé.

2. Devenu Président de la République togolaise, M. Grunitzky a signé avec la France, le 10 juillet 1963, d'importants accords de coopération.

vernement autonome, vous n'avez jamais cessé, dès avant l'indépendance, de représenter activement votre pays et d'acquérir pour lui, en même temps que pour vous, notre estime très haute et raisonnée. Ce faisant, vous prépariez au peuple togolais les voies de son destin. Aux jours de trouble, il s'en est souvenu. Avec la même dignité réservée mais déterminée que vous aviez montrée dans votre ascension politique et, ensuite, dans l'adversité [1], vous avez alors répondu à l'appel du Togo et assumé le pouvoir suprême qu'il vous a massivement confié. Nous sommes témoins que vous le servez bien.

Je lève mon verre en l'honneur de Monsieur le Président Nicolas Grunitzky, Président de la République togolaise, en l'honneur du Togo qui est l'ami de la France.

16 MARS 1964

Le Général de Gaulle accomplit au Mexique un voyage officiel. Il prend la parole en espagnol devant la population de Mexico, du balcon du Palais national, place du Zocalo.

ALLOCUTION PRONONCÉE DU BALCON DU PALAIS NATIONAL DE MEXICO

Traigo a Mexico el saludo de Francia !

Francia saluda Mexico con amistad. Mí país, ardiente, soberbio y libre, esta atrahido por el vuestro, libre, soberbio y ardiente. No existe ninguna doctrina, ningun pleito, ningun interés, que nos opongan. Al contrario ! Muchas razones nos convidan a acercarnos.

Francia saluda Mexico con respecto. Sabemos a que imponentes origenes americanas asciende vuestra nación. Sabemos con que valor habeis conquistado y mantenido vuestra independencia. Sabemos que inmenso esfuerzo de liberación del hombre y de desarrollo moderno representa vuestra revolución. Y

1. Avant d'accéder au pouvoir, M. Grunitzky a dû pendant un certain temps vivre en exil.

vosotros, Mexicanos, sabeis cuanto los franceses, durante su larga y dura vida de pueblo, han luchado por la libertad y la dignidad de los hombres. Sabeis como, ahora, ellos trabajan con sus manos, con su cabeza y con su corazón para elevar su país y para poder ayudar muchos otros.

Francia saluda Mexico con confianza. El mundo en que vivimos está en completa transformación. Pero también, está amenazado de sufrir pruebas espantosas. Desde luego, los problemas que se presentan a todos los Estados se llaman el progreso y la paz. Para resolverlos nada es más importante que la cooperación de dos paises como los nuestros, que ayer escucharon el mismo ideal, que hoy siguen el mismo camino y que, para mañana se sienten llamados a un mismo porvenir.

He aquí pues lo que el pueblo frances propone al pueblo mexicano : « Marchemos la mano en la mano ».

TEXTE FRANÇAIS

J'apporte au Mexique le salut de la France !

La France salue le Mexique avec amitié. Mon pays, ardent, fier et libre, est attiré par le vôtre, libre, fier et ardent. Il n'existe aucune doctrine, aucune querelle, aucun intérêt, qui nous opposent. Au contraire ! Beaucoup de raisons nous engagent à nous rapprocher.

La France salue le Mexique avec respect. Nous savons à quelles imposantes origines américaines remonte votre nation. Nous savons avec quel courage vous avez conquis et maintenu votre indépendance. Nous savons quel immense effort de libération de l'homme et de développement moderne représente votre révolution. Et vous, Mexicains, vous savez combien les Français, tout au long de leur longue et rude vie de peuple, ont lutté pour la liberté et la dignité des hommes. Vous savez comment, à présent, ils travaillent de leurs mains, de leur tête et de leur cœur, pour élever leur pays et pour en aider beaucoup d'autres.

La France salue le Mexique avec confiance. Le monde où nous vivons est en complète transformation. Mais aussi, il est menacé de subir d'épouvantables épreuves. Les problèmes qui, de ce fait, sont posés à tous les États s'appellent le progrès et la paix. Pour les résoudre, rien n'est plus important que la coopération de deux pays comme les nôtres, qui hier écoutèrent le même idéal, qui aujourd'hui suivent la même route et qui, pour demain, se sentent appelés à un même avenir.

Voici donc ce que le peuple français propose au peuple mexicain : « Marchons la main dans la main ! »

17 MARS 1964

Le Général de Gaulle répond au toast qui lui a été adressé par le Président de la République des États-Unis du Mexique lors d'une réception donnée en son honneur au Palais national de Mexico.

RÉPONSE AU TOAST ADRESSÉ PAR S.E. M.A. LOPEZ MATEOS, PRÉSIDENT DE LA RÉPUBLIQUE DES ÉTATS-UNIS DU MEXIQUE

Monsieur le Président,

Dans une rencontre aussi nouvelle et aussi exceptionnelle que celle que nous vivons, l'homme qui a l'honneur de s'exprimer au nom de la France doit d'abord laisser parler son cœur.

C'est pourquoi, mes premiers mots, en réponse à vos si aimables paroles, vous diront ma grande émotion et ma satisfaction profonde. Depuis que l'Amérique fut révélée à l'Ancien Monde · plus spécialement, depuis que l'arrivée des conquérants espagnols au milieu des peuples qui habitaient votre pays, ensuite sa libération et son indépendance, enfin sa révolution, mirent le Mexique à l'ordre du temps, la France avait appris à vous connaître. Mais, jamais encore, en tant qu'elle est la France, elle ne vous avait rendu visite. Voilà qui se fait à présent. Or, tous les mots, tous les cris, tous les gestes, tous les signes, démontrent, depuis hier, que les sentiments nourris au long des années dans les profondeurs populaires, ainsi que les certitudes accumulées par les responsables, revêtent ce grand événement d'un caractère vraiment extraordinaire de solennité, de sympathie et d'espoir.

Le cœur s'étant fait entendre, la voix de la raison s'élève à son tour. Mais celle-ci abonde dans le même sens. Car si, dans l'ordre affectif, tout porte le Mexique et la France à nouer des liens plus étroits, c'est aussi vrai dans le domaine pratique. Votre pays, très vaste et très vivant, rempli de virtualités économiques dépassant de beaucoup les résultats considérables que vous avez déjà obtenus, résolu à faire en sorte que tout progrès, tout enrichissement national, soient répartis entre tous ses enfants afin que son peuple en entier accède à une prospérité et à une dignité plus grandes, a les meilleurs motifs de recourir au mien pour aider à son développement. La France, de son côté, en est à ce degré de capacité où elle tend à porter audehors, en particulier chez vous, une part de ce qu'elle réalise et, par là, à multiplier ses possibilités d'échanges, c'est-à-dire d'activité. Mais, si cette sorte d'appel réciproque est, au point de vue matériel, conforme à l'ordre des choses, combien l'est-il surtout s'il s'agit de la culture, de la science et de la technique, qui règlent, en notre temps, chaque pas en avant de la civilisation ! Or, dans ces domaines dont tout dépend, vous, Mexicains, et nous, Français, nous convenons les uns aux autres tout particulièrement bien.

Mais quand, chez deux peuples, le cœur et la raison s'accordent, une politique est tracée. C'est donc celle de la coopération que nous avons, ensemble, adoptée, celle qu'a marquée, Monsieur le Président, l'importante et émouvante visite que vous avez faite à Paris l'an dernier[1], celle qu'a précisée l'accord conclu ensuite entre nos deux Gouvernements et celle que la magnifique réception que vous m'accordez aujourd'hui met en relief devant le monde entier. Oui ! devant le monde entier ! Car, si cette politique est franco-mexicaine, elle est mondiale du même coup. Que des rapports particuliers s'établissent entre votre pays, œuvre vive de l'Amérique latine, et le mien, essentiel à l'Europe mais aussi plongeant son influence et son activité en Afrique et en Asie, c'est là un fait dont les conséquences peuvent heureusement dépasser nos États.

D'autant plus et d'autant mieux que vous et nous n'entendons pas, en raison de ce fait nouveau, exclure, ni même réduire, les relations, les courants, les contacts, qui nous lient respectivement à nos voisins et à d'autres peuples ; d'autant plus et d'autant mieux aussi, qu'il y a là comme le signe d'un des plus grands événements qui s'annoncent en notre siècle, je veux dire l'apparition des Américains latins au premier plan de la scène

1. Le 26 mars 1963. Voir plus haut, p. 88.

de l'univers ; d'autant plus et d'autant mieux, enfin, que le trait singulier de cette action commune du Mexique et de la France, par opposition aux axes et aux pactes conclus jadis pour dominer, c'est qu'elle ne tend qu'au bien de nos hommes et au progrès de nos peuples sans nuire à qui que ce soit, bref, qu'elle est faite pour servir la paix.

De notre coopération, vous êtes, Monsieur le Président, un artisan capital. Au nom de mon pays, je vous salue en cette qualité.

Je lève mon verre en l'honneur de Son Excellence Monsieur le Président Lopez Mateos, Président de la République des États-Unis du Mexique ; en l'honneur de Madame Lopez Mateos, à qui nous sommes, ma femme et moi, très reconnaissants de son aimable accueil et de ses gracieuses attentions. Paix et prospérité au Mexique, qui est l'ami de la France !

17 MARS 1964

Le Général de Gaulle prend la parole devant les membres du Sénat et de la Chambre des députés du Mexique, réunis en Congrès au Palais du Parlement.

DISCOURS PRONONCÉ A MEXICO DEVANT LES CHAMBRES RÉUNIES EN CONGRÈS

Mesdames et Messieurs les Sénateurs,
Mesdames et Messieurs les Députés,

C'est pour moi un grand honneur d'être reçu aussi solennellement et aussi amicalement par les représentants du peuple mexicain. Laissez-moi vous dire combien je le ressens et combien je suis touché des impressionnantes paroles que viennent de m'adresser Monsieur le Président Sanchez Mireles, puis Monsieur le député Ruiseco.

En vous, en effet, je salue les successeurs politiques des parlementaires qui, depuis plus d'un siècle et demi, ont tant fait pour leur pays, les continuateurs de ceux qui ont eu le mérite de votre étonnante et précoce Charte de 1814, puis des Constituants de 1857, dont l'œuvre fut, ainsi que le proposait Juarez [1], si proche de l'esprit de nos philosophes comme des principes de notre Révolution, enfin des patriotes qui, autour de Venustiano Carranza [2] et fidèles aux leçons de Madero [3] tombé pour la liberté, firent adopter par le peuple la Constitution de 1917.

Vous êtes aussi, comme le furent vos prédécesseurs, des amis de la France. Chaque fois que mon pays traversa des difficultés — ce fut bien souvent le cas ! — il sentit venir de chez vous, par toutes les voies de la sympathie, un concours moral précieux. Comment aurais-je moi-même oublié l'aide que, sous tant de formes ! le Mexique donna à la France Libre tout au long de son effort pour la libération et la victoire de la patrie ? Comment tairais-je que c'est parmi vos parlementaires que ces encouragements trouvèrent un de leurs plus ardents foyers ? Aujourd'hui, l'épreuve surmontée, voici qu'un groupe s'est formé à votre Chambre des députés pour étudier avec un groupe correspondant de notre Assemblée Nationale dans quelles conditions la France et le Mexique peuvent et doivent coopérer.

Trois domaines s'offrent à notre effort commun. Le premier, c'est naturellement celui de l'économie. Le Mexique nous fait, à nous Français, l'effet d'un pays en plein développement, pourvu de grandes ressources humaines et naturelles, en train de se doter de l'équipement moderne qu'il lui faut, mais enclin, dans sa marche en avant, à recevoir du dehors de considérables investissements, tout en faisant en sorte que ceux-ci ne coulent pas tous de la même source [4]. Quant à la France, qui est parvenue à un degré élevé de capacité productrice, qui continue de progresser et qui tend à exporter une part croissante de ce qu'elle fabrique, vous la voyez, vous, Mexicains, comme étant en mesure de contribuer aux importants équipements industriels et aux grands travaux d'infrastructure entrepris par certains pays et, notamment, par le vôtre, à qui elle pourrait, au surplus, ouvrir des crédits dans les limites que lui permettent ses moyens et ses obligations [5]. Je crois bien, pour ma part, que l'idée que nous

1. Juarez (1806-1872), Président du Mexique au moment de la guerre franco-mexicaine, fut l'âme de la résistance contre l'empereur Maximilien d'Autriche.

2. Venustiano Carranza (1859-1920) fut Président du Mexique.

3. Madero (1873-1913) était Président du Mexique lorsqu'il périt assassiné.

4. Allusion à la volonté d'indépendance à l'égard des États-Unis manifestée par le Mexique.

5. Un accord commercial aux termes duquel la France ouvre au Mexique un crédit de 750 millions de francs sera signé au cours du séjour du Général de Gaulle au Mexique.

avons de vous et celle que vous avez de nous, à ce sujet, sont conformes à la réalité.

Outre l'attrait mutuel que se portent nos deux peuples, il y a donc entre eux une possibilité, pour ainsi dire organique, de s'adapter l'un à l'autre économiquement, et par conséquent, d'accroître leurs rapports à cet égard. C'est à quoi répond l'accord conclu l'année dernière par nos Gouvernements au lendemain de la visite à Paris de Monsieur le Président de la République des États-Unis du Mexique, premier acte de cette sorte que la France ait signé avec un État du continent américain et qui, pour elle, marque le début d'une orientation nouvelle[1].

Mais si, dans l'ordre matériel, le champ de notre coopération vient ainsi de s'élargir, combien vaste et fécond peut-il être dans le domaine de la culture, de la science et de la technique ! Or, pour accomplir, en s'aidant les uns les autres, l'œuvre de développement qui s'offre aux Mexicains et aux Français, il leur faut se comprendre, rechercher le progrès en commun, utiliser des méthodes et des pratiques du même genre. Précisément, tout les y invite. Entre un pays comme le vôtre, qui tient à la fois aux valeurs traditionnelles et aux connaissances modernes et qui, pour élever sans cesse le niveau de ses élites et mener son grand effort d'instruction et d'adaptation des masses, recherche autour de lui le concours de capacités qui ressembleraient aux siennes, et un pays comme le mien, pétri par vingt siècles de formation générale, au fait de toutes les acquisitions et expériences de notre temps, en train de se doter, par l'éducation nationale, de ressources de plus en plus grandes dans chaque branche du savoir et de ses applications, il y a tout ce qu'il faut pour une osmose profonde des esprits et des activités. Le travail en commun et l'échange de nos penseurs, savants, techniciens, ingénieurs, étudiants, ouvriers, artisans, agriculteurs, voilà qui ferait de la France et du Mexique de réels et bons compagnons dans le travail de civilisation qui soulève aujourd'hui le monde. Certes, le départ est pris. Mais qui doute, qu'en dépit des distances encore considérables, des habitudes acquises, des pôles d'attraction divergents, nous puissions faire bien davantage ?

Sans doute, un pareil rapprochement implique-t-il que le but, l'attitude, l'action, en un mot la politique, de Mexico et de Paris, ne soient point en opposition et que, même, on les accorde. Mais,

1. La création d'une Commission mixte chargée d'étudier la participation de la France au développement de l'économie mexicaine a été décidée en mars 1963, lors de la visite à Paris du Président Lopez Mateos.

pourquoi pas ? D'ailleurs, si, en ce jour inoubliable, la France regarde vers vous, tandis que votre Parlement et le peuple de votre capitale lui témoignent une aussi émouvante amitié, n'est-ce pas parce que, dans leur profondeur, les deux pays veulent marcher côte à côte ? Assurément, il y a beau temps que votre République et la nôtre, chacune de son côté, ont adopté les mêmes principes, qu'elles ont choisi pour elles-mêmes l'indépendance et la liberté, qu'elles ont pris parti pour le droit de chaque peuple à disposer de lui-même, qu'elles préconisent la paix partout dans l'univers, qu'elles tiennent le progrès des nations peu développées comme essentiel au bien général. Mais, dans notre monde en gestation, cela est-il suffisant ?

En somme, voici, d'une part, la France en pleine ascension, essentielle à une Europe en train de s'organiser ; la France, qui attend l'équilibre et la paix du monde, non point des surenchères idéologiques dont se couvrent les candidatures à la domination, mais bien de la personnalité et de la responsabilité des États ; la France, qui, par instinct et par raison, tend à se tourner vers l'immense potentiel et les croissantes réalités que représente l'Amérique latine. Voici, d'autre part, le Mexique, qui a pris son sort en ses seules mains et a su s'affranchir des entraves d'un dur passé ; le Mexique, qui, parmi les pays latins du continent américain, donne l'exemple d'une solidité politique, d'un développement économique, d'un progrès social, éclatants ; le Mexique, qui, sans méconnaître aucunement ce qu'ont de naturel et de fécond les relations massives qu'il entretient avec son grand voisin du Nord [1], est attiré par toutes sortes d'affinités vers les pays européens et, d'abord, j'ose le dire, vers le mien. Dès lors, pour la France et le Mexique, de part et d'autre de l'Océan, le resserrement de leurs rapports politiques directs comptera sans doute heureusement dans le destin de nos deux peuples et dans celui de tous les hommes. Comme l'a dit Lopez Mateos : « Hagamos del mar un camino de la libertad, la paz y la esperanza humana [2]. »

Mesdames et Messieurs les Sénateurs, Mesdames et Messieurs les Députés, c'est peut-être parce que vous et nous y sommes désormais disposés, que la cérémonie d'aujourd'hui revêt ce caractère imposant. Au nom de la France, je vous en remercie.

1. Les États-Unis.

2. Faisons de la mer un chemin de la liberté, de la paix et de l'espérance humaine.

18 MARS 1964

DISCOURS PRONONCÉ A L'UNIVERSITÉ DE MEXICO

Monsieur le Recteur,

Combien suis-je impressionné et honoré de l'accueil que me fait l'Université autonome de Mexico ! Combien le suis-je, aussi, d'être introduit dans l'amphithéâtre portant le nom de l'illustre éducateur que fut Justo Sierra [1], fondateur de cette institution et qui mérita si bien le titre de « Maître de l'Amérique » ! Combien le suis-je, enfin, d'être reçu ici par vous, mon cher Maître, qui êtes, par excellence, renommé parmi tous les savants du monde, notamment ceux de mon pays, et à qui, voici seize années déjà, l'Université de Paris a témoigné son exceptionnelle et admirative estime en vous décernant la plus haute distinction dont elle disposât, celle de docteur « honoris causa ». Ainsi se manifeste avec éclat, sous mes yeux, la continuité de la politique de l'esprit, inaugurée de si bonne heure par le Mexique — puisque votre Université est, avec celle de Lima, la doyenne de toutes en Amérique latine [2] — poursuivie avec tant de perspicacité et d'énergie par les Gouvernements successifs de la République fédérale et les générations de professeurs formés sur son sol, s'épanouissant aujourd'hui en une vaste réussite nationale d'enseignement, telle que l'attestent ces magnifiques édifices, les 75 000 étudiants qui les remplissent et l'influence universelle des disciplines qui rayonnent à partir d'ici.

1551 - 1964 ! Quel chemin la valeur intellectuelle, morale et humaine du Mexique a-t-elle parcouru dans cet espace de temps ! Mais aussi, quelle preuve a donné votre peuple de sa capacité de progrès, qui est le signe et la base d'une grande civilisation ! Or, il se trouve que le monde est en train d'accomplir une transformation à laquelle ne se compare, en étendue et en rapidité, aucun des changements qu'il a connus dans le passé. Tandis que, jadis, la culture générale et les connaissances spéciales appor-

1. Justo Sierra (1848-1913), historien et sociologue mexicain.
2. L'Université de Mexico a été fondée en 1552.

taient surtout à l'homme un ennoblissement de sa condition et une compensation à ce que celle-ci avait de rigoureux et d'inéluctable, voici que l'enclenchement direct de la pensée, de la science et de la recherche sur chacune des techniques qui commandent la civilisation moderne détermine une modification profonde et accélérée de la vie de chacun et de celle des sociétés. Par ce fait immense et nouveau, l'enseignement supérieur n'assure plus seulement l'ornement et l'enrichissement des intelligences. Il est, en vérité, la source, pour ainsi dire unique, et l'artisan, presque immédiat, du progrès sous toutes ses formes. Cependant, si puissant et précipité que soit le mouvement qui nous emporte, rien ne peut empêcher qu'à l'origine de tout ce qui est découvert et accompli il y ait l'esprit humain, disposant, certes, de moyens grandissants, mais lui-même immuable dans sa nature et sa capacité. C'est dire qu'aucune avance ne s'effectue jamais sur la table rase, que le renouvellement serait incompatible avec le reniement, bref, que le progrès se conjugue avec la tradition. Il me suffit d'être ici pour connaître que telle est bien la philosophie dont s'inspire votre Université.

A cet égard, comme à beaucoup d'autres, comment n'être pas frappé par les affinités qui existent entre votre peuple et le mien? Pour ce qui est du passé, le Mexique apparaît, par son Histoire, ses monuments, sa population, comme un très ancien pays que la conquête espagnole plaça devant les perspectives de trois destins inconciliables : ou bien parvenir à repousser les nouveaux venus mais retomber dans une stagnation contradictoire avec la marche du monde, ou bien renoncer totalement à lui-même et n'être plus que le prolongement d'un système importé d'ailleurs, ou bien réussir à conjuguer son caractère originel avec la civilisation hispano-latine, pour créer, en fin de compte, après de longues et terribles épreuves suivies d'une vaste révolution, une nation distincte, stable et maîtresse d'elle-même. C'est, évidemment, cette troisième destinée qui fut la vôtre. Or, bien plus tôt et après six siècles de gestation, mais dans des conditions tant soit peu analogues à ce qui se passa chez vous, il était arrivé que la Gaule, fécondée par l'Ordre romain, avait enfanté la France.

Pour ce qui est du présent, nos deux pays, en plein essor, ont choisi une direction et une ambition semblables, à savoir : leur développement dans tous les domaines à l'appel et au moyen de la civilisation moderne, de telle sorte que ce soient les peuples dans leur ensemble et, parmi eux, tous les individus qui bénéficient du progrès. Mais tous deux se sont, en outre, aperçus que la similitude de leurs buts et de leurs tendances leur confère, l'un par rapport à l'autre, un caractère sensiblement complémentaire. De là, l'impulsion profonde qui les porte à coopérer. Il va de soi que cela est vrai, par-dessus tout, dans le domaine de la culture, parce que c'est celui-là qui commande leur destin et qui les rapproche le plus. Aussi, inclinent-ils à se lier plus étroitement par la pensée, la science, la recherche et la technique. Je crois bien que c'est cette intention qui remplit, en ce moment même, nos esprits et nos cœurs et qui donne sa signification à l'imposante cérémonie à laquelle nous prenons part.

Si l'âme du Mexique et l'âme de la France ressentent ainsi l'utilité et, laissez-moi ajouter, la douceur de vivre plus près l'une de l'autre et de mieux cultiver tout ce qu'elles ont de commun afin d'en inspirer l'action des deux peuples, de quel poids peut peser, pour ce qui est de l'avenir, un pareil apparentement ! En effet, par-dessus les distances qui se rétrécissent, les idéologies qui s'atténuent, les politiques qui s'essouflent, et à moins que l'Humanité s'anéantisse elle-même un jour dans de monstrueuses destructions, le fait qui dominera le futur c'est l'unité de notre univers. Une cause, celle de l'Homme ; une nécessité, celle du progrès mondial et, par conséquent, de l'aide à tous les pays qui la souhaitent pour leur développement ; un devoir, celui de la paix, sont, pour notre espèce, les conditions mêmes de sa vie. D'autre part, parmi les données nouvelles et essentielles du grand jeu de demain, comment ne pas voir, avant tout, l'avènement de l'Amérique latine, en tant qu'elle est appelée à la prospérité, à la puissance, à l'influence, et en même temps l'instauration progressive d'une Europe occidentale enfin unie et organisée ? Dès lors, quel rôle peuvent, dans cette vaste évolution, jouer ensemble un pays comme le vôtre et un pays comme le mien, à condition qu'ils sachent que, suivant le mot d'Antonio Caso[1], « No hay virtud que sea debil »[2].

Jeunes Mexicains, je vous le déclare, la vie, celle qui est devant vous, n'a jamais mieux valu la peine, la joie, l'honneur, d'être vécue.

1. Antonio Caso (1883-1945). Philosophe mexicain.

2. Il n'y a pas de vertu dans la faiblesse.

20 MARS 1964

Au retour de son voyage officiel au Mexique, le Général de Gaulle s'arrête à la Guadeloupe. Il prononce au Champ d'Arbaud, à Basse-Terre, un discours improvisé, mais dont le texte a pu être établi.

ALLOCUTION PRONONCÉE AU CHAMP D'ARBAUD, A BASSE-TERRE

Devant une assistance, devant une cérémonie, aussi magnifiques que celles qui s'offrent à mes yeux, à Basse-Terre, comment celui qui vous parle n'en serait-il pas ému jusqu'au fond du cœur !

Et c'est pourquoi ce que je dis à Basse-Terre, d'abord, c'est : merci !

Dans la grande tâche nationale que nous accomplissons, il est vrai que, de temps en temps, celui qui est chargé par vous tous d'être à la tête du pays trouve précieux un réconfort comme celui que vous m'offrez ce soir.

J'ai parlé de la grande tâche nationale : cette grande tâche, elle est entreprise et elle doit continuer. Cela veut dire, d'abord, que notre effort national intérieur dans toutes nos activités, dans toutes les régions et en particulier dans celle-ci doit se poursuivre. Il doit se poursuivre pour le progrès : il faut que nous montions, il faut que nous soyons, d'année en année, plus prospères, c'est-à-dire plus capables de faire en sorte que chaque enfant de la France ait plus de dignité encore qu'il n'en a. Pour que cet effort se poursuive et pour qu'il se développe, tout le monde sait qu'il faut que nous ayons une continuité dans ce qu'on appelle la politique, la politique de l'État. Ceci veut dire qu'il est indispensable que nos institutions demeurent telles que nous les avons faites et telles que nous les pratiquons.

Et puis, il est indispensable que la France poursuive son effort extérieur. Aucun homme n'est tout seul dans le monde, aucun peuple non plus. Ce qui arrive à l'un touche plus ou moins directement l'autre. Dans l'univers tel qu'il est, un pays comme la

France n'a pas seulement le devoir mais a tout intérêt à faire en sorte que les peuples moins bien pourvus qu'elle accèdent peu à peu à la même civilisation. La dignité des hommes et la paix du monde sont à ce prix.

Continuité dans notre effort national, continuité dans nos institutions, continuité dans notre effort fraternel extérieur. Oh! naturellement à la mesure de nos moyens. Mais, cela étant, un concours apporté à d'autres s'ils en valent la peine, un concours apporté de tout cœur, voilà le devoir national, voilà en quoi consiste la politique de la France, mes chers compatriotes de Basse-Terre. Le monde entier le reconnaît.

Je reviens, comme vous le savez, d'une visite au Mexique. Vous ne sauriez croire à quel point j'ai été impressionné par le spectacle que m'a offert ce grand pays, ce noble pays mexicain, aussi bien du côté populaire que du côté des pouvoirs officiels. Il y avait là un élan vers la France, un élan de confiance, un élan d'amitié, qui était saisissant. Cet élan, je l'ai trouvé, je dois vous le dire, dans d'autres pays étrangers où il m'a été donné d'aller représenter la France ces derniers temps. J'en ai conclu, et tout le monde en a conclu, que la situation internationale de notre pays est plus brillante, plus assurée, qu'elle ne fut jamais. Nous sommes une grande nation.

Cela ne signifie pas que nous nous opposions à ceux qui sont naturellement nos amis et nos alliés. Il leur appartient de s'adapter à cette situation nouvelle et, pour nous, très satisfaisante qu'est l'indépendance française. Mais, dès lors qu'ils s'y seront adaptés et qu'ils admettront que la France, elle aussi, peut prendre des initiatives, avoir son action au-dehors et sa politique, il n'y aura plus l'ombre d'un nuage entre eux et nous. C'est leur affaire! Nous souhaitons que, le plus tôt possible, ils en conviennent [1].

Mes chers compatriotes de Basse-Terre, quand je viens vous voir — ce n'est pas la première fois, mais, on ne sait jamais, c'est peut-être bien la dernière — quand je viens vous voir, sachez-le, je suis toujours profondément ému, d'abord parce que sur ce sol, dès le moment où la France était en danger de mort et où quelques-uns combattaient pour la tirer d'affaire, sur ce sol, tout de suite et au fur et à mesure que le temps passait, se sont élevés les espérances et les concours [2]. Comment voulez-vous que je

1. Allusion à l'état d'esprit dont témoignent la presse et les milieux officiels des États-Unis à l'égard de la politique d'indépendance dont le Général de Gaulle veut qu'elle soit celle de la France.

2. Voir *Mémoires de Guerre*, T. II, pp. 130-131.

l'oublie ? Ensuite je suis ému de vous voir, car chaque fois — oh, bien sûr il y a toujours, comme nous sommes Français, quelques distinctions entre les uns et les autres — mais dans notre ensemble, dans notre masse française, chaque fois que je m'y trouve, je rencontre ce que j'ai rencontré aujourd'hui et ce que je vois ce soir, c'est-à-dire l'unité nationale, la volonté d'être Français et de le demeurer.

Alors, je tire la conclusion de notre magnifique réunion : nous sommes un peuple qui est fait pour vivre — si nous avions dû périr, ce serait fait déjà depuis longtemps, et pour cause! — qui doit vivre avec une grande vocation, avec une grande tâche. Quelquefois on dit : Voilà le Général de Gaulle qui parle encore de la grandeur! Oui, c'est bien vrai! La France a besoin de cela. Nos pères de tout temps n'ont pu faire quelque chose de valable, de fort, qu'à condition de vouloir que ce soit grand. Eh bien, nous en sommes là encore aujourd'hui. D'ailleurs, ce n'est pas la politique la plus coûteuse. La politique la plus coûteuse, la plus ruineuse, c'est d'être petit, c'est de demander quelque chose à tout le monde pour ne jamais l'obtenir.

Vous m'y avez encouragé. Encore une fois, de tout mon cœur, merci. Vive Basse-Terre, vive la Guadeloupe, vive la République française et, s'il vous plaît, la Marseillaise!

22 MARS 1964

S'étant rendu à la Martinique, le Général de Gaulle prononce à Fort-de-France, place de la Savane, une allocution improvisée, mais dont le texte a pu être établi.

ALLOCUTION PRONONCÉE A FORT-DE-FRANCE

Mon Dieu, mon Dieu, comme vous êtes Français !

La première impression, l'impression magnifique, qui se dégage de la manifestation d'aujourd'hui est aussi française que possible. Celui qui vous parle, et la France tout entière, en remercient Fort-de-France et la Martinique.

Dans le grand effort national que nous poursuivons au-dedans de chez nous et en dehors de nos frontières, un témoignage comme celui que rend aujourd'hui à la France votre ville, votre grande ville de Fort-de-France, est aussi précieux qu'on puisse l'imaginer.

J'ai parlé de l'effort national, d'abord à l'intérieur de notre territoire. Partout, et ici aussi, la France est en progrès. Partout, et ici aussi, la condition des enfants de la France s'élève à chaque instant. Partout, et ici aussi, c'est le travail, l'effort et l'espoir.

J'ai parlé aussi de l'effort de la France hors de ses frontières. Vous savez tous en quoi cela consiste. Naturellement, vis-à-vis de ceux qui pourraient être nos adversaires, il ne s'agit que d'être en garde, et nous le sommes. Naturellement, vis-à-vis de nos alliés, de nos amis, il s'agit d'être solidaires, mais bien sûr d'être indépendants. Et enfin, vis-à-vis des autres, c'est-à-dire des deux milliards d'hommes qui, sur la terre, veulent s'élever à leur tour, veulent accéder à leur tour à notre civilisation, veulent surmonter leur misère, leur faim et leur ignorance, vis-à-vis de ceux-là, la France donne son aide. Elle la donne dans la mesure de ses moyens, bien entendu, mais elle la donne de grand cœur, elle la donne fraternellement.

Voilà ce qu'est l'effort de la France partout où elle est, et à la Martinique en particulier. Ici, je le sais, et je le vois, à mesure que passent les années, il y a une avance indiscutable de tous les Français d'ici pour un mieux-être, pour une meilleure instruction, pour une plus grande valeur humaine. Eh bien! c'est cela le génie, la vocation et la tâche de la France.

Pour mener à bien et pour réussir un pareil effort, il est bien évident qu'il nous faut des institutions capables d'être efficaces. Nous les avons ! La preuve s'en donne tous les jours depuis, bientôt six ans, et le fait est, je vous en prends tous à témoins qu'il n'y a plus aucun rapport entre l'action des responsables, pour le bien de tous, avec ce qu'elle était autrefois faute de continuité. Nous avons maintenant des institutions qui permettent à la France une action continue, un Gouvernement qui remplit sa tâche avec valeur, avec dévouement à la chose publique, et je dois ici rendre témoignage à ses ministres, et d'abord au Premier d'entre eux, à Georges Pompidou, dont on ne peut pas contester les grandes, les très grandes qualités, et un Parlement qui, pour accomplir son œuvre législative et son œuvre de contrôle, a maintenant une cohésion politique qui lui permet l'efficacité.

Voilà quelle est la condition de notre progrès. Nous continuerons le progrès en dedans, nous le continuerons au-dehors, et nous garderons et développerons les institutions qui nous le permettent.

Si j'avais besoin d'une preuve de plus de l'adhésion immense des Français à cette œuvre de la France et aux conditions dans lesquelles elle l'exécute, vous me l'auriez, toutes et tous, donnée ce matin.

Pour moi, et compte tenu des responsabilités qui m'incombent — que vous m'avez d'ailleurs attribuées — et pour la France tout entière qui regarde et qui écoute ce qui se passe ici, en ce moment, à Fort-de-France, à la Martinique, de tout mon cœur je dis merci.

Et maintenant, nous allons marquer, sceller, cette splendide cérémonie, en chantant tous ensemble notre hymne national « la Marseillaise ».

16 AVRIL 1964

Au moment où vient de s'ouvrir la session de printemps du Parlement, le Général de Gaulle (dont on saura le lendemain qu'il était sur le point de subir une intervention chirurgicale) s'adresse aux Français.

ALLOCUTION RADIODIFFUSÉE ET TÉLÉVISÉE PRONONCÉE AU PALAIS DE L'ÉLYSÉE

La France est une dans sa diversité. Quand on parle de ses affaires, il faut, sans doute, discerner ce qui se passe dans les différentes branches, mais aussi mesurer le tout. Cependant, traitant du sujet, certains n'y veulent considérer que des questions fragmentaires ou intérêts particuliers. Encore, dans ces domaines restreints, s'en tiennent-ils à ce qui leur paraît fâcheux, sans faire état des éléments qui sont, au contraire, favorables. Il en résulte une nuée plus ou moins confuse et diffuse qui risque d'obscurcir, aux yeux du pays, l'ensemble de ce qui le concerne. Aussi, est-ce de cet ensemble que je vais, aujourd'hui, dire un mot.

A l'intérieur, jamais le but vers lequel nous marchons n'a été plus évident. Il s'agit de notre développement. C'est là, tout à la fois, le ressort de la civilisation moderne, le désir du peuple tout entier, la condition de l'indépendance, de la puissance et de l'influence françaises. Mais, comme nous vivons les changements au jour le jour tandis que les résultats ne peuvent être appréciés qu'après un temps assez prolongé, beaucoup — fussent-ils de bonne foi — mesurent mal ce qui est acquis. Étant moi-même, depuis plus de cinq ans, attentif à faire les comptes, je puis dire où nous en sommes.

Depuis 1958 et jusqu'à la fin de 1963, ce que la France gagne a augmenté de 30 %. Je dis bien : de 30 % ; son revenu s'accroissant chaque année en moyenne de 5,5 % par rapport à l'année précédente. Il s'agit là de valeurs absolues, évaluées en francs constants, autrement dit du revenu réel, calculé après défalcation de toutes données relatives à la variation des prix. Jamais notre développement n'avait atteint un rythme pareil. Une fois prélevé sur cette majoration des bénéfices bruts de la nation ce qu'il faut pour élever, en vue d'un avenir meilleur encore, le taux de nos investissements, pour payer nos dettes, qui étaient lourdes, pour nous pourvoir de réserves d'or et de devises, et compte tenu de l'accroissement de notre population, c'est le niveau de vie des Français qui bénéficie de l'avance. De fait, pendant la même période, ce niveau s'est élevé de 21 %, soit, en moyenne, d'au moins 4 % par an.

Même, pour certaines catégories qui, jusqu'en 1958, semblaient les moins avantagées, l'amélioration a, depuis lors, dépassé ces chiffres. C'est ainsi que, cette année, les traitements et salaires attribués à la Fonction et aux Entreprises publiques représentent par tête une augmentation moyenne de 4,5 % par an, malgré l'accroissement des effectifs — essentiellement ceux du corps enseignant. C'est ainsi, qu'au cours des cinq dernières années, le revenu de nos agriculteurs, compte tenu de la diminution de leur nombre, s'est accru par tête, en moyenne, d'environ 5 % par an, tandis que leur accession, enfin obtenue, au libre marché de la Communauté économique européenne peut ouvrir à leur production, à leurs ventes, à leurs bénéfices, de vastes et nouvelles perspectives. C'est ainsi que la retraite des personnes âgées a été accrue, en 5 ans, d'au moins 25 % pour toutes et de 46 % pour celles qui ont cotisé à la Sécurité sociale, sans compter les suppléments alloués pour l'année en cours. Encore une fois, il s'agit là de chiffres exprimant l'accroissement du pouvoir d'achat effectif, quelle qu'ait été la hausse des prix.

Quant aux investissements sociaux qui, sans majorer directement et dans l'immédiat le niveau de vie de chacun, déterminent cependant une amélioration générale des conditions de l'existence de là collectivité nationale, comme aussi de sa valeur, quelques chiffres permettent d'indiquer l'impulsion qui leur est donnée. En 1958, nous construisions, en moyenne, 793 logements par jour. Cette année, nous en construisons 1 000. En 5 ans, les crédits se sont accrus, pour la Santé publique de 57 %, pour la Recherche scientifique de 100 %, pour l'Education nationale de 136 %, pour la Jeunesse et les Sports de 139 %.

Ce développement collectif sans précédent et dont, en fin de compte, tout le monde bénéficie doit se poursuivre et se poursuivra. Il faut même que ce soit l'objet d'un effort national encore plus grand, encore plus méthodique et encore mieux administré. Mais, bien sûr, il est par-dessus tout nécessaire que ce que la nation distribue ne dépasse pas ce qu'elle gagne. Autrement, ce serait l'inflation, quoi que l'on puisse arguer ou simuler. Sans doute, celle-ci, quand on s'y livre, procure-t-elle d'abord d'artificielles facilités. Mais, tout de même qu'un prodigue, après une passagère euphorie, se trouve tôt ou tard jeté dans la ruine et le malheur, un pays en proie à l'inflation se condamne à un effondrement monétaire, économique et social marqué par les pires secousses. C'est pourquoi, le devoir des pouvoirs publics est de maintenir l'équilibre entre l'expansion effective de la nation et les majorations successives allouées, soit aux catégories, soit aux diverses transformations collectives imposées par le progrès. Le plan de stabilisation, c'est-à-dire l'ensemble des mesures portant sur les prix, les rémunérations, le crédit, les dépenses publiques, le budget, est donc, pour tous les Français, d'une importance primordiale, précisément pour cette raison qu'il contrarie partout l'esprit de facilité, qu'il régularise l'avance de chacun et qu'il résiste aux surenchères [1].

Comme il arrive toujours quand l'intérêt général s'affirme, les souhaits particuliers qui sont ainsi endigués trouvent des champions pour contredire la règle et la raison. Par exemple, il ne manque pas d'objecteurs pour s'écrier : « En voulant contenir les dépassements, on ralentit l'activité et, sous prétexte d'empêcher l'inflation, on provoque la récession ». Cependant, s'il apparaît que le plan de stabilisation est en train d'assurer l'équilibre de nos affaires, on ne voit pas que notre production,

1. Il s'agit du plan de stabilisation du 12 septembre 1963, destiné à pallier les dangers de la surchauffe économique.

notre commerce, notre niveau de vie, en soient pour autant compromis. Mais, à coup sûr, ils le seraient si nous nous laissions aller à dépenser plus que nous n'avons. D'autant plus que le Marché commun européen, qui devient peu à peu essentiel à notre prospérité, mais qui instaure entre les Six un état de concurrence constante, ne pourrait incorporer longtemps une économie française dont l'inflation briserait la balance des comptes, celle des échanges et celle des paiements.

Il ne manque pas, non plus, de revendicateurs pour dire : « Dans la situation relative des catégories laborieuses, celles-ci ou celles-là, sont défavorisées. Il faut réparer leur retard. Tant pis pour la stabilisation ! » Eh ! Croit-on que, dans l'inflation, quoi que ce soit que l'on ferait puisse être valable et durable, jusqu'au jour où, infailliblement, tout tomberait en déconfiture ? Non ! S'il existe vraiment d'excessifs désavantages, nous devons, certes, y remédier. Mais cela doit être fait en modifiant, quand il y a lieu, l'actuelle distribution des plus-values de notre économie et non point en en créant d'artificielles aux dépens de l'expansion, du budget et de la monnaie. Autrement dit, il nous faut désormais une politique des revenus, comportant un ensemble de mesures cohérentes, incorporées à notre plan de développement national, mais certainement pas des dispositions hâtives et discordantes, prises par saccades, pour chaque branche à son tour, au hasard des pressions ou des contingences fragmentaires. La loi de notre époque, ce n'est plus la lutte permanente et systématique des intérêts, mais bien l'organisation de notre solidarité économique et sociale.

Il ne manque pas, enfin, de critiques pour déclarer : « Renonçons à nous doter de moyens modernes de défense, c'est-à-dire d'armes nucléaires, et cessons d'aider au progrès de peuples qui, dans le monde, aspirent à notre civilisation. Ainsi pourrons-nous arrondir ce que nous allouons aux salariés de l'État et aux investissements collectifs. » Assurément et sur le moment, nous trouverions là quelques surplus. Mais, pour peu qu'on regarde plus loin qu'une simpliste démagogie, on voit combien les conséquences de cet abandon national nous seraient bientôt désastreuses. Aussi longtemps que l'ambition des Soviets et la nature de leur régime font peser sur le monde libre, de part et d'autre de l'Atlantique, la menace d'un terrible conflit, la France est en danger de destruction et d'invasion, sans avoir aucune certitude que ses alliés américains, exposés eux-mêmes directement à la mort, sauraient les lui éviter. Pour elle, s'interdire les moyens propres à dissuader l'adversaire de l'attaquer éventuellement, alors qu'elle est en mesure de les avoir, ce serait attirer la foudre tout en se privant d'un paratonnerre. Mais aussi, ce serait s'en remettre entièrement de sa défense, par là de son existence et, en fin de compte, de sa politique à un protectorat étranger et, au demeurant, incertain. Non ! Nous valons mieux que cela !

Quant à mettre un terme à la coopération amicale, réciproque et calculée que nous pratiquons à l'égard d'un certain nombre d'États en voie de développement, cela reviendrait, d'abord, à nous éloigner d'eux en laissant notre place à d'autres. Cela nous amènerait, aussi, à nous fermer de vastes champs d'action économique, technique et culturelle au lieu de nous les ouvrir. Enfin et surtout, cela équivaudrait à renier le rôle qui nous revient à l'égard de l'évolution qui porte tant de peuples d'Afrique, d'Asie, d'Amérique latine, à se développer à leur tour sans se livrer à l'une ou à l'autre des deux hégémonies qui tendent à se partager l'univers tant que l'Europe de l'Ouest n'aura pas pu ou voulu s'organiser de telle sorte que l'équilibre s'établisse. Pourquoi donc la France, qui est elle-même en plein essor, se tiendrait-elle à l'écart d'un mouvement dont son génie traditionnel est en grande partie la source et dont dépendent, en définitive, la paix et le sort du monde ?

Françaises, Français, vous le voyez ! Qu'il s'agisse de notre progrès intérieur ou de notre action au-dehors, le débat national se ramène, pour nous, à cette question : « La France doit-elle être la France ? » En réponse, nous entendons souvent s'élever l'appel facile au laisser-aller, à la dispersion et à l'effacement qui fut celui des temps du déclin. Mais la nation, qui trouve en elle-même les sources d'un puissant renouveau et qui se voit monter parmi les autres, a, au contraire, choisi l'effort, la cohésion et la réussite.

Vive la République !
Vive la France !

26 MAI 1964

Le Général de Gaulle se rend à Metz pour l'inauguration du canal de la Moselle, destiné à faciliter les échanges du coke de la Ruhr, du charbon sarrois et du minerai de fer lorrain et luxembourgeois. Il prend la parole à la Préfecture, au cours d'une réception donnée en l'honneur de la Grande-Duchesse de Luxembourg et du Président de la République fédérale d'Allemagne.

TOAST PRONONCÉ A METZ A L'OCCASION DE L'INAUGURATION DU CANAL DE LA MOSELLE

C'est avec joie et avec honneur que nous recevons à Metz Son Altesse Royale Madame la Grande-Duchesse et Monseigneur le prince du Luxembourg, Son Excellence Monsieur le Président de la République fédérale d'Allemagne et Madame Luebke, ainsi que les personnalités qui les accompagnent.

L'inauguration d'aujourd'hui est, à coup sûr, importante pour nos trois pays. Par là même, elle l'est pour l'Europe, à laquelle l'aménagement de la Moselle peut apparaître comme une étape dans celui de ses communications modernes entre sa Mer du Nord et sa Méditerranée.

Je lève mon verre en votre honneur, Madame la Grande-Duchesse, en votre honneur, Monsieur le Président.

26 MAI 1964

Par la Moselle canalisée, les trois Chefs d'État se sont rendus d'Apach à Trèves, où chacun d'entre eux prend la parole.

ALLOCUTION PRONONCÉE A TRÈVES

Permettez-moi, Monsieur le Président de la République fédérale d'Allemagne, d'adresser tout d'abord mon amical salut et celui du peuple français au peuple allemand qui nous entoure et, notamment, à la si belle, si noble et si vivante ville de Trêves qui nous reçoit aujourd'hui.

Voici accomplie cette grande œuvre : l'aménagement de la Moselle, reliant directement par une voie d'eau large et sûre les contrées lorraine, luxembourgeoise et sarroise avec les pays rhénans. Voici que trois États célèbrent ensemble un tel aboutissement. Voici que la confiance et l'amitié que se portent désormais les peuples de France, d'Allemagne et du Luxembourg effacent, aux bords de cette rivière, tant et tant d'alarmes, de fureurs, de douleurs, dont elle fut, au long des siècles, le vain objet et le triste témoin. C'est pourquoi, Votre Altesse Royale, Madame la Grande-Duchesse, Votre Excellence, Monsieur le Président, moi-même, avons pu en descendre le cours côte à côte, depuis Metz jusqu'à Trêves, sans avoir eu à briser d'autres résistances que des rubans, à considérer d'autres ouvrages que des barrages et des écluses, à caresser d'autres ambitions que des échanges pacifiques accrus. Ainsi, notre entreprise commune apparaît-elle pour ce qu'elle est, je veux dire une réussite technique, économique et politique de premier plan.

Techniquement, en effet, il semblait difficile d'ériger la Moselle en une communication appropriée à des transports massifs, rapides et réguliers, bref de l'ouvrir dans les deux sens à la navigation des navires de 1 500 tonnes de Thionville jusqu'à Coblence, sans préjudice de l'effort national proprement français qui est en train d'en faire autant de Nancy jusqu'à Thionville. Car, pour paisible que soit par elle-même cette aimable rivière, son cours n'en est pas moins frayé à travers les reliefs tourmentés, autrement dit les obstacles, du plateau lorrain, du Hunsruck et de l'Eifel. Mais la valeur et l'ardeur des ingénieurs, des techniciens, des ouvriers, appartenant aux services nationaux de la navigation de chacun des trois pays, notamment de l'Allemagne où furent exécutés la plupart des travaux, et l'action de la Commission internationale de la Moselle, instituée par Paris, Bonn et Luxembourg pour la mise en œuvre de leur coopération, ainsi que pour son financement auquel la France n'hésita pas à prendre une très large part, ont résolu tous les problèmes, surmonté toutes les difficultés et abouti dans les délais fixés. L'art étant ainsi bien servi et le travail étant bien fait, ce qui se trouve accompli est à l'échelle des plus grandes œuvres d'aménagement réalisées de notre temps, où que ce soit dans le monde.

Bien entendu, c'est l'économie qui y trouve d'abord son compte. Il s'agit de mettre la Lorraine minière, sidérurgique et industrielle en communication aisée avec le cours du Rhin et le vaste complexe industriel, sidérurgique et minier de la Ruhr. Il s'agit d'en faire autant pour le domaine luxembourgeois et pour le domaine sarrois. Il s'agit que ces régions diverses, mais dont les ressorts sont les mêmes, savoir le fer et le charbon, au lieu qu'elles demeurent, comme elles le furent si longtemps, enfermées chacune dans son système et mal accessibles les unes aux autres, échangent aisément leurs productions en attendant qu'elles en viennent à les unir et à les confondre. Comme seule, une voie d'eau à grand rendement est adéquate à la masse des transports pondéreux de minerais et de combustibles qu'implique un pareil rapprochement, la canalisation de la Moselle en est la condition première. C'est de cette réalité que s'inspirèrent, en leur temps, les chefs de Gouvernement Robert Schuman, puis Mendès France, à Paris, Adenauer à Bonn, Bech à Luxembourg, qui réussirent à régler la question. Comme le bon sens forme un tout, on allait voir par la suite que rien ne pouvait mieux répondre à l'esprit et à la pratique de la Communauté européenne au sein de laquelle six États organisent maintenant en une seule leurs économies diverses.

Mais, si efficaces que soient les moyens offerts par la technique moderne à des travaux tels que ceux dont nous fêtons l'heureux achèvement, si rationnelle que paraisse une entreprise qui va multiplier les rapports et les échanges des contrées riveraines de la Moselle et de celles qui bordent le Rhin, si puissante que puisse être l'évolution qui pousse actuellement l'Allemagne, l'Italie, la Hollande, la Belgique, le Luxembourg et la France à réunir en un tout leurs activités économiques, l'aménagement de cette rivière en commun par trois États n'aurait pu être accompli sans l'impulsion d'une politique. Oui, certes ! d'une politique, et combien vaste et nouvelle !

Car c'est depuis la fin de l'Empire de Charlemagne que les ambitions opposées des Français et des Allemands avaient fait des contrées mosellanes l'enjeu de guerres séculaires. Encore, dans les intervalles des batailles qui ne résolvaient rien, chaque parti ne laissait-il pas d'agir et de s'organiser en vue, soit de s'y frayer, soit d'y interdire le passage. Comme le souci des deux pays consistait, par conséquent, à tenir séparées et à hérisser d'obstacles les possessions de l'un et de l'autre, cette région, que la nature destinait à les relier, n'était, au contraire, entre eux, qu'un but pour leur domination, un objectif pour leur stratégie.

Sans doute, l'Histoire tiendra-t-elle pour l'un des faits principaux de la vie de l'Humanité l'extraordinaire changement qui, au cours des deux dernières décennies, amena le peuple allemand et le peuple français, d'abord à renoncer à leur inimitié d'antan, ensuite à faire partie, côte à côte, d'organisations internationales destinées, soit à la sécurité comme l'alliance atlantique, soit au progrès économique comme le Marché commun européen, enfin à pratiquer entre eux une coopération régulière et particulière en vue de l'action commune en tous domaines. Il ne fallait rien de moins qu'un retournement aussi complet pour que soient transformées, comme cela va être le cas, les conditions d'existence et la destinée de l'ensemble mosellan et rhénan. La République fédérale d'Allemagne, le grand-duché de Luxembourg et la République française cueillent ensemble à Trêves, aujourd'hui, l'un des fruits de cette politique.

Afin d'en récolter bien d'autres. Pour nos peuples, pour l'Europe d'Occident, un jour pour tout le continent, pour le monde libre, pour tant et tant de pays qui, dans l'univers, ont besoin de trouver ici, en vue de leur développement, une aide qui soit à la fois humaine, ferme et éclairée, puisse la solidarité des Gaulois et des Germains être désormais, en tout et partout, la règle de leurs rapports !

28 MAI 1964

Le Général de Gaulle prend la parole lors d'une réception donnée au Palais de l'Élysée en l'honneur du roi du Népal.

TOAST ADRESSÉ A S.M. MAHENDRA BIR BIKRAM SHAH DEVA, ROI DU NÉPAL

Sire,

Nous nous félicitons de l'occasion qui nous est donnée de saluer à Paris Votre Majesté ainsi que Sa Majesté la Reine. Veuillez être assuré que, pour moi-même, pour mon gouvernement, pour le peuple français, c'est un honneur de Vous voir de nouveau dans notre pays et que la France porte au Népal une sincère amitié et à son roi une profonde estime.

C'est pourquoi, si la cordialité des rapports entre nos deux nations est actuellement aussi satisfaisante que possible, le développement de leur coopération, notamment dans le domaine de la technique et de la culture, apparaît, de part et d'autre, comme souhaitable. Aussi nos deux États sont-ils d'accord pour s'y appliquer.

Nous y sommes, quant à nous, d'autant plus disposés que nous constatons comment, sous Votre impulsion énergique et éclairée, le Népal ne cesse de se moderniser, tout en maintenant son indépendance non sans mérites ni difficultés. Le malheur qui frappe en ce moment l'un de Vos grands voisins, l'Inde, par la disparition de l'illustre homme d'État [1] qui assumait la tâche de la gouverner, rend plus valable que jamais Votre politique fondée à la fois sur les réalités qui entourent le Népal et sur Votre idéal de paix.

Je lève mon verre en l'honneur de Sa Majesté le roi du Népal et de Sa Majesté la Reine et en l'honneur de leur noble peuple.

1. Le Pandit Nehru, chef du gouvernement de l'Inde, est décédé le 27 mai 1964.

30 MAI 1964

Le Général de Gaulle prend la parole lors d'une réception donnée au Palais de l'Élysée en l'honneur du cardinal légat, Mgr Marella, placé par le pape Paul VI à la tête de la mission pontificale envoyée à Paris pour la célébration du huitième centenaire de l'église Notre-Dame.

TOAST ADRESSÉ A S.E. LE CARDINAL LÉGAT MGR MARELLA

Monsieur le Cardinal Légat,

Nous nous félicitons vivement que Votre Eminence ait été distinguée pour prendre la tête de la mission pontificale qui associe le Saint-Siège aux fêtes du 8e centenaire de Notre-Dame de Paris. Car, en Votre personne, Sa Sainteté Paul VI a choisi, non seulement un prince de l'Église, mais aussi l'ancien nonce apostolique à Paris.

Comment aurions-nous oublié, Monsieur le Cardinal, la parfaite urbanité, la haute culture, la grande compréhension, grâce auxquelles Vous avez, pendant plus de six ans, maintenu entre l'Église et la République française les rapports les plus confiants et les meilleurs ? Mais, sans doute, la réussite de Votre mission dans ce pays a-t-elle tenu aussi à l'amitié et à l'estime que Vous portez au peuple de France.

C'est pourquoi, Monsieur le Cardinal, nul ne sait mieux que Vous quelle ferveur a, depuis huit siècles, aux jours sombres de notre Histoire comme lors des Te Deum glorieux, porté les foules françaises à s'assembler sous les voûtes de la cathédrale de Paris et les âmes à tourner vers elle leurs prières et leurs espoirs. Oui ! l'attirance mystique et historique de notre glorieuse basilique, c'est bien par excellence que Vous la connaissez et que Vous la partagez, ainsi que la connaissait et que la partageait celui qui fut ici Votre illustre prédécesseur, Sa Sainteté Jean XXIII, dont la France garde et vénère l'ineffaçable souvenir.

Depuis que Votre Éminence a quitté Paris, notre affectueux intérêt Vous accompagne dans Vos activités à l'intérieur de la Curie romaine. Notre pensée Vous suit dans la charge qui Vous a été confiée de la basilique vaticane. Nous sommes très sensibles aux soins que Vous ne cessez de déployer, au sein de la Congrégation de la propagande, pour aider les efforts des missions françaises en toutes les parties du monde. Nous mesurons le rôle de premier plan que Vous jouez au Concile, dont les travaux importent tant à tous les Chrétiens et à tous les hommes. A ce sujet, je dois dire qu'aucun pays ne considère avec plus d'attention et d'espérance que la France le grand mouvement de renouveau religieux, moral et social que l'Église et ses pasteurs ont estimé nécessaire, dont ils ont pris la capitale initiative et qu'ils conduisent aux meilleures fins.

Monsieur le Cardinal Légat, en accueillant à nouveau Votre Éminence dans cette résidence où j'ai eu l'honneur de Vous imposer, le 16 décembre 1959, la barrette cardinalice, je Vous prie de bien vouloir, à Votre retour à Rome, porter à notre Saint-Père le pape mes sentiments de profonde et respectueuse gratitude, ceux du peuple de France et ceux de sa capitale, pour les marques de sollicitude dont Il honore notre pays et que va couronner la messe célébrée demain en Sa présence à Saint-Louis-des-Français.

6 JUIN 1964

Contrairement à ce qui est son habitude en pareille circonstance, le Général de Gaulle a rédigé à l'avance l'allocution qu'il prononce au Palais de l'Élysée à l'occasion de la remise des lettres de créance de l'ambassadeur de la République populaire de Chine, M. Huang Chen.

ALLOCUTION PRONONCÉE AU PALAIS DE L'ÉLYSÉE LORS DE LA REMISE DES LETTRES DE CRÉANCE DE L'AMBASSADEUR DE CHINE

Monsieur l'Ambassadeur,

Je me félicite de recevoir de vos mains les Lettres par lesquelles Son Excellence Monsieur le Président Liu Shao-Chi, Président de la République populaire de Chine, vous accrédite auprès de moi-même et auprès du Gouvernement de la République française comme ambassadeur de Chine.

La cérémonie d'aujourd'hui est un événement qui revêt, sans aucun doute, aux yeux de votre pays et aux yeux du mien, une grande importance. D'abord, parce que le fait que la France et la Chine nouent entre elles de nouveau des relations normales est par lui-même considérable puisque la Chine est un très grand pays et un très grand peuple. Ensuite, parce qu'entre votre pays et le mien il y a, nous semble-t-il et depuis toujours, les meilleures raisons de se connaître, de se comprendre et de coopérer dans tout ce que les hommes sur la terre ont à réaliser pour leur progrès et pour leur développement. Enfin, Monsieur l'Ambassadeur, l'acte par lequel nous nouons entre Pékin et Paris des relations diplomatiques normales peut avoir une vaste portée, parce que, pour le monde, ce dont il s'agit surtout, c'est de la paix. La paix est, évidemment, essentielle à tous les hommes et il n'est possible de l'établir sur la terre que si une puissance comme la Chine en fait partie intégrante. C'est la raison pour laquelle vous et nous, qui voulons la paix, pouvons et devons sans doute nous comprendre et nous entendre.

Monsieur l'Ambassadeur, vous pouvez être assuré de trouver auprès de moi et auprès du Gouvernement de la République française toutes les facilités pour l'accomplissement de votre haute et grande mission.

24 JUIN 1964

Le Général de Gaulle accueille à Orly le Chef de l'État du Cambodge, qui accomplit en France un voyage officiel.

ALLOCUTION DE BIENVENUE ADRESSÉE A S.A.R. LE PRINCE NORODOM SIHANOUK, CHEF DE L'ÉTAT DU CAMBODGE

Monseigneur,

Veuillez être assuré que la France Vous accueille, cette fois en visite officielle, en toute considération, en toute confiance et en toute amitié.

Tels sont, en effet, les sentiments que nous éprouvons à l'égard de Votre personne. Car nous savons combien, de tous temps, — et les temps furent souvent difficiles ! — Votre Altesse Royale s'est montrée fidèle aux liens qui unissent nos deux pays. Nous savons aussi quel rôle, vraiment exceptionnel, le Chef d'État que Vous êtes joue dans l'organisation et le progrès du Cambodge. Enfin, nous savons à quel point Votre politique de paix en Asie du Sud-Est concorde avec celle de la France.

Nul doute que, de notre rencontre, doive résulter entre nous une coopération plus cordiale et plus étroite encore.

A ces souhaits de bienvenue nous joignons ceux que nous nous permettons d'adresser à la Princesse.

Vive le Cambodge !

24 JUIN 1964

Le Général de Gaulle prend la parole lors d'une réception donnée au Palais de l'Élysée en l'honneur du Chef de l'État du Cambodge.

TOAST ADRESSÉ A S.A.R. LE PRINCE NORODOM SIHANOUK, CHEF DE L'ÉTAT DU CAMBODGE

Monseigneur,

Il me semble particulièrement important et il m'est très agréable de recevoir officiellement Votre Altesse Royale en France, et de La recevoir précisément en ce moment-ci. A vrai dire, Vous y avez fait bien souvent des visites et des séjours. Mais, cette fois, je crois bien que nos deux Gouvernements et nos deux peuples entendent marquer, par cette rencontre solennelle, le prix qu'ils attachent aux liens multiples et étroits qui les unissent.

Car la communauté de sentiments et d'intérêts entre le Cambodge et la France est telle qu'il n'existe rien de pareil pour aucun autre État d'Asie. Sans doute, y a-t-il là l'effet des nombreuses affinités qui, d'instinct et depuis longtemps, ont rapproché les deux pays. Une civilisation aussi prestigieuse et émouvante que la Vôtre suscite, chez nous Français, une admiration et un attrait exceptionnels et nous osons croire que la réciproque est vraie. Mais comment pourrait-on méconnaître, Monseigneur, la part capitale que Votre Altesse Royale a prise personnellement et dans toutes les circonstances aux excellents rapports qui sont les nôtres ? Jamais, au cours de ces dernières années, si remplies d'épreuves et de menaces, Vous n'avez laissé s'affaiblir une amitié, ni s'estomper une coopération, auxquelles la France, de son côté, ne laisse pas d'être fidèle.

Or, la lucidité et la détermination avec lesquelles Votre Altesse Royale a maintenu nos confiantes relations, Elle les a, en même temps, déployées dans l'œuvre nationale d'organisation et de progrès de l'État et du peuple khmers. Nous avons vu cet État assumer pleinement l'indépendance et, par la voie la plus démocratique, celle du libre référendum, se doter d'institutions efficaces autour d'un prince qui, pour y réussir, a déposé la couronne et pris directement en charge l'action et la responsabilité. Nous avons vu ce peuple, sous Votre constante impulsion, entreprendre son propre développement sur la base de ses propres ressources. Bref, nous avons vu le Cambodge accéder au progrès moderne tout en restant fidèle à lui-même et avancer pas à pas, sous le couvert d'une évidente solidité politique, de telle sorte que tous les citoyens aient leur part des résultats.

Cependant, cette réussite se produit dans une région de l'Asie où, autour de Votre pays, s'étalent de cruels déchirements, entretenus et aggravés par d'incessantes interventions étrangères. [1] Nous ne comprenons que trop bien la volonté d'indépendance et de neutralité rigoureuse, grâce à laquelle jusqu'à présent le Cambodge est parvenu à se tenir en dehors de ces déplorables troubles. Nous approuvons sans réserves la proposition adressée par Votre Altesse Royale aux puissances signataires de l'accord qui visait, voici dix ans [2], à mettre un terme aux luttes en Indochine, proposition tendant à faire reconnaître et garantir explicitement la situation actuelle de Votre pays. Nous sommes entièrement d'accord avec Votre Gouvernement pour penser que telle est la seule voie, à condition qu'elle soit effectivement admise et suivie, par où tous les États issus de l'ancienne Indochine auront la possibilité de marcher enfin vers la paix et le droit de disposer d'eux-mêmes. D'ailleurs, dès à présent et à Votre exemple, la France n'a pas manqué d'y inviter toutes les puissances intéressées en vue de ramener au Laos un équilibre pacifique [3].

Mais, quoi qu'il doive advenir des efforts que nos deux Gouvernements mènent au-dehors, de concert et suivant la même direction, laissez-moi Vous dire, Monseigneur, que le Cambodge peut également compter que, demain comme hier, la France

1. Allusion à la guerre du Viet-nam et à la politique des États-Unis.

2. Il s'agit des accords conclus à Genève en juillet 1954.

3. Une tentative de coup d'État militaire, sans doute destiné dans l'esprit de ses auteurs à provoquer une intervention américaine contraire aux accords de 1962 sur la neutralisation de ce pays, a échoué au Laos le 19 avril. En mai, ce sont les éléments communistes du Pathet-Lao qui ont attaqué le gouvernement du prince Souvanna Phouma. Le Gouvernement français a proposé la réunion d'une nouvelle conférence internationale, mais cette suggestion, acceptée par l'U.R.S.S., a été repoussée par les États-Unis et la Grande-Bretagne. Le Général de Gaulle considère que seule une politique de neutralisation — au Viet-nam comme au Laos et au Cambodge — serait susceptible de rétablir la paix dans la péninsule Indochinoise ; les représentants de la France ont préconisé cette politique à la réunion du Conseil de l'Organisation du Traité de l'Asie du Sud-Est (O.T.A.S.E.), du 13 au 15 avril 1964.

sera à ses côtés pour soutenir, dans les domaines de l'économie, de la culture, de la technique, de l'équipement, l'œuvre féconde de prospérité qu'il accomplit à l'intérieur de ses frontières. Dans un monde dont le progrès, et sans doute même l'existence, n'ont d'avenir que dans la coopération des peuples, ce que Français et Cambodgiens font et feront amicalement ensemble est exemplaire et doit le demeurer.

Je bois au bonheur personnel de Votre Altesse Royale — et j'associe à ce vœu la Princesse — à la prospérité et au succès du Cambodge, à l'amitié de nos deux pays.

9 JUILLET 1964

L'École des hautes études commerciales, antérieurement installée à Paris, rue de Tocqueville, a été transférée dans de nouveaux bâtiments élevés à son intention, sur l'initiative de la Chambre de commerce et d'industrie de Paris, à Jouy-en-Josas. Le Général de Gaulle prend la parole à l'inauguration de la nouvelle école.

ALLOCUTION PRONONCÉE A L'INAUGURATION DE L'ÉCOLE DES HAUTES ÉTUDES COMMERCIALES A JOUY-EN-JOSAS

Monsieur le Président[1],
Messieurs les Ministres,
Mesdames, Messieurs,

En venant inaugurer l'installation à Jouy-en-Josas de l'École des hautes études commerciales, j'ai voulu, d'abord, prendre l'occasion de saluer son grand passé. Il y a 83 ans que fut ouverte cette pépinière de valeur, de connaissances et d'initiatives qu'exige l'activité d'un grand pays en fait d'échanges intérieurs

1. M. Henri Courbot, Président de la Chambre de commerce et d'industrie de Paris.

et extérieurs, de direction des entreprises commerciales, industrielles, bancaires, de contact et de coopération entre ceux qui y portent les responsabilités et les autres branches du développement français. De fait, quel rôle croissant ont joué dans ces domaines votre grande école, les maîtres qui y ont enseigné, les hommes qui y furent formés ! Encore, cela fut-il fait dans un esprit national dont témoignèrent, en particulier, les 380 élèves et anciens élèves tués au cours de la Première Guerre mondiale et les 223 morts pour la France au cours de la Deuxième.

Mais j'ai tenu aussi à mesurer sur le terrain ce que le transfert de l'École depuis la rue de Tocqueville jusqu'en ce site de Seine-et-Oise, le déploiement de multiples constructions, l'agencement de tant d'amphithéâtres, de salles de travail, de logements, de locaux collectifs, par-dessus tout l'aménagement de l'ensemble au milieu de vastes espaces, comporte à la fois de nouveau, d'ingénieux, de pratique, d'artistique et représente de compréhension, ainsi que de prévision, de la part de la Chambre de commerce et d'industrie de Paris, par rapport au mouvement général de déconcentration fort heureusement déclenché dans la région parisienne. C'est ainsi que nous voyons ici même un signe exemplaire de l'avènement des vallées de la Bièvre et de l'Yvette, notamment à Jouy-en-Josas, à Palaiseau, à Châtenay-Malabry, à Gif, à Orsay, etc., en tant qu'emplacement capital de grandes écoles et de facultés si mal à leur aise dans la ville.

Enfin, ma visite est la preuve de la confiance qui m'anime au sujet de l'avenir économique de notre pays. La jeunesse intelligente, éclairée, entreprenante, qui entre dans cette école après un concours difficile et qui en sort après trois ans d'études étendues et approfondies, est appelée, j'en suis convaincu, à encadrer et à conduire une des plus fécondes réussites de ce temps, je veux dire celle de la France comme grande puissance économique moderne au sein d'une Europe qui doit s'unir et d'un monde avide de progrès.

21 JUILLET 1964

Le Général de Gaulle prend la parole lors d'une réception donnée au Palais de l'Élysée en l'honneur du Secrétaire général des Nations-Unies.

TOAST ADRESSÉ A S.E. M. UTHANT, SECRÉTAIRE GÉNÉRAL DES NATIONS UNIES

Monsieur le Secrétaire général,

Veuillez être assuré que je me fais un plaisir et un honneur de vous recevoir à Paris.

Nul ne discerne mieux que nous, Français, combien votre haute mission est importante, complexe et délicate. 112 États constituent à présent l'Organisation des Nations Unies. D'autres viendront à coup sûr s'y joindre. Fait sans précédent dans l'histoire du monde, leurs représentants s'y rencontrent en permanence et s'informent mutuellement de leurs vues et de leurs soucis. Comme les choses se passent dans une période d'immense gestation mondiale, il est dans l'ordre naturel que les opinions qui s'expriment et les courants qui se forment soient divers et souvent passionnés. Parfois même, dépassant plus ou moins les dispositions de sa Charte, l'Organisation en est-elle venue à intervenir dans tel ou tel litige national ou international en employant les moyens dont se servent les États. Nous voyons combien votre tâche en est rendue plus malaisée et, cependant, vous l'accomplissez avec une dignité, une sagesse, une connaissance des réalités dont je suis heureux de vous donner témoignage.

D'autre part, votre visite, Monsieur le Secrétaire général, est pour nous l'occasion de dire que la France, qui fut à la source des idées et, avec quatre autres puissances, des actes qui donnèrent naissance à ce grand foyer mondial [1], lors même qu'elle s'est tenue en dehors de certaines entreprises de son passé [2], continue

1. A la Conférence de San Francisco, en juin 1945.

2. Allusion à l'action entreprise par les Nations Unies au Congo ex-belge, sur l'initiative du Secrétaire général Dag Hammarskjoeld, contre le gré de la France, et à laquelle celle-ci avait refusé de participer.

à fonder de grands espoirs sur son avenir. Cela d'autant plus qu'elle vous voit investi de la fonction qui est la vôtre et de la confiance générale qui vous est justement décernée.

Je lève mon verre en l'honneur de Son Excellence Uthant, secrétaire général des Nations Unies.

23 JUILLET 1964

Le Général de Gaulle a convoqué les journalistes au Palais de l'Élysée.

CONFÉRENCE DE PRESSE TENUE AU PALAIS DE L'ÉLYSÉE

Mesdames, Messieurs, je me félicite de vous voir, cette fois encore, et cette fois encore si vous voulez bien, nous allons nous conformer à ce qui est devenu un peu comme un rite pour les échanges de questions et de réponses entre nous. C'est dire que je suis là pour éclairer les uns et les autres sur ce qu'ils voudraient me demander et que, par conséquent, je les prie de bien vouloir formuler dès à présent leurs questions. Comme d'habitude, nous les grouperons et puis je tâcherai d'y répondre.

....

Si vous le voulez bien, nous allons nous en tenir là pour l'instant.

Il y a le problème de nos perspectives économiques, d'une part en elles-mêmes, et, d'autre part, en ce qui concerne le plan de stabilisation.

Il y a tout ce qui concerne l'Europe en général et, en particulier, l'accord franco-allemand.

Il y a le fait, capital en ce moment, du Sud-Est asiatique et de la politique de la France par rapport à celle des États-Unis dans ce domaine.

Il y a le point où nous en sommes arrivés dans notre développement atomique quant à la force.

Alors, commençons par ce qui concerne directement la France, à l'intérieur, c'est-à-dire, si vous le voulez bien, les perspectives économiques. Je ne me fais pas d'illusions, ni personne d'ailleurs, sur ce sujet. C'est le propre du domaine économique qu'il provoque habituellement des constatations inquiètes et des prévisions moroses. Est-ce que je me trompe, Messieurs? Il n'y a rien là d'étonnant, puisque, en la matière, ce qui est en cause c'est ce qu'il y a de plus brûlant, savoir : tous les intérêts à la fois, ainsi que les conditions de vie de chaque profession, de chaque région, de chaque individu, et cela dans une époque où l'accélération des progrès matériels porte toutes les catégories à croire que tout est réalisable en même temps et sans délai. Mais, en fin de compte, ce qui importe, ce sont les décisions et les faits. A cet égard, je puis indiquer de nouveau dans quelle direction nous avons choisi de marcher, quels buts nous nous sommes fixés, quels résultats nous entendons atteindre au cours du proche avenir. Voilà comment, si vous le voulez bien, nous allons considérer la question.

Expansion sur la base de la stabilité, c'est ce qui se passe et c'est ce qui va continuer de se passer. Expansion, cela signifie naturellement l'accroissement régulier de la production, dans des conditions telles que le revenu national augmente, que le niveau de vie s'améliore à mesure du progrès général, enfin que les investissements nécessaires au développement soient assurés tant par les entreprises que par l'État. Stabilité, cela veut dire que les prix soient maintenus, que les rémunérations ne s'élèvent pas plus vite que le gain net de la collectivité, que les dépenses publiques ne s'accroissent qu'en proportion du revenu national, que le crédit n'ait d'autre source que celle, normale, de l'épargne, qu'au-dehors la monnaie française conserve une valeur absolue. C'est cela que nous poursuivons et nous avons été amenés à intervenir, il y a déjà quelques années, et de nouveau l'année dernière [1], nous trouvant devant une propension dont on peut bien dire qu'elle était assez générale, celle de l'inflation.

En effet, l'inflation paraissait à beaucoup si commode, elle était devenue si habituelle du haut en bas de l'économie, voire dans les finances de l'État, que c'est le fait d'y renoncer qui semblait aventureux, alors que, faute d'y mettre un terme, nous aurions tôt ou tard roulé à la culbute monétaire, financière, économique et sociale. En 1958, celle-ci étant imminente, comme l'était d'ailleurs, en même temps, à l'occasion de l'Algérie, la

1. Par les mesures résultant du plan de stabilisation du 12 septembre 1963, notamment quant à la réglementation du crédit et au contrôle des prix.

rupture de l'unité nationale, il nous avait fallu un rude effort de remise en ordre pour rendre une base solide à l'activité du pays, tandis que nous en faisions autant pour la République. L'an dernier, il parut nécessaire d'intervenir de nouveau pour arrêter les tendances fâcheuses qui commençaient à se faire jour. Alors, les mesures qu'il fallait prendre ont été prises, notamment en matière de prix, de crédit, d'épargne, et nous voici maintenant amenés à les prendre, dans le même sens, et avec la même volonté, en ce qui concerne notre budget.

Étant donné la part capitale qui est celle de l'État dans l'économie nationale — par prélèvement sur les recettes de tous ; distribution de salaires, de traitements, d'allocations, de rentes ; dépenses de fonctionnement des administrations et des services publics ; investissements consacrés à tous les progrès collectifs — notre budget de 1965 doit être fait de telle sorte que le total des dépenses publiques ne dépasse pas l'augmentation du revenu national et que cet accroissement des dépenses publiques soit équilibré par des recettes effectives. C'est très banal, mais c'est capital. Sans doute est-il normal que le total des dépenses publiques augmente d'une année à l'autre puisque le pays s'enrichit. Mais, encore une fois, il faut que leur accroissement ne dépasse pas le surplus de ce que la Nation a gagné. On peut donc dire que la stabilisation sera acquise et qu'elle sera signée dans la mesure où le budget de 1965 répondra à ces conditions. Notre but est qu'il y réponde.

On sait que certains critiques déclaraient contradictoires l'expansion et la stabilisation. De mois en mois, de semaine en semaine, ils scrutaient l'horizon économique, convaincus, sinon désireux, d'y voir la crise, le chômage et la faillite. On sait aussi qu'il n'en a rien été. Les dispositions appliquées depuis près d'un an n'empêchent pas l'économie de poursuivre sa marche en avant. Tout donne à croire que notre IVe plan de développement et de modernisation s'achèvera dans de bonnes conditions. Tout indique que notre Ve plan, qui couvrira la période allant du début de 1966 à la fin de 1970, sera, lui aussi, un plan de prospérité grandissante et de progrès continu, pour autant que, hors de chez nous, ne surviennent pas d'événements qui bouleverseraient partout les éléments des problèmes. Mais, indépendamment de l'avance régulière et calculée que le Ve plan pourra prévoir, les données suivant lesquelles il conviendra que soient réparties les plus-values du revenu national y seront, cette fois, indiquées. Dans ce que la Nation gagne, quelle part doit être attribuée à la consommation, aux investissements, à l'épargne? En même temps, pour toutes les catégories de revenus : salaires, revenus agricoles, bénéfices commerciaux, profits, prestations sociales, etc., quels accroissements sont, à la fois, compatibles avec les conditions de l'équilibre financier et commandés par la justice sociale? Voilà ce qui devra être formulé.

Il va de soi qu'une innovation aussi complexe et étendue que cette politique des revenus exige que les organisations qui portent des responsabilités économiques et sociales prennent part à sa mise en œuvre et, ensuite, à son application. Le Conseil économique et social est évidemment qualifié pour en débattre et, ainsi, pour contribuer à éclairer les pouvoirs publics responsables. C'est dire quel rôle l'avenir lui réserve, étant donné le caractère réaliste que l'époque moderne impose progressivement à notre démocratie par contraste avec les querelles idéologiques d'autrefois. C'est dire aussi que, le moment venu, le Conseil devra recevoir une composition et des attributions mieux adaptées à cette vocation. Sans doute ne peut-on bâtir Rome en un jour. Mais, dès lors que, par le référendum de 1958, puis par celui de 1962, le peuple français s'est doté d'institutions politiques capables de solidité et d'efficacité, je pense que notre République, quand elle aura été confirmée dans sa continuité par l'élection présidentielle, devra proposer au pays cette grande réforme de structure économique et sociale.

Q. — *M. le Président, quel sens donnez-vous à la poursuite de l'unification politique de l'Europe après vos récents entretiens avec le Chancelier Erhard à Bonn*[1]*?*

Q. — *M. le Président, quels résultats a donné le Traité franco-allemand en matière politique, économique, militaire? Jugez-vous ces résultats satisfaisants, décevants ou simplement insuffisants?*

Quand on traite de l'Europe et quand on cherche à discerner ce qu'elle doit être, il faut toujours se représenter ce qu'est le monde.

A la fin de la dernière guerre mondiale, la répartition des forces sur la terre apparaissait comme aussi simple et aussi

1. Le Général de Gaulle a été à Bonn les 3 et 4 juillet 1964 pour s'y entretenir avec le Chancelier fédéral Ludwig Ehrard, conformément au Traité de coopération du 22 janvier 1963.

brutale que possible. On le vit, soudain, à Yalta [1]. Seules, l'Amérique et la Russie étaient restées des puissances et d'autant plus considérables que tout le reste se trouvait disloqué : les vaincus abîmés dans leur défaite sans conditions ; les vainqueurs européens profondément démolis.

Pour les pays du monde libre, que menaçait l'ambition des Soviets, la direction américaine pouvait, alors, sembler inévitable. Le Nouveau Monde était, entre eux tous, le grand vainqueur de la guerre. Sous le commandement des États-Unis, détenteurs de bombes atomiques, l'Alliance Atlantique assurait leur sécurité. Grâce au Plan Marshall renaissait leur économie. Partout où les puissances coloniales opéraient, dans des conditions plus ou moins violentes, le transfert de leur souveraineté à des régimes autochtones, agissait, ouvertement ou non, la pression de Washington. En même temps, on voyait l'Amérique prendre à son compte la conduite politique et stratégique des affaires dans toutes les régions où le monde libre se trouvait en contact avec l'action directe ou indirecte des Soviets. Elle le faisait, soit unilatéralement ; soit à travers des organismes internationaux locaux dont, en pratique, elle disposait : en Europe, l'O.T.A.N., en Asie occidentale, le C.E.N.T.O., en Asie du Sud-Est, l'O.T.A.S.E., en Amérique, l'O.E.A. [2] ; soit grâce à sa suprématie dans le Pacifique-Nord ; soit enfin par des interventions militaires ou diplomatiques effectuées en Corée [3], ou au Congo [4], ou, lors de l'affaire de Suez [5], par le truchement de l'O.N.U. que dominait sa prépondérance.

Il est clair que les choses ont changé. Les États occidentaux de notre Ancien Continent ont refait leur économie. Ils rétablissent leurs forces militaires. L'un d'eux, la France, accède à la puissance nucléaire. Surtout, ils ont pris conscience de leurs liens naturels. Bref, l'Europe de l'Ouest apparaît comme susceptible de constituer une entité capitale, pleine de valeurs et de moyens, capable

1. A la conférence qui réunit Churchill, Roosevelt et Staline du 4 au 12 février 1945.

2. O.T.A.N. : Organisation du Traité de l'Atlantique Nord ;
C.E.N.T.O. : Organisation Centrale du Traité de Bagdad, qui groupe les États-Unis, la Grande-Bretagne, la Turquie, l'Iran et le Pakistan.
O.T.A.S.E. : Organisation du Traité de l'Asie du Sud-Est.
O.E.A. : Organisation des États Américains.

3. Après l'agression nord-coréenne de fin juin 1950.

4. A l'occasion de la guerre civile survenue après l'indépendance du Congo ex-belge en 1960.

5. Au moment de l'expédition franco-britannique de novembre 1956.

de vivre sa vie, non point certes en opposition avec le Nouveau Monde, mais bien à côté de lui.

D'autre part, le monolithisme du monde totalitaire est en train de se disloquer. La Chine, séparée de Moscou, entre sur la scène du monde, colossale par sa masse, ses besoins et ses ressources, avide de progrès et de considération. L'Empire des Soviets, la dernière et la plus grande puissance coloniale de ce temps, voit contester, d'abord par les Chinois, la domination qu'il exerce sur d'immenses contrées de l'Asie et s'écarter peu à peu les satellites européens qu'il s'était, par la force, octroyés. En même temps, le régime communiste, en dépit de l'énorme effort qu'il mène en Russie depuis un demi-siècle et des résultats qu'il atteint dans certaines entreprises massives, aboutit à un échec quant au niveau de vie, à la satisfaction et à la dignité des hommes, par rapport au système appliqué en Europe de l'Ouest, lequel combine le dirigisme avec la liberté. Enfin, de grandes aspirations et de grandes difficultés remuent profondément les États du Tiers Monde.

De toutes ces données nouvelles, enchevêtrées et compliquées, il résulte que la répartition de l'univers entre deux camps, respectivement menés par Washington et par Moscou, répond de moins en moins à la situation réelle. Vis-à-vis du monde totalitaire progressivement lézardé, ou des problèmes que pose la Chine, ou de la conduite à tenir à l'égard de maints pays d'Asie, d'Afrique, d'Amérique latine, ou de la refonte de l'Organisation des Nations Unies telle qu'elle s'impose en conséquence, ou de l'aménagement mondial des échanges de toute nature, etc., il apparaît que l'Europe, à condition qu'elle le veuille, est désormais appelée à jouer un rôle qui soit le sien.

Sans doute convient-il qu'elle maintienne avec l'Amérique une alliance à laquelle, dans l'Atlantique-Nord, l'une et l'autre sont intéressées tant que durera la menace soviétique. Mais les raisons qui, pour l'Europe, faisaient de l'alliance une subordination s'effacent jour après jour. L'Europe doit prendre sa part de responsabilités. Tout indique, d'ailleurs, que cet avènement serait conforme à l'intérêt des États-Unis, quelles que puissent être leur valeur, leur puissance et leurs bonnes intentions. Car la multiplicité et la complexité des tâches dépassent dorénavant, et peut-être dangereusement, leurs moyens et leur capacité. C'est pourquoi eux-mêmes déclarent qu'ils souhaitent voir l'Ancien Continent s'unir et s'organiser, tandis que, parmi les Gaulois, les Germains et les Latins, beaucoup s'écrient : « Faisons l'Europe ! »

Mais quelle Europe ? C'est là le débat. En effet, les commodités établies, les renoncements consentis, les arrière-pensées tenaces, ne s'effacent pas aisément. Suivant nous, Français, il s'agit que l'Europe se fasse pour être européenne. Une Europe européenne signifie qu'elle existe par elle-même et pour elle-même, autrement dit qu'au milieu du monde elle ait sa propre politique. Or, justement, c'est cela que rejettent, consciemment ou inconsciemment, certains qui prétendent cependant vouloir qu'elle se réalise. Au fond, le fait que l'Europe, n'ayant pas de politique, resterait soumise à celle qui lui viendrait de l'autre bord de l'Atlantique leur paraît, aujourd'hui encore, normal et satisfaisant.

On a donc vu nombre d'esprits, souvent d'ailleurs valables et sincères, préconiser pour l'Europe, non point une politique indépendante, qu'en vérité ils n'imaginent pas, mais une organisation inapte à en avoir une, rattachée dans ce domaine, comme dans celui de la défense et celui de l'économie, à un système atlantique, c'est-à-dire américain, et subordonnée, par conséquent, à ce que les États-Unis appellent leur « leadership ». Cette organisation, qualifiée de fédérale, aurait eu comme fondements, d'une part un aréopage de compétences soustraites à l'appartenance des États et qu'on eût baptisé « Exécutif », d'autre part un Parlement sans qualifications nationales et qu'on eût dit « Législatif ». Sans doute, chacun de ces deux éléments aurait-il fourni ce à quoi il eût été approprié, savoir : des études pour l'aréopage et des débats pour le Parlement. Mais, à coup sûr, aucun des deux n'aurait fait ce qu'en somme on ne voulait pas qu'il fasse, c'est-à-dire une politique. Car, si la politique doit évidemment tenir compte des débats et des études, elle est tout autre chose que des études et des débats.

La politique est une action, c'est-à-dire un ensemble de décisions que l'on prend, de choses que l'on fait, de risques que l'on assume, le tout avec l'appui d'un peuple. Seuls peuvent en être capables et responsables les Gouvernements des nations. Il n'est certes pas interdit d'imaginer qu'un jour tous les peuples de notre continent n'en feront qu'un et qu'alors il pourrait y avoir un Gouvernement de l'Europe, mais il serait dérisoire de faire comme si ce jour était venu.

C'est pourquoi, la France, se refusant à laisser l'Europe s'enliser et à s'enliser elle-même dans une artificieuse entreprise qui eût dépouillé les États, égaré les peuples et empêché l'indépendance de notre continent, prit l'initiative de proposer à ses cinq partenaires du Traité de Rome un début d'organisation de leur coopération [1]. Ainsi, commencerait-on à vivre en commun, en attendant, qu'à partir de là, l'habitude et l'évolution resserrent peu à peu les liens. On sait que le Gouvernement allemand donna son adhésion de principe à ce projet. On sait qu'une réunion des six États à Paris [2], puis une autre à Bonn, [3] parurent, d'abord, en voie d'aboutir, mais que Rome se refusa à convoquer l'entretien décisif ; ses objections, jointes à celles de La Haye et de Bruxelles, étant assez fortes pour tout arrêter. On sait enfin que les opposants invoquaient deux arguments, au demeurant contradictoires. Premier argument : le plan français, qui maintient la souveraineté des États, ne répond pas à notre conception d'une Europe ayant pour exécutif une commission d'experts et pour législatif un parlement coupé des réalités nationales. Deuxième argument : bien que l'Angleterre n'accepte pas de perdre sa souveraineté, nous n'entrerons dans aucune organisation politique européenne dont elle ne ferait pas partie.

Le plan français d'organisation européenne n'étant pas adopté par l'Italie et par le Benelux ; d'autre part l'intégration ne pouvant pas aboutir à autre chose qu'au protectorat américain ; enfin la Grande-Bretagne ayant montré, au cours des interminables négociations de Bruxelles, qu'elle n'était pas en mesure d'accepter les règles économiques communes et, par l'accord de Nassau [4], que sa force de défense, notamment en matière nucléaire, ne serait pas européenne faute d'être autonome par rapport aux États-Unis, il apparut au Gouvernement de la République fédérale d'Allemagne et au Gouvernement de la République Française que leur coopération bilatérale pourrait avoir quelque valeur. C'est alors que, sur la proposition du Gouvernement allemand, fut conclu le Traité du 22 janvier 1963 que j'eus l'honneur de signer, ici même, avec le Chancelier Adenauer.

Cependant, il faut bien constater que, si le traité franco-allemand a permis dans quelques domaines des résultats de détail, s'il a amené les deux Gouvernements et leurs administrations à pratiquer des contacts, dont, de notre côté, et à tout prendre, nous jugeons qu'ils peuvent être utiles et sont, en tout

1. Il s'agit du projet d'organisation politique de l'Europe, établi par la Commission présidée par M. Christian Fouchet, et rejeté par la Belgique, les Pays-Bas et l'Italie, le 17 avril 1962.

2. Les 10 et 11 février 1961.

3. Le 18 juillet 1961.

4. Le 21 décembre 1965. Voir la Conférence de presse du 14 janvier 1963 et la note 2, p. 71.

cas, fort agréables, il n'en est pas sorti, jusqu'à présent, une ligne de conduite commune.

Assurément, il n'y a pas et il ne peut y avoir d'opposition proprement dite entre Bonn et Paris. Mais, qu'il s'agisse de la solidarité effective de la France et de l'Allemagne quant à leur défense ; ou bien de l'organisation nouvelle à donner à l'alliance atlantique ; ou bien de l'attitude à prendre et de l'action à exercer vis-à-vis de l'Est, avant tout des satellites de Moscou ; ou bien, corrélativement, de la question des frontières et des nationalités en Europe centrale et orientale ; ou bien de la reconnaissance de la Chine et de l'œuvre diplomatique et économique qui peut s'offrir à l'Europe par rapport à ce grand peuple[1]; ou bien de la paix en Asie et, notamment, en Indochine et en Indonésie[2] ; ou bien de l'aide à apporter aux pays en voie de développement, en Afrique, en Asie, en Amérique latine ; ou bien de la mise sur pied du Marché commun agricole et par conséquent, de l'avenir de la Communauté des Six, on ne saurait dire que l'Allemagne et la France se soient encore accordées pour faire ensemble une politique et on ne saurait contester que cela tient au fait que Bonn n'a pas cru, jusqu'à présent, que cette politique devrait être européenne et indépendante[3]. Si cet état de choses devait durer, il risquerait à la longue d'en résulter, dans le peuple français du doute, dans le peuple allemand de l'inquiétude, et chez leurs quatre partenaires du Traité de Rome, une propension renforcée à en rester là où l'on en est, en attendant, peut-être, qu'on se disperse.

Mais, à travers le monde, la force des choses fait son œuvre. En voulant et en proposant l'organisation d'une Europe ayant sa propre politique, la France est certaine de servir l'équilibre, la paix et le progrès de l'univers. Au surplus, elle est maintenant assez solide et sûre d'elle-même pour pouvoir être patiente, sauf grands changements extérieurs qui remettraient tout en cause et pourraient l'amener, de ce fait, à modifier son orientation. D'ailleurs, lors de la réunion qui vient d'avoir lieu entre les Gouvernements de Bonn et de Paris, M. le Chancelier Erhard a

1. Informé par le Gouvernement français de son intention d'établir des relations diplomatiques avec la République populaire de Chine, le Gouvernement de l'Allemagne fédérale, soucieux de ne pas mécontenter les États-Unis, n'a pas pris la même décision.

2. Le Chancelier fédéral Ludwig Ehrard a pris publiquement position le 12 juin 1963, au cours d'un voyage à Washington, contre la politique de neutralisation du Sud-Est asiatique, politique qui est au contraire préconisée par la France.

3. Depuis le remplacement du Chancelier Conrad Adenauer par M. Ludwig Ehrard, le Gouvernement de Bonn a manifesté constamment sa tendance à conformer sa politique aux vœux du département d'État de Washington.

laissé prévoir une prochaine initiative allemande. En attendant que le ciel se découvre, la France poursuit par ses propres moyens ce que peut et doit être une politique européenne et indépendante. Le fait est que, partout, les peuples s'en félicitent et qu'elle-même ne s'en trouve pas mal.

Q. — *Pourriez-vous nous indiquer, mon Général, l'état présent de la politique française en matière atomique, vu les circonstances actuelles, et notamment le projet de force nucléaire multilatérale qui ne semble pas faire de visibles progrès?*

Il y a 19 ans, soudain, une bombe atomique fit 100 000 morts à Hiroshima. Ensuite, à Nagasaki, une autre en fit autant. Du coup, on vit le Japon, grand peuple, courageux par excellence, disposant encore de puissants moyens militaires, dont la nature du territoire et le caractère national se prêtaient parfaitement bien à la défensive à outrance, capituler sans conditions, au point de se laisser entièrement occuper, gouverner, transformer même, par son ennemi.

Ainsi, s'est ouverte dans l'Histoire de notre univers une phase complètement nouvelle quant à la sécurité des peuples, par suite quant à leur politique et quant à leurs rapports respectifs. Détenir l'arme atomique, c'est, pour un pays, être à même de réduire sans rémission une nation qui ne la détient pas. Mais c'est aussi dissuader toute nation qui la détient de procéder contre lui à une agression atomique. Car celle-ci consisterait à lancer la mort pour la recevoir aussitôt.

Comme l'Amérique et la Russie se sont dotées toutes les deux d'un tel armement, il existe entre elles une sorte d'équilibre automatique de dissuasion. Mais cet équilibre ne couvre réellement qu'elles-mêmes, et non les autres pays du monde, lors même qu'ils se trouvent liés à l'une ou à l'autre des deux colossales puissances. Car la cause et l'intégrité de chacun d'eux peuvent, éventuellement, ne pas sembler à leur grande alliée valoir la peine de se faire écraser en écrasant sa rivale. Et pourtant, ceux qui sont menacés par l'ambition de l'un des deux géants sont amenés à s'accommoder, par rapport à l'autre, d'une dépendance stratégique et, de ce fait, politique où ils croient voir la seule chance de leur sécurité.

Certains ont pu imaginer que la perspective d'un conflit atomique serait à ce point redoutable que les États-Unis et la Russie renonceraient de concert à cette espèce d'armements. La vaine et interminable Conférence de Genève procédait de cette illusion [1]. Mais, dans l'état présent du monde, l'hypothèse est invraisemblable. Le fait, pour l'Amérique et pour la Russie soviétique, de posséder leur armement nucléaire, leur procure une telle sécurité et, d'autre part, leur donne à l'intérieur de leurs camps respectifs, une telle raison d'exercer l'hégémonie qu'elles ne s'en déferont pas, pas plus qu'à leur place aucun État ne s'en déferait, quelles que soient son idéologie, sa nature et sa propagande. Il en résulte que les pays qui n'ont pas d'armement atomique croient devoir accepter une dépendance stratégique et, par conséquent, politique, par rapport à celui des deux géants qui ne les menace pas.

Dans ces conditions, la France, tout en déplorant que les deux géants en question ne désarment pas, sauf bien entendu, sous la forme d'un accord momentané qui ne visait qu'un certain ralentissement du rythme de leurs fabrications mais qui continue à leur permettre de garder et d'accroître leur gigantesque puissance de destruction, la France, dis-je, dès qu'elle a pu être elle-même, a jugé nécessaire d'entamer l'effort voulu pour devenir, à son tour, une puissance atomique. A cet égard, elle subit, il est vrai, les conséquences du long retard que lui ont valu, d'abord la guerre sous l'occupation, puis la reconstruction de tout ce qui était démoli sur son sol, enfin les atermoiements de son redressement politique, économique et financier. Encore, par comparaison avec les États-Unis et la Russie soviétique qui ont largement utilisé en leur temps le concours de savants et de techniciens européens, et avec la Grande-Bretagne qui a profité des expériences américaines, la France ne dispose que de capacités françaises. Enfin, il est clair que le total de nos moyens scientifiques, techniques et industriels est loin d'atteindre celui des deux géants. Cependant, nous avons pris la route. Nous avançons suivant notre Plan. En même temps, la vaste activité de recherches, d'inventions, de réalisations qu'entraîne par lui-même le développement atomique introduit dans notre vie scientifique, technique et économique un ferment des plus efficaces. Et voici, qu'en ce moment même, nous accédons aux résultats. Notre première unité aérienne atomique devient opérationnelle cette année. En 1966, nous aurons assez de « Mirages IV » et d'avions ravitailleurs pour pouvoir porter, d'un seul coup, à plusieurs milliers de kilomètres, des projectiles dont la puissance totale dépassera celle de 150 bombes Hiroshima. D'autre part, nous sommes à

1. Ouverte le 14 mars 1962 à Genève.

l'œuvre pour passer de la série « A » des projectiles à fission à la série « H » des projectiles à fusion, ceux-ci lancés, soit à partir de sous-marins atomiques, soit à partir de navires de surface, soit à partir du sol. Aujourd'hui même le Premier ministre va aller inspecter les sites lointains et isolés où, dans les meilleures conditions d'exécution et de sécurité, auront lieu, au moment voulu, les expériences nécessaires [1]. Nous sommes en mesure de penser que, d'ici à six ans, nos moyens de dissuasion atteindront une puissance totale instantanée de plus de 2 000 bombes Hiroshima. C'est ce que certains opposants, évidemment irréfléchis, nomment « la bombette de la France ».

La carrière de la dissuasion nous est donc désormais ouverte. Car le fait d'attaquer la France équivaudrait, pour qui que ce soit, à subir lui-même des destructions épouvantables. Sans doute les mégatonnes que nous pourrions lancer n'égaleraient pas en nombre celles qu'Américains et Russes sont en mesure de déchaîner. Mais, à partir d'une certaine capacité nucléaire et pour ce qui concerne la défense directe de chacun, la proportion des moyens respectifs n'a plus de valeur absolue. En effet, puisqu'un homme et un pays ne peuvent mourir qu'une fois, la dissuasion existe dès lors qu'on a de quoi blesser à mort son éventuel agresseur, qu'on y est très résolu et que lui-même en est bien convaincu. C'est par là que l'armement moderne de la France, non seulement constitue pour elle la garantie incomparable de sa sécurité, mais encore introduit dans un monde dangereux un élément nouveau et puissant de sagesse et de circonspection.

Cependant, notre avènement au rang de puissance atomique ne manque pas de susciter chez nous diverses oppositions. Pour réprouver notre force nouvelle se produit la classique alliance de l'éternelle démagogie et de l'éternelle routine ; alliance qui fit jadis échouer la transformation de notre armée face aux ambitions de Bismarck et fut ainsi pour beaucoup dans notre défaite de 1870 ; alliance qui, avant 1914, nous priva d'artillerie lourde, faute de laquelle, au cours de la Grande Guerre, nos pertes humaines dépassèrent de loin celles de l'ennemi, jusqu'à ce qu'enfin nous ayons pu, après trois années de combats épuisants, nous doter des canons nécessaires ; alliance qui, à la veille de la Deuxième Guerre mondiale, amena les pouvoirs publics et le commandement militaire à refuser la formation

1. M. Georges Pompidou va partir inspecter le Centre d'expérimentation atomique français en cours d'installation dans l'Océan Pacifique.

de la force mécanique cuirassée [1], tandis que l'Allemagne se donnait les *Panzerdivisionen*, dont on sait quels furent les effets ; alliance qui, aujourd'hui, stigmatise à grands cris le prix, soi-disant démesuré, des armements atomiques, alors que ce prix ne dépasse pas annuellement la centième partie de notre revenu national, ni le quart de nos dépenses militaires, ni la moitié de ce que nous payons aux pensionnés et retraités de l'État, ni le montant des prestations sociales versées aux exploitants agricoles, mais nous permet de diminuer de moitié les effectifs de notre armée et la durée du service militaire.

Pourtant, cette fois, l'opposition ne vient pas seulement d'un refus simpliste de réforme. Elle est, en effet, inspirée par les tenants de deux partis pris politiques, opposés sans doute, mais tendant tous les deux à l'effacement de la France sous l'hégémonie de tel ou tel État étranger. Ce sont, d'une part, ceux qui voudraient établir chez nous la servitude totalitaire et qui souhaitent, par conséquent, nous voir privés des moyens de nous défendre face à l'Est [2]. Ce sont, d'autre part, les partisans du protectorat américain qu'alarme la perspective d'une France maîtresse d'elle-même vis-à-vis de ses alliés [3].

Mais je crois moins que jamais que ces objections, venues de deux horizons très différents, mais qui, les unes et les autres, procèdent de l'intention que notre pays soit subordonné, persuadent la nation française. Nous continuerons donc notre effort atomique, à court, à moyen et à long terme, convaincus d'aider ainsi au développement scientifique, technique et industriel de la nation, de renouveler l'âme et le corps de notre armée comme le commande l'époque moderne, de donner à la France les moyens de sa sécurité et de son indépendance, par là même ceux de son action au profit de l'équilibre et de la paix du monde.

Q. — *Mon Général, compte tenu de la politique des États-Unis au Viet-nam du Sud, maintenez-vous les suggestions que vous avez formulées depuis l'an dernier à propos de l'Asie du Sud-Est?*

Les accords de Genève, conclus en 1954, mettaient un terme

1. Qui fait en 1935 l'objet d'une proposition de M. Paul Reynaud, inspirée par le Général de Gaulle, alors colonel. Voir *Mémoires de Guerre*, T. I, pp. 6-16.

2. Allusion au Parti communiste.

3. Allusion aux partisans d'une Europe « intégrée », dont le Général de Gaulle vient d'expliquer pourquoi, à ses yeux, elle serait condamnée par son incapacité de donner naissance à une volonté politique, à n'être en réalité qu'un protectorat américain.

aux combats d'Indochine. A l'époque, tout le monde semblait le désirer sincèrement. Ces accords comportaient des dispositions, diverses suivant chacun des pays en cause, mais ayant pour trait commun qu'elles excluaient absolument toute intervention extérieure. Le Cambodge s'engageait à n'entrer dans aucune alliance et à n'admettre sur son territoire aucune base. Le Laos devait interdire toute présence de troupes étrangères, en dehors d'une mission militaire française et d'un terrain d'aviation utilisé par la France à Seno. Les deux Viet-nam ne pouvaient s'allier avec qui que ce soit, ni introduire sur leur sol aucune force venue du dehors, ni recevoir d'armement qui augmenteraient leur potentiel. En outre, des élections générales devaient avoir lieu au Viet-nam en 1956, en vue d'aboutir à l'institution d'un gouvernement démocratique et à la réunification.

Les accords de 1954 n'ont pas été longtemps appliqués. C'est le moins qu'on puisse en dire. Seul, le Cambodge a su et a pu, grâce à son unité nationale et à la façon très habile et très résolue dont il est conduit par son chef de l'État[1], rester jusqu'à présent intact, neutre et relativement paisible. Mais, au Viet-nam, tout a concouru à ramener ce pays à la situation troublée dont il venait de sortir, tandis que le Laos se voyait gagner à son tour par des luttes intérieures accompagnées du dehors[2].

Pour ce qui est du Viet-nam, il faut dire que l'existence d'un État communiste installé au Tonkin, d'où nos troupes étaient parties conformément aux accords, et la secousse provoquée dans le Sud par le retrait de notre administration et de nos forces, exposaient le pays à de nouvelles aventures. Il s'agissait de savoir s'il saurait trouver en lui-même une cohésion nationale et un solide gouvernement. C'est alors que les Américains arrivèrent, apportant leur aide, leur politique et leur autorité.

Les États-Unis, en effet, se tenaient partout dans le monde comme investis d'une charge de défense contre le communisme. Dès lors que le Viet-nam Sud en courait le risque, puisque le régime établi dans le Nord visait à s'y imposer, Washington voulait mettre cet État en mesure de se protéger. On peut ajouter, sans vouloir aucunement désobliger les Américains, que leur certitude de répondre à une sorte de vocation, l'aversion qu'ils portaient à l'égard de toute œuvre coloniale qui n'avait pas été la leur, enfin le désir naturel chez un peuple aussi puissant

1. Le prince Norodom Sihanouk.

2. Voir note 3, p. 222.

de s'assurer de positions nouvelles, les déterminaient à prendre notre place en Indochine.

On sait que, dès 1954, ils adoptèrent le gouvernement de Diem, que Diem observa aussitôt et malheureusement une attitude malveillante à notre égard, que, l'empereur Bao-Daï une fois parti, il se substitua à lui, qu'il ne fit pas procéder aux élections prévues et, enfin, qu'en tous domaines, en particulier ceux de la défense, de l'économie et de l'administration, il se plaça dans l'orbite de Washington. Mais, comme cette politique était de plus en plus impopulaire, le jour vint où Diem essaya de s'en dégager, tandis que les Américains se prenaient à douter de lui. Alors, un putsch militaire supprima le Président[1] et lui donna un successeur. Après quoi, un nouveau putsch en investit un autre, celui-ci étant étroitement lié à l'action de guerre que soutiennent, encadrent, financent et arment les États-Unis.

Action de guerre, en effet, car si les éléments subversifs du Viet-cong avaient disparu du Viet-nam Sud après les accords de 1954, ils y reparaissaient sous prétexte et à mesure qu'on ne les appliquait pas. La guérilla et des combats livrés par unités constituées s'étendent de plus en plus sur le territoire. En même temps, les populations, quelle que soit leur opinion au sujet du communisme, sont de moins en moins portées à soutenir une cause et une autorité qui, à leurs yeux, se confondent avec celles d'un État étranger. Il semble donc que, sur place, une issue militaire ne soit pas à envisager. Certains imaginent, il est vrai, que les Américains pourraient aller la chercher ailleurs en portant la guerre vers le Nord aussi loin que ce serait nécessaire. Mais, s'ils disposent assurément de tous les moyens voulus, il est difficile d'admettre qu'ils veuillent assumer l'énorme aventure d'un conflit généralisé.

Faute que la guerre puisse trancher, c'est donc la paix qu'il faut faire. Or, celle-ci implique qu'on en revienne à ce à quoi on s'était engagé, il y a maintenant dix ans, et que, cette fois, on s'y conforme, autrement dit qu'aux Viet-nam Nord et Sud, au Cambodge et au Laos, aucune puissance étrangère n'intervienne plus en rien dans les affaires de ces pays infortunés. Une réunion du même genre et comprenant, en principe, les mêmes participants que naguère la Conférence de Genève, serait certainement qualifiée pour en décider et organiser un contrôle qui soit impartial. C'est cela que la France propose

1. Le 23 juillet 1963.

à tous les États intéressés, certaine, qu'à moins de plonger l'Asie d'abord et, sans doute, le monde ensuite dans de très graves épreuves, il faudra bien en venir là ; le plus tôt étant le mieux.

Cette réunion, où chacun devrait se rendre sans préalable ni récrimination, se saisirait successivement de ce qui a trait au Laos, au Cambodge et au Viet-nam dans le domaine international et dont l'essentiel s'appelle, par avance, leur neutralité. On ne voit pas d'autre chemin qui puisse conduire à la paix le Sud-Est asiatique, pourvu qu'une fois l'accord théorique conclu, s'il devait l'être, deux conditions pratiques soient réalisées. La première, c'est que les puissances qui portent, directement ou indirectement, une responsabilité dans ce que fut ou dans ce qu'est le sort de l'Indochine et qui se nomment : la France, la Chine, l'Union Soviétique et l'Amérique, soient effectivement résolues à ne plus y être engagées. La seconde, c'est qu'une aide économique et technique massive soit accordée à l'ensemble indochinois par les États qui en ont les moyens, afin que le développement remplace le déchirement.

La France, pour sa part, est prête à observer ces deux conditions.

Q. — *Quelqu'un m'a demandé quelque chose au sujet de l'Amérique latine et du Brésil.*

Eh bien ! Vous savez certainement qu'en automne j'aurai l'honneur de me rendre en Amérique latine en compagnie de Monsieur le ministre des Affaires étrangères. C'est pour moi une grande joie et un grand honneur. J'espère que de ce contact que la France va prendre directement avec ces pays qui lui sont si proches à tant d'égards résulteront d'heureuses conséquences. J'en suis convaincu, en particulier, pour ce qui est du grand pays que nous aimons depuis toujours et que sans doute ensuite nous aurons à pratiquer de plus en plus et qui s'appelle le Brésil [1].

Mesdames, Messieurs, je vous remercie de votre aimable attention d'autant plus que je crains que vous n'ayez été assez incommodés par cette chaleur dans cette grande salle. Je vous remercie bien sincèrement de votre attention.

1. Un litige concernant les droits de pêche français à proximité des côtes brésiliennes a donné naissance en 1963 à des difficultés diplomatiques entre la France et le Brésil. En janvier 1964, des relations diplomatiques normales ont été rétablies entre les deux États.

2 AOUT 1964

Le Général de Gaulle s'adresse aux Français pour le cinquantenaire de la mobilisation de 1914.

ALLOCUTION RADIODIFFUSÉE ET TÉLÉVISÉE PRONONCÉE AU PALAIS DE L'ÉLYSÉE

Le 2 août 1914, jour de la mobilisation, le peuple français tout entier se mit debout dans son unité. Cela n'avait jamais eu lieu. Toutes les régions, toutes les localités, toutes les catégories, toutes les familles, toutes les âmes, se trouvèrent soudain d'accord. En un instant, s'effacèrent les multiples querelles, politiques, sociales, religieuses, qui tenaient le pays divisé. D'un bout à l'autre du sol national, les mots, les chants, les larmes et, par-dessus tout, les silences n'exprimèrent plus qu'une seule résolution.

Certes, la nature de notre époque facilita cette cohésion. Le travail en commun, la vie agglomérée, les émotions collectives, qui sont le propre des temps modernes, prédisposaient les Français à un solidaire entraînement. En outre, les obligations égales et strictes du service miltaire, ainsi que l'appel, l'incorporation, les réquisitions, les transports, formaient comme un engrenage qui aidait à leur consentement. D'autre part, les alliances, déjà conclues ou sur le point de l'être, avec la Russie, l'Angleterre, la Serbie et la Belgique, soutenaient la confiance de tous. Enfin, l'espoir dont la nation s'était longuement bercée de réparer un jour ce qu'elle avait subi quarante-quatre années plus tôt remontait des profondeurs. Mais le souffle qui anima, ce jour-là, l'immense élan du pays tenait surtout à la certitude commune que la France courait le plus grand danger possible et à l'unanime volonté de la sauver pour toujours.

Nous sommes partis quatre millions. Par la suite, quatre autres millions nous ont rejoints ou remplacés. 1 400 000 allaient mourir, un million resteraient mutilés ; la plupart étant, naturellement, des plus jeunes et des meilleurs. Cela, indépendamment du concours que nous apportèrent vaillamment et généreusement les territoires d'outre-mer. Par rapport au total de sa population, aucun peuple n'en fit alors autant.

Pour supporter, à mesure, de telles pertes et de tels chagrins, compenser l'infériorité initiale de notre armement, réparer toutes les erreurs et toutes les défaillances qui se mêlèrent à tant et tant d'actes de valeur et de discipline pendant les épreuves terribles d'une guerre de plus de quatre ans et, finalement, remporter la victoire, rien n'a compté autant que l'union scellée par les Français devant les affiches blanches de la mobilisation.

La moitié d'un siècle a passé. Une autre guerre et d'autres blessures ont failli jeter aux abîmes notre patrie gravement affaiblie. Si, malgré tout — oui, malgré tout ! — cela put être surmonté, si la France en sortit encore une fois victorieuse, si désormais elle est en marche vers un destin prospère et fraternel, c'est parce qu'en fin de compte la nation retrouva l'unité dont elle avait fait preuve le 2 août 1914.

L'unité ! Telle est, Français ! la raison qui, depuis cette date, nous rassembla souvent et nous rassemble en ce moment même, autour des Monuments aux Morts de nos villes et de nos villages. Telle est la leçon que nous tous et nos descendants devons tirer du plus encourageant souvenir de notre Histoire.

Vive la France !

15 AOUT 1964

Le Général de Gaulle préside les cérémonies organisées pour le vingtième anniversaire du débarquement en Provence. Il prend la parole à Toulon, place de la Liberté.

ALLOCUTION PRONONCÉE A TOULON

Dans la vaste entreprise militaire entamée par la Coalition depuis le 5 juin 1944 pour briser en Europe la puissance du IIIe Reich allemand, le 15 août marque une date décisive. C'est le moment où l'offensive menée par le Général Eisenhower, après le grand succès du débarquement des troupes de

Montgomery et de Bradley sur la côte de la Manche, puis l'échec infligé aux contre-attaques germaniques, enfin le déclenchement de l'avance générale vers l'Est, n'a pas encore rompu dans son ensemble la résistance qui lui est opposée. C'est le moment où les forces françaises de l'Intérieur, qui accrochent l'ennemi en maintes régions du territoire, empêchant huit de ses divisions et trois de ses « Panzer » de se porter en Normandie, coupant partout ses communications et bouleversant ses arrières, voient s'épuiser leurs moyens. C'est le moment où, dans Paris fortement tenu par l'occupant et menacé de destruction, l'insurrection nationale ne peut que guetter le signal qui la fera paraître au grand jour. C'est le moment où, en Italie, l'adversaire, vaincu à hauteur de Naples, puis de Rome, est parvenu à se rétablir sur l'Apennin, tandis qu'en Russie il lutte toujours avec acharnement contre l'avance des armées soviétiques. Pour les nations alliées, il s'agit donc qu'à l'Ouest une opération nouvelle rompe décidément l'équilibre. Pour la France, il s'agit, qu'en dépit de tout, elle apporte à l'effort de guerre un concours aussi important et efficace que possible.

Or, la bataille, engagée le 15 août 1944 sur cette rive de la Méditerranée par le débarquement de forces françaises et américaines, devait, en quatre semaines, les porter jusqu'aux Vosges. Leur mise à terre entre Le Trayas et Le Lavandou, protégée par les escadres américaine, britannique et française — celle-ci formée par l'Amiral Lemonnier — le tout commandé par l'Amiral Hewitt, et par les groupes aériens des trois nationalités dont disposait le Général Eaker ; puis l'engagement, sous les ordres des Généraux Patch et de Lattre de Tassigny, des commandos et des parachutistes alliés et français, du 6e corps d'armée américain et de la Ire armée française ; enfin la marche en avant visant, pour les Américains de Truscott à s'élancer sur Grenoble et, de là, jusqu'à Besançon, pour les Français de Larminat, de Monsabert, plus tard de Béthouart, à s'emparer de Toulon et de Marseille, ensuite à remonter le Rhône et à atteindre le Doubs, tout en couvrant à mesure, aux débouchés des cols des Alpes, le dispositif allié, toutes ces opérations allaient s'accomplir mieux et plus vite encore qu'on ne l'escomptait.

Dès le 22 août, les deux corps d'armée français faisaient capituler la garnison allemande de Toulon ; dès le 23, celle de Marseille. Le 3 septembre, Lyon était entre nos mains. Le 12 septembre, Américains et Français, atteignant les abords de l'Alsace, y formaient le groupe d'armées Devers et se soudaient avec les forces alliées et la division Leclerc qui, victorieuses en Normandie, à Paris, en Champagne et en Lorraine, parvenaient à portée du territoire du Reich. Entre-temps, nos forces de l'Intérieur avaient, pour les unes rejoint notre Ire armée, pour les autres entrepris le blocus des réduits allemands sur la côte de l'Atlantique. Au total, en quatre mois, l'adversaire laissait sur notre sol des dizaines de milliers de morts. Il perdait 420 000 prisonniers, dont un tiers aux mains des Français. En attendant les rudes efforts de l'hiver, puis ceux de l'offensive finale, la France presque tout entière était, désormais, libérée.

Le succès dans l'épreuve de la guerre, comme le bonheur dans la vie, n'existe que par comparaison. Si les combats livrés au cours de cette période marquaient, comme il le fallait pour l'avenir de notre pays, une notable participation de la France à sa propre libération et, bientôt, à la victoire, ce fait tirait principalement son mérite et son relief du désastre et de l'abaissement qui l'avaient cruellement précédé. Par rapport au destin de défaite, dont beaucoup avaient cru qu'il était celui de la France, ce redressement de nos armes semblait d'autant plus frappant. En vérité, il y avait là, en dépit de toutes les défaillances et divisions inhérentes aux revers subis et au renoncement proclamé, l'effet de la volonté et de l'unité nationales.

Car, rien d'autre, n'avait pu susciter : la formation à Alger du Gouvernement de la République française[1], dépositaire de la souveraineté et dirigeant dans tous les domaines l'effort de guerre de la France ; l'adhésion enthousiaste du pays, à mesure qu'il lui était possible de témoigner ses sentiments ; la fusion réalisée et déjà heureusement éprouvée en Corse, en Italie, sur la mer, des forces de la France Libre qui, jamais, n'avaient cessé de combattre et des éléments de l'armée, de la marine, de l'aviation, que les consignes du défaitisme avaient longtemps maintenus dans l'inaction ou tournés contre nos alliés ; la volonté de servir montrée par tous les Français qui en avaient l'occasion : colons d'Afrique du Nord incorporés en grand nombre, jeunes gens arrivés à grand-peine de la métropole jusqu'au Maroc à travers l'Espagne, maquisards corses enrégimentés sur leur demande dès qu'ils l'avaient pu ; le concours ardent des contingents fournis par nos territoires d'Afrique, des Antilles, du Pacifique et, d'abord, par ceux du Maghreb ; l'amalgame effectué tout en marchant entre les grandes unités venues d'outre-mer et nos forces de l'Intérieur ; bref la participation à la phase

1. C'est le 3 juin 1944 que le Comité français de la Libération nationale, siégeant à Alger, s'est constitué en Gouvernement provisoire de la République française.

décisive du conflit, non point d'individus, de détachements ou de navires, utilisés en tant qu'auxiliaires par les puissances belligérantes, mais bien d'un pouvoir obéi, d'un peuple rassemblé et d'une seule armée nationale.

Pourtant, si, vingt ans après ces événements, nous pouvons aujourd'hui célébrer avec quelque fierté le ressaisissement suprême qui assura notre destinée, la vigueur avec laquelle l'effort de guerre français fut finalement conjugué avec celui de nos alliés, le courage déployé sur ces rivages par nos soldats, nos marins, nos aviateurs et la valeur montrée par leurs chefs, nous ne saurions, non plus, méconnaître les raisons quasi mortelles : inconsistance chronique de l'État, organisation erronée de notre défense nationale, trouble profond du pays doutant de lui-même et des autres, qui nous avaient, tout d'abord, jetés au désastre et à l'abandon. Certes, il est beau d'avoir pu, par une sorte de prodige, revenir du bord de l'abîme. Mais nous avons trop risqué d'y être engloutis à jamais pour ne pas faire, désormais, ce qu'il faut pour nous garantir. Dans l'univers dangereux où nous sommes, c'est un État stable et solide, des moyens modernes de dissuasion et de défense, un développement national fondé sur le progrès collectif et la coopération, qui seuls peuvent mettre la France à même d'être forte, prospère et, par conséquent, écoutée. Faute qu'elle l'ait été naguère, quels maux ont fondu sur elle, sur l'Europe, sur le monde ! Parce qu'elle le devient aujourd'hui et qu'elle le sera demain, quel concours peut-elle apporter au bien des hommes et à la paix !

26 AOUT 1964

Vingt ans après le jour où il est rentré dans Paris libéré, le Général de Gaulle prend la parole place de l'Hôtel de Ville.

ALLOCUTION PRONONCÉE A PARIS

Ce fut, naguère, le service et ce sera, pour toujours, l'honneur de la Résistance d'avoir voulu faire d'un pays prostré, humilié et opprimé, tel que l'était la France à la suite du désastre et de la capitulation, un peuple belligérant, fier et libre. Sans doute, quels qu'aient pu être les efforts et les sacrifices de ceux qui ne renonçaient pas, n'y aurait-il jamais eu ni redressement national, ni libération, ni victoire, sans l'entrée successive de nos alliés dans la guerre et le déploiement progressif de leurs forces sur les champs de bataille. Mais leur triomphe nous eût laissés, à coup sûr, déconsidérés, déchirés, en proie à tous les démons de l'amertume et de la honte, si nous n'en avions pas pris notre part, directement et à tous risques, comme nation et comme État. Combien cela était-il vrai pour Paris qui a, depuis tant de siècles, la charge capitale d'animer, d'illustrer, de signer, ce que fait la France !

Or, en vertu d'un concours de circonstances, agencé autant que possible, mais pourtant extraordinaire, il s'est trouvé que la libération de Paris fut une réussite nationale. Tout s'est passé à cette occasion comme si la chance favorisait la France après lui avoir tant manqué. Aucun des éléments voulus pour que l'événement fût pleinement salutaire et exemplaire n'a fait défaut au meilleur moment. A l'époque, notre peuple et le monde en furent profondément frappés. Aujourd'hui, après vingt ans et en complète connaissance de cause, la patrie peut et doit reconnaître quel service décisif pour son avenir lui a été, alors, rendu dans sa capitale.

Il fallait, d'abord, que Paris lui-même combattît pour briser ses chaînes, au lieu d'être un enjeu passif entre l'ennemi et les alliés. C'est ce qui est arrivé. Certes, les moyens étaient faibles dans la ville que, depuis quatre ans, l'occupant, aidé par ses collaborateurs, s'employait à vider de tout ce qui pouvait lutter. Après l'arrestation de tant de résistants, déportés en grand nombre — les derniers par le train du 15 août — ou fusillés par milliers — les derniers au Bois de Boulogne — après les fouilles perpétuelles des personnes et des maisons, après l'effort constant d'une propagande qui s'acharnait à répandre le désespoir et la délation, on pouvait se demander s'il resterait à Paris assez d'hommes résolus disposant d'armes suffisantes pour engager le combat contre une garnison allemande de plus de 20 000 soldats, 80 chars, 60 canons, 60 avions, sans compter les renforts qui pourraient lui être envoyés. Or, le fait est que, dès le 19 août, la police parisienne s'emparait de cet Hôtel de Ville et ouvrait le feu sur l'occupant. Aussitôt, les éléments des forces de l'intérieur entraient en ligne à leur tour, utilisant avec audace un armement rare et disparate, et, moyennant des pertes qui dépassèrent 4 000 hommes, dont plus d'un millier de tués, bloquaient l'ennemi dans ses réduits. Partout, la population assistait et acclamait les combattants de la résistance.

Cependant, pour venir à bout des puissantes organisations que l'adversaire tenait à tous les points essentiels et pour empêcher les troupes allemandes qui viendraient de l'extérieur de s'introduire dans la ville, il fallait l'intervention d'une grande unité régulière, fortement armée et équipée. Il était, évidemment, de la plus haute importance nationale qu'elle appartînt à l'armée française. Enfin, tout devait être fait pour qu'elle arrivât à temps. Ces conditions ont été remplies. On sait, qu'en vertu d'un plan longuement poursuivi par nous, et non sans heurts, la 2e division blindée se trouva participer, aux côtés de nos alliés, à la bataille de France. On sait dans quelles circonstances elle fut lancée sur la capitale [1]. On sait comment, après avoir brisé la défense germanique à la lisière du Grand Paris, elle se rendit maîtresse de la ville avec l'aide efficace et courageuse des partisans, fit capituler l'ennemi, d'ailleurs désemparé par ses revers de Normandie et de Provence, et repoussa la suprême contre-attaque qui pénétrait dans la banlieue-nord.

Mais, pour fixer le destin de la France, il ne suffisait pas qu'elle fût libérée, notamment dans sa capitale. Si brillante et méritoire qu'ait été l'action militaire menée par la division Leclerc, avec ses trois groupements : Billotte, Langlade et Dio et par les forces de l'intérieur de Rol-Tanguy et de Marguerittes, il fallait, qu'en conséquence, Paris prouvât de toute son âme qu'il voulait voir la rénovation du pays et de la République. Il fallait, qu'après avoir subi l'opprobre et l'abandon et quelles que pussent être, dans le succès survenu, les ambitions partisanes, il consacrât la légitimité du gouvernement de la Résistance, c'est-à-dire celui de la défense nationale. Ainsi, la direction à suivre serait-elle montrée à la nation, tandis que l'univers connaîtrait le choix de la France. Cela fut fait. A partir du 19 août, les responsables civils et militaires, nommés d'avance par le Gouvernement et groupés autour de Parodi, de Chaban-Delmas, de Luizet, de Flouret, établissaient l'autorité de la République dans les ministères, les préfectures de police et de la Seine, les services publics, les mairies, les centres de commandement. Le 25, après avoir pris contact à Montparnasse avec les chefs des combattants, j'avais moi-même l'honneur d'installer l'État en son centre, qui était naturellement le ministère de la Guerre, puis d'aller saluer la police parisienne, enfin d'apporter dans

1. Voir *Mémoires de Guerre*, T. II, pp. 300-305.

cet Hôtel de Ville, au cours d'une cérémonie inoubliable, le témoignage du pays et du gouvernement au Conseil national de la résistance et au Comité parisien de la libération [1]. Le 26 août, à l'occasion du défilé entre l'Arc de Triomphe et Notre-Dame, au milieu d'une foule immense et saisie d'une ferveur indicible, avait lieu une démonstration de l'unité nationale à la dimension d'une grande cause, d'un grand peuple et d'une grande Histoire [2].

Mais, si nous pouvons aujourd'hui, grâce aux exploits accomplis il y a vingt ans, commémorer dans la fierté et la fraternité la libération de Paris, c'est aussi notre devoir de regarder bien en face, pour en tirer la leçon, l'origine des malheurs qui avaient jeté la capitale aux souffrances et aux outrages. Car l'invasion, la capitulation, l'oppression, n'avaient rien été d'autre que la sanction d'un effondrement politique, militaire et moral, lui-même résultant de la longue inconsistance de nos pouvoirs publics, des graves lacunes de nos moyens et des multiples incertitudes et divisions de notre pays. Certes, jamais le Passé ne recommence tel qu'il fut. Mais, quelles que puissent être les conditions dans lesquelles se déroulera notre avenir au sein d'un monde toujours plein de périls, assurons-nous, désormais, des garanties élémentaires que sont, dans tous les cas : un État solide, une défense moderne et une nation rassemblée !

Vive Paris !

Vive la République !

Vive la France !

1. Voir *Mémoires de Guerre*, T. II, pp. 307-308.
2. Voir *Mémoires de Guerre*, T. II, pp. 310-315.

6 SEPTEMBRE 1964

Le Général de Gaulle prend la parole sur le parvis de la cathédrale de Reims pour la célébration du cinquantième anniversaire de la bataille de la Marne.

DISCOURS PRONONCÉ A REIMS

Aucune région de notre territoire, aucun événement de notre Histoire, ne permettent, mieux que cette région où coule la Marne et que cet événement que fut la bataille gagnée sur ses rives voici cinquante ans, de mesurer les conditions dont, si souvent ! a dépendu le destin de la France. En septembre 1914, une fois de plus, tout s'est joué pour nous ici par les armes. Dans la même contrée du Nord-Est où furent jadis les Champs catalauniques, où Villars, dans l'extrémité, repoussa les Impériaux, où à Valmy Brunswick recula devant l'élan militaire de la Révolution, où l'Europe coalisée submergea Napoléon, où en 1870 passèrent les armées allemandes en marche vers la capitale, la guerre devait décider de ce que nous allions être : ou bien de nouveau des vaincus, sans qu'il y eût de recours, ou bien, cette fois, des vainqueurs à qui resterait ouverte la carrière d'un grand État.

A vrai dire, ce n'était pas sans une longue et méritoire préparation que nous avions abordé l'épreuve. Les lois d'organisation, de recrutement, d'encadrement, mises en œuvre par la République, avaient donné à notre armée l'armature et, même, en dépit d'une dénatalité désastreuse, l'effectif qui la mettaient à même d'accomplir les plus grands efforts. D'autant plus que, d'année en année, l'armée avait su s'imposer l'instruction et l'entraînement voulus. Encore, depuis les malheurs de 1870, était-ce l'élite du pays qui lui fournissait ses officiers de l'active et de la réserve. Par-dessus tout, elle était la nation en armes, de telle sorte que la même unité et la même volonté, qui animaient le peuple français devant le péril mortel, marquaient chacun de nos éléments militaires. Sans doute, la routine et la démagogie avaient-elles eu de funestes effets quant à l'armement et quant à l'équipement. Mais, au total, la France avait engagé dans la bataille des frontières un instrument de guerre plein de valeur et de ressort.

Cependant, le premier choc avait été une immense surprise. Au point de vue stratégique, les prévisions de notre Commandement s'étaient trouvées brutalement démenties par le fait que l'ennemi nous enveloppait largement à travers la Belgique et qu'il mettait tout de suite en action de nombreuses grandes unités de réserve. Il en était résulté aussitôt l'isolement de l'armée belge et l'obligation de changer nos objectifs et notre dispositif. Au point de vue tactique, la théorie, qui était à la base de nos règlements et suivant laquelle l'attaque avait une valeur absolue quel que pût être l'obstacle du feu, nous avait, entre le 20 et le 23 août, jetés sur toute la ligne, au prix des pertes les plus graves, dans une ruée inconsidérée. Enfin, il nous avait fallu constater tout à coup que l'armement de l'adversaire, notamment en fait d'artillerie et de mitrailleuses, l'emportait de loin sur le nôtre. A grand-peine, notre armée décimée avait pu, en se repliant, échapper au pire désastre ; son flanc gauche surtout qui, complètement débordé, n'avait dû son salut qu'à la capacité manœuvrière de Lanrezac et à la solidité du Corps expéditionnaire britannique. Maintenant, avec d'extrêmes difficultés, elle s'efforçait de rétablir son front face au nord entre les camps retranchés de Paris et de Verdun et de le maintenir face à l'est vers Nancy et dans les Vosges. Ainsi réapparaissait l'infirmité affreuse de notre frontière, qui fait qu'un seul revers essuyé aux sources de l'Oise risque de mettre la capitale de la France et, du même coup, sa destinée à la merci de l'envahisseur. Il aurait suffi, quelque part, d'une fausse manœuvre ou d'une défaillance pour que l'ensemble fût disloqué. Alors, c'eût été la retraite derrière la Loire, le repli dans leurs îles de nos alliés anglais, le défilé des troupes allemandes sous l'Arc de Triomphe de l'Étoile et, sans doute, pour finir, une paix de démembrement.

Mais, telles étaient la cohésion et la résolution des nôtres que des débuts aussi mauvais ne les avaient pas ébranlés. Ainsi mesurait-on, soudain, ce que valent pour une nation l'ordre et la discipline militaires. Dans les premiers jours de septembre, il n'était pas un seul combattant qui tînt la partie pour perdue. En même temps, dans l'union sacrée, proclamée par Poincaré, quelle que fût à l'intérieur l'angoisse publique et lors même que le Gouvernement ait dû s'installer à Bordeaux, aucune intrigue politique, aucun trouble administratif, aucun mouvement populaire, ne contrariaient, en quoi que ce soit, le redressement attendu.

Or, si la guerre sanctionne impitoyablement les déficiences et les défaillances, elle ne ménage pas le succès à la valeur et à la vertu. Ce fut la fortune de la France que son armée, demeurée solide en dépit du revers initial, eût alors à sa tête un chef qui ne perdit point l'équilibre. Joffre, à son quartier général, installé successivement à Vitry-le-François, à Bar-sur-Aube, à Romilly, avait vu se succéder les mauvais coups qui le frappaient en même temps que ses soldats : extension au nord de la Meuse du mouvement tournant de l'ennemi, échec de notre offensive en Alsace, en Lorraine, dans les Ardennes et à Charleroi, repli précipité sur l'Aisne et, ensuite, sur la Marne de tout notre dispositif à l'ouest de Verdun. Mais la maîtrise de soi, la lucidité, l'obstination, qui marquaient essentiellement sa puissante personnalité, préservèrent le Général Joffre de ce renoncement du chef par où passe toujours le désastre. Au contraire, dès qu'il eut discerné l'effondrement de son plan, il se dressa vis-à-vis de lui-même et vis-à-vis des autres comme d'autant plus résolu à l'emporter sur de nouvelles bases.

A peine perdue la bataille des frontières, il avait fixé son dessein: porter l'effort principal à gauche au lieu que ce fût à droite, prélever partout ce qu'il fallait pour changer en conséquence la répartition des forces, différer coûte que coûte l'offensive jusqu'à ce que cela fût fait, mais alors la déclencher d'un bout à l'autre et sans restrictions ; en attendant, résister à toutes les pressions, objurgations et péripéties et imposer son autorité pour maintenir la cohésion. Il se trouva que le comportement du Généralissime répondait à celui de l'armée et de la nation. Ainsi, après des événements qui auraient pu nous mettre en pièces, allions-nous, par un subit et étonnant retournement, aborder le choc décisif dans l'harmonie et l'espérance.

Or, en même temps, c'était la discordance qui se faisait sentir chez l'ennemi. Sous le commandement lointain et incertain du Général Von Moltke, les circonstances concouraient à placer en état d'infériorité l'armée allemande au moment même où elle croyait tenir déjà la victoire. Tandis que, pour notre adversaire, tout dépendait de sa droite, dont son plan avait, d'ailleurs, voulu qu'elle fût aussi puissante que possible, c'est elle, précisément, qui en l'espace de dix jours était devenue sa faiblesse. Trop assuré de l'issue des opérations en France après l'avoir emporté sur les frontières, le Commandement allemand avait prélevé, pour repousser l'invasion russe en Prusse orientale, quatre corps d'armée sur son aile marchante. En outre, celle-ci, dont les chefs n'imaginaient pas que les Français fussent capables de se rétablir et de monter, à leur tour, une manœuvre d'envergure, commettait la faute insigne de changer sa direction de marche en offrant son flanc aux forces que Joffre avait, tout justement, rassemblées autour de la capitale. Pour nous, c'était le moment, ou jamais ! Gallieni, gouverneur de Paris, le vit et en rendit compte. Le Généralissime saisit aussitôt l'occasion. Le 6 septembre, sur tout le front, nos forces passèrent à l'attaque.

On sait comment la droite allemande, débordée à l'ouest de l'Ourcq par Maunoury, impuissante à rompre dans les marais de Saint-Gond la résistance de Foch, désunie en deux tronçons par l'avance de French et de Franchet d'Esperey au nord de la Marne dans la région à l'est de Meaux, était, le 9 septembre, contrainte de se replier. On sait que, pendant ce temps, Langle de Cary en Champagne et Sarrail autour de Verdun avaient d'abord maintenu leurs positions, ensuite saisi l'avantage, tandis qu'en Lorraine Castelnau et, dans les Vosges, Dubail étaient demeurés inébranlables. On sait que, le 10 septembre, le Haut-Commandement allemand, tirant les conséquences d'une situation bouleversée de fond en comble, ordonnait la retraite générale à l'ouest de Verdun. On sait enfin que l'ennemi, poursuivi par nos troupes quelle que fût leur fatigue, se rétablissait avec peine sur la ligne Noyon-Laon-Rethel-Stenay, sans aucune possibilité de la franchir avant longtemps. Reims libéré devenait, dès lors, pour tout le reste de la guerre et au prix de terribles destructions, un môle glorieux de notre front.

La France et son armée avaient vaincu sur la Marne. Si elles avaient dû, au départ, payer cher l'habituelle illusion nationale qui croit pouvoir fonder l'action sur le système et la théorie en passant outre aux réalités et qui avait entraîné de graves lacunes de matériel et de cruelles erreurs stratégiques et tactiques, voici qu'en revanche, pendant les cinq grandes journées de septembre, tout avait compté de ce que l'une et l'autre s'étaient d'abord obligées à faire pour préparer l'épreuve d'un conflit, puis avaient su tirer d'elles-mêmes pour gagner la grande bataille. Mais, dès lors que la victoire eut fait passer dans l'âme du peuple et des soldats son frisson incomparable, le salut de la France dans cette guerre était assuré, quelles que pussent être les crises qu'il lui faudrait encore traverser avant le terme. Et quand, après un quart de siècle, d'immenses malheurs fondirent sur la patrie, c'est la confiance en son destin, enflammée sur la Marne en septembre 1914, qui inspira la foi et l'espérance de ceux qui ne renoncèrent pas. Tant il est vrai que, dans la vie d'un peuple, chaque action du passé entre en compte pour l'avenir. Il n'y a qu'une Histoire de France !

Vive la France !

10 SEPTEMBRE 1964

Le Général de Gaulle prend la parole lors d'une réception donnée au Palais de l'Élysée en l'honneur de l'ambassadeur du Maroc et de son épouse.

TOAST ADRESSÉ A S.E. M. CHERKAOUI, AMBASSADEUR DU MAROC, ET A S.A.R. LA PRINCESSE LALLA MALIKA

Monsieur l'Ambassadeur,
Monsieur le Ministre,

Votre départ pourrait nous attrister, car, dans la haute mission que vous venez d'accomplir, nous n'avons jamais cessé de voir et d'apprécier à la fois votre valeur de diplomate, vos qualités humaines et votre attachement à la cause de l'amitié du Maroc et de la France. Mais notre regret s'adoucit en pensant que la confiance de votre Souverain vous appelle auprès de Sa Personne et dans Son Gouvernement, au poste essentiel de ministre de l'Économie nationale et des Finances, et, qu'à ce titre, vous aurez à prendre votre large part dans le domaine, si important pour nos deux pays, de leur coopération.

Madame [1], je voudrais dire à Votre Altesse Royale, que ma femme, moi-même, ainsi que toutes celles et tous ceux qui, ici, ont eu l'honneur de vous approcher garderons un profond souvenir de la bonne grâce et de l'amabilité que vous avez toujours prodiguées. Nos meilleurs vœux, Madame, accompagnent aussi le jeune prince et la jeune princesse, vos enfants.

1. L'épouse de l'ambassadeur du Maroc est la sœur du roi Hassan II.

Je lève mon verre en l'honneur de Sa Majesté le Roi, à qui je vous demande, Monsieur l'Ambassadeur, de transmettre l'assurance de ma très haute et amicale considération.

Monsieur l'Ambassadeur, bien cordialement, je bois à Votre Excellence, à votre présent et à votre avenir.

21 SEPTEMBRE 1964

Du 21 septembre au 16 octobre 1964, le Général de Gaulle accomplit un voyage qui le conduit dans les dix États du continent sud-américain. A son arrivée au Venezuela, il prend la parole à l'aérodrome de Maiquatia.

RÉPONSE A L'ALLOCUTION DE BIENVENUE PRONONCÉE PAR S.E. M. R. LEONI, PRÉSIDENT DE LA RÉPUBLIQUE DU VENEZUELA

Monsieur le Président,

Pour la première fois dans l'Histoire, un chef d'État français se rend officiellement en Amérique du Sud, à l'invitation que vous lui avez adressée au nom du Gouvernement et du peuple vénézuéliens. C'est dire combien je souhaite que mon voyage marque le début d'une ère nouvelle dans les relations entre la France et les nations de ce continent, déjà unies par tant de liens historiques et culturels.

Le fait que votre pays se trouve être le premier à recevoir ma visite n'est pas dû à la seule géographie. Il correspond aussi à des données historiques. Moins éloigné de l'Europe que ses voisins, largement ouvert sur la mer Caraïbe et l'Atlantique, découvert dès 1498 par Christophe Colomb lui-même, le Venezuela devait être plus rapidement et plus profondément sensible aux influences européennes et particulièrement aux idées françaises de liberté, d'égalité et de fraternité. Aussi n'est-il pas surprenant de voir, dès 1806, quatre années avant le célèbre

« grito de Dolores »[1], un grand Vénézuélien, qui fut aussi un grand Français puisque son nom est inscrit sous les voûtes glorieuses de notre Arc de Triomphe, le Général Francisco de Miranda[2], essayer de libérer son pays de la domination étrangère. Sans doute le Venezuela devait-il attendre quinze ans encore avant d'obtenir son indépendance. Mais l'exemple donné par celui que vous appelez à juste titre « le Précurseur » allait être suivi par tous les pays du continent. Aujourd'hui, voici le Venezuela en plein essor de développement et d'autant plus sympathique à une France renouvelée.

Monsieur le Président, si vous le voulez bien, c'est sous le signe de cette communauté d'idéal et d'une amicale coopération que nous placerons notre rencontre. Je suis certain, pour ma part, qu'elle sera profitable à nos deux pays.

Vive le Venezuela !

21 SEPTEMBRE 1964

Le Général de Gaulle prend la parole à Caracas devant les membres du Parlement.

DISCOURS PRONONCÉ AU PARLEMENT DE CARACAS

Monsieur le Président,

Laissez-moi, tout d'abord, vous remercier des aimables paroles que vous venez de prononcer et auxquelles j'ai été profondément sensible. Laissez-moi vous dire aussi combien j'apprécie l'honneur qui m'est fait ici. Car je ne puis douter, Mesdames et Messieurs, que vous ayez voulu manifester l'amitié que la nation vénézuélienne ressent à l'égard de mon pays auquel l'unissent tant de liens intellectuels et sentimentaux.

1. Le « grito de Dolores » est le premier appel à l'indépendance des colonies espagnoles d'Amérique, lancé le 16 septembre 1810 par Miguel Hidalgo, curé de Dolores, au Mexique.

2. Le Général Francisco de Miranda (1752-1816) a quitté le service du roi d'Espagne pour s'engager dans l'armée de Rochambeau lors de la guerre d'Indépendance des États-Unis : il a exercé ensuite un commandement dans l'armée française sous la Révolution. Revenu en Amérique en 1806, il a tout de suite commencé à préparer la libération des colonies espagnoles.

Ni vous, Vénézuéliens, ni nous, Français, n'avons en effet oublié l'influence que les idées venues de France ont exercée naguère sur ceux de vos compatriotes qui prirent la tête du mouvement de l'indépendance. Depuis lors, en dépit des vicissitudes, il s'est toujours rencontré parmi vous un grand nombre d'hommes et de femmes qui ont su demeurer fidèles aux grands principes de liberté, d'égalité et de fraternité et qui n'hésitèrent pas à affronter la mort ou l'exil plutôt que de trahir leur idéal.

Leur courage et leur constance ont porté leurs fruits. Aujourd'hui, le Venezuela jouit de la stabilité constitutionnelle. Son peuple a donné, le 1er décembre dernier, un bel exemple de courage civique en se rendant massivement aux urnes [1]. La passation des pouvoirs présidentiels s'est effectuée dans l'ordre et la légalité. Les droits des citoyens, énumérés dans votre Constitution, qui ne leur a pas consacré moins de 73 articles, ont été et demeurent respectés. Il semble donc que vous pouvez regarder l'avenir avec confiance et vous consacrer à la tâche capitale de conduire votre pays dans la voie du développement économique et de la justice sociale.

Malgré la distance qui nous sépare, mais qui va en se réduisant, la France suit vos efforts, non seulement avec intérêt, mais encore avec amitié. Elle se souvient de la sympathie que le peuple vénézuélien lui a témoignée de tout temps, en particulier du soutien qu'aux heures sombres de la Deuxième Guerre mondiale il voulut apporter à la cause de la France Libre, de la joie qu'il a manifestée en apprenant la libération de Paris, ville où tant de vos compatriotes sont venus, depuis longtemps, compléter leur éducation et enrichir leurs connaissances au contact de ses penseurs, de ses artistes, de ses savants. Elle désire sincèrement vous apporter l'appui que vous pouvez souhaiter en ouvrant à vos étudiants et à vos chercheurs les portes de ses Universités, en envoyant ici ses techniciens, en favorisant enfin les investissements que ses entreprises peuvent être invitées à engager dans un pays comme le vôtre, si riche de possibilités industrielles et agricoles.

Au reste, cette coopération si souhaitable entre nos deux nations a déjà ses applications pratiques. Les centres franco-vénézuéliens de formation professionnelle s'efforcent d'être

1. Malgré les consignes et les menaces de l'extrême-gauche, 95 % des électeurs inscrits ont participé le 1er décembre 1963 à l'élection par laquelle M. Raoul Leoni a été porté à la présidence de la République du Venezuela.

utiles à vos travailleurs. Le Centre franco-vénézuélien de Documentation technique offre à vos chefs d'entreprise et à vos ingénieurs les informations qu'ils peuvent désirer sur les progrès réalisés en France dans le domaine de la science appliquée à l'industrie. Puisse cette action aller en s'amplifiant et permettre à nos deux peuples de mieux se connaître et de mieux s'apprécier en vue de leur progrès commun ! J'espère, à cet égard, que la mission économique française, qui se rendra au Venezuela dans quelques semaines, contribuera à notre rapprochement et au développement de nos échanges.

Mais vis-à-vis des autres peuples du monde, c'est-à-dire dans le domaine politique, il existe aussi entre nous de profondes ressemblances. Nos deux pays sont également attachés à la liberté, au respect de la personne humaine, au droit des peuples à disposer d'eux-mêmes. Sans doute croyons-nous que, pour mettre en œuvre les grandes transformations intérieures et extérieures qui s'imposent où que ce soit, les États ont, chacun suivant ses propres lois, le droit et le devoir de diriger. Mais nous ne saurions admettre, qu'au-dedans ils ôtent aux individus l'indépendance de leur pensée et de leur vie, ni qu'au-dehors ils commettent ou favorisent l'asservissement d'aucune nation, ni qu'ils supportent ailleurs que chez eux leur direction économique ou politique. C'est dire combien, Vénézuéliens et Français, nous sommes d'accord pour que toute oppression et toute hégémonie soient exclues de notre univers. Par là même, nous nous trouvons conduits à adopter une conception du monde telle que la solidarité s'y organise entre États de bonne volonté. N'était-ce pas là d'ailleurs l'idée qui, à l'échelle de l'Amérique, inspirait votre Libertador Bolívar[1] quand il convoquait la Conférence de Panama? Aujourd'hui, sans doute, Bolívar estimerait, comme nous-mêmes, qu'entre nations à qui tout commande de se rapprocher, l'océan Atlantique ne saurait être un obstacle à leur coopération. Combien est-ce vrai, d'abord, pour les Latins que nous sommes !

Attachés aux mêmes principes, héritiers d'un passé intellectuel commun, en plein accord quant à l'avenir, la France et le Venezuela peuvent et doivent élargir et approfondir leurs rapports. Il me semble que telle est, Mesdames et Messieurs, la signification de cette émouvante cérémonie.

1. Bolívar (1783-1830) a joué un rôle essentiel dans les guerres d'indépendance qui, au début du XIXe siècle, ont libéré les États d'Amérique latine de la domination espagnole.

21 SEPTEMBRE 1964

Le Général de Gaulle prend la parole lors d'une réception donnée en son honneur au ministère des Affaires étrangères par le Président de la République du Venezuela.

RÉPONSE AU TOAST ADRESSÉ PAR S.E. M. R. LEONIE PRÉSIDENT DE LA RÉPUBLIQUE DU VENEZUELA

Monsieur le Président,

Permettez-moi tout d'abord de vous remercier vivement de l'accueil si sympathique que vous-même, les autorités de ce pays et tout le peuple vénézuélien m'avez réservé depuis mon arrivée. J'en suis profondément touché. Comment n'y verrais-je pas la preuve des profondes affinités qui existent entre nos deux nations et aussi de la similitude de leurs buts dans la période de renouveau où est entré notre univers?

C'est, sans nul doute, votre courage à vous, Vénézuéliens, qui nous rapprocha tout d'abord. Car vous, non plus, n'avez jamais épargné votre sang lorsqu'il s'est agi de combattre pour la liberté. Nous savons que vos Généraux, Bolívar dont j'ai, ce matin, salué la grande mémoire, Sucre [1], d'autres encore, ont libéré, non seulement leur sol natal, mais aussi la Colombie, l'Équateur, le Pérou et la Bolivie. Nous savons ce que vous vous avez fait sur les champs de bataille de Boyaca, de Pichincha, d'Ayacucho, comme sur ceux de la Victoria et de Carabobo.

Mais nous savons aussi qu'avec un désintéressement exemplaire vous avez su respecter les aspirations des peuples que vous aviez affranchis et vous garder d'abuser de votre ascendant militaire pour contraindre leur politique.

Nombreux, d'ailleurs, furent mes compatriotes qui ont

1. Le Général Sucre (1793-1830) a joué un grand rôle dans les guerres d'indépendance de l'Amérique du Sud. D'origine vénézuélienne, il a été Président de la Bolivie.

combattu dans vos rangs pendant les guerres de l'Indépendance : 55 d'entre eux, sur un total de 250 étrangers, figurent en effet parmi ceux que vous appelez « Los Próceres de la Independencia »[1]. Ne croyez pas que, d'autre part, nous ayons oublié ceux des vôtres qui vinrent en France partager la gloire et les sacrifices de nos soldats de 1914-1918, tel le Colonel Sánchez Carrero, tué dans l'Argonne en 1917. Ne croyez pas, non plus, que j'aie moi-même perdu le souvenir du concours, qu'aux pires moments de la Deuxième Guerre mondiale, votre peuple voulut apporter aux efforts de la France Combattante.

Dévouement à la Liberté et respect des autres peuples, telles sont donc, en particulier, nos caractéristiques communes. Elles expliquent les relations étroites qui ont existé entre nous, surtout au siècle dernier, alors que vos hommes de lettres, vos artistes, vos savants, venaient nombreux chez nous pour partager notre culture, tandis que, par milliers, mes compatriotes — qui le sait mieux que vous, Monsieur le Président ? — adoptaient votre patrie pour la leur et mettaient à son service leur travail et leur valeur.

Aujourd'hui, après un éloignement relatif de plusieurs années dû aux secousses du drame mondial récent, la France est à nouveau présente au Venezuela. Elle y apporte, vous le savez, non point l'ambition d'intriguer et de dominer, mais celle de comprendre et d'être utile. Ainsi l'aide qu'elle peut fournir ne constitue un danger pour personne. Mais, puisqu'une nouvelle ère a commencé pour le monde, celle de la coopération, il est juste et il est sain que les pays qui, comme la France, possèdent l'expérience du développement économique, technique et culturel la mettent au service de nations qui ont pu être moins vite favorisées par la nature ou par l'Histoire et qui sont, à tous égards, ses amies. Or, le Venezuela a fait, au cours de ces dernières années et maintenant continue de faire, sous l'impulsion lucide et énergique de l'homme d'État que vous êtes, des progrès si considérables dans tous les domaines de son développement, notamment pour ce qui concerne la formation de ses élites, que la France ne peut manquer d'être frappée et attirée par l'œuvre entreprise ici. Les liens que nos deux pays peuvent nouer ou approfondir dans ce domaine ne procèdent donc que de la sympathie qui les porte l'un vers l'autre et ne tendent, dans le monde d'aujourd'hui, qu'au bien des hommes, à l'équilibre entre les nations et, en définitive, à la paix.

1. Les hommes illustres de l'Indépendance.

C'est dans l'espoir de voir s'étendre la coopération pratique et amicale du Venezuela et de la France que je lève mon verre en l'honneur de Son Excellence Monsieur le Président Raoul Leoni, Président de la République du Venezuela, en l'honneur de Madame Leoni, à qui nous sommes, ma femme et moi, très reconnaissants de son aimable accueil, en l'honneur de la coopération amicale du Venezuela et de la France.

22 SEPTEMBRE 1964

Accueilli à l'aérodrome de Eldorado, à Bogota, par le Président de la République de Colombie, le Général de Gaulle répond à l'allocution de bienvenue qui lui a été adressée par celui-ci.

RÉPONSE A L'ALLOCUTION DE BIENVENUE PRONONCÉE PAR S.E. M. L.-G VALENCIA, PRÉSIDENT DE LA RÉPUBLIQUE DE COLOMBIE

Monsieur le Président,

Dans les paroles si chaleureuses que vous venez de prononcer, je reconnais une profonde sympathie pour mon pays et je vous en remercie.

Laissez-moi vous dire l'émotion que j'éprouve moi-même en atterrissant ici. Ce magnifique aérodrome de l'Eldorado porte un nom qui fit rêver beaucoup d'hommes dans le passé ! Pourtant, je le vois très moderne et conçu pour s'adapter à tous les développements que peut lui réserver l'avenir.

Il y a là, me semble-t-il, comme un symbole de ce que sont nos deux pays, nourris d'anciennes traditions et, en même temps, tournés vers le progrès.

Tels sont, Monsieur le Président, l'idée et le sentiment qui remplissent mon esprit et mon cœur en venant en Colombie.

Vive la Colombie !

22 SEPTEMBRE 1964

Le Général de Gaulle prend la parole lors d'une réception donnée en son honneur au Palais San-Carlos, à Bogota, par le Président de la République de Colombie.

RÉPONSE AU TOAST ADRESSÉ PAR S.E. M. L.-G. VALENCIA, PRÉSIDENT DE LA RÉPUBLIQUE DE COLOMBIE

Monsieur le Président,

C'est un honneur et un bonheur pour moi de répondre, ce soir, au Président de la République de Colombie et de le remercier de ses paroles magnifiques comme de son excellent accueil. Je m'en félicite d'autant plus, qu'en le faisant, je m'adresse à un éminent homme d'État et, aussi, à un ami de la France, comme le fut d'ailleurs son père, poète illustre et si profondément sympathique à mon pays.

Mais comment ne ressentirais-je pas aussi ce qu'il y a d'émouvant pour le Président de la République française à élever la voix dans ce palais historique? Car, c'est à partir d'ici que la Colombie s'est formée en unissant deux races confondues. Ici, Bolivar pensa, voulut et agit, non sans y connaître des heures bien dramatiques. D'ici, part et rayonne l'impulsion grâce à laquelle votre noble nation marche à présent vers le progrès où l'appelle l'époque moderne. Or, qu'il s'agisse des imposants souvenirs que vous a laissés le passé ou des grandes espérances que vous offre l'avenir, mon pays est tout près du vôtre.

On dirait qu'il y a comme un privilège mystérieux dans les sentiments réciproques de la France et de l'Amérique latine. Sans doute, une cordialité naturelle et des échanges assez réguliers les rapprochent-ils l'une de l'autre. Mais nous savons et sentons tous qu'il s'agit de bien autre chose. En vérité, il existe entre vous et nous, pour tout ce qui concerne l'âme et l'esprit et, par conséquent, la manière de considérer le destin de l'homme et du monde, une communauté élémentaire qui nous met instinctivement d'accord et nous dispose à agir de concert. Cela, combien profondément nous venons de le sentir au milieu de l'accueil, émouvant au-delà de toute expression, que la population de Bogota vient de faire à la France à travers la personne de son Chef d'État !

Tel est, assurément, l'effet d'une même civilisation partagée sans aucune éclipse, d'une philosophie développée en commun depuis deux siècles, de rapports multiples et prolongés en fait d'art, de pensée, de lettres.

C'est d'ailleurs pourquoi, nous, Français, souhaitons étendre et approfondir les liens qui, à cet égard, nous unissent à la Colombie, l'Athènes de votre continent. Mais il semble qu'une sorte d'appel particulier nous porte, en même temps, vous et nous, à travailler pratiquement ensemble dans tout ce que nous commande de construire le mouvement général du monde, autrement dit dans notre développement scientifique, technique et matériel. A cela, également, la France est prête, dans la mesure de ses moyens et de vos propres désirs. Il va de soi que cette coopération culturelle et économique implique, pour être féconde, une entente politique fondamentale.

Or, cette entente existe, à coup sûr, dans son principe. Un monde équilibré, où aucune domination ne puisse dicter sa loi, où chaque peuple dispose effectivement de lui-même, c'est-à-dire de ses forces, de ses ressources, de son action, où l'effort international, surmontant les conflits des idéologies et les heurts des ambitions, s'organise pour le progrès général, le bien des hommes et la paix, tels sont les buts communs de nos deux pays. Sachons les faire valoir ensemble.

Je lève mon verre, en l'honneur de Son Excellence Monsieur Valencia, Président de la République de Colombie, en l'honneur de la Colombie, ancienne et jeune amie de la France.

23 SEPTEMBRE 1964

Le Général de Gaulle prend la parole à Bogota devant les membres du Parlement colombien.

DISCOURS PRONONCÉ AU PARLEMENT DE BOGOTA

Monsieur le Président,

En vous remerciant des émouvantes paroles d'accueil que vous venez de m'adresser, je veux vous déclarer, qu'en la personne des représentants du peuple colombien, c'est une nation libre et indépendante que je suis venu saluer ici au nom de la France. Car, si l'on voulait résumer ce que mon pays a fait, de tout temps, au profit des autres et ce qu'il croit, plus que jamais, nécessaire à l'équilibre et à la paix du monde, il suffirait, je le crois bien, de dire : indépendance et liberté. Qui le sait mieux que vous, Colombiens, qui, ayant tout d'abord, à travers l'Espagne, puisé votre formation aux sources européennes, latines et chrétiennes qui furent les nôtres, avez, depuis deux siècles, tiré vos grands mouvements d'affranchissement et de transformation des principes et des enthousiasmes de notre Révolution?

Oui ! C'est guidés par cet idéal que vous avez su former un peuple et bâtir un État, malgré les difficultés immenses de la nature, sur une terre aussi accidentée et aussi étendue que la vôtre et malgré les influences hostiles qui se sont si souvent et si durement exercées à votre encontre. C'est en vertu de cette impulsion qu'aujourd'hui vous êtes en marche, en dépit des mêmes obstacles, pour adapter votre pays aux conditions du monde moderne.

La France, de son côté, après avoir subi la série des terribles épreuves de deux guerres mondiales et traversé ensuite quelques incertitudes avant de choisir sa route, est, à présent, résolue et appliquée à faire surgir d'elle-même un pays rajeuni, plus fort, plus prospère et plus fraternel. Sans renoncer à ses traditions, elle veut tirer sa rénovation d'un vaste effort scientifique, technique, économique et social, lequel exige naturellement l'action continue et impartiale de l'État et, du même coup, des institutions démocratiques solides et stables. Mais elle entend que l'avance ainsi réalisée soit, au-dedans, le profit de tous et, au-dehors, un moyen d'aider les peuples qui le souhaitent. Car elle sait, par une longue expérience, que ce qui est vrai de la paix, dont Murillo Toro [1] disait : « lo que no es justicia es iniquidad » [2], l'est également du progrès.

Ainsi la France nouvelle et la jeune Colombie sont-elles à présent, me semble-t-il, mieux disposées que jamais à comprendre et à coopérer, dans l'œuvre de transformation que leur commande notre siècle, comme elles le furent naguère à l'aurore de votre indépendance, quand Bolivar méditait sur les idées de Voltaire et de Rousseau, quand Nariño [3] répandait la Déclaration des droits de l'homme, quand les trois fils de Girardot allaient mourir pour votre pays.

J'ai parlé de transformation. Car ce sont bien, en effet, des changements pratiques et méthodiques qu'il s'agit, désormais, de réaliser. Mais, justement, dans les domaines qui s'appellent la culture, la technique et l'économie et dont chacun est lié aux deux autres, le champ est largement ouvert à nos efforts conjugués. Déjà, la France se félicite de l'accueil que vous faites à ses professeurs dans vos universités et dans l'importante institution qui porte ici le nom de Pasteur. Déjà vos experts et les nôtres collaborent au Service national de formation professionnelle, dans « la Savane » de Bogota, dans votre École d'administration. Déjà Français et Colombiens travaillent ensemble à des travaux ou dans des entreprises intéressant le développement de votre pays, appelé, par ses ressources, à un si brillant avenir. Laissez-moi vous dire que la France, dans la mesure de ses moyens et compte tenu de ses charges, est toute disposée, si tel est votre désir, à accroître ces amicales relations, certaine que la Colombie lui revaudra son concours mais convaincue, en même temps, de ce qu'il y a de fécond et d'exemplaire au sein du monde d'aujourd'hui dans la coopération d'un peuple comme le vôtre et d'un peuple comme le sien. Car, au milieu des oppositions, des ambitions et des litiges politiques et idéologiques qui divisent la race des hommes, la seule voie qui puisse la préserver du malheur c'est celle de la fraternité.

1. Murillo Toro, Président de la République de Colombie de 1863 à 1866.

2. Ce qui n'est pas justice ne peut être qu'iniquité.

3. Antonio Nariño (1765-1823). Homme politique colombien qui proclama en 1813 la rupture avec l'Espagne.

Monsieur le Président, Mesdames, Messieurs, en entrant dans cette enceinte, j'ai pu voir la fresque symbolique qui représente les grands hommes de votre passé descendant parmi vous pour inspirer vos débats. Je suis sûr que ma propre visite et la si cordiale réception que vous m'avez faite répondent entièrement à l'esprit qui l'inspira, parce que le rapprochement plus étroit de la Colombie et de la France est conforme aux événements de leur Histoire, aux conditions de leur présent, aux perspectives de leur avenir.

24 SEPTEMBRE 1964

Accueilli à l'aéroport de Quito par le Président de la Junte de Gouvernement de la République de l'Équateur, le Général de Gaulle répond à l'allocution de bienvenue qui lui a été adressée par celui-ci.

RÉPONSE A L'ALLOCUTION DE BIENVENUE PRONONCÉE PAR S.E. M. LE CONTRE-AMIRAL L.R. CASTRO-JIJON PRÉSIDENT DE LA JUNTE DE GOUVERNEMENT DE LA RÉPUBLIQUE DE L'ÉQUATEUR

Monsieur le Président de la Junte de Gouvernement,

Les paroles de bienvenue que vous venez de prononcer m'ont vivement touché et seront profondément ressenties par le peuple français. En arrivant en Équateur, j'éprouve aussitôt l'impression de rencontrer des amis de la France, lointains sans doute, mais que le sentiment a toujours rapprochés de nous et, qu'aujourd'hui, le mouvement du monde tend à unir plus étroitement à mon pays. Je suis sûr que ma visite permettra de resserrer les liens affectifs et pratiques qui nous unissent déjà. En ce cas, ce sera, sans nul doute, un service que l'Équateur et la France rendront ensemble au progrès et à la paix de tous.

Vive l'Équateur !

24 SEPTEMBRE 1964

Le Général de Gaulle s'adresse en espagnol à la population de Quito, du balcon du Palais national.

ALLOCUTION PRONONCÉE A QUITO

Ecuatorianos !

Saludo al Ecuador en nombre de Francia.

A pesar de las distancias, que próximos están nuestros dos paises, tanto por la mente como por el alma !

Mucho tiempo aislado en sus montes, el pueblo ecuatoriano participa hoy en todas las corrientes del mundo. Con sus tierras fecundas, con sus hombres preparados y valientes, el Ecuador quiere que su destino sea de independencia y de progreso.

En cuanto a Francia, ya sabéis quien es. Conocéis los esfuerzos que ha hecho en el curso de su Historia por la libertad de los pueblos. Sabéis que en nuestro siglo, Francia trata de ayudar a los demás a avanzar por el camino de la civilización.

Asímismo, el Ecuador y Francia tienen hoy, más que nunca, todo lo que se requiere para un mutuo entendimiento, para avenirse y para cooperar.

Viva El Ecuador !

TEXTE FRANCAIS

Equatoriens !

Je salue l'Équateur au nom de la France.

Ah ! comme nos deux pays, malgré les distances, sont proches l'un de l'autre par l'esprit et par le cœur !

Longtemps isolé dans ses montagnes, le peuple équatorien participe maintenant à tous les courants du monde. Avec ses terres fécondes, avec ses hommes valables et courageux, l'Équateur veut que son destin soit l'indépendance et le progrès.

Quant à la France, vous savez qui elle est. Vous savez quels efforts elle a faits dans son Histoire pour la liberté des peuples. Vous savez, qu'en notre siècle, elle tâche d'aider les autres à avancer dans la civilisation.

Ainsi, l'Équateur et la France ont, aujourd'hui plus que jamais, tout ce qu'il faut pour se comprendre, s'entendre et coopérer.

Vive l'Équateur !

24 SEPTEMBRE 1964

Le Général de Gaulle prend la parole lors d'une réception donnée en son honneur au Palais national de Quito par la Junte de Gouvernement de la République de l'Équateur.

RÉPONSE AU TOAST ADRESSÉ PAR S.E. M. LE CONTRE-AMIRAL L.R. CASTRO-JIJON, PRÉSIDENT DE LA JUNTE DE GOUVERNEMENT DE LA RÉPUBLIQUE DE L'ÉQUATEUR

Monsieur le Président,
Messieurs les Membres de la Junte de Gouvernement,

En répondant, au nom de la France, à vos aimables paroles, je dois d'abord laisser parler mon cœur. C'est, qu'en effet, les relations entre nos deux peuples furent toujours et demeurent avant tout celles de l'attrait, de l'estime et de l'affection réciproques.

De là, les relations intellectuelles et morales établies entre eux, voici deux siècles, quand La Condamine, envoyé par l'Académie des sciences de Paris, vint à Quito pour y mesurer l'arc du méridien et que votre pays prit de ce fait le nom de l'Équateur, relations ininterrompues depuis lors comme en témoignent, par exemple, la mémoire de Pedro Vicente Maldonado [1], compagnon de La Condamine, celle de Juan Montalvo [2] qui disait : « Para honra, para gloria, para orgullo del mundo, es preciso que Francia viva y levante la cabeza » [3], les travaux de la première mission universitaire française venue ici vers la fin du siècle dernier, le souvenir de Paul Rivet [4] dont l'Équateur était la seconde patrie, etc. C'est de là que jaillit chez vous la flamme de la sympathie dont vous nous avez soutenus lors de nos propres épreuves au cours des deux guerres mondiales. Comment pourrais-je moi-même oublier que l'Équateur fut l'un des premiers pays à reconnaître le Gouvernement français issu de la Résistance, tandis que tant de vos concitoyens apportaient leur concours actif à mon pays en péril, notamment par les Comités de la France Libre de Quito et de Guayaquil?

Mais, à cette confiance que vous nous avez montrée, sachez que répond la nôtre. Celle-ci nous est inspirée, non seulement par le sentiment, mais aussi par une appréciation positive de vos moyens et de vos capacités. L'Équateur, qui est traversé du nord au sud par la Cordillère des Andes, qui, par conséquent, combine trois pays en un seul et qui connaît tous les climats, possède des terres d'une extraordinaire fécondité, aux productions les plus variées et de la plus haute qualité. Nos experts estiment que votre pays pourrait nourrir dans l'aisance une population d'au moins vingt millions d'habitants. Déjà, d'ailleurs, sous la direction et l'impulsion de votre éminente Junte, vous êtes en train de mettre en œuvre vos ressources et vous le faites avec la volonté que l'enrichissement national soit réparti de telle sorte que le peuple tout entier accède à une prospérité, à une sécurité et à une dignité plus grandes. Cela aussi, laissez-moi le dire, suscite chez nous, Français, un intérêt particulier à l'égard de votre effort. La France n'en est que plus disposée à resserrer et à multiplier, dans la mesure de ses moyens et pour autant que vous le souhaitiez vous-mêmes, les relations culturelles, techniques et économiques qu'elle pratique avec l'Équateur.

1. Pedro Vicente Maldonado, membre de l'Académie des sciences de Paris et de celle de Madrid, participa en 1736 aux travaux de la mission de La Condamine, chargée de mesurer l'arc du méridien.

2. Juan Montalvo (1833-1889), écrivain équatorien qui mourut en exil en France après avoir combattu la dictature de Garcia Moreno (1869-1875).

3. Pour l'honneur, pour la gloire, pour l'orgueil du monde, il est nécessaire que la France vive, et qu'elle relève la tête.

4. Paul Rivet (1876-1958), anthropologue français, président de la Société des Américanistes, fondateur de l'Institut d'ethnologie de Bogota. Député à l'Assemblée Nationale de 1946 à 1951.

Mais, ce qui se produit chez vous dans le domaine du progrès moderne, n'est, en somme, que l'une des manifestations d'un événement essentiel de notre temps. Je veux parler de l'apparition de l'Amérique latine au premier plan de la scène du monde. Oui ! cet immense continent, pourvu qu'il veuille et sache s'organiser et agir par lui-même et pour lui-même, est en train d'apporter dans la vie internationale, aujourd'hui une activité, demain une puissance et une influence, qui vont peser lourd dans le destin de notre univers. La France, soyez-en certains, salue cet avènement avec joie et avec confiance. Elle y voit, en effet, un élément qui, au même titre et en même temps que l'unité de l'Europe, est désormais nécessaire à l'équilibre général. Elle y voit aussi un renfort décisif de notre latinité à l'avantage de tous les hommes.

Je lève mon verre en votre honneur, Monsieur le Président et Messieurs les membres de la Junte de Gouvernement, en l'honneur de l'Équateur, en l'honneur de l'amitié de votre pays et du mien.

25 SEPTEMBRE 1964

Le Général de Gaulle s'adresse en espagnol à la population de Lima, du balcon du Palais municipal.

ALLOCUTION PRONONCÉE A LIMA

Peruanos !

Francia, tierra de Historia y de civilización, saluda al Perú, heredero de nobles tradiciones y animado por su afán de renovación.

Francia saluda al Perú aquí en Lima, capital celebrada desde que América apareció en la escena mundial, Lima que es « la Linda » y la moderna !

Hace tiempo ya que la Francia de la paz y del progreso ama y respeta al Perú del progreso y de la paz. Hoy en día, Francia ofrece al Perú una cooperación todavía más estrecha por la libertad, la igualdad y la fraternidad de los hombres !

Viva el Perú !

TEXTE FRANCAIS

Péruviens !

La France, terre d'Histoire et de civilisation, salue le Pérou, héritier de nobles traditions et tourné vers le renouveau.

La France salue le Pérou à Lima, capitale célèbre depuis que l'Amérique est entrée sur la scène du monde, Lima qui est « la Linda »[1] et la moderne !

Il y a longtemps que la France de la paix et du progrès aime et estime le Pérou du progrès et de la paix. Aujourd'hui, la France offre au Pérou de coopérer plus étroitement encore avec elle pour la liberté, l'égalité et la fraternité des hommes.

Vive le Pérou !

26 SEPTEMBRE 1964

Le Général de Gaulle prend la parole à Lima, devant les membres du Sénat et de la Chambre des députés de la République du Pérou.

DISCOURS PRONONCÉ DEVANT LE PARLEMENT A LIMA

Monsieur le Président,
Mesdames et Messieurs les Sénateurs et les Députés,

C'est un honneur émouvant pour moi que d'être reçu de manière aussi solennelle et aussi chaleureuse par les représentants du peuple péruvien. C'en est un également que d'avoir entendu les paroles que M. le Président Freundt Rosell, puis M. le sénateur

1. La Jolie.

Sanchez et Monsieur le député Chavez Riva viennent de prononcer au sujet de la France. Laissez-moi vous remercier de ceci et de cela. Mais aussi laissez-moi vous dire combien le Président de la République française est heureux de saluer votre Parlement, héritier de l'esprit de liberté et de démocratie qui, naguère, anima les héros de votre indépendance : les Melgar [1], les San Martín [2], les Bolivar et les Sucre, qui inspira ensuite vos grands législateurs, comme par exemple Castilla [3], et qui, aujourd'hui, vous conduit, vous qui êtes en train d'accomplir des réformes essentielles à la mise en œuvre des ressources humaines et naturelles du Pérou.

L'espèce de communauté d'idéal et de sentiments qui s'est ainsi créée entre nos deux pays, qu'a démontrée l'influence exercée par la Révolution française sur vos institutions et sur votre politique, qui nous a amenés nous-mêmes, depuis tantôt deux cents ans, en dépit des crises dramatiques qui se sont succédé dans notre vie nationale et internationale, à vous tenir pour des amis dont les actes et les pensées suscitaient chez nous un intérêt tout particulier, qui a été à la source du soutien que la France Combattante trouva ici aux pires moments de la dernière guerre mondiale et de l'allégresse unanime qui souleva votre capitale, vos villes et vos campagnes à l'annonce de la libération de Paris, qui s'est manifestée avec éclat à l'occasion de la visite que nous fit en 1960 M. le Président Prado [4], voici qu'elle éclaire et qu'elle renforce aujourd'hui les bonnes raisons pratiques que nous avons de resserrer nos relations.

Il se trouve, en effet, que la France, ayant guéri ses blessures et accompli son redressement, est engagée désormais au-dehors dans une politique de progrès et de solidarité. A vrai dire, les principes de cette politique ne sont autres que ceux qui, traditionnellement, répondent à son génie et qu'elle a bien souvent défendus, notamment quand la France Libre affirmait à Brazzaville le droit des peuples à disposer d'eux-mêmes et le devoir de la France de poursuivre sa mission séculaire de libération humaine, quand la République française changeait ses rapports de colonisation en aide amicale portée à des pays devenus indépendants, quand le Gouvernement de Paris prenait position,

1. Poète péruvien qui périt à 25 ans, exécuté par les Espagnols au moment des guerres de l'Indépendance.

2. Le Général San Martín (1778-1850), un des héros des guerres de l'Indépendance.

3. Ramón Castilla fut Président de la République du Pérou de 1845 à 1851 et de 1855 à 1856.

4. Voir *Discours et Messages*, T. III, p. 168..

lors des débats sur l'organisation du commerce international, pour la stabilité des prix des matières premières, en particulier de ceux des produits agricoles tropicaux. Mais, il se trouve aussi que ces mêmes principes inspirent, dans le monde d'à présent, le mouvement général qui porte les peuples, par-dessus les idéologies et les hégémonies, dans la voie du développement moderne qui est celle de l'indépendance, du progrès économique, culturel et social et de la coopération mutuelle.

Cette coopération, la France, certes, la préconise. Mais aussi elle la pratique. On sait qu'elle est actuellement, de toutes les puissances du monde, celle qui consacre à aider les autres la plus grande proportion de son revenu global. Assurément, ses charges sont lourdes et ses moyens limités. Mais l'avance qu'elle accomplit dans maints domaines du progrès moderne et qui se conjugue avec ses anciennes et naturelles capacités la met à même d'apporter aux peuples qui le désirent un concours spécialement efficace s'il s'agit d'y former, aux points de vue scientifique, culturel et technique, des hommes destinés à conduire, aux divers échelons sociaux, le développement national. Cet appui qui, au demeurant, n'exclut nullement, mais au contraire favorise, une participation à l'équipement des pays intéressés, nous croyons le moment venu de l'offrir plus largement à l'Amérique latine pour des raisons qui s'appellent : l'amitié que nous lui portons, la connaissance que nous avons de son immense potentiel, enfin le désir qui est le nôtre de la voir apparaître au premier plan de la scène du monde comme un élément essentiel de l'équilibre et de la paix.

Or, le Pérou, qui succéda sur son territoire au prestigieux empire Inca, qui a su jadis conquérir son indépendance et entend bien la maintenir, qui s'impose une stabilité économique et financière remarquable, qui réalise activement sur son sol l'infrastructure indispensable à son développement, qui s'applique à faire en sorte que le progrès collectif soit à l'avantage de chacun et qu'il devienne, suivant le mot impressionnant du Président Belaunde : « la conquista del Perú por los Peruanos » [1], est sans nul doute, sur votre continent, un État de grand avenir. Ces conditions pratiques, jointes à toutes les affinités humaines qui le relient à mon pays, disposent la France, pour sa part, à accroître, dans la mesure où elle le peut et où vous le souhaitez, les rapports de coopération qui existent heureusement déjà entre elle-même et le Pérou.

1. La conquête du Pérou par les Péruviens.

Dans le monde plein de changements et de périls, mais aussi d'espoirs, où nous vivons, plus deviendront solidaires à tous égards un peuple comme le Pérou et un peuple comme la France, mieux sera servie la cause qui, seule, peut et doit unir un jour le monde, et qui est la cause de l'Homme.

26 SEPTEMBRE 1964

Le Général de Gaulle prend la parole lors d'une réception donnée en son honneur au Palais du Gouvernement de Lima par le Président de la République du Pérou.

RÉPONSE AU TOAST ADRESSÉ PAR S.E. M.F. BELAUNDE TERRY, PRÉSIDENT DE LA RÉPUBLIQUE DU PÉROU

Monsieur le Président,

En vous remerciant des aimables paroles que vous venez de m'adresser, je tiens à dire que j'en ai ressenti une profonde émotion. C'est la même émotion que j'avais éprouvée en mettant le pied sur le sol du Pérou, parce qu'il s'agissait du Pérou et que j'ai l'honneur d'être le Président de la République française, et c'est la même émotion qu'ont suscitée en moi, depuis cet instant, les marques innombrables de cordialité que le peuple péruvien a si généreusement prodiguées à la France et à moi-même. Ainsi se manifestent, à l'occasion de cette rencontre, l'estime et l'amitié que nos deux pays se portent l'un à l'autre et depuis longtemps, qui procèdent de notre communauté humaine, chrétienne, latine, d'idéal et de sentiments, qui se sont nourries à mesure des événements de notre Histoire et de la vôtre où vous et nous trouvons matière à sympathie, qui s'épanouirent en raison de nos rapports étroits dans le domaine de la culture. Mais, peut-être aussi, y a-t-il là l'effet d'une attirance quelque peu mystérieuse, comme si le destin devait appeler un jour la France et le Pérou à conjuguer leurs efforts.

Or, voici que le caractère de notre époque semble précisément inviter nos deux pays à resserrer leurs relations. Le Pérou, rempli de ressources naturelles et humaines, est actuellement saisi par le mouvement général qui porte le monde entier vers le progrès. De fait, à votre appel et sous votre éminente direction, Monsieur le Président, la République péruvienne est en train d'avancer dans la voie d'une transformation économique moderne, d'une culture originale et de l'amélioration des conditions d'existence de son peuple. En même temps, la France, sortie des cruelles épreuves qui l'avaient gravement meurtrie, dotée maintenant d'institutions fermes, stables et populaires, ayant transformé en féconde coopération avec de jeunes États indépendants la coûteuse colonisation de territoires africains qu'elle avait naguère pratiquée, a pris un essor nouveau. Pour peu que vous et nous fassions ce qu'il faut pour que nos élites se connaissent, se comprennent et se rapprochent davantage, quel champ de travail en commun, en fait de recherches scientifiques, de technique, d'enseignement et, par là même, de développement, s'ouvre à nos deux peuples amis !

La France, pour sa part et dans la mesure de ses moyens, y est d'autant plus disposée que, dans notre univers en pleine et difficile gestation, elle tient pour nécessaire à l'équilibre et à la paix que l'Amérique latine, s'accroissant en prospérité et, par conséquent, en puissance et en influence, fasse de plus en plus sentir son poids dans le domaine international. Combien mon pays le souhaite-t-il, notamment, pour le Pérou, dont la volonté d'indépendance, l'adhésion totale au droit de chaque peuple à disposer de lui-même, la conception d'un monde qui devrait s'organiser en fonction, non de ses rivalités mais de sa solidarité, pour servir la cause de l'Homme, sont tout justement les siennes. C'est dire que l'établissement de rapports plus étroits, dans l'ordre de la politique comme dans celui de la pratique, est, pour Lima et pour Paris, conforme tout à la fois au penchant de notre amitié et à l'ordre naturel des choses.

Je lève mon verre en l'honneur de Son Excellence Monsieur le Président Fernando Belaunde Terry, auquel nous sommes, ma femme et moi, reconnaissants de toutes les attentions qu'il nous a réservées, en l'honneur du Pérou, depuis toujours et pour toujours ami de la France.

28 SEPTEMBRE 1964

Le Général de Gaulle prend la parole lors d'une réception donnée en son honneur à Cochabamba par le Président de la République de Bolivie.

RÉPONSE AU TOAST ADRESSÉ PAR S.E. M. LE Dr. V. PAZ-ESTENSSORO, PRÉSIDENT DE LA RÉPUBLIQUE DE BOLIVIE

Monsieur le Président,

C'est la première fois dans l'Histoire de la Bolivie et dans l'Histoire de la France que le chef de l'État français a l'honneur de rendre visite à votre pays et d'y être reçu par le chef de l'État bolivien. Je veux dire, tout d'abord, combien, pour ma part, je me félicite de cet événement, qui, je le pense, marquera profondément chez nous, chez vous et ailleurs les actes et les esprits.

Pourtant, il n'y a, dans notre rencontre, rien qui ne corresponde à l'ordre naturel des choses. La Bolivie est, pour nous Français, un pays auquel nous ne pouvons porter que de l'estime et de l'amitié. Depuis des siècles, nous sommes intéressés par votre terre quelque peu mystérieuse et légendaire : l'empire des Incas dont Voltaire et bien d'autres nous ont dépeint l'étonnante grandeur, la montagne d'argent du Cerro de Potosi, une contrée que l'altitude de vos montagnes, l'âpreté de vos plateaux et l'étendue de vos plaines font à la fois très rude et magnifique, mais aussi un peuple vaillant et volontaire qu'y ont formé la conjonction des races après la conquête espagnole, une nation dont le nom est celui de Bolivar en mémoire de l'indépendance qu'elle a su, durement, conquérir et maintenir, un État, enfin, qui la représente telle qu'elle est et tout entière et qui, aujourd'hui, sous l'impulsion et la direction de l'homme d'État de premier ordre que vous êtes, Monsieur le Président, la conduit, à travers mille obstacles, vers sa transformation à l'appel du progrès moderne.

Quant à la France, nous savons que vous, Boliviens, avez pour elle une considération et un attrait particuliers, que les idées de notre Révolution ont, naguère, inspiré vos élites, que vous avez même — détail pour nous bien touchant ! — toujours joué notre Marseillaise, que notre culture vous a, depuis longtemps, paru, au point de vue de la pensée, des arts, des lettres, la plus haute et la plus complète, que dans toutes les crises que nous avons traversées vous ne nous avez jamais ménagé votre sympathie. Bref, il existe entre vous et nous, par-dessus les distances et en dépit des différences, un lien exceptionnel.

Or, il se trouve, qu'au temps et dans le monde où nous sommes, beaucoup de raisons engagent les Boliviens et les Français à se rapprocher, non seulement dans le domaine du sentiment, mais bien dans l'ordre pratique. Il se trouve que la Bolivie a entrepris, depuis sa révolution de 1952, et maintenant avec vous-même à sa tête, Monsieur le Président, un grand et difficile effort de développement afin de découvrir, de mettre en œuvre et d'organiser ses vastes ressources humaines et matérielles. Il se trouve que la France, ayant supporté les terribles épreuves des deux grandes guerres mondiales et les pénibles séquelles nationales et internationales qu'en dépit de la victoire il lui fallut surmonter, ayant, d'autre part, réussi à remplacer le pacte qui la liait à des territoires colonisés par des accords d'assistance conclus avec des États devenus indépendants, a pris un grand essor en fait de progrès économique et social.

Il semble donc que la coopération de votre pays et du nôtre visant à les associer, notamment au point de vue de la culture et de la technique, afin d'aider à la formation de ceux qui, chez vous, encadrent votre développement, sans préjudice de notre participation à vos travaux et entreprises, soit désormais tout indiquée. La France y est, pour sa part, disposée dans la mesure de ses moyens. D'autant plus que ce resserrement pratique des relations de nos deux Républiques répond à la politique qui, dans le monde d'aujourd'hui, nous semble devoir s'imposer.

Que chaque peuple dispose à tous égards de lui-même, afin que son avance en fait de civilisation soit effectivement la sienne. Qu'il fasse en sorte que son progrès soit celui de tous ses enfants pour susciter dans ses profondeurs les ardeurs et les capacités qui multiplient les efforts. Qu'il transforme en émulation créatrice et productrice par rapport aux autres nations ce qui fut et demeure trop souvent rivalité d'ambitions. Que les puissances qui en ont les moyens prêtent leur concours au développement des moins avantagées, cela suivant les affinités réciproques et sans qu'il y ait, sous aucune forme, intervention étrangère dans les affaires de qui que ce soit, voilà, en effet, quelles sont, pour la France, les conditions nécessaires de l'équilibre général, du progrès de tous et de la paix dans l'univers. C'est dans ce but et dans ce sens qu'elle appelle de ses vœux l'apparition de l'Amérique latine au premier plan de la scène économique et politique du monde et qu'elle entend y contribuer.

Je lève mon verre en l'honneur de Son Excellence Monsieur le Président Paz Estenssoro, Président de la République de Bolivie, en l'honneur de Madame Estenssoro, que nous remercions vivement, ma femme et moi, ainsi que ceux qui nous accompagnent, de toutes les attentions aimables qu'elle nous a prodiguées, en l'honneur de la Bolivie qui est l'amie de la France.

28 SEPTEMBRE 1964

Le Général de Gaulle s'adresse en espagnol à la population, du balcon de la Préfecture de Cochabamba.

ALLOCUTION PRONONCÉE A COCHABAMBA

Amigos míos de Bolivia !

Hoy Francia viene a veros.

Mi país saluda al vuestro de todo corazón, porque Bolivia, como Francia, es un pueblo muy antiguo. Bolivia, como Francia, tiene un pasado cargado de gloria y de dolores. Bolivia, como Francia, mira hoy hacia el progreso.

Porque sois un pueblo orgulloso, valiente, independiente y porque vuestro país, con su paisaje atormentado y grandioso, está colmado de recursos humanos y naturales, el pueblo francés tiene plena confianza en vuestro destino.

Viva Bolivia !

TEXTE FRANÇAIS

Mes amis Boliviens !

Aujourd'hui la France vient vous voir.

Mon pays salue le vôtre de tout son cœur. Car la Bolivie, comme la France, est un peuple très ancien. La Bolivie, comme la France, a un passé chargé de gloire et de peine. La Bolivie, comme la France, est tournée aujourd'hui vers le progrès.

Parce que vous êtes un peuple fier, courageux, indépendant, et parce que votre pays aux aspects grandioses et tourmentés est rempli de ressources humaines et naturelles, le peuple français a toute confiance dans votre destin.

Vive la Bolivie !

1er OCTOBRE 1964

Accueilli à l'aéroport de Valparaiso par le Président de la République chilienne, le Général de Gaulle répond à l'allocution de bienvenue qui lui a été adressée par celui-ci.

RÉPONSE A L'ALLOCUTION DE BIENVENUE PRONONCÉE PAR S.E. M. JORGE ALESSANDRI, PRÉSIDENT DE LA RÉPUBLIQUE CHILIENNE

Monsieur le Président,

Les paroles de bienvenue que vous venez de prononcer constituent un émouvant témoignage de la sympathie que le Chili porte à la France. Au nom de mon pays, je vous en remercie. A mon tour, j'adresse au Chili le salut amical de la nation française.

Depuis tantôt deux siècles, les esprits et les cœurs ont, chez vous et chez nous, cultivé le même idéal. Le grand mouvement de liberté, d'égalité et de fraternité, venu jadis de France pardessus les mers, trouva ici un écho héroïque. Personne, mieux qu'un Français, ne peut comprendre les sentiments et les volontés qui animèrent au Chili les combattants de l'Indépendance et qui, maintenant, entraînent votre peuple vers l'effort et le progrès humain. Le Président de la République française se félicite de pouvoir le dire spécialement à Valparaiso au contact de vos marins, dont les prédécesseurs jouèrent un rôle si glorieux dans l'affranchissement de leur patrie et qui, aujourd'hui, contribuent à sa protection.

Ainsi, Monsieur le Président, la visite que j'ai l'honneur de vous faire à votre aimable invitation commence-t-elle sous les meilleurs auspices. Nous sommes certains qu'elle renforcera la compréhension réciproque et l'amitié de nos deux pays.

Vive le Chili !

1er OCTOBRE 1964

ALLOCUTION PRONONCÉE A L'UNIVERSITÉ DU CHILI

Monsieur le Recteur,

Ayant entendu vos très aimables et très impressionnantes paroles, touché par l'accueil chaleureux que me font les maîtres et les étudiants, pénétré de ce que la visite du Président de la République française à l'Université du Chili a, sans nul doute, d'émouvant et d'exceptionnel, je me sens convaincu qu'il y a là, dans le domaine de l'esprit et du cœur, l'apparition au grand jour d'une sympathie profonde entre deux peuples et de leur désir instinctif de se tenir plus près l'un de l'autre au milieu du monde d'aujourd'hui.

Je vous en exprime mes plus vifs remerciements.

A vrai dire, il y a longtemps que, malgré les distances et les événements, la France et le Chili sont comme apparentés quant à la pensée, à l'art, à la doctrine. Vous et nous avons nos origines dans le même monde latin et chrétien. Vous et nous avons, en somme, puisé notre inspiration, intellectuelle, politique et sociale, à ces sources universelles que firent jaillir autrefois le mouvement de l'Enclyclopédie, puis la Révolution française. Vous et nous avons toujours voulu, pour nous-mêmes et pour les autres, cet état de libre arbitre, de dignité, de responsabilité, qui s'appelle l'indépendance. Vous et nous entendons contribuer à faire en sorte que le grand progrès actuel de la civilisation, loin de se perdre dans des oppositions d'idéologies périmées ou de servir d'instrument à des hégémonies injustifiées, aide chaque peuple à être lui-même, en l'affranchissant de la misère et de l'ignorance, et conduise tous les hommes à élever leur condition. Aussi, est-ce avec une haute estime et une particulière considération que je salue votre Université. Je sais, en effet, qu'elle assemble au sein de sa communauté les diversités locales, sociales, religieuses du Chili. Je sais de quel prestige la capacité de ses maîtres et la valeur de son enseignement jouissent dans toute l'Amérique latine. Je sais que ses facultés, ses instituts, ses bibliothèques, ses laboratoires, sont parfaitement organisés et équipés pour les études, les recherches et les applications dans toutes les branches du savoir. Mais aussi, je sais que se forme ici une jeunesse destinée à encadrer le Chili dans son effort de développement moderne.

Précisément, à cet égard, s'ouvre aujourd'hui à nos deux pays un large champ de coopération. La France, vous le savez, ayant réparé les pertes qu'en dépit de la victoire lui firent subir les deux guerres mondiales, réformé ses institutions pour que l'État soit à même d'exercer son rôle de direction avec la stabilité et la continuité nécessaires, liquidé ses charges de souveraineté vis-à-vis de ses anciennes colonies devenues, avec son cordial accord, des États indépendants, se trouve maintenant en plein essor. Qu'il s'agisse de recherche scientifique, ou de technique, ou de rendement économique, ou d'association de chaque catégorie sociale aux bénéfices de la collectivité, elle avance à grands pas. Dans ces domaines, dont tout dépend, peut et doit, me semble-t-il, s'établir un contact étroit des cadres chiliens et des cadres français, d'abord pendant leur formation, puis au cours de leurs activités. Certes, les affinités amicales des deux pays y trouveraient leur compte. Certes, l'avantage pratique en serait grand. Mais aussi, pourquoi ne pas le dire? cet effort délibérément organisé en commun par nos deux Républiques latines, l'une d'Amérique et l'autre d'Europe, serait un exemple entraînant et un changement important dans l'actuelle conjoncture internationale.

Pour combien comptera, en effet, dans le monde en profonde gestation qui est celui de notre époque, le fait d'y instituer et d'y proclamer un pareil rapprochement ! Car le moment semble venu où, par-dessus l'Océan, mais aussi par-dessus les idéologies rivales et les hégémonies concurrentes, et grâce à l'action conjuguée de l'Ancien Continent rajeuni et de nations grandissantes, comme celles de l'Amérique latine, doit s'établir l'équilibre nouveau qui assurera la paix et le progrès de l'univers.

1er OCTOBRE 1964

Le Général de Gaulle prend la parole lors d'une réception offerte en son honneur au Palais de la Moneda, à Santiago, par le Président de la République chilienne.

RÉPONSE AU TOAST ADRESSÉ PAR S.E. M. JORGE ALESSANDRI, PRÉSIDENT DE LA RÉPUBLIQUE CHILIENNE

Monsieur le Président,

Dans les nobles paroles que vous venez de prononcer, tout comme dans la sympathie manifestée au long du trajet qui m'a conduit par les rues et les places d'Arica, de Valparaiso et de Santiago, j'ai senti battre le cœur du peuple chilien auquel le peuple français est uni par le souvenir et par l'esprit.

Si j'en ai été ému, je n'en fus pas étonné. Jamais, en effet, la France et le Chili ne se sont opposés. Toujours, par contre, nos deux pays ont respecté les mêmes valeurs humaines et pareillement servi la liberté et la souveraineté nationales pour eux-mêmes et pour les autres.

Aussi, n'est-ce pas sans satisfaction que nous, Français, nous rappelons le concours que, jadis, certains de nos ancêtres ont apporté à la cause de votre indépendance, qu'il s'agisse, par exemple, des Gramuset et des Berney morts pour la cause du Chili, ou des officiers et soldats de notre Premier Empire qui combattirent dans les rangs de votre armée révolutionnaire, ou de Lamennais et de Louis Blanc qui comptèrent ici des disciples au point que vos barricades de 1851 parurent être la réplique de celles que Paris dressa en 1848. La France fut tout naturellement la première puissance européenne qui reconnut, dès 1831, le jeune État du Chili. En revanche, votre sympathie ne nous fit jamais défaut lors de nos grandes épreuves nationales et je ne saurais oublier le soutien que la France Combattante trouva chez vous dans les plus mauvais jours, ni le courage des volontaires chiliens qui voulurent s'y engager.

Mais aujourd'hui, pour nos peuples, c'est du présent qu'il s'agit, c'est-à-dire d'une époque telle qu'à l'intérieur d'eux-mêmes le développement moderne est la condition de tout, tandis qu'à l'extérieur la coopération organisée dans le respect complet de l'indépendance de chacun devient le fondement même de la vie internationale. Nous sentons bien, vous et nous, que cette immense évolution de la société des hommes répond à ce que, dans leurs profondeurs, nos deux peuples ont toujours souhaité. Eh bien ! nous voici à pied d'œuvre. Comment la France et le Chili ne jugeraient-ils pas que le moment est venu de développer leurs relations, non seulement dans le domaine du sentiment, mais aussi dans l'ordre pratique? Comment les Gouvernements de Santiago et de Paris ne trouveraient-ils pas bon, d'une part d'organiser mieux encore entre les deux pays leur coopération technique, scientifique, culturelle et économique au bénéfice de leur progrès, d'autre part de resserrer leurs contacts politiques pour mieux servir au-dehors le droit des peuples à disposer d'eux-mêmes, l'équilibre mondial et la paix? Tel est naturellement le but, et tel sera sans doute le résultat, de notre voyage au Chili.

En vous remerciant, Monsieur le Président, de l'accueil, vraiment excellent, que vous nous avez fait, je veux ajouter que nous le ressentons d'autant mieux qu'il nous est dispensé par vous, c'est-à-dire par un homme d'État dont nous admirons l'œuvre et la personnalité. Président du Chili au cours d'une période qui ne fut certes pas facile, mais fidèle à l'exemple que votre illustre père avait donné quand il exerçait la même charge nationale, vous avez guidé le Chili vers son destin avec une hauteur de vues, une capacité politique et, en même temps, un désintéressement que j'ai aujourd'hui le devoir et l'honneur de saluer en mon nom et au nom de la République française.

Je lève mon verre en l'honneur de Son Excellence le Président Jorge Alessandri, Président de la République chilienne, en l'honneur du Chili qui a pleinement l'estime et l'amitié de la France.

2 OCTOBRE 1964

Le Général de Gaulle prend la parole devant les sénateurs et les députés de la République chilienne, réunis en Congrès.

DISCOURS PRONONCÉ AU CONGRÈS A SANTIAGO

Monsieur le Président,

Je suis profondément sensible aux nobles paroles que vous venez de prononcer à l'égard de la France et de ma personne. Je ne le suis pas moins à l'honneur d'être reçu en cette session extraordinaire par un très ancien parlement, puisque son origine remonte à 1830. Aussi, est-ce avec émotion que je salue votre Congrès et, à travers lui, la mémoire de ceux qui furent les artisans de votre indépendance et les fondateurs de votre République et dont notre Révolution française inspira souvent les pensées et les actions.

Et vous voici, Mesdames et Messieurs les Sénateurs et les Députés chiliens, héritiers et gardiens d'institutions qui ont porté le Chili au premier rang des nations démocratiques du continent latino-américain, qui assurent la stabilité de l'État et dont la pratique, respectée par votre peuple, témoigne de sa maturité politique.

Certes, en un temps où, partout, la rénovation s'impose, la stabilité ne saurait se confondre avec l'immobilité. Mais, d'autre part, c'est en vertu d'un effort continu de l'État que le progrès est aujourd'hui possible. Il l'est surtout quand l'action d'un régime solide s'inspire des principes proclamés par la devise : Liberté, Égalité, Fraternité et qu'elle procède de la volonté exprimée par la nation. Puisque vous avez bien voulu m'offrir l'occasion de vous parler de la France, je vous dirai d'elle, d'abord, que c'est pour répondre aux conditions, plus que jamais actuelles, de la cohésion nationale, du développement intérieur et de l'action au-dehors, qu'elle s'est dotée d'une Constitution nouvelle, telle que l'intérêt permanent et supérieur du pays soit confié à l'échelon suprême de la République, que les attributions et les rapports des pouvoirs exécutif et législatif ménagent leur collaboration au lieu de les porter au conflit et qu'existe la possibilité de soumettre directement à la décision du peuple tout problème qui engage son destin.

Sans me risquer à déclarer que ce que fait mon pays soit nécessairement excellent, je puis, cependant, observer que la grande réforme de la République française est pour beaucoup dans l'affermissement de l'unité nationale qui y est constaté, dans le développement économique et social qui est en train de s'y accomplir, enfin dans le crédit qui s'attache à ce qu'il entreprend au point de vue international. Le fait est, en particulier, qu'il est désormais à même, pour autant que le lui permettent ses charges et ses moyens, de faire de la coopération organisée avec les peuples qui le désirent, de la stabilisation des prix des matières premières qui intéresse les États économiquement neufs, de l'ouverture préférentielle de divers marchés à ceux qui, autrement, n'y accéderaient pas, certains des objectifs de sa politique. Au demeurant, mon pays est assuré de bien servir dans cette voie une cause qui fut toujours la sienne, la cause de l'Homme et, par là, celle de tous et de chacun.

Or, nous, Français, savons que le Chili, de son côté, est en plein essor de renouveau. Nous savons qu'il est à l'œuvre pour mettre mieux en valeur ses ressources minières, agricoles, industrielles, maritimes, et qu'il entend que le peuple entier tire parti matériellement, intellectuellement et moralement de l'avance générale. Nous savons qu'il n'a pas au-dehors d'autres buts que ceux qui sont les nôtres, savoir, par-dessus les idéologies essouflées et les hégémonies lassées : le droit des peuples à disposer entièrement d'eux-mêmes et l'aide à apporter par les États bien pourvus au développement de ceux qui le sont moins, bref l'équilibre et le progrès. C'est pourquoi nous pensons que votre pays et le nôtre sont faits, non point seulement pour se comprendre, mais aussi pour coopérer. Il nous semble, notamment, que les anciennes affinités du Chili et de la France, leur communauté de civilisation latine et chrétienne, leurs possibilités respectives aux points de vue scientifique, technique, culturel et économique, peuvent et doivent conduire les deux peuples à organiser leurs relations de manière à faire partie ensemble « de los libertadores de la segunda generación » [1].

Voilà, Mesdames et Messieurs les Sénateurs et les Députés, pourquoi la France d'à présent, qui est aussi la France de toujours, souhaite multiplier et resserrer ses rapports avec le Chili. Je

1. Des libérateurs de la seconde génération.

suis venu vous le dire en son nom. Il me semble, d'ailleurs, que l'imposante cérémonie d'aujourd'hui marque, de votre part, une disposition semblable. Il me semble, aussi, que la première visite rendue officiellement par mon pays au Chili et qui est accompagnée chez vous de tant et tant de témoignages d'une exceptionnelle amitié est comme le départ d'une ère nouvelle dans les relations de la France et, à travers elle, de l'Europe avec le Nouveau Monde latin. Qui peut douter qu'à une époque pleine à la fois de périls et d'espoirs ce soit à l'avantage de la raison, de la justice et de la paix?

2 OCTOBRE 1964

Le Général de Gaulle s'adresse en espagnol à la population au stade de Rancagua.

ALLOCUTION PRONONCÉE AU STADE DE RANCAGUA

Le doy las gracias, Señor Alcalde de Rancagua, por este testimonio de amistad que siempre me recordará esta magnífica ceremonia.

Amigos míos de Chile,

Os traigo el saludo de Francia.

Es el saludo de la amistad, pues vuestro pueblo ha tenido siempre la simpatía del mío.

Es el saludo del respeto, pues mi país conoce vuestra valentía, vuestro orgullo, vuestro valor.

Es el saludo de la confianza, porque Francia contempla con placer el gran porvenir de Chile.

Viva Chile !

TEXTE FRANÇAIS

Je vous adresse tous mes remerciements, M. le Maire de Rancagua, pour ce témoignage d'amitié qui toujours me rappellera cette magnifique cérémonie.

Mes amis du Chili,

Je vous apporte le salut de la France.

C'est le salut de l'amitié. Car toujours votre peuple a eu la sympathie du mien.

C'est le salut de l'estime. Car mon pays connaît votre courage, votre fierté, votre valeur.

C'est le salut de la confiance. Car la France aperçoit avec joie le grand avenir du Chili.

Vive le Chili !

3 OCTOBRE 1964

Accueilli à l'aéroport de Buenos-Aires par le Président de la Nation Argentine, le Général de Gaulle répond à l'allocution de bienvenue qui lui a été adressée par celui-ci.

RÉPONSE A L'ALLOCUTION DE BIENVENUE PRONONCÉE PAR S.E. M. A.U. ILLIA, PRÉSIDENT DE LA NATION ARGENTINE

Monsieur le Président,

Comment se fait-il qu'en prenant pied en Argentine, j'ai l'impression de me trouver en terre très chère et familière? A cette question répondent : le passé qui lia nos deux pays latins par le culte d'un même idéal, celui de la liberté ; le présent qui les rapproche par une commune volonté, celle du progrès humain, de l'équilibre et de la paix ; l'avenir qui, déjà, leur propose une coopération cordiale, active et pratique, celle qui tend à leur développement et à l'aide à offrir aux autres.

C'est dire, Monsieur le Président, combien je suis heureux de venir, au nom de la France et à votre invitation, rendre visite à l'Argentine. C'est dire aussi que je suis certain que notre rencontre va nous permettre de resserrer les rapports de nos deux peuples amis.

Vive l'Argentine !

3 OCTOBRE 1964

Le Général de Gaulle s'adresse en espagnol à la population de Buenos-Aires, sur la place de France.

ALLOCUTION PRONONCÉE A BUENOS-AIRES

Por mi voz, Francia saluda a la Argentina !

Saluda, pues, a una amiga. Porque, a pesar del tiempo pasado y de las distancias que las separan, nuestras dos naciones no han dejado nunca de comprenderse y respetarse.

En el mundo de hoy, que es él de la gran civilización moderna, pero que sigue lleno de peligros, la República Argentina, y la República Francesa deben ayudarse mutuamente para servir juntas al progreso, al equilibrio y a la paz !

Viva la República Argentina !

TEXTE FRANÇAIS

Par ma voix, la France salue l'Argentine !

Elle salue donc une amie. Car, malgré le temps passé et les distances qui les séparent, nos deux nations n'ont jamais cessé de se comprendre et de s'estimer.

Dans le monde d'aujourd'hui, qui est celui de la grande civilisation moderne mais qui demeure rempli de périls, la République

d'Argentine et la République française doivent s'aider l'une l'autre afin de servir ensemble le progrès, l'équilibre et la paix.
Vive la République argentine !

3 OCTOBRE 1964

Le Général de Gaulle s'adresse aux membres du Sénat et de la Chambre des députés d'Argentine réunis en Congrès.

DISCOURS PRONONCÉ AU CONGRÈS A BUENOS-AIRES

Monsieur le Vice-président de la République, Président du Sénat,
Monsieur le Président de la Chambre des députés,
Messieurs les Législateurs,

En entendant les paroles, pleines de noblesse et de raison, qui viennent de m'être adressées et en voyant autour de moi votre impressionnante assemblée, je me trouve confirmé dans la haute idée que, d'avance, je me faisais du Parlement de la République argentine.

Mais je le suis aussi dans le sentiment d'une sorte de parenté, intellectuelle, doctrinale et, tranchons le mot, politique entre votre pays et le mien. Au fond, il n'y a là rien qui ne soit très naturel. Vous et nous avons nos origines dans la Latinité et dans la Chrétienté. Vous et nous avons puisé aux mêmes sources, que sont la liberté, l'égalité et la fraternité, l'esprit qui, bien souvent, anima notre vie publique. Vous et nous voulons voir notre monde, et d'autant mieux que son évolution est actuellement très profonde et très rapide, s'établir dans l'équilibre et dans la paix sur la base de l'indépendance des peuples, des Droits de l'Homme et de l'aide mutuelle en vue du progrès général. C'est pourquoi, Argentins et Français, nous nous trouvons, en fait d'idées, de jugements et d'intentions, aussi près les uns des autres que peuvent l'être deux nations. Cela, en somme, va sans dire dans le cours ordinaire des événements. Mais, à l'occasion de cette solennelle réception du

Président de la République française par le Parlement argentin, cela, sans doute, va mieux encore le disant.

Devons-nous, pourtant, nous en tenir à cet accord diffus et théorique et continuer de mener, vous votre vie de nation et nous la nôtre, en nous portant réciproquement de loin une cordiale considération et en tâchant de maintenir, sans plus, nos rapports tels qu'ils sont aujourd'hui? Ou bien nous faut-il entrer dans la voie d'une coopération plus et mieux déterminée? Etant donné, d'une part tout ce que vous êtes en train d'accomplir quant à votre développement, d'autre part la capacité d'une France qui a guéri ses plaies, relevé ses ruines, rénové ses institutions, liquidé ses hypothèques coloniales, qui se trouve en plein essor économique et social et qui participe activement à la construction d'une Europe occidentale organisée, enfin les affinités multiples et exceptionnelles existant entre nos deux peuples, il apparaît que tout engage l'Argentine et la France à resserrer leurs relations pratiques. Il apparaît en même temps que c'est dans les domaines technique, scientifique et culturel, sans préjudice des entreprises d'industrie et d'infrastructure, que mon pays est à même, dans la mesure de ses moyens et de ses charges, d'apporter au vôtre le concours le plus utile dès lors qu'il serait souhaité.

Sans nul doute, ce rapprochement de leurs activités, que la France et l'Argentine réaliseraient en vue du développement, ne serait pas sans intéresser le monde. C'est dire qu'il en résulterait des conséquences politiques. Tout d'abord, en raison de l'exemple ainsi donné. Mais aussi par le fait que l'Amérique latine à travers votre pays, et l'Europe à travers le mien, se tiendraient en contact plus étroit. Or, n'est-ce pas là une des conditions du progrès, de l'équilibre et de la paix de notre univers, secoué d'hégémonies concurrentes et d'idéologies opposées? Car, tandis que l'Ancien Monde, revenu de ses déchirements, va se montrer de nouveau comme la grande source de la raison humaine et de la civilisation, nous sommes au siècle où l'Amérique latine, en marche vers la prospérité, la puissance et l'influence, verra paraître « son jour » tel que l'annonça Bolivar puisque « aucune puissance humaine ne peut retarder le cours de la nature guidé par la main de la Providence » et que, comme l'a dit, d'autre part, San Martin, « les grandes entreprises sont le fait des hommes courageux ».

Messieurs les Législateurs, l'imposante cérémonie qui s'achève au Parlement argentin est sans doute un indice solennel de cette rénovation du monde.

4 OCTOBRE 1964

Le Général de Gaulle prend la parole, lors d'une réception donnée en son honneur à l'Hôtel de Ville de Buenos-Aires par le Président de la Nation Argentine.

RÉPONSE AU TOAST ADRESSÉ PAR S.E. M. A.U. ILLIA, PRÉSIDENT DE LA NATION ARGENTINE

Monsieur le Président,

En disant ce que vous venez de dire, vous m'avez touché, assurément. Mais j'ajoute que vos paroles iront droit au cœur de la France. Il en est de même de l'accueil que l'Argentine, dans sa capitale, a, en ma personne, réservé à ma patrie.

Certes, tout au long de leur Histoire, la sympathie que se portent mutuellement nos deux peuples n'a jamais été en défaut. Malgré la distance qui les séparait et les événements qui les absorbaient au loin et chacun pour son compte, ce qu'il advenait de vous suscitait toujours le vif intérêt de la France. Aujourd'hui, cela est vrai plus que jamais. Nous, Français, savons, en effet, ce que l'Argentine vaut par elle-même, en raison de son étendue, de ses ressources naturelles, en particulier de tout ce que peut produire son sol, de l'origine européenne homogène et des capacités de ses vingt-cinq millions d'habitants. Mais nous savons, aussi, quel rôle votre pays a joué de tout temps et continue de jouer dans l'ensemble de l'Amérique latine, depuis que San Martin en fut le libérateur et, par la suite, à mesure que les idées et les actions qui sont les vôtres, en fait de doctrine ou de politique, influent fortement et directement sur ce que l'on pense et sur ce que l'on fait partout ailleurs sur ce continent.

De votre côté, vous, Argentins, n'avez jamais cessé de considérer la France avec une attention et même, peut-être, une dilection exceptionnelles. Après tant de preuves que vous en avez données au long de l'Histoire, notamment lors de notre

Révolution et, depuis lors, au cours de chacune des crises nationales ou internationales que nous avons traversées, comment ne rappellerais-je pas le soutien précieux que la France Libre trouva ici aux pires moments de la Deuxième Guerre mondiale et l'explosion de joie qui souleva votre capitale, vos villes et vos campagnes quand Paris fut libéré? En somme, il s'est établi, entre vous et nous, une sorte de contact particulier et permanent pour ce qui est de l'esprit et du cœur. Les multiples rapports culturels qui ont lié les élites des deux nations, le fait que les Français, si peu disposés cependant à l'émigration, ont fourni à l'Argentine, en l'espace d'un siècle et demi, un contingent de population plus élevé qu'ils ne l'ont fait pour aucun autre pays étranger, enfin, la visite que voulut bien nous faire M. le Président de la République argentine[1] et celle que j'ai l'honneur de vous rendre, attestent notre compréhension et notre amitié mutuelles. Mais devons-nous en rester là?

Non! sans doute. Car le monde où nous sommes et l'époque où nous vivons offrent à l'Argentine et à la France de pressantes raisons, non seulement de maintenir cette sympathie réciproque bien acquise, mais encore de resserrer pratiquement leurs relations. Vous êtes une nation en marche vers le développement, avec tous les moyens humains et naturels nécessaires pour y réussir, et je salue en votre personne, Monsieur le Président, l'homme d'Etat qui la conduit au but avec une lucidité et une énergie dignes d'elle. Nous sommes un pays en plein essor scientifique, technique, économique et social et qui fait de la coopération organisée avec les peuples qui le souhaitent un principe essentiel de son action internationale. N'est-il pas indiqué que nous agrandissions le champ de ce que, déjà, nous faisons en commun à cet égard? Vous et nous voulons que l'univers, qui est en profonde et rapide transformation, trouve son équilibre dans le droit de chaque peuple à disposer réellement de lui-même et son ambition dans le progrès général en vue d'assurer à chacun des hommes qui vivent sur notre terre, la liberté, la dignité et la prospérité. Dès lors, ne devons-nous pas concerter plus étroitement nos politiques pour poursuivre ensemble, au-dehors, des objectifs qui sont les mêmes? L'Argentine peut être certaine que la France, pour sa part, y est prête en toute confiance et en toute amitié.

Je lève mon verre en l'honneur de Son Excellence Monsieur le Président Illia, Président de la Nation Argentine, et en l'hon-

1. Voir *Discours et Messages*, T. III, p. 232.

neur de Madame Illia à qui nous sommes, ma femme et moi, très reconnaissants de son aimable accueil et de ses délicates attentions.

Honneur et bonheur à la République argentine qui est l'amie de la France !

5 OCTOBRE 1964

ALLOCUTION PRONONCÉE A LA FACULTÉ DE DROIT DE BUENOS-AIRES

Monsieur le Recteur,

C'est une joie et un honneur pour moi que de me voir accueilli avec une si chaleureuse cordialité, par vous-même, par les maîtres et par les étudiants de votre Université auxquels se sont joints tant de hauts représentants des lettres, de la science et des arts. Je sais, en effet, quel est, très justement, le prestige de cette institution, quelle est sa dimension : 80 000 étudiants à Buenos-Aires !, quelle est la qualité de ceux qui m'y entourent aujourd'hui.

Je sais, aussi, que l'Université argentine réunit en elle-même l'expérience de l'ancienneté et l'ardeur de la nouveauté : les premières de ses facultés, celles de Cordoba, ayant été inaugurées dès 1622, tandis que les plus récentes, telles que celles de Mar del Plata et de la Pampa, commencent à peine leur carrière. Il y a là, d'ailleurs, une sorte de symbole de ce qu'est votre noble pays, enraciné fortement dans ses origines hispaniques, sans préjudice de ce que lui ont apporté ensuite d'autres sources européennes, et en même temps en pleine évolution moderne. Il y a là, également, l'éclatante démonstration de l'importance que l'Argentine attache à tout ce qui est de l'esprit pour façonner à mesure du temps sa personnalité nationale, pour aménager son présent et pour préparer son avenir.

Car, si l'on ne peut, dans la vie d'une nation à la fois traditionnelle et vivante comme la vôtre, faire abstraction de ce qui fut : drames et gloires historiques, évolution ethnique, bouillonnements politiques, etc., c'est vers ce qui est et vers ce qui sera que se tourne naturellement le foyer d'idées, d'études, de volontés, que constitue l'Université. D'autant mieux, qu'en Argentine, pays ancien mais aussi tout neuf, les possibilités ne semblent guère limitées. Qu'il s'agisse de la culture de vos terres, ou de l'exploitation des ressources de votre sous-sol, ou du progrès de vos industries, ou de l'infrastructure indispensable à votre développement, nul ne doute que vous soyez en possession de tout ce qu'il faut pour vous bâtir une grande prospérité nationale et, par là même, pour acquérir une importance croissante dans l'ordre international. Mais, chez vous comme ailleurs, une telle réussite comporte des conditions et celles-ci dépendent essentiellement de ce que valent et de ce que veulent les hommes qui inspirent et encadrent l'effort de votre pays, bref de ceux qui se forment dans les Facultés argentines.

J'ai parlé des conditions de la réussite nationale. La première est évidemment une affaire de capacité des personnes et des équipes. Sous l'impulsion de la science et la règle de la machine, notre civilisation tend aujourd'hui à changer complètement la condition matérielle de l'Homme. Mais il y faut un effort de recherche scientifique, un déploiement technique, une organisation économique, qui imprègnent l'enseignement, surtout au degré supérieur. Bien entendu, votre Université adapte ses disciplines à cette profonde transformation. Cependant, comme rien ne procède que de l'esprit et que celui que Dieu nous a donné forme un tout, vous vous gardez, à juste titre, de négliger pour autant les fondements mêmes de l'Humanisme que sont : la philosophie, les lettres et le droit. A cet égard, celui qui est venu vous parler au nom des Français tient à vous dire que vous leur ressemblez fort.

Vous leur ressemblez aussi dans la mesure où vous entendez que le progrès collectif de votre pays soit le fait et le profit de tous ses enfants. Nul ne peut douter, en effet, que cette condition, à la fois sociale et nationale, soit une condition capitale. Faute de la remplir, une nation ne peut réaliser l'équilibre élémentaire indispensable à sa propre paix. Bien pire, elle s'expose à servir de champ de bataille aux deux idéologies extrêmes et, par là même, de satellite à l'une ou à l'autre des hégémonies qui tendent à diriger l'univers. Si la France, comme vous le savez, s'applique à associer à son œuvre économique et à faire participer à son développement scolaire toutes les catégories de ses citoyens, je pense qu'avec le concours de son Université l'Argentine en fait autant.

Il me semble enfin que vous autres, Argentins, ressemblez à nous, Français, quant à vos conceptions et à vos intentions relatives au monde où nous sommes. Ce qu'il y advient de l'Homme, où qu'il soit, quel qu'il soit, son affranchissement de la faim, de la misère, de l'ignorance, sous le signe de la liberté, de l'égalité, de la fraternité et grâce aux moyens gigantesques que l'époque moderne met à la disposition de l'ensemble des Etats, voilà, n'est-il pas vrai? la condition internationale du succès de chaque nation. Cela implique le respect rigoureux de l'indépendance des moins forts par les plus puissants et, en même temps, ce qui ne saurait être aucunement contradictoire, l'aide contractuelle à apporter par ceux-ci à ceux-là. Telle est, nul ne l'ignore, la politique de la France. Telle est, également, je le crois, la direction que suit l'Argentine.

Au total et à tous égards, que de raisons ont nos deux pays, non seulement de maintenir entre eux une amitié plus que séculaire, mais bien d'organiser, avant tout dans le domaine de l'esprit, c'est-à-dire celui de la culture et de la technique, une bonne et pratique coopération! C'est ainsi, qu'en s'aidant l'un l'autre, ils rendront ensemble service à l'univers.

6 OCTOBRE 1964

Accueilli à l'aéroport d'Assomption par le Président de la République du Paraguay, le Général de Gaulle répond à l'allocution que lui a adressée celui-ci.

RÉPONSE A L'ALLOCUTION DE BIENVENUE PRONONCÉE PAR S.E. LE GÉNÉRAL D'ARMÉE A. STROESSNER, PRÉSIDENT DE LA RÉPUBLIQUE DU PARAGUAY

Monsieur le Président,

A votre aimable invitation, me voici donc au Paraguay, c'est-à-dire au cœur de l'Amérique latine à laquelle la France est unie par tant d'affinités et par tant d'amitié.

Les paroles de bienvenue que vous venez de prononcer constituent tout justement un émouvant témoignage de ces liens entre nos deux pays. De tout cœur, je vous en remercie.

Quant à vous, Monsieur le Maire, sachez combien je suis honoré de recevoir la clé qui m'ouvre votre cité, « Asuncion, la muy noble y muy ilustre »[1].

Quand, il y a 500 ans, Juan de Ayolas[2] fondait votre capitale je ne sais s'il avait prévu qu'un jour la France, en la personne de son chef d'Etat, viendrait lui rendre visite. Cependant, rien n'est plus naturel que la rencontre d'aujourd'hui entre le Paraguay, fier, courageux, attaché de toute son âme à l'indépendance qu'il a su chèrement acquérir et maintenir, et la France qui est, depuis toujours, à travers beaucoup d'épreuves, le champion de la Liberté, de l'Egalité et de la Fraternité.

Vive le Paraguay !

6 OCTOBRE 1964

Le Général de Gaulle s'adresse en espagnol à la population d'Assomption, du balcon du Palais présidentiel.

ALLOCUTION PRONONCÉE A ASSOMPTION

Paraguayos !

El Paraguay, como Francia, ha pasado por muchas pruebas y, como ella, ha podido vivir merced al patriotismo de sus hijos.

El Paraguay, como Francia, avanza hoy hacia su destino en el progreso y en la paz.

El Paraguay y Francia son, desde siempre y para siempre, dos naciones amigas.

Viva el Paraguay !

1. Assomption, la très noble et très illustre.

2. Juan de Ayolas, officier espagnol qui, avec Martínez de Inala, fut en 1534 le fondateur d'Assomption.

TEXTE FRANÇAIS

Paraguayens,

Le Paraguay, comme la France, a pu vivre, malgré toutes les épreuves, grâce au patriotisme de ses enfants.

Le Paraguay, comme la France, marche maintenant vers sa destinée dans le progrès et dans la paix.

Le Paraguay et la France furent de tous temps des nations amies et le resteront pour toujours.

Vive le Paraguay !

6 OCTOBRE 1964

Le Général de Gaulle prend la parole lors d'une réception offerte en son honneur au Palais du Gouvernement d'Assomption.

RÉPONSE AU TOAST ADRESSÉ PAR S.E. LE GÉNÉRAL D'ARMÉE A. STROESSNER, PRÉSIDENT DE LA RÉPUBLIQUE DU PARAGUAY

Monsieur le Président,

Il me faut, d'abord, remercier le chef de l'État et le peuple paraguayens de l'accueil magnifique qu'aujourd'hui ils ont fait à la France à travers ma personne. Il me faut dire, aussi, combien grande est ma satisfaction de me trouver au Paraguay, qui apparaît à nous, Français, comme un pays quelque peu légendaire, dont l'Histoire est marquée par beaucoup de luttes héroïques, mais qui, en fin de compte, a sauvegardé sa personnalité nationale et qui, maintenant, marche vers le progrès.

En effet, depuis l'insurrection des Comuneros jusqu'à Pedro Juan Caballero[1], père de la Révolution; depuis Francia,[2] qui

1. Pedro Juan Caballero proclama en 1811 l'indépendance du Paraguay.

2. Rodríguez Francia, nommé consul du Paraguay en 1813, proclama la République et gouverna dictatorialement de 1814 à 1841.

fit tant pour l'âme de votre nation jusqu'à Carlos Antonio López[1] qui fonda les premières écoles et jeta ici les bases de l'économie moderne ; depuis le Maréchal López[2] et ses soldats, symboles de l'héroïsme, jusqu'aux combattants du Chaco,[3] c'est bien le patriotisme qui n'a cessé d'inspirer votre République. Mais, voici qu'après tant d'épreuves, si glorieuses et si coûteuses, le Paraguay connaît la paix. Sans nul doute, dans les affinités profondes qui rapprochent nos deux pays, il y a, pour une part, l'analogie de leurs destins.

Doivent-ils, cependant, s'en tenir là, quant à leurs relations? Je crois bien que telle n'est pas la volonté de l'un et de l'autre. Je crois bien, en particulier, Monsieur le Président, qu'après avoir glorieusement défendu le sol de votre patrie, puis garanti à votre peuple la liberté au-dedans et l'indépendance au-dehors, étant maintenant attaché à la conduire vers le progrès, notamment par l'instruction publique, l'exploitation rationnelle des moyens de production et les communications, vous mesurez tout l'intérêt que peut comporter l'établissement de rapports plus étroits du Paraguay avec la France. Je puis vous assurer que, de notre côté, nous en jugeons de la même façon.

Il se trouve, en effet, que la France, qui a guéri ses blessures et avance à grands pas dans la voie de son développement, est maintenant en mesure d'apporter à telle ou telle des nations amies qui le souhaitent le concours de ses capacités scientifiques, techniques, économiques et sociales. Il se trouve, aussi, qu'elle fait de cette solidarité un des éléments essentiels de sa politique mondiale. Il se trouve, enfin, qu'elle considère l'accession de l'Amérique latine au premier plan de la scène, en fait de prospérité, de puissance et d'influence, comme nécessaire à l'équilibre et à la paix de l'univers et que c'est, en particulier, avec les Etats de votre continent qu'elle désire, dans la mesure de ses moyens, accroître cette coopération. Sans doute, notre rencontre va-t-elle marquer, à cet égard, l'accord amical et raisonné du Paraguay et de la France.

Je lève mon verre en l'honneur de Son Excellence le Président Stroessner, Président de la République du Paraguay,

1. Carlos Antonio López, neveu de Rodríguez Francia, devint Président en 1841, et gouverna jusqu'en 1862.

2. Le Maréchal Francisco Solano López, fils du précédent, eut à lutter depuis 1865 contre le Brésil, l'Argentine et l'Uruguay et trouva la mort au combat de Cerro Cora en 1870.

3. La guerre du Chaco a opposé le Paraguay à la Bolivie de 1932 à 1935.

en l'honneur de Madame Stroessner que nous remercions vivement, ma femme et moi, de ses aimables attentions, en l'honneur de l'amitié qui unit l'âme de nos deux peuples.

8 OCTOBRE 1964

Le Général de Gaulle s'adresse en espagnol à la population de Montevideo du balcon de la Maison du Gouvernement.

ALLOCUTION PRONONCÉE A MONTEVIDEO

Uruguayos,

Gracias por el recibimiento amistoso que en mi persona hacéis a Francia !

A esta amistad, responde la que Francia, de todo corazón, siente por el Uruguay. Vuestro ideal es el nuestro : Independencia, Libertad, Progreso. Es lo que Artigas quería para vosotros. Es lo que los Franceses hemos querido siempre para nosotros y para los demás. Es la causa que vosotros y nosotros debemos servir, unidos, en el mundo entero.

Viva el Uruguay !

TEXTE FRANÇAIS

Uruguayens !

Merci de l'accueil amical qu'en ma personne vous faites à la France !

Cette amitié, la France la rend de tout cœur à l'Uruguay. Votre idéal est le nôtre : Indépendance, Liberté, Progrès. C'est ce que voulait, pour vous-mêmes, Artigas[1]. C'est ce que nous,

1. Le Général José Artigas (1746-1826), après avoir vaincu les Espagnols dans plusieurs rencontres au début des guerres de l'Indépendance, entra en conflit avec la Junte de Buenos Aires et dut se réfugier au Paraguay.

Français, avons toujours voulu pour nous et pour les autres. C'est ce qu'aujourd'hui vous et nous devons, en nous unissant, servir partout dans le monde !

Vive l'Uruguay !

8 OCTOBRE 1964

Le Général de Gaulle prend la parole lors d'une réception donnée en son honneur au Palais législatif de Montevideo.

RÉPONSE AU TOAST ADRESSÉ PAR S.E. M. L. GIANNATTASIO, PRÉSIDENT DU CONSEIL NATIONAL DE GOUVERNEMENT DE LA RÉPUBLIQUE ORIENTALE DE L'URUGUAY

Monsieur le Président,

Les paroles d'amicale bienvenue que vous venez de prononcer à l'adresse de ma personne et de mon pays m'ont vivement touché. Soyez assuré qu'elles toucheront aussi la France. Il en est, certes, de même de l'accueil magnifique que nous a fait le peuple uruguayen.

Devant de pareils témoignages, comment ne pas saluer ce quelque chose d'exceptionnel et d'assez mystérieux qui unit l'âme de nos deux pays? Eh quoi? Géographiquement séparés par un immense océan, situés respectivement dans l'un et l'autre hémisphère, absorbés chacun de son côté par des conditions naturelles, économiques, diplomatiques très différentes, ils apparaissent ainsi soudain, à l'occasion d'une rencontre, comme fondamentalement liés par tout ce qui est du cœur et de l'esprit ! Assurément, la communauté de nos origines latines et chrétiennes y est pour beaucoup. Les influences historiques, telles que le rôle que jouèrent à la naissance de votre Etat les idées répandues par notre grande Révolution, ou l'émotion active que suscitèrent chez nous vos luttes pour l'indépendance, ou la sympathie, le soutien, le concours, que la France a trouvés ici, notamment au cours de la dernière guerre mondiale, ne laissèrent pas de resserrer des liens qui étaient naturels. Enfin, les rapports étroits qui ont longtemps existé entre votre culture et la nôtre et en vertu desquels nos maîtres furent toujours écoutés ici, tandis que nous vous devons trois des meilleurs poètes français, Lautreamont, Laforgue et Supervielle[1], ont compté dans cette parenté. Mais, si clairs que puissent être ces motifs qui tiennent au passé, ils ne sauraient seuls expliquer la force d'un pareil courant. En vérité, c'est à cause du présent et de l'avenir de nos deux peuples que leur intérêt et leur raison les portent à se rapprocher.

C'est qu'en effet, notre époque et notre monde sont emportés par l'énorme changement de la civilisation moderne et marqués par les transformations qui résultent, depuis vingt années, de l'accession à l'indépendance de plus de cinquante États, mais, d'autre part, se trouvent en proie à la concurrence acharnée des idéologies et à la rivalité passionnée des hégémonies. Quel risque courons-nous tous de voir les innombrables efforts vers le progrès qui sont menés par toute la terre se stériliser eux-mêmes dans la confusion générale ou, pire encore, s'absorber en d'abominables conflits! A moins que ne se forme, ne se fasse entendre et n'agisse un vaste ensemble de nations, assez lucides et assez résolues pour soutenir dans l'univers la grande querelle de l'Homme, celle de sa libération par rapport à la faim, à la misère et à l'ignorance, grâce à la coopération organisée hors de toute ingérence, à l'équilibre où chaque peuple ait sa place, à la paix qui soit celle de tous.

De ces nations-là, votre République et la nôtre seront parmi les premières. En resserrant leurs rapports pratiques dans le domaine du développement et, par là même, dans l'ordre politique, elles ne feront que mieux servir la cause en laquelle elles ont mis leur foi et leur espérance.

Je lève mon verre en l'honneur de Son Excellence Monsieur le Président Giannattasio, en l'honneur du Conseil national de Gouvernement de la République orientale de l'Uruguay, en l'honneur de Madame Giannattasio à qui nous sommes, ma femme et moi, très reconnaissants de ses aimables attentions. Je bois à l'amitié active de l'Uruguay et de la France.

1. Les poètes français Isidore Ducasse, dit comte de Lautréamont, Jules Laforgue et Jules Supervielle sont tous trois nés à Montevideo, respectivement en 1846, en 1860 et en 1884.

9 OCTOBRE 1964

DISCOURS PRONONCÉ AU CONGRÈS A MONTEVIDEO

Monsieur le Président,
Mesdames,
Messieurs,

C'est un grand honneur pour moi que d'être reçu par vous, d'y être accueilli par les éloquentes et émouvantes paroles qui viennent d'être prononcées, de me trouver entouré par les élus de la nation uruguayenne dans un cadre digne de ses nobles institutions. Mais, en même temps et à travers ma personne, c'est un honneur pour la France.

Il est vrai qu'entre nos deux pays l'Histoire a tissé les liens d'une rare et ancienne amitié. On pourrait même dire qu'à chacun des grands événements qui touchaient l'un, l'autre se trouvait présent par l'esprit et par le cœur. A l'aube de votre indépendance, l'âme de la France des philosophes et de la Révolution était avec vous. Dans les épreuves que nous, Français, avons eu à traverser depuis, votre sympathie ne nous manqua jamais. Comment aurais-je moi-même oublié le soutien que la France Libre, aux pires moments de la dernière guerre mondiale, reçut généreusement ici, en particulier l'élan des volontaires de chez vous qui vinrent s'engager dans nos rangs? Aujourd'hui, nous n'ignorons rien du cordial intérêt que vous portez à la rénovation politique, économique et sociale que la France est en train d'accomplir. Vous-mêmes savez certainement que nous suivons avec une amicale attention l'œuvre de développement national que vous avez entreprise.

D'autant mieux que l'Uruguay, travaillant à se transformer, entend rester et reste lui-même. « Con libertad no ofendo, ni temo »[1], disait Artigas en votre nom et une fois pour toutes. Or, si la France croit que le progrès et l'extension de la civilisation moderne dans toutes les régions de la terre sont un impératif absolu de notre temps, elle est également convaincue que les

1. Avec la liberté, je ne puis ni outrager, ni craindre.

rapports internationaux à établir en conséquence doivent, sous peine de malheur général, respecter rigoureusement l'indépendance de chacun.

Elle ne peut donc que se féliciter de voir que l'Uruguay, comme elle-même, veut que cette condition capitale soit observée en ce qui le concerne et en ce qui concerne les autres.

Cependant, il va de soi que l'affranchissement de l'Homme par rapport à la faim, à la misère, à l'ignorance, où qu'il se trouve sur la terre, et la mise en œuvre des ressources humaines et matérielles que contient notre univers exigent la coopération des Etats. A cet égard, le bon sens et la nature des choses conduisent nombre de pays à organiser cette coopération tout d'abord à l'échelon régional. C'est ce qu'ont fait, par exemple, beaucoup de nations de l'Amérique et, en outre, plus spécialement entre elles, celles de l'Amérique latine. C'est ce qu'ont fait six Etats de l'Ancien Continent en créant la Communauté économique européenne. Mais de telles institutions, si normales qu'elles puissent être, ne sauraient être exclusives. Au contraire, tout commande qu'entre tels membres des unes et tels membres des autres se multiplient les relations, dès lors qu'ils y sont portés par des affinités acquises, des raisons pratiques et, même, tranchons le mot, des vues politiques semblables. N'est-ce pas, par excellence, le cas pour la France et l'Uruguay?

Affinités. Comment douter qu'elles soient aujourd'hui plus vivantes que jamais entre nos deux pays? Raisons pratiques. N'avons-nous pas grand intérêt à échanger nos valeurs dans les domaines dont dépend le progrès : études et recherches de la science; méthodes, procédés, capacités de la technique; développement de la culture; grands travaux et entreprises de l'économie? Vues politiques. Les vôtres et les nôtres ne se ressemblent-elles pas autant qu'il est possible, puisque nous voulons, vous et nous, contribuer à faire en sorte que le droit de tous les peuples à disposer entièrement d'eux-mêmes, leur avance dans la voie de la civilisation, l'aide aux moins bien pourvus par ceux qui le sont le mieux, deviennent, par-dessus les idéologies et les hégémonies rivales, les bases de l'équilibre et de la paix du monde entier?

Monsieur le Président, Mesdames, Messieurs, la solennelle cérémonie d'aujourd'hui est sans doute un signal donné à la France et à l'Uruguay pour qu'ils ajoutent à leur profonde amitié une coopération pratique plus étendue, plus étroite, et par là même plus féconde.

13 OCTOBRE 1964

Accueilli à l'aérodrome de Rio de Janeiro par le Président de la République des Etats-Unis du Brésil, le Général de Gaulle répond à l'allocution de bienvenue qui lui a été adressée par celui-ci.

RÉPONSE A L'ALLOCUTION DE BIENVENUE PRONONCÉE PAR S.E. LE MARÉCHAL CASTELO BRANCO, PRÉSIDENT DE LA RÉPUBLIQUE DES ÉTATS-UNIS DU BRÉSIL

Monsieur le Président,

En arrivant au Brésil, répondant à votre aimable invitation, il me semble que ma visite est, à la fois, une consécration et un commencement. Une consécration. Car, pour la première fois au cours de l'Histoire, la France est présente ici dans la personne de son chef de l'État, parce que le destin de l'Amérique latine et, spécialement, celui du Brésil, auxquels la lient depuis si longtemps tant de liens d'amitié, sont aujourd'hui reconnus par elle comme l'un des éléments principaux de l'avenir du monde entier. Un commencement. Car la France croit qu'il est conforme au mouvement général de ce siècle qu'une sorte de nouveau départ soit donné à ses rapports avec votre continent et, notamment, avec votre pays.

C'est vous dire, Monsieur le Président, combien me touchent vos paroles de bienvenue. C'est vous dire, aussi, quel vif et cordial intérêt la République française et son Président attachent au voyage que j'ai l'honneur de faire ici.

Vive le Brésil !

13 OCTOBRE 1964

Le Général de Gaulle s'est rendu à Brasilia, capitale du Brésil ; il y prend la parole à l'Université.

ALLOCUTION PRONONCÉE A L'UNIVERSITÉ DE BRASILIA

Monsieur le Recteur,

Combien je me sens à la fois impressionné et honoré d'être accueilli aujourd'hui par l'Université de Brasilia ! Combien je le suis d'avoir été fait par elle docteur *honoris causa !*

C'est la plus jeune du monde latin. C'est la dernière née de cette mère immortelle qu'est notre civilisation. C'est le plus récent maillon d'une chaîne illustre qui, partie de Bologne il y a mille ans, est passée par Paris et par Coïmbre avant de se prolonger en Amérique latine, à Mexico et à Lima, à Rio de Janeiro et à Sao Paulo, et qui aboutit maintenant au centre même du continent, je veux dire à la nouvelle capitale du Brésil. Et voici que je la vois installée dans un cadre dont le caractère met en relief l'audace et l'ambition de cette fondation.

En venant vous voir, il m'est donné, également, de saluer les maîtres qui, sous votre haute direction, Monsieur le Recteur, consacrent leur talent, leur science et, je puis ajouter, leur foi à faire de cette grandiose institution, non seulement une création frémissante de vie intellectuelle, d'idées généreuses et d'aspirations légitimes, mais encore une sorte d'établissement-pionnier, tourné vers la vaste entreprise que constitue la mise en valeur du haut plateau brésilien et qui, avec le concours des travaux de l'Université, doit contribuer fortement au développement de votre pays. Il est, au surplus, agréable au Président de la République française de constater au milieu de vous, Messieurs les Professeurs, la présence de représentants de la science de son pays, appliqués à l'étude de deux problèmes essentiels, celui de la terre et celui de l'eau, fidèles dans leurs spécialités à la vocation de la France, qui est le service de l'Homme en tous temps et en tous lieux.

Mais aussi, voici devant moi les étudiants de Brasilia ! Ah ! Mesdemoiselles et Messieurs, la durée forcément limitée de mon séjour dans votre grand pays ne me permet de rencontrer qu'une partie de la jeunesse brésilienne. Mais le salut que je veux lui adresser, c'est à vous que je le confie, à vous qui travaillez au sein d'une capitale qui est comme le symbole de votre avenir national. Or, cet avenir est immense, comme l'horizon qui nous entoure et s'étend vers des frontières extraordinairement lointaines. C'est dire que la vie active qui va s'ouvrir devant vous et que vous préparez ici vous offre des perspectives sans limites, puisque vous la consacrerez au développement d'un pays qui a les dimensions d'un continent. Précisément, dans le monde où nous vivons, le problème principal que posent aux pays neufs leur mise en valeur dans les conditions exigées par les temps modernes et, par là, leur prospérité, leur puissance et leur influence, c'est bien la formation des cadres pour toutes les activités et à tous les échelons.

Certes, il leur faut aussi des investissements industriels, des transformations agricoles, des débouchés commerciaux. Certes, il leur faut, au niveau des pouvoirs publics, des compétences, des débats, des plans. Certes, il leur est indispensable de faire en sorte que tout progrès de la collectivité bénéficie au peuple tout entier et que chaque catégorie sociale ait sa part de responsabilité dans ce qui est entrepris. Mais rien ne peut valoir pour eux — comme c'est d'ailleurs le cas pour des nations dont l'expansion s'accomplit à l'intérieur de limites antérieurement atteintes — sinon par l'effort multiple et conjugué des équipes : dirigeants et collaborateurs, ingénieurs et techniciens, chercheurs et laborantins, créateurs et moniteurs. Dès lors, combien essentielle et pleine de promesses apparaît la destinée des étudiants du Brésil !

Or, ce qu'il adviendra de votre pays et de vous-mêmes intéresse au premier chef le peuple français. Non seulement en raison d'une amitié plusieurs fois séculaire qui s'est tissée pardessus l'Océan. Mais aussi parce que, dans l'univers rénové qui est en train de se forger, le Brésil et, avec lui, l'Amérique latine tout entière apparaissent à la France comme des éléments décisifs quant au progrès général et à l'équilibre mondial, par conséquent à la paix. Tout ce qui sera fait pour rendre plus étroite et plus efficace la solidarité naturelle qui existe entre nos deux pays servira donc l'Humanité. J'emporterai de mon passage à votre Université la conviction très assurée que telle est bien la route à suivre. Laissez-moi exprimer le souhait que vous, l'élite du Brésil, le croyez comme je le crois.

13 OCTOBRE 1964

Le Général de Gaulle prend la parole lors d'une réception offerte en son honneur au palais du Planalto par le Président de la République des Etats-Unis du Brésil.

RÉPONSE AU TOAST ADRESSÉ PAR S.E. LE MARÉCHAL CASTELLO BRANCO, PRÉSIDENT DE LA RÉPUBLIQUE DES ETATS-UNIS DU BRÉSIL

Monsieur le Président,

Il me faut, d'abord, vous remercier de tout cœur de ce que vous venez de dire au sujet de ma patrie et à mon propre sujet, ainsi que de la façon dont vous l'avez dit. J'y ai été d'autant plus sensible que personne au Brésil ne peut juger mieux que vous de ce qui concerne la France par rapport à votre pays en raison, naturellement, de vos très hautes fonctions mais aussi parce que, personnellement, vous connaissez bien la nation au nom de laquelle j'ai l'honneur de vous visiter.

Mais si, chez vous, on se fait de la France de tous les temps et, notamment, de celle d'aujourd'hui une idée aussi favorable, inversement le Brésil apparaît au peuple français, non seulement comme le vaste pays au passé chargé d'Histoire et, au surplus, toujours amical qu'il connaît depuis des siècles et qui, lors de la dernière guerre mondiale, envoya ses régiments, en particulier celui que vous-même commandiez, Monsieur le Maréchal, combattre en Italie aux côtés des nôtres et de ceux de nos alliés, mais encore comme un grand peuple auquel son immense territoire rempli d'immenses ressources ouvre, à l'époque moderne, d'immenses possibilités.

A vrai dire, il y a longtemps que les efforts de vos pionniers, animés jadis par l'esprit explorateur et prosélytique du Portugal, puis, quand vous devîntes un Empire et, ensuite, une République, par votre propre ambition nationale, réussirent à mettre beaucoup de terres en valeur sur les étendues incroyables qui séparent l'Amazone du Rio de la Plata et les Andes de l'Océan. D'autre part, nous, Français, savons quel effort fut accompli ici pour exploiter les richesses du sous-sol et créer partout les industries les plus diverses. Nous nous faisons, d'ailleurs, un honneur d'avoir nous-mêmes coopéré, dans les domaines technique et financier, à cet étonnant développement. Mais il nous semble que le Brésil aborde à présent une phase nouvelle de sa vie intérieure et extérieure. Il nous semble que, par un sourd travail qui s'accomplit en profondeur dans ses élites en même temps que dans sa conscience populaire, il est en train de préparer, aux points de vue institutionnel, politique, économique, social et, par là même, international sous votre propre et énergique impulsion, Monsieur le Président, une sorte d'avènement prochain et exemplaire. Sans doute est-ce le cas, dans des conditions variées, pour l'Amérique latine tout entière. Mais nous pensons qu'il en est ainsi, d'abord, pour vous Brésiliens, le plus grand Etat du continent. A cet égard peut-on d'ailleurs imaginer signes plus impressionnants de votre destinée que Brasilia, votre nouvelle et extraordinaire capitale, et ce splendide palais du Planalto?

Pour votre pays qui monte et pour le mien qui reprend le rang qu'il avait autrefois, il s'agit à présent de savoir si, dans l'évolution de notre époque et de notre univers, ils se contenteront de leurs affinités originelles : chrétiennes et latines, de l'ancienne amitié qu'ils ressentent l'un pour l'autre, de l'élémentaire solidarité qui les porte à coopérer dans certaines entreprises industrielles et institutions culturelles, ou bien s'ils jugeront bon de resserrer leurs rapports en vue d'agir vraiment de concert pour leur propre développement scientifique, technique et économique et pour aider le monde à s'établir dans le progrès, l'équilibre et la paix. Comment ne pas être assurés que tous les deux ont choisi?

Je lève mon verre en l'honneur de Son Excellence le Maréchal Castelo Branco, Président de la République des Etats-Unis du Brésil. Je bois à la carrière nouvelle qui s'ouvre à l'action commune du Brésil et de la France.

14 OCTOBRE 1964

Le Général de Gaulle prend la parole devant les membres du Sénat et de la Chambre des députés du Brésil, réunis en Congrès.

DISCOURS PRONONCÉ AU CONGRÈS A BRASILIA

Monsieur le Président,
Messieurs les Sénateurs,
Mesdames et Messieurs les Députés,

C'est un grand honneur pour moi que d'être accueilli dans l'enceinte du Congrès par les représentants du peuple brésilien et d'avoir entendu les nobles paroles qui viennent d'être prononcées au sujet de mon pays. Il me semble qu'il y a là la preuve émouvante de la compréhension et de l'amitié que se portent nos deux nations.

Compréhension et amitié à vrai dire très naturelles. Indépendamment de nos origines latines et chrétiennes communes, nous sommes proches les uns des autres par le fait que l'Histoire de la France fut, sous des formes diverses mais en tous temps, celle d'un vaste effort intérieur et extérieur pour la Liberté, l'Egalité et la Fraternité, et que l'Histoire du Brésil a été, au total, glorieusement marquée par l'esprit de la libération et de la démocratie. Mais, tandis que ma visite officielle et, en particulier, la magnifique réception que vous me faites démontrent combien sont vivants les liens tissés entre vous et nous par le passé, je voudrais y trouver l'occasion de préciser pourquoi et en quoi le Brésil et la France doivent s'unir plus étroitement à présent et dans l'avenir.

Laissez-moi vous dire, en effet, ce que nous, Français, pensons de vous. Nous vous tenons pour un grand peuple, réparti sur un immense territoire, disposant de ressources humaines et naturelles pour ainsi dire illimitées — « O Brasil é uma terra que em se plantando tudo dà »[1] — ayant accompli déjà une étape

1. Le Brésil est une terre où pousse tout ce que l'on plante.

importante de son développement, actuellement dégagé de toute grave menace extérieure, mais cependant en pleine gestation et s'efforçant de tirer de lui-même, non sans d'inévitables débats, l'équilibre politique, le système économique et l'organisation sociale qui le mèneront à une prospérité, une puissance et une influence dignes de ses moyens, de sa valeur et — pourquoi pas? — de ses ambitions. J'ajoute que, mesurant les chances que vous offre le monde d'aujourd'hui, nous sommes, en fin de compte, certains de votre réussite, car vous êtes une partie intégrante et capitale de cette Amérique latine que tout appelle à un très grand destin.

Et nous, que sommes-nous nous-mêmes? Notoirement, une nation qui, après avoir traversé de longues et cruelles épreuves, a maintenant guéri ses blessures, réformé ses institutions de telle sorte qu'elles lui assurent la stabilité et l'efficacité politiques, entrepris une transformation économique et une rénovation sociale complètes, remplacé les astreintes périmées de la colonisation par des rapports cordiaux de coopération avec des peuples devenus, en plein accord avec elle, des États indépendants. Cette nation, tandis qu'elle accroît ses moyens démographiques, scientifiques, techniques et matériels, veut, par son action extérieure, contribuer à sauvegarder, en dépit des idéologies opposées et des hégémonies concurrentes, notre univers bouleversé et menacé de se détruire. Or, c'est par le droit des peuples à disposer entièrement d'eux-mêmes, par la marche de chacun d'eux vers le progrès moderne en vue, non pas d'enrichir des oligarchies intérieures ou étrangères, mais de libérer l'homme, où qu'il soit, quel qu'il soit, de la faim, de la misère et de l'ignorance, enfin par l'aide apportée par les États bien pourvus à ceux qui le sont moins, que nous, Français, entendons voir cet ordre nouveau et fraternel s'instituer par toute la terre. Dès lors, comment le Brésil, tel qu'il fut, tel qu'il est, tel qu'il sera, ne nous apparaîtrait-il pas comme un associé naturel de la France dans l'effort de développement national et d'action internationale qu'une pareille évolution mondiale requiert de tout pays qui choisit d'y contribuer?

Sans doute, les rapports entre nos deux peuples sont-ils déjà multiples et importants. Qu'il s'agisse de culture au sens le plus élevé du terme, ou de recherche scientifique, ou de technique, ou de travaux d'infrastructure, ou d'entreprises économiques, beaucoup de liens existent qui les mettent, si l'on peut dire, en état latent de coopération. D'autre part il n'y a, bien sûr, aucune divergence fondamentale quant aux buts que poursuivent, au-dehors, respectivement le Brésil et la France. Mais nous croyons que c'est, pour les deux États, le moment de resserrer leurs relations pratiques dans le domaine du progrès et de préciser leur concert au sujet des problèmes internationaux.

Certes, puisque vous êtes un État américain latin, il est évident que vos intérêts, vos activités, vos soucis, sont essentiellement déployés sur le Nouveau Continent. Il l'est également que nous-mêmes, étant des Européens, devons tenir compte avant tout de ce qui se passe dans l'Ancien Monde. Mais les raisons de nous accorder n'en sont que plus pressantes. Car, quelles que soient les organisations proprement américaines dont vous faites actuellement partie et les communautés européennes auxquelles nous appartenons, qui ne voit que l'avenir du monde — pourvu qu'il en ait un — exige l'équilibre et la paix? Or, ces deux conditions dépendent, pour une large part, des liens de solidarité qui se resserreront, ou non, entre l'Europe, cette source éternelle de notre civilisation, et l'Amérique latine qui est en train de passer au premier plan de la scène de l'univers. Quels peuples peuvent donner le signal mieux que le Brésil et la France?

Monsieur le Président, Messieurs les Sénateurs, Mesdames et Messieurs les Députés, l'émouvante cérémonie à laquelle vous m'avez convié et dont je vous remercie aura sans doute fait grandir, au Brésil, en France et ailleurs, cette conviction et cette espérance.

9 NOVEMBRE 1964

Le Général de Gaulle prend la parole lors d'une réception donnée au Palais de l'Elysée en l'honneur de l'ancien Chancelier Conrad Adenauer, reçu membre de l'Académie des sciences morales et politiques.

TOAST
ADRESSÉ AU CHANCELIER CONRAD ADENAUER

Monsieur le Chancelier,

A l'homme que vous êtes, la France, par ce qu'elle a de plus élevé dans le domaine des sciences morales et politiques, va rendre aujourd'hui un hommage exceptionnel. Ceux qui, en grand nombre, dans ce pays vous admirent et vous sont attachés s'en réjouissent, certes, de tout leur cœur. Mais c'est le peuple français tout entier qui, en cette solennelle occasion, vous adresse le salut d'une très haute et très particulière estime.

Deux raisons justifient un pareil témoignage. La première tient à votre personnalité, dont la valeur, le mérite, le rayonnement, sont connus et reconnus d'un bout à l'autre du monde et qui contribuent si fortement à l'Histoire de notre temps. La seconde est la constance lucide avec laquelle vous avez toujours servi la cause de l'amitié de l'Allemagne et de la France, amitié si nécessaire après les terribles et stériles conflits du passé et qui doit, pour devenir le noyau d'une Europe européenne, s'élever jusqu'à l'organisation d'une réelle coopération.

Je lève mon verre en l'honneur de M. le Chancelier Conrad Adenauer, qui est notre ami d'hier, d'aujourd'hui et de demain.

17 NOVEMBRE 1964

Le Général de Gaulle accueille à Orly le roi de Jordanie, qui accomplit en France un voyage officiel.

ALLOCUTION DE BIENVENUE ADRESSÉE A S.M. LE ROI HUSSEIN DE JORDANIE A L'AERODROME D'ORLY

Sire,

Nous sommes très heureux d'accueillir à Paris en Votre personne le jeune roi d'un jeune royaume, mais aussi le représentant d'une noble et ancienne dynastie et le souverain d'un pays assez antique pour avoir été le berceau de l'Histoire. Nous nous félicitons de saluer à Vos côtés la gracieuse princesse Votre épouse.

Notre vœu sincère est que la visite que nous fait Votre Majesté soit l'occasion pour nos deux États de développer leurs rapports suivant ce que furent bien longtemps, au cours des siècles, les relations entre la France et le monde arabe, et cela au profit du progrès et de la paix des hommes.

Vive la Jordanie !

17 NOVEMBRE 1964

Le Général de Gaulle prend la parole lors d'une réception donnée au Palais de l'Elysée en l'honneur du roi de Jordanie.

TOAST ADRESSÉ A S.M. LE ROI HUSSEIN DE JORDANIE

Sire,

Nous sommes particulièrement heureux de recevoir officiellement à Paris le roi d'un royaume qui s'est installé à son tour sur une terre où commença l'Histoire. Nous nous félicitons d'accueillir à ses côtés la princesse Sa gracieuse épouse.

Pour Vous, Sire, comme pour nous-mêmes, cette rencontre est un signe des temps. Elle montre avec éclat que de très bonnes relations sont désormais établies entre la noble dynastie hachémite et la France, que quelque incompréhension réciproque et certaines intrigues étrangères avaient, naguère, séparées[1]. Elle nous offre, à nous Français, l'occasion de saluer en Votre personne un Souverain, qui, s'étant vu soudain, dès sa prime jeunesse, chargé par un destin tragique de la responsabilité suprême[2], a réussi, à force de courage, de fermeté et de lucidité, à imposer Sa légitimité; un Souverain, qui a su créer, en dépit des troubles les plus graves, l'unité de Son pays, composé de populations qui habitaient déjà Son territoire et d'autres qui y sont venues en grand nombre après avoir quitté leurs foyers[3]; un Souverain, qui est parvenu à sauvegarder l'indépendance de Son peuple, menacé du dehors par d'âpres ambitions. Enfin, la visite de Votre Majesté nous permet de préciser les conditions d'une coopération heureusement commencée déjà entre la France et la Jordanie.

1. Allusions à certains aspects de la politique britannique au Proche-Orient.

2. Le roi Hussein est monté sur le trône à 17 ans, à la suite de la déposition de son père le roi Talal qui lui-même avait succédé en 1951 au roi Abdullah après l'assassinat de celui-ci.

3. Il s'agit des Palestiniens qui ont quitté le territoire d'Israël.

Si la France souhaite voir s'étendre une telle coopération, c'est tout d'abord en raison des affinités qui existent depuis beaucoup de siècles entre elle-même et les Arabes, notamment ceux qui peuplent les terres où coule le Jourdain. Sans doute, la Chrétienté et l'Islam se sont-ils, jadis, violemment affrontés. Sans doute, la possession des Lieux saints fut-elle l'enjeu de leur longue querelle. Sans doute, maintes prouesses accomplies dans leurs combats remplissent-elles encore les légendes, les contes, l'histoire, des Arabes et des Francs. Mais, après tant d'épreuves subies par l'Occident et par l'Orient, ces oppositions passionnées ont fait place à la tolérance. Depuis longtemps, de multiples liens ont tissé une trame d'amitié entre Votre peuple et le mien. Et voici qu'on discerne à présent ce qu'ont de commun les inspirations spirituelles dont procèdent respectivement nos deux civilisations et qu'on reconnaît que celles-ci peuvent se rejoindre dans le culte des plus hautes valeurs. Au demeurant, la France, qui continue de porter la plus grande attention à ce qu'il advient des monuments et emplacements sacrés, constate que Vous les entourez d'une déférence et d'une vigilance qui lui donnent satisfaction.

Cependant, la raison qui dispose la République française à resserrer ses rapports avec le royaume de Jordanie c'est aussi la volonté, très actuelle et très pratique, de servir la cause de la modération dans une région particulièrement sensible. Tout ce qui peut affermir le jeune État dont Votre Majesté assume la conduite avec tant de sagesse et d'autorité nous paraît, à nous Français, de nature à renforcer une stabilité nécessaire. Enfin, l'aide à apporter aux jeunes nations qui entendent l'appel de la civilisation moderne et dont le progrès devient une condition de l'équilibre général, autrement dit de la paix, est pour la France un élément essentiel de son action dans le monde.

C'est par là, Sire, que Votre visite, si elle nous apporte, à coup sûr, un grand honneur et un grand agrément, peut revêtir aussi une précieuse efficacité quant au développement de l'action commune de nos deux pays dans les domaines culturel, technique, économique, dont tout dépend aujourd'hui.

Je lève mon verre en l'honneur et au bonheur de Sa Majesté le roi Hussein de Jordanie et de Son Altesse Royale la princesse Muna El Hussein, à l'amitié de nos deux peuples et à la paix de l'univers.

22 NOVEMBRE 1964

Le Général de Gaulle préside les cérémonies qui marquent le vingtième anniversaire de la libération de Strasbourg. Il y prend la parole place Kléber.

DISCOURS PRONONCÉ A STRASBOURG

Le mois de novembre 1944 vit le retour victorieux de nos armes sur le sol de notre Alsace. Sans doute, les conséquences du désastre de 1940 réduisaient-elles de beaucoup l'effectif et l'armement des forces que nous pouvions alors mettre en ligne. Notre effort à l'est devait donc, à ce moment, consister, pour l'essentiel, à ressaisir la chère province. Encore, un large concours de nos alliés américains nous y était-il nécessaire. D'autre part, la délivrance complète du Haut-Rhin et du Bas-Rhin exigerait de longs et durs combats au cours desquels, à certains jours, on pourrait même se demander si l'ennemi n'allait pas reconquérir cette terre sacrée. Mais, en fin de compte, pour reprendre, puis pour garder le sol alsacien, c'est l'armée française qui jouerait le rôle principal. Parmi tous les succès qu'elle remporta dans cette phase décisive, le plus éclatant, à coup sûr, fut la libération de Strasbourg.

Le 14 novembre, commençait l'offensive générale. En quelques jours, la Ire armée française atteignait les cols du Bonhomme, de la Schlucht et de Bussang, s'emparait de Belfort, de Mulhouse, d'Altkirch, et poussait jusqu'au Rhin de Rosenau et de Saint-Louis. En même temps, la VIIe armée américaine brisait, suivant l'axe Lunéville-Blamont, la première position allemande. Il s'agissait dès lors de savoir, si, quand, comment, l'ennemi allait être chassé de la capitale de l'Alsace et par quelle force il le serait? A vrai dire, toutes dispositions avaient été prises à temps pour que la chance en revînt à une grande unité française. C'est, en effet, dans ce but que la 2e division blindée se trouvait rattachée à la VIIe armée américaine. Le 18 novembre, le Général Patch, ayant percé à l'ouest des Vosges, chargeait donc le Général

Leclerc d'exploiter le succès à travers le massif et de s'emparer de Saverne qui ouvrait la voie vers Strasbourg.

S'il est vrai que rarement occasion si belle fût offerte à des guerriers, il l'est aussi que jamais n'ont été dépassés le sens du combat, l'audace, la capacité manœuvrière, de ceux qui eurent à la saisir. La division Leclerc, articulée en quatre groupements : Langlade, Dio, Rémy, Guillebon, franchissant les Vosges en combattant sans relâche par Cirey, Voyer, Rehtal, Dabo, choisissant les itinéraires les plus difficiles pour qu'ils soient les plus imprévus, poussant ses chars, ses canons, ses camions, au milieu des défenses des Allemands, de leurs unités stupéfaites et de leurs colonnes en fuite, accomplit un chef-d'œuvre d'action militaire. Saverne et Phalsbourg étant enlevés le 22 novembre, la journée du lendemain allait voir l'achèvement d'un extraordinaire exploit.

Le 23, à travers la plaine, sur une distance de 35 km, les nôtres, formés en cinq colonnes, couraient vers Strasbourg, prenaient la ville, atteignaient le Rhin, sans que la garnison allemande, appuyée sur de puissants ouvrages, ait pu nulle part les arrêter. Avant que le soir fût tombé et dans la joie indescriptible de la population, la capitale de l'Alsace était rendue à la France. En cinq jours, au prix de la perte de 120 morts et blessés, la division Leclerc avait fait 13 000 prisonniers, c'est-à-dire autant qu'elle-même comptait de soldats, tué 2 000 ennemis, détruit ou enlevé un énorme matériel. En somme, grâce à la puissance, à la vitesse et à la valeur de cette division cuirassée, la même désastreuse surprise que nous avaient, en 1940, infligée les *Panzerdivisionen*, venait de foudroyer l'ennemi, à son tour, dans ce secteur.

Ainsi, pour lamentables qu'eussent été pour nous les débuts de la guerre, pour réduite que fût à présent la force de nos armes, un glorieux épisode prouvait, de nouveau, que la source profonde de notre valeur guerrière n'était aucunement tarie. C'est ce qu'avaient déjà révélé, aux heures les plus sombres, des exploits aussi consolants pour la patrie humiliée que Massaoua, Bir-Hakeim, le Fezzan. C'est ce qui était, par la suite, apparu, grâce à des réussites telles que la délivrance de la Corse, la percée sur le Garigliano, la conquête de l'île d'Elbe, la reprise de Toulon et de Marseille, la libération de Paris. C'est ce que mettraient en lumière, un peu plus tard, notre victoire de Colmar, l'enlèvement des réduits allemands de l'Atlantique : pointe de Grave, Royan, La Rochelle, enfin le passage du Rhin et la course jusqu'au Danube. Accomplissant les missions qui leur étaient données, soit directement par l'autorité française, soit avec son agrément exprès, en liaison avec nos alliés mais dans un effort de guerre national, unique et dirigé, nos troupes, quelle que fut leur origine, ont compté parmi les meilleures que notre pays eut jamais. Quant à leurs chefs : Kœnig, Leclerc, d'Argenlieu. Larminat, Monclar, de Lattre, Juin, Bethouart, Monsabert etc., ils surent, à mesure qu'ils se trouvèrent engagés après la tornade initiale, rétablir, au service de la France, l'honneur et la gloire du Commandement.

Les motifs de fierté nationale que nous laissent ces actions d'éclat, entreprises et réussies à partir du fond de l'abîme, nous entendons les cultiver. A preuve, la cérémonie d'aujourd'hui. Certes, la libération de la France, puis sa participation à la victoire interalliée, ont estompé dans nos âmes la fureur des épreuves d'antan. Certes, le fait que nos amis de l'autre bord de l'Atlantique s'étaient finalement engagés dans le conflit où nous avions été d'abord submergés, nous apportait, sur le moment, la perspective d'une sécurité accrue. Certes, d'autres menaces, apparues à l'horizon, nous avaient déterminés, moyennant un immense effort moral accompli sur lui-même par notre peuple, à passer outre à ce qui avait été le fait dominant du passé, je veux dire la méfiance hostile à l'égard du voisin germanique. Mais cette orientation nouvelle ne saurait nous faire oublier, ni les erreurs et les abandons où nous faillîmes nous anéantir, ni l'étonnant redressement qui assura notre salut.

Inversement, la fidélité avec laquelle nous gardons vivant le capital moral de la France n'a rien qui contredise la vaste tentative politique que nous avons entreprise. Qui ne sait que celle-ci vise, au point de vue des sentiments que nous portons à l'Allemagne, à changer l'aversion en compréhension et l'esprit de vengeance en amitié? Qui pourrait, d'ailleurs, méconnaître, qu'à propos de l'instauration de la République fédérale, de la levée des hypothèques sur son charbon et sur son acier, de son admission dans l'Organisation de l'Alliance Atlantique, de la destination de la Sarre, de la création et du développement de la Bundeswehr, nous avons marqué par des faits essentiels ce que sont nos intentions? A qui serait-il possible d'ignorer la signification attachée par nous au traité d'action commune qui fut signé l'an dernier, sans restriction ni préambule[1], par les Gou-

1. Il s'agit du traité franco-allemand de coopération signé le 22 janvier 1963 — dont la ratification a été autorisée par le Bundestag moyennant le vote d'un préambule mentionnant une volonté d'étroite association entre l'Europe et les États-Unis.

vernements de Bonn et de Paris? Mais, à une transformation aussi complète et aussi méritoire de l'état d'âme, de l'attitude, de l'action, qui furent nécessairement les nôtres depuis trois siècles, il faut une justification qui lui soit proportionnée. Laquelle? sinon l'accomplissement, en commun avec l'Allemagne, d'une ambition à la fois très ancienne et très moderne : la construction d'une Europe européenne, autrement dit indépendante, puissante et influente au sein du monde de la liberté.

Oui! la coopération des deux grands peuples réconciliés est désirée par notre pays pour cette raison qu'elle est la seule base sur laquelle puisse s'établir l'union de l'Europe occidentale. C'est pourquoi la France attribue une importance capitale aux échéances imminentes qui vont montrer s'il est possible, ou non, aux États signataires du Traité de Rome de créer entre eux une réelle communauté économique en y faisant entrer l'agriculture, c'est-à-dire en fixant, au même titre pour tous les Six, les règlements et les prix. C'est aussi pourquoi nous, Français, tenons pour indispensable, qu'au plus tôt les participants réalisent et pratiquent entre eux dans le domaine politique, qui est d'abord celui de la défense, une organisation, alliée certes au Nouveau Monde, mais qui soit proprement la leur, avec ses objectifs, ses moyens et ses obligations.

Pour l'un ou l'autre d'entre eux, renoncer en fait à cette union et, moyennant un rôle d'auxiliaire, s'en remettre décidément de sa vie à une puissance, assurément amicale, mais située dans un monde différent et dont le destin, de par la nature et l'Histoire, ne saurait être identifié avec celui de l'Europe[1], ce serait blesser bien grièvement une grande espérance. Au demeurant, à l'époque des menaces et des « escalades » atomiques, il n'y a pas, pour assurer éventuellement la sauvegarde initiale de l'Ancien Continent et, par conséquent, justifier l'Alliance Atlantique, d'autre voie que l'organisation d'une Europe qui soit elle-même, notamment pour se défendre. Enfin, quant à l'avenir, étant donné les perspectives d'évolution intérieure et extérieure du bloc totalitaire de l'Est, sous la pression élémentaire des hommes qui y aspirent à retrouver leur dignité et des peuples qui y tendent à reprendre leur libre arbitre national, il y a là le seul moyen qui puisse, un jour peut-être, permettre d'envisager le rapprochement de l'Europe tout entière, équilibrée, réglant ses problèmes

1. Les États-Unis.

et aménageant ses vastes ressources pour le progrès et pour la paix.

Quels qu'aient été les drames d'autrefois, la France tire du souvenir du fait d'armes accompli ici voici vingt ans, non point certes un motif d'outrecuidance, mais un élément raisonné de sa confiance en elle-même. Quels que soient les doutes d'aujourd'hui, elle espère que, l'histoire des combats sur le Rhin étant désormais écrite, l'estime et l'attrait profonds que se portent mutuellement les peuples européens assemblés jadis par Rome, puis par Charlemagne, et dispersés si longtemps par tant d'illusions centrifuges et d'interventions étrangères, le sentiment qu'ils doivent avoir de leur valeur collective et de leur solidarité, l'ambition de jouer ensemble un grand rôle pour le bien de tous les hommes, vont les déterminer enfin à se réunir pour agir. Cette espérance, cette volonté, cette politique, qui sont les nôtres, où donc la France pourrait-elle les affirmer mieux qu'à Strasbourg ?

Vive l'Alsace !

Vive la République !

Vive la France !

30 DECEMBRE 1964

Comme chaque année, le Général de Gaulle exprime ses vœux aux Armées dont il est le Chef.

VŒUX AUX ARMÉES

En 1964, nos armées ont été groupées, organisées et orientées en vue d'assurer, à l'époque moderne et à l'échelle mondiale, la défense de la France.

En 1965, elles auront à s'y préparer, grâce notamment aux moyens nouveaux dont, en vertu de la loi, elles sont progressivement dotées.

Pour l'accomplissement de cette incomparable mission nationale, j'adresse aux officiers, sous-officiers, soldats, marins, aviateurs, des armées de Terre, de Mer et de l'Air, mes souhaits les plus confiants et les plus affectueux.

C. de GAULLE

31 DECEMBRE 1964

Le Général de Gaulle s'adresse aux Français pour tirer quant à l'avenir les leçons que comporte l'année qui s'achève.

ALLOCUTION RADIODIFFUSÉE ET TÉLÉVISÉE PRONONCÉE AU PALAIS DE L'ELYSÉE

En 1964, la France a vécu en paix, à l'intérieur et à l'extérieur. Par contraste avec tant d'autres périodes de son Histoire qui avaient été marquées par le trouble et le malheur, elle ne s'est gaspillée, ni au-dedans en vaines agitations, ni au-dehors en conflits stériles. Aussi, l'essor de renouveau, dont elle est maintenant animée, lui a-t-il permis d'avancer largement en fait de prospérité, de puissance et d'influence. Pourvu qu'au cours de 1965 notre pays maintienne la même stabilité et la même activité, je suis sûr que l'année qui commence sera une étape importante de son extraordinaire développement.

En fait de développement, le bilan est catégorique. Au fond, chacun le sait. Mais il est bon de donner des chiffres. Par rapport à 1958, l'année 1964 a vu le produit national accru de 35 %. Je parle du produit réel, évalué après défalcation de toutes augmentations des prix. Dès lors, la France, au train où elle va, sera, en moins d'une génération, deux fois plus riche qu'elle n'était. Pendant le même espace de six ans, le revenu moyen des Français, calculé en valeur absolue, a monté d'au moins 25 %. C'est le cas, notamment, pour diverses catégories qui avaient pu, naguère, paraître défavorisées : agriculteurs, fonctionnaires, agents des services publics. Cela veut dire, si les choses continuent, qu'un bébé qui vient au monde ce soir, pourra, à partir de sa majorité, vivre deux fois mieux que ses parents ne vivent aujourd'hui.

Tandis que notre progrès collectif nous met à même d'améliorer ainsi l'existence de chacun, nous l'employons également à accroître massivement les grands investissements sociaux. Si l'on chiffre en monnaie constante les crédits qui leur sont alloués par le seul budget national, on voit qu'en 1965, par comparaison avec 1958, l'État augmente ceux qu'il consacre : au Logement, de 50 %; à la Santé publique, de 68 %; au Travail, de 80 %; à l'Agriculture, de 128 %; à l'Education nationale de 170 %; à la Jeunesse et aux Sports, de 216 %; à la Recherche scientifique, de 518 %. Assurément, nous avons à faire mieux encore, notamment pour le logement, et nous le ferons sans nul doute à mesure de nos moyens. Mais cette amélioration, jamais atteinte jusqu'à présent, de la prospérité générale, de la condition de chacun et de la vie collective, en vérité tout le monde la constate, même si, du fait qu'on la vit au jour le jour, on la discerne plus ou moins bien, ou si, les désirs croissant avec les progrès, on n'en est jamais satisfait, ou si, enfin, les nostalgies, les rancœurs, les démagogies partisanes, affectent de la mettre en doute.

Sans avoir à prophétiser, j'annonce, qu'à moins de graves secousses chez nous ou ailleurs, 1965 verra la prospérité nationale bénéficier de l'avance solide que lui permettent le plan de développement économique et social actuellement en vigueur, le budget de sincérité et d'équilibre qui vient d'être adopté, la stabilisation des prix et du crédit qui est et restera naturellement appliquée, enfin et par-dessus tout le travail du peuple français. Eh! oui, le travail! En effet, étant donné que les limites de nos souhaits s'élargissent de jour en jour, que notre démographie s'élève sans cesse en raison de la natalité et de l'immigration — en 1964, 565 000 habitants de plus dans la métropole, plus tard sans doute un million par an — qu'il est de notre devoir et, à terme, de notre intérêt de contribuer à l'avance des peuples encore dépourvus, que la concurrence s'engage sur le marché sans douanes de six pays européens, que la pression de la puissance économique américaine s'exerce jusque chez nous, il est clair qu'il nous faut produire toujours plus et toujours mieux, épargner et investir constamment et davantage, pousser sans relâche nos recherches scientifiques et techniques, sous peine de nous enliser dans une amère médiocrité et d'être colonisés par les participations, les inventions et les capacités étrangères. Mais il n'y a rien là — bien au contraire — qui puisse intimider la France nouvelle où pousse une jeunesse fort heureusement nombreuse et ambitieuse. En 1965, nous ne relâcherons donc pas notre effort qui, au-dedans, nous vaut le progrès et qui, au-dehors, est la condition de notre indépendance.

Je dis notre indépendance. Cela signifie que notre pays, qui ne cherche à dominer personne, entend être son propre maître.

Or, l'année qui finit a montré, et celle qui s'ouvre confirmera, que, tout en redevenant nous-mêmes dans les domaines de la politique, de l'économie, de la monnaie, de la défense, autrement dit en rejetant tous systèmes qui, sous le couvert du « supranational », ou bien de l'« intégration », ou encore de l' « atlantisme », nous tiendraient en réalité sous l'hégémonie que l'on sait,[1] nous sommes tout disposés à la coopération amicale avec chacun de nos alliés, nous faisons progresser l'union de l'Europe occidentale, nous demeurons très actifs quant à l'aide que nous apportons aux peuples en voie de développement, nous prenons avec l'Amérique latine, continent au très vaste avenir et particulièrement proche de nous par l'esprit et par le cœur, des contacts de plus en plus étroits, nous renouons avec la Chine, nous multiplions enfin nos rapports avec les Etats européens de l'Est à mesure que leur évolution interne les oriente vers la paix. Une conséquence évidente de ce redressement vis-à-vis du monde est que jamais tant d'hommes sur la terre n'ont tant attendu de nous, ni éprouvé tant d'attrait pour la France.

Certes, la vie est la vie, autrement dit un combat, pour une nation comme pour un homme. Il y a, il y aura, toujours et partout, des difficultés à vaincre, des efforts à déployer, des peines à supporter, afin d'avancer en fait de dignité, de justice, de fraternité. Mais, tous ensemble, nous sommes un peuple, dont l'évolution moderne rend les enfants chaque jour plus solidaires pour le meilleur ou pour le pire. Ce que ce peuple accomplit commande notre sort particulier. Ce qui arrive à l'un ou à l'autre compte dans le destin commun. C'est pourquoi, Françaises! Français! en exprimant en notre nom à tous nos meilleurs vœux au pays, c'est à vous que je les adresse et, en souhaitant à chacune et à chacun de vous une bonne et heureuse année, je la souhaite à la France.

Vive la République!

Vive la France!

1. Celle des États-Unis.

1965

1er JANVIER 1965

Le Général de Gaulle répond aux vœux qui lui ont été présentés, au nom des Corps constitués, par M. Alexandre Parodi, Vice-président du Conseil d'État.

ALLOCUTION PRONONCÉE LORS DE LA PRÉSENTATION DES VŒUX DES CORPS CONSTITUÉS

Monsieur le Président,

Vous ayant entendu m'exprimer dans l'esprit le plus élevé et dans la forme la plus noble les vœux de Nouvel An des Corps constitués, j'adresse à mon tour mes souhaits très sincères à vous-même et à tous ceux qui, ici et partout ailleurs, forment l'armature de l'État et ont l'honneur de le servir.

L'année 1964 a vu les pouvoirs publics, Gouvernement et Parlement, décider et prescrire en tous domaines une œuvre très considérable de rénovation nationale. Ils l'ont pu grâce à la sage et ferme Constitution de la République, à l'adhésion du pays, au fait enfin que celui-ci se trouve dégagé au-dehors des entreprises sans issue. Mais, les décrets ainsi pris, les lois ainsi votées et promulguées, il s'agit de les appliquer. C'est dire quels efforts ont à accomplir les administrations et quels résultats dépendent de leurs mérites.

L'année 1965 ne fera qu'y ajouter. Celle-ci, en effet, doit, à l'intérieur et à l'extérieur, marquer pour notre pays à la fois l'épanouissement de tout ce qui a été récemment commencé et la mise en œuvre de tout ce qui reste à faire. Les Corps, qui, sous l'autorité du Gouvernement, exercent les responsabilités administratives, judiciaires, financières, diplomatiques, universitaires, militaires, économiques, sociales, morales, auront donc, autant que jamais, à faire preuve de compétence, d'ordre, d'initiative, de dévouement à la chose publique. Qu'ils soient assurés de l'estime et de la confiance profondes que le Chef de l'État leur porte en toute connaissance de cause !

1er JANVIER 1965

Le Général de Gaulle répond à l'allocution par laquelle Mgr Bertoli, nonce apostolique, lui a présenté les vœux du Corps diplomatique.

RÉPONSE AUX VŒUX DU NONCE APOSTOLIQUE

Monsieur le Nonce,

Les vœux de Nouvelle Année, que Votre Excellence vient de m'exprimer en son nom et au nom du Corps diplomatique, m'ont vivement touché. D'autant plus qu'à travers ma personne c'est à la République française que vous les avez destinés. En vous en remerciant, je tiens à vous adresser les miens.

Ceux-ci vont, d'abord, au Corps diplomatique lui-même, dont j'espère que chacun de ses membres pourra, en 1965, accomplir son éminente mission dans de satisfaisantes conditions. Dire cela c'est, en même temps, Messieurs les Ambassadeurs, souhaiter aux États et aux peuples, dont vous êtes ici les mandataires, d'heureux rapports avec la France. Or, je puis vous assurer qu'à l'égard de chacun d'entre eux la France désire, pour sa part, que ces rapports soient et demeurent les meilleurs possible.

Jamais, d'ailleurs, la paix n'a paru, pour le monde tout entier, plus nécessaire qu'aujourd'hui. Cela est vrai, en général, à une époque où les moyens de détruire atteignent une puissance pour ainsi dire illimitée. Mais cela est vrai, en particulier, des États récemment institués, dont la vie et le progrès exigent qu'ils puissent disposer d'eux-mêmes, s'organiser et se développer en-dehors et à l'abri des intérêts et idéologies qui s'opposent à l'extérieur. En vérité, c'est dans la seule voie de la solidarité humaine que peut être désormais assuré le destin de tous nos peuples, quels qu'ils soient.

Tel est bien, n'est-il pas vrai? Monsieur le Nonce, l'enseignement que fait entendre au monde, par la parole et par l'exemple, Sa Sainteté le pape Paul VI, à qui je vous demande de transmettre l'hommage de mon respect. Et à vous, Messieurs les Ambassadeurs, je confie, à l'adresse des souverains et chefs d'État dont vous êtes les représentants, l'expression de mes vœux profondément sincères pour leur personne et pour leur peuple.

4 FEVRIER 1965

Le Général de Gaulle a invité les journalistes au Palais de l'Élysée.

CONFÉRENCE DE PRESSE TENUE AU PALAIS DE L'ÉLYSÉE

Bonjour Mesdames, Messieurs. Je suis ravi de vous voir.

Dans notre monde qui est en gestation et pour notre pays à qui sa stabilité permet une continuité politique, dans une réunion comme la nôtre aujourd'hui, je pense que ce ne sont pas les questions du jour, de l'heure, de la minute, qu'il y a lieu de traiter. Il s'agit surtout des questions principales sur lesquelles je vous demande, Mesdames et Messieurs, de m'interroger et, suivant la tradition, je tâcherai de répondre.

. . . .

Eh bien ! Voilà l'ensemble des sujets qui vous préoccupent et qui préoccupent, je crois bien, le monde entier.

Pour ce qui est plus spécialement de la France, vous avez parlé de la politique des revenus. Je vais en parler à mon tour.

Il a été question aussi du système monétaire international actuellement pratiqué, puis de ce que nous en pensons ici.

Il a été posé plusieurs questions relatives à la situation du monde par rapport au problème de l'Allemagne et il a, en particulier, été demandé quelle était la politique de la France à cet égard.

On a parlé également de la situation des Nations Unies.

Je crois que je n'ai rien oublié. Ce sont bien là les sujets qui, dans l'ensemble, nous ont été proposés pour que nous les traitions.

Si vous le voulez bien, je vais parler d'abord de la politique économique et sociale française, pour autant qu'on l'appelle aujourd'hui la politique des revenus.

Q. — *Pouvez-vous nous dire, mon Général, où en est la politique des revenus, et ce que compte faire le Gouvernement pour en hâter la réalisation?*

R. — Sous l'impulsion de la machine, l'économie moderne est en perpétuel mouvement. Cela est vrai de sa structure, puisqu'à un rythme accéléré certaines branches se créent, se concentrent, progressent, tandis que d'autres reculent ou disparaissent, et qu'ainsi la répartition des efforts, des capitaux, des personnes, se renouvelle constamment. Cela est vrai du produit global de l'activité du pays. Cela est vrai de l'emploi que les particuliers font de leurs propres revenus, suivant qu'ils consomment, ou qu'ils thésaurisent, ou qu'ils investissent dans des entreprises, des logements, de l'équipement. Cela est vrai de ce que l'État prélève sur le produit de l'activité du pays par l'impôt, de ce qu'il emprunte, de ce à quoi il consacre ses ressources. Encore, les connexions extérieures sont telles que ce qui arrive à l'étranger influe inévitablement sur ce qui se passe au-dedans. Et que dire des guerres ou des bouleversements qui, dans certains pays, anéantissent les moyens humains et matériels de production pendant que d'autres y trouvent l'occasion d'accroître soudain les leurs? Bref, c'est le caractère même de notre civilisation mécanique que l'ensemble des bénéfices résultant à mesure des avances de la science, de la technique, des capacités, ou bien du progrès de l'infrastructure, de l'outillage, des échanges, est essentiellement variable dans son total et dans sa répartition.

Sans doute, le développement, grâce aux moyens qu'y emploie notre temps, a-t-il généralement tendance à s'accroître plutôt qu'à se réduire, parce que des résultats nouveaux s'ajoutent à ceux qui sont acquis. Mais cette progression elle-même est exposée à maints avatars. Tantôt rapide et tantôt lente, emportée parfois par la « surchauffe » ou arrêtée par la crise, excessive dans diverses branches et insuffisante dans d'autres, elle comporte toutes sortes de saccades et d'inégalités, de profits abusifs et de retards injustifiés. De là, dans la vie matérielle, sociale, politique, morale, des sociétés, autant de sujets de querelles et de difficultés. Les États sont donc de plus en plus portés à encadrer et à guider leur économie nationale.

Avant de s'y décider, ils voient théoriquement s'offrir à eux deux doctrines opposées dont chacune est simple et terrible. Le « Laissez-faire ! Laissez-passer ! », appliqué à l'économie depuis l'aurore du machinisme, a souvent, grâce au bénéfice, à l'esprit d'entreprise, à la libre concurrence, donné au développement une puissante impulsion. Mais on ne saurait méconnaître qu'il en est résulté beaucoup de rudes secousses et une somme énorme d'injustices. D'autre part, le système communiste, mis en vigueur dans certains pays dont une catastrophe nationale avait balayé les structures et qui, bien que dotés de grandes ressources naturelles, végétaient sous des méthodes égoïstes et archaïques, réussit, en utilisant la contrainte implacable et la propagande forcenée, à construire un appareil de production massive, notamment en ce qui concerne les mines et l'industrie lourde. Mais c'est au prix d'immenses épreuves, de gigantesques gaspillages, de l'écrasement des individus auxquels ne sont jamais laissés ni le choix, ni la liberté. Au surplus, celles des activités qui comportent l'effort spontané des personnes et l'adaptation à des demandes multiples et changeantes, comme la fabrication des objets de consommation, l'agriculture, la distribution, sont-elles, sous un pareil régime, constamment déficientes faute de profit pour l'initiative. D'où, en dehors des rassemblements et mouvements obligatoires et spectaculaires de masse, une vie sans cesse menacée ou, tout au moins, morose, incolore et sans saveur.

On a pu croire naguère, et il y en a encore qui croient quelquefois, que ces systèmes excessifs trouvent chez nous une audience étendue et qu'il est concevable que l'un ou l'autre s'impose un jour à l'État et à la nation. Ce ne sont là qu'imaginations. Sans doute est-il commode aux tenants traditionnels d'une théorie jadis consacrée de célébrer le mirage d'une économie sans règles. Sans doute, à l'inverse, paraît-il expédient aux champions de la subversion d'évoquer le chant des lendemains qui bercerait une société débarrassée des profits et des concurrences. Mais tout le monde sait, qu'à moins d'un cataclysme qui remettrait tout en cause, nous ne nous livrerons plus à la discrétion effrénée du capitalisme libéral et personne ne croit que nous nous soumettrons jamais à la tyrannie écrasante du communisme totalitaire. Non ! la route que nous avons choisie n'est ni celle-ci, ni celle-là.

Nous avons choisi de conduire, oui ! de conduire, notre effort et notre progrès en vue du plus grand rendement, de la plus grande continuité, de la plus grande justice. Ce qui veut dire que, tout en laissant la carrière grande ouverte à l'esprit d'entreprise individuel et collectif qui comporte le risque par le gain ou par la perte, nous appliquons l'action publique à orienter notre économie pour l'avance de la nation dans tous les domaines et pour l'amélioration du sort des Français à mesure que s'accroît la richesse de la France. Pour ce faire, notre cadre, c'est le Plan, par lequel nous déterminons les objectifs à atteindre, les étapes, les conditions. Nos moyens, ce sont les lois, les règlements, l'information, ainsi que le crédit, l'impôt, les tarifs, les subventions. Notre politique, c'est une action qui adapte à mesure le revenu national aux besoins et aux progrès de la collectivité, de chacune de ses branches économiques et de chacune de ses catégories sociales, la politique des revenus !

Monsieur Jourdain faisait de la prose sans le savoir. Il y a longtemps que, sans le dire, nous avons commencé de faire la politique des revenus. Nous la faisions déjà quand, voici plus d'un demi-siècle, nous adoptions l'impôt progressif sur le revenu [1], quand, lors de la libération, nous instituions la sécurité sociale, les allocations familiales, le salaire minimum garanti [2]. Nous la faisons à présent quand nous appliquons les lois d'orientation agricole, quand, par prélèvements sur les gains de la collectivité, nous aidons massivement la Recherche, l'Éducation, la Santé, l'Agriculture ; quand nous créons chaque année des logements par centaines de mille ; quand nous aménageons, dans l'ensemble ou par régions, l'infractustrure du territoire ; quand nous élevons, en proportion de l'augmentation du produit national, la masse des rémunérations des fonctionnaires de l'État et des agents des services publics. Mais notre époque ne s'arrête pas. Chaque jour qui passe rend plus nécessaire de pousser plus avant dans la voie que nous avons prise.

Il s'agit d'abord que, suivant les buts à atteindre quant au développement collectif, l'accroissement du revenu national soit distribué entre la consommation, les investissements, les dépenses publiques de fonctionnement, l'équipement du pays, le règlement de nos dettes intérieures ou extérieures, l'aide fournie à l'étranger, etc., de telle façon que le revenu de la nation

1. Adopté par la Chambre des Députés en 1909, l'impôt progressif sur le revenu l'a été par le Sénat en juillet 1914.

2. Des Ordonnances du 4 et du 19 octobre 1945, promulguées par le Gouvernement provisoire dirigé par le Général de Gaulle ont transformé les assurances sociales résultant des lois de 1928 et 1930 en un système général de Sécurité sociale, et étendu considérablement l'application des allocations familiales instituées par une loi de 1932.

soit réparti, aussi rationnellement que possible, entre les divers postes qui commandent, soit sa vie présente, soit ses progrès à venir. Encore faut-il, naturellement, que l'augmentation prévue de la richesse globale — autrement dit le taux de l'expansion — soit déterminée en concordance avec nos moyens, nos besoins, notre propre évolution et celle des États qui sont le plus en rapport avec nous. Encore faut-il, également, que les ressources ainsi distribuées ne dépassent pas, au total, ce que le pays a gagné ; faute de quoi ce serait l'inflation, c'est-à-dire, tôt ou tard, la faillite.

Mais il s'agit aussi que cette « programmation », qui se traduit par des pourcentages, accentue sa portée sociale en s'appliquant aux totaux des diverses sortes de revenus : bénéfices industriels et commerciaux, salaires et traitements, revenus agricoles, gains des services, prestations sociales ; leurs accroissements relatifs étant, dès lors, évalués en valeur. Naturellement, la parité dans le progrès n'est pas possible parce que les données relatives aux différents cas ne sont jamais identiques et cette parité-là n'est pas souhaitable parce qu'il serait désastreux de supprimer l'émulation. Mais, sous peine de déséquilibre, il importe tout au moins que toutes les catégories avancent en même temps que l'ensemble, afin que chacune ait sa part. Cette harmonie élémentaire, que doit ménager le Plan, est d'autant plus nécessaire que l'économie française se développe, désormais, sur la base de la stabilité et qu'ainsi ont disparu les dangereuses facilités que procurait l'inflation pour compenser artificiellement et momentanément des retards ou des différences, jusqu'au jour où le même abîme aurait englouti tout le monde.

Il est vrai, qu'à première vue, une telle politique est de nature à indisposer, d'une part divers milieux qu'absorbent complètement leurs affaires et leurs intérêts et qui se méfient par principe de l'intervention de la puissance publique dans la marche de l'économie, d'autre part certains organismes professionnels accoutumés à concentrer leur action sur la revendication et qui redoutent que, sous cette forme, leur rôle paraisse se réduire à mesure que la vie économique et sociale de la nation serait rendue plus régulière, moins disparate, par conséquent plus équitable. Mais la politique des revenus est trop profondément conforme au mouvement général de notre époque pour ne pas devenir la chose de tous. Au demeurant, s'il appartient aux seuls pouvoirs de la République : Gouvernement et Parlement, de décider de ce qu'elle est, les avis et débats à partir desquels elle doit être élaborée impliquent la coopération des éléments chargés d'une responsabilité dans les domaines de la production, du travail ou de la technique. Les Commissions du Plan, le Conseil économique et social, les Commissions de développement économique récemment créées dans les Régions[1], sont, dans leurs attributions respectives, les cadres qualifiés pour servir à ces consultations.

Au milieu des immenses secousses qui ont eu lieu, ou qui sont en cours, d'un bout à l'autre du monde depuis que la machine repétrit les sociétés, la France a maintenant arrêté les voies et moyens de sa propre transformation. Certes, nous savons qu'il nous faut encore parcourir beaucoup d'étapes, car le progrès n'a pas de limites. Mais, chez nous, la révolution s'accomplit régulièrement, jour après jour, parce qu'elle est admise par les esprits et inscrite dans la loi.

Après les explications qui ont été à maintes reprises données sur ce sujet capital par le Gouvernement et, d'abord, par le Premier ministre ainsi que par le ministre des Finances et des Affaires économiques, et qui furent développées avec précision par le Commissaire général au Plan[2], j'espère avoir répondu à ce que vous désiriez savoir.

Q. — *M. le Président, en changeant en or une partie de ses avoirs en dollars*[3], *la France a provoqué certaines réactions qui ont fait apparaître les défauts du système monétaire actuel. Etes-vous partisan de réformer ce système, et, si oui, comment?*

Q. — *Ma question, M. le Président, s'enchaîne avec la précédente. Pouvez-vous préciser votre politique en ce qui concerne les investissements étrangers en France et particulièrement les investissements américains?*

R. — Je vais tâcher d'expliquer ma pensée sur ces points.

A mesure que les États de l'Europe occidentale, décimés et ruinés par les guerres, recouvrent leur substance, la situation relative qui avait été la leur par suite de leur affaiblissement apparaît comme inadéquate, voire abusive et dangereuse. Rien,

1. C'est un décret du 14 mars 1964 qui, en même temps qu'il institue des Préfets de région, a créé les Commissions de développement économique régional, dites Coder, qui, dans chacune des 21 circonscriptions d'action régionale, auront à donner leur avis sur les tranches régionales du Plan national de développement économique et social.

2. M. Pierre Massé.

3. Depuis 1964, la France a commencé à accroître dans la composition de ses réserves la part de l'or, en diminuant celle du dollar, qui avait atteint 27,5 %. A la fin de 1965, cette proportion sera tombée à 15 %.

d'ailleurs, dans cette constatation n'implique de leur part et, notamment, de celle de la France quoi que ce soit d'inamical à l'égard d'autres pays, en particulier de l'Amérique. Car, le fait que ces États veuillent, chaque jour davantage, agir par eux-mêmes dans tout domaine des relations internationales procède simplement du mouvement naturel des choses. Il en est ainsi pour ce qui est des rapports monétaires pratiqués dans le monde depuis que les épreuves subies par l'Europe lui firent perdre l'équilibre. Je veux parler — qui ne le comprend? — du système apparu au lendemain de la Première Guerre et qui s'est établi à la suite de la Seconde.

On sait que ce système avait, à partir de la Conférence de Gênes, en 1922, attribué à deux monnaies, la livre et le dollar, le privilège d'être tenues automatiquement comme équivalentes à l'or pour tous paiements extérieurs, tandis que les autres ne l'étaient pas. Par la suite, la livre ayant été dévaluée en 1931 et le dollar en 1933, cet insigne avantage avait pu sembler compromis. Mais l'Amérique surmontait sa grande crise. Après quoi, la Deuxième Guerre mondiale ruinait les monnaies de l'Europe en y déchaînant l'inflation. Comme presque toutes les réserves d'or du monde se trouvaient alors détenues par les États-Unis, lesquels, en tant que fournisseurs de l'univers, avaient pu conserver sa valeur à leur propre monnaie, il pouvait paraître naturel que les autres États fissent entrer indistinctement des dollars ou de l'or dans leurs réserves de change et que les balances extérieures des paiements s'établissent par transferts de crédits ou de signes monétaires américains aussi bien que de métal précieux. D'autant plus que l'Amérique n'éprouvait aucun embarras à régler ses dettes en or si cela lui était demandé. Ce système monétaire international, ce « Gold Exchange Standard », a été par conséquent admis pratiquement depuis lors.

Cependant, il ne paraît plus aujourd'hui aussi conforme aux réalités et, du coup, présente des inconvénients qui vont en s'alourdissant. Comme le problème peut être considéré dans les conditions voulues de sérénité et d'objectivité — car la conjoncture actuelle ne comporte rien qui soit, ni très pressant, ni très alarmant — c'est le moment de le faire.

Les conditions qui ont pu, naguère, susciter le « Gold Exchange Standard » se sont modifiées, en effet. Les monnaies des États de l'Europe occidentale sont aujourd'hui restaurées, à tel point que le total des réserves d'or des Six équivaut aujourd'hui à celui des Américains. Il le dépasserait même si les Six décidaient de transformer en métal précieux tous les dollars qu'ils ont à leur compte. C'est dire que la convention qui attribue au dollar une valeur transcendante comme monnaie internationale ne repose plus sur sa base initiale, savoir la possession par l'Amérique de la plus grande partie de l'or du monde. Mais, en outre, le fait que de nombreux États acceptent, par principe, des dollars au même titre que de l'or pour compenser, le cas échéant, les déficits que présente, à leur profit, la balance américaine des paiements, amène les États-Unis à s'endetter gratuitement vis-à-vis de l'étranger. En effet, ce qu'ils lui doivent, ils le lui paient, tout au moins en partie, avec des dollars qu'il ne tient qu'à eux d'émettre, au lieu de les leur payer totalement avec de l'or, dont la valeur est réelle, qu'on ne possède que pour l'avoir gagné et qu'on ne peut transférer à d'autres sans risque et sans sacrifice. Cette facilité unilatérale qui est attribuée à l'Amérique contribue à faire s'estomper l'idée que le dollar est un signe impartial et international des échanges, alors qu'il est un moyen de crédit approprié à un État.

Évidemment, il y a d'autres conséquences à cette situation. Il y a en particulier le fait que les États-Unis, faute d'avoir à régler nécessairement en or, tout au moins totalement, leurs différences négatives de paiements suivant la règle d'autrefois qui contraignait les États à prendre, parfois avec rigueur, les mesures voulues pour remédier à leur déséquilibre, subissent, d'année en année, une balance déficitaire. Non point que le total de leurs échanges commerciaux soit en leur défaveur. Bien au contraire ! Leurs exportations de matières dépassent toujours leurs importations. Mais c'est aussi le cas pour les dollars, dont les sorties l'emportent toujours sur les rentrées. Autrement dit, il se crée en Amérique, par le moyen de ce qu'il faut bien appeler l'inflation, des capitaux, qui, sous forme de prêts en dollars accordés à des États ou à des particuliers, sont exportés au dehors. Comme, aux États-Unis même, l'accroissement de la circulation fiduciaire qui en résulte par contre-coup rend moins rémunérateurs les placements à l'intérieur, il apparaît chez eux une propension croissante à investir à l'étranger. De là, pour certains pays, une sorte d'expropriation de telles ou telles de leurs entreprises.

Assurément, une telle pratique a grandement facilité et favorise encore, dans une certaine mesure, l'aide multiple et considérable que les États-Unis fournissent à de nombreux pays en vue de leur développement et dont, en d'autres temps, nous avons nous-mêmes largement bénéficié [1]. Mais les circonstances sont telles aujourd'hui qu'on peut même se demander jusqu'où irait le trouble si les États qui détiennent des dollars en venaient, tôt ou tard, à vouloir les convertir en or ? Lors même, d'ailleurs, qu'un mouvement aussi général ne se produirait jamais, le fait est qu'il existe un déséquilibre en quelque sorte fondamental.

Pour toutes ces raisons, la France préconise que le système soit changé. On sait qu'elle l'a fait, notamment, lors de la Conférence monétaire de Tokyo [2]. Étant donné la secousse universelle qu'une crise survenant dans ce domaine entraînerait probablement, nous avons en effet toutes raisons de souhaiter que soient pris, à temps, les moyens de l'éviter. Nous tenons donc pour nécessaire que les échanges internationaux s'établissent, comme c'était le cas avant les grands malheurs du monde, sur une base monétaire indiscutable et qui ne porte la marque d'aucun pays en particulier.

Quelle base ? En vérité, on ne voit pas qu'à cet égard il puisse y avoir de critère, d'étalon, autres que l'or. Eh ! oui, l'or, qui ne change pas de nature, qui se met, indifféremment, en barres, en lingots ou en pièces, qui n'a pas de nationalité, qui est tenu, éternellement et universellement, comme la valeur inaltérable et fiduciaire par excellence. D'ailleurs, en dépit de tout ce qui a pu s'imaginer, se dire, s'écrire, se faire, à mesure d'immenses événements, c'est un fait qu'encore aujourd'hui aucune monnaie ne compte, sinon par relation directe ou indirecte, réelle ou supposée, avec l'or. Sans doute, ne peut-on songer à imposer à chaque pays la manière dont il doit se conduire à l'intérieur de lui-même. Mais la loi suprême, la règle d'or — c'est bien le cas de le dire — qu'il faut remettre en vigueur et en honneur dans les relations économiques internationales, c'est l'obligation d'équilibrer, d'une zone monétaire à l'autre, par rentrées et sorties effectives de métal précieux, la balance des paiements résultant de leurs échanges.

Certes, la fin sans rudes secousses du « Gold Exchange Standard », la restauration de l'étalon-or, les mesures de complément

1. Par l'application du Plan Marshall qui, à partir de la fin de 1947, a considérablement aidé le rétablissement de l'économie des États européens après la Seconde Guerre mondiale.

2. Il s'agit de la session annuelle du Fonds monétaire international qui a eu lieu à Tokio en septembre 1964, et à l'occasion de laquelle les conceptions monétaires de la France, exposées par M. Valéry Giscard d'Estaing, ministre des Finances, ont été vivement critiquées dans une conférence de presse par M. Douglas Dillon, secrétaire d'État américain au Trésor.

et de transition qui pourraient être indispensables, notamment en ce qui concerne l'organisation du crédit international à partir de cette base nouvelle, devront être concertées posément entre les États, notamment ceux auxquels leur capacité économique et financière attribue une responsabilité particulière. D'ailleurs, les cadres existent déjà où de telles études et négociations seraient normalement menées. Le Fonds monétaire international, institué pour assurer, autant que faire se peut, la solidarité des monnaies, offrirait à tous les États un terrain de rencontre approprié, dès lors qu'il s'agirait, non plus de perpétuer le « Gold Exchange Standard », mais bien de le remplacer. Le « Comité des Dix », qui groupe, aux côtés des États-Unis et de l'Angleterre, d'une part la France, l'Allemagne, l'Italie, les Pays-Bas et la Belgique, d'autre part le Japon, la Suède et le Canada, préparerait les propositions nécessaires. Enfin, il appartiendrait aux Six États qui paraissent en voie de réaliser une Communauté économique européenne d'élaborer entre eux et de faire valoir au-dehors le système solide que recommande le bon sens et qui répond à la puissance renaissante de notre Ancien Continent.

La France, pour sa part, est prête à participer activement à la vaste réforme qui s'impose désormais dans l'intérêt du monde entier.

Q. — *M. le Président, la crise des Nations Unies ayant pris une telle acuité*[1], *quelle est votre opinion sur cette crise et quelles mesures préconiseriez-vous pour la résoudre?*

R. — Je m'en vais remonter assez loin parce que l'idée des Nations Unies est une idée ancienne. Naturellement elle est sortie de la guerre. « La guerre enfante tout », disaient les Grecs de l'Antiquité. De la Première Guerre mondiale sortit la Société des Nations, que la France, l'Angleterre, les États-Unis et leurs alliés décidèrent d'instituer avec l'espoir d'empêcher, par l'action

1. La crise dont il s'agit provient du fait que certains pays, dont l'U.R.S.S. et la France, n'ont pas accepté de participer aux frais d'opérations militaires, notamment à Chypre et au Congo, qui ont été décidées par l'Assemblée générale de l'O.N.U. dans des conditions qu'ils estiment contraires à la Charte de San Francisco. Les États-Unis avaient envisagé de demander que l'U.R.S.S. fût en conséquence privée de son droit de vote, et cette menace a créé une situation difficile. Pour que ne s'ouvre pas un conflit, il a fallu, à la fin de 1964, recourir à une solution de compromis consistant à éviter tout vote à l'Assemblée générale. C'est seulement en août 1965 que les États-Unis renonceront à demander que l'U.R.S.S. soit privée de son droit de vote aux Nations Unies. Le déficit de l'O.N.U. sera ensuite couvert grâce à des contributions volontaires, et la France fera admettre en novembre 1965 la création d'un Comité d'experts pour la réorganisation des finances de l'O.N.U.

conjuguée des États pacifiques, que le malheur se renouvelât. Il est vrai, qu'ensuite, l'Amérique s'abstint d'en faire partie[1]. Mais, aussi longtemps que les données de la situation du monde furent celles qu'avait fixées le Traité de Versailles, la Société des Nations put exister et fonctionner en s'exaltant de son propre idéal, notamment quand il s'agissait de condamner théoriquement la guerre.

Pourtant, on allait voir que, les hommes étant les hommes et les États étant les États, on avait visé trop haut. A mesure que le Japon impérialiste, l'Allemagne nazie et l'Italie fasciste s'en prenaient à l'ordre établi et qu'apparaissait la nécessité, non seulement de parler, mais d'agir à leur encontre, la Société des Nations manifestait son impuissance. De la réunion de tant de calculs, de réserves, de craintes, d'intérêts divers, ne pouvait sortir, en effet, l'action, c'est-à-dire la détermination, l'engagement, le risque. Le deuxième conflit mondial mit en faillite l'Institution de Genève tandis qu'en venaient aux mains les principaux de ses membres répartis entre deux camps !

Cependant, l'idée d'offrir aux nations un cadre tel qu'elles puissent y être également représentées, discuter des problèmes du monde, formuler à leur sujet le sentiment moyen des peuples, désavouer les intentions belliqueuses des ambitieux, concentrer les informations relatives à la situation matérielle, sociale et morale de chaque pays et mettre en œuvre un concours collectif apporté à son développement, apparaissait de nouveau avant même que les canons ne se soient tus. Avec Roosevelt, Churchill, Staline, Tchang Kai-chek, j'eus l'honneur d'arrêter le projet de Charte qui fut adopté à San Francisco par 51 États.

On sait, qu'en vertu de cette Constitution, l'Organisation des Nations Unies comportait, d'une part un Conseil chargé de veiller à la sécurité internationale et pouvant engager les moyens voulus pour la faire respecter, d'autre part une Assemblée dont les débats aboutiraient à des recommandations, le droit d'agir n'appartenant toutefois qu'au Conseil. Celui-ci, parmi ses onze membres, en comptait cinq permanents, savoir les grandes puissances victorieuses, chacune d'elles ayant droit de veto. Un Conseil Économique et social et une Cour de Justice s'ajoutaient à ces deux grandes instances. Un Secrétaire général avait à assurer le fonctionnement pratique de l'Organisation. Au sur-

1. Le Sénat des États-Unis avait refusé en 1920 de ratifier le Traité de Versailles et le Pacte de la Société des Nations que le Président Wilson avait signés en 1919.

plus, la Charte prévoyait que les Nations Unies ne devaient pas intervenir dans les affaires intérieures d'un État.

Cette Charte était raisonnable. Par là, au sein de l'Assemblée, devenaient normales et constantes la réunion et la confrontation de presque tous les États du monde dans une sorte de forum d'où pourrait se dégager une opinion internationale et qui, en vertu de l'égalité de tous ses membres, conférait à chacun d'entre eux, notamment à ceux qui venaient d'acquérir l'indépendance et la souveraineté, une dignité hautement reconnue. D'ailleurs, au sein du Conseil étaient amenées à se rencontrer et, si possible, à collaborer au maintien de la paix, cinq puissances auxquelles leur politique, leur économie, leurs armes, leur influence, attribuent une responsabilité mondiale. Ces dispositions répondaient donc à ce qu'il était à la fois possible et prudent de faire. Sans doute, n'instituaient-elles pas un Gouvernement et un Parlement du monde, qui ne sauraient exister en ce siècle que dans les rêves. Mais, étant donné les réalités et, surtout, la rivalité de la Russie soviétique et des États-Unis se déployant sur toute la terre au milieu d'un nombre de plus en plus élevé d'États, il était sage que l'Organisation, plutôt que de prétendre à imposer ce qui ne pouvait l'être, se ménageât les conditions de l'équilibre et de l'impartialité.

On sait ce qui est arrivé. Sous la pression d'événements survenus en Corée, à Suez et en Hongrie, comme du recours immodéré au veto par les Soviets, les Nations dites « unies », et qui ne l'étaient plus, se sont laissé aller à dépasser leur nature et leurs possibilités. Elles sont sorties de leur Charte. Méconnaissant les attributions du Conseil de sécurité, l'Assemblée générale s'est arrogé, en 1950, le droit de décision quant à l'emploi de la force, ce qui fit d'elle le champ des querelles des deux rivaux [1]. A la faveur du trouble ainsi créé, le Secrétaire général d'alors fut amené à s'ériger en une autorité supérieure et excessive. Poursuivant dans la voie des abus, on vit l'Organisation se mêler directement de la situation intérieure du Congo, y envoyer à grands frais des contingents militaires fournis par des États trop souvent intéressés — quel État ne l'est pas? — et des missions, politiques, administratives, économiques, qui répondaient, en fait, aux intentions d'une grande puissance [2]. Certes, cette

1. A propos de l'envoi en Corée d'une force internationale, en fait principalement américaine.

2. L'intervention au Congo, ex-belge, en 1960, a donné lieu à beaucoup d'initiatives personnelles du Secrétaire général de l'O.N.U., le Suédois Dag Hammarskjoeld, et a été constamment appuyée par les États-Unis.

intervention a cessé grâce à la sagesse de l'actuel Secrétaire général et compte tenu des dépenses, dont la France, soit dit en passant, ne saurait se charger pour sa part, puisqu'elle n'a pas cessé de désapprouver une entreprise injustifiée et une procédure contraire au Traité de San Francisco. Mais la profonde transformation que de telles entorses à la légalité ont fait subir aux Nations Unies compromet évidemment leur unité, leur prestige et leur fonctionnement. De là, la crise dans laquelle elles se trouvent plongées.

Je dirai franchement, qu'à mon sens, c'est en en revenant à la prudence et à la Charte, que l'Organisation des Nations Unies peut retrouver son équilibre. Au point où en sont les choses, il faudrait, évidemment, que Washington, Moscou, Londres, Pékin [1] et Paris s'entendent pour revenir au point de départ, tout comme ils s'entendirent naguère pour fonder les Nations Unies. La France, pour sa part, est prête à contribuer à un tel accord des Cinq et il lui semble que Genève serait le lieu tout indiqué pour cette négociation, comme d'ailleurs pour telle ou telle autre auxquelles vous pensez. Combien nous paraît, en effet, souhaitable, le salut d'une institution dans laquelle le monde a mis tant d'espoirs pour aider à la solidarité et au progrès de tous les hommes !

Q. 1. — *Comment envisagez-vous pour 1965, les rapports de la France avec l'Union Soviétique, notamment sous l'angle du problème de la réunification de l'Allemagne? — Comment envisagez-vous également les rapports de la France avec les pays communistes de tendances diverses, d'Europe et d'Asie?*

2. — *Quel chemin considérez-vous, dans la conjoncture internationale actuelle, comme le meilleur pour arriver à la réunification de l'Allemagne? — Quelles sont, à votre avis, les chances réelles de résoudre ce problème de manière efficace et équitable?*

3. — *En ce qui concerne la question allemande, vos préférences vont-elles à une confrontation directe avec Moscou dans le cadre d'une conférence permanente des puissances victorieuses dans la Deuxième Guerre mondiale, ou à un dialogue européen avec les pays de l'est de l'Europe, y compris la Russie?*

1. Le siège permanent au Conseil de Sécurité de l'O.N.U. attribué par la Charte de 1945 à la Chine n'est pas occupé par le Gouvernement de Pékin, mais par celui de Formose.

Au cours des entretiens que j'ai eu l'honneur et la satisfaction d'avoir à Rambouillet, il y a quinze jours, avec M. le Chancelier Erhard[1] et qui nous ont permis d'établir entre nous un contact marqué par une amicale confiance, le problème de l'Allemagne a, naturellement, été considéré. Je ne vous dirai pas ce qui fut, de part et d'autre, explicitement avancé sur ce très grave sujet. Mais je puis indiquer quelles sont, dans leur ensemble, les vues de la France, pour autant qu'elles n'auraient pas été déjà formulées.

Le problème allemand est, par excellence, le problème européen. Européen, figurez-vous ! depuis l'avènement de l'Empire romain, c'est-à-dire depuis que l'Europe historique a cessé de se limiter au bassin de la Méditerranée pour se porter sur le Rhin. Européen, à cause de l'emplacement des Germains au centre de notre continent, entre Gaulois, Latins et Slaves. Européen, parce qu'une longue et dure Histoire l'a rempli de ferments et chargé de séquelles qui ont laissé, chez tous les voisins de ce pays en perpétuel devenir, de cruelles rancœurs et de multiples préventions. Européen, parce que le peuple allemand est un grand peuple, en fait d'activité économique, comme dans le domaine de la pensée, de la science et de l'art, ou en matière de capacité militaire, et que l'Europe voit en lui une partie essentielle d'elle-même. Européen, enfin, parce que, depuis toujours, l'Allemagne ressent une angoisse, parfois une fureur, suscitées par sa propre incertitude au sujet de ses limites, de son unité, de son régime politique, de son rôle international, et qui font que son destin apparaît perpétuellement au Continent tout entier comme d'autant plus inquiétant qu'il reste indéterminé.

Est-il besoin de dire que les événements survenus dans la première moitié de ce siècle ont rendu le problème plus malaisé et brûlant que jamais? Déjà, la Première Guerre mondiale avait, du fait de l'Empire allemand, causé à l'Ouest, à l'Est, au Sud, au Nord de l'Europe, un gigantesque ébranlement. Mais ensuite, l'immense entreprise dominatrice du IIIe Reich ; l'invasion de ses armées, d'une part jusqu'à la Manche, l'Atlantique, les Pyrénées, l'Adriatique, les deux rives de la Méditerranée, d'autre part jusqu'à l'Arctique, les abords de Moscou, le fond du Caucase, la Mer Noire, la Mer Égée ; l'action de ses sous-marins sur tous les océans du globe ; sa tyrannie établie sur douze États

1. Ces entretiens ont eu lieu les 19 et 20 janvier 1965, en application du Traités franco-allemand de coopération, qui a prévu des rencontres périodiques entre le gouvernements de Bonn et de Paris.

européens, son hégémonie sur quatre autres ; la mort violente de quarante millions d'hommes, militaires et civils, en conséquence de son action, en particulier l'extermination systématique de dix millions de détenus, infligèrent de terribles blessures au corps et à l'âme des peuples.

Sans doute, l'écrasement final du IIIe Reich avait-il mis un terme à l'épreuve. Sans doute, la subordination imposée au vaincu, d'ailleurs démoli et décimé, les faits accomplis dans les territoires qui étaient naguère la Prusse orientale, la Posnanie, la Silésie, la fin de l'« Anschluss » autrichien et du « Protectorat » sur la Tchécoslovaquie, une division organique du pays par la création des zones [1] et par le statut de Berlin, éloignaient-elles, tout d'abord, les craintes directes qu'il avait longtemps inspirées. Sans doute, la politique raisonnable et habile qu'adoptait le Gouvernement du Chancelier Adenauer rassurait-elle à l'Ouest beaucoup d'esprits. Mais le drame n'en a pas moins laissé des traces très profondes. Pour tout dire, c'est de la circonspection, voire quelque malaise, que l'expansion économique, la renaissance militaire et le redressement politique de la République fédérale ont parfois inspirés à l'opinion en Europe occidentale, tandis que les régimes soviétisés de l'Est européen utilisaient la méfiance instinctive des populations à l'égard des Germaniques pour justifier la guerre froide contre le monde libre, soi-disant entraîné par les « revanchards » Allemands.

Le problème est donc posé une fois de plus dans l'Histoire. Pour la France, tout se ramène aujourd'hui à trois questions, étroitement liées. — Faire en sorte que l'Allemagne soit désormais un élément certain du progrès et de la paix. — Sous cette condition, aider à sa réunification. — Prendre la voie et choisir le cadre qui permettraient d'y parvenir.

Il est vrai que, jusqu'à présent, l'affaire n'a pas toujours été considérée de cette manière. Au lendemain de la dernière guerre mondiale, sous l'impression des épreuves subies et des dangers courus par les peuples de l'ancien continent, on a, de maints côtés, envisagé de prévenir le retour de tels malheurs en supprimant ce qui en avait été la cause, savoir la puissance germanique. De là, les projets consistant à interdire la reconstitution d'un Gouvernement central, à placer le bassin de la Ruhr sous contrôle international et à tenir l'Allemagne désarmée. On sait que la

1. Il s'agit des zones entre lesquelles a été partagé le territoire allemand en 1945 pour ce qui concerne son occupation par les forces des puissances alliées, États-Unis, France, Grande-Bretagne et U.R.S.S., la ville de Berlin étant, quant à elle, soumise à un régime spécial d'occupation quadripartie.

France fut portée d'abord — et pour cause ! — vers cette conception. Mais le fait que la confrontation du monde libre et du monde soviétique devenait la grande affaire et que l'Allemagne y était un enjeu modifia nos perspectives. D'ailleurs, au fond de leur malheur, nos voisins d'outre-Rhin ne semblant plus menaçants, beaucoup ressentaient à leur égard et en dépit de tout l'attrait élémentaire que méritent leurs qualités. Enfin et surtout, l'union de l'Europe, qui devenait la condition nécessaire de son indépendance et de son développement, exigeait la réconciliation et la coopération de l'Allemagne et de la France.

Cependant, l'opposition entre l'Est et l'Ouest, qui se déployait sur le sol de l'Allemagne, ne pouvait qu'approfondir sa division politique et territoriale. Il est vrai que les Soviétiques, ayant imposé à leur zone un système de leur façon, tentaient de faire croire que, tôt ou tard, l'Allemagne pourrait être réunie sous un régime du même genre. Mais l'Alliance Atlantique, la réussite économique et sociale de la République fédérale, la répulsion inspirée par le communisme à la population allemande tout entière, rendaient vaine cette prétention. Pour que les Soviets eussent une chance d'unifier l'Allemagne sous un régime tel que le leur, il leur fallait triompher dans un conflit mondial. Or, en dépit de la tension qu'ils entretenaient à Berlin, ils se gardaient d'en ouvrir un. D'autre part, les États-Unis, dont Foster Dulles animait alors la politique [1], avaient pu penser qu'en renforçant puissamment l'O.T.A.N. l'Occident ferait reculer Moscou et rendrait ainsi à l'Allemagne son unité. Mais ce n'était là qu'un rêve, à moins qu'on ne fît la guerre, ce à quoi Washington et ses alliés n'étaient aucunement disposés. Au reste, une grande partie de l'opinion universelle, tout en reconnaissant le caractère précaire de ce qu'il advenait de l'ancien Reich et en désapprouvant l'artifice brutal du mur et des barbelés [2], s'accommodait d'une situation qui, vaille que vaille, n'empêchait pas la coexistence. Vingt années ont donc passé sans que soit fixé le nouveau destin de l'Allemagne.

Une pareille indétermination, en une pareille région du monde et à une pareille époque, ne saurait, évidemment, être tenue pour définitive. Oh ! sans doute, on peut imaginer que les choses continuent longtemps encore comme elles sont et qu'il n'en

1. John Foster Dulles a été secrétaire d'État de janvier 1953 à sa mort, survenue en mai 1959.

2. C'est à partir du 13 août 1961 que le territoire de la ville de Berlin a été coupé en deux par le « mur » mis en place par les autorités de l'Allemagne de l'Est, appuyées par l'U.R.S.S.

résulte demain, pas plus qu'il n'en est sorti hier, une conflagration générale, la dissuasion atomique réciproque réussissant à empêcher le pire. Mais il est clair qu'une paix réelle, *a fortiori* des rapports féconds entre l'Ouest et l'Est, ne seront pas établis tant que subsisteront les anomalies allemandes, les inquiétudes qu'elles suscitent et les épreuves qu'elles entraînent. Il n'est pas moins évident, faute qu'on se batte pour que l'un ou l'autre impose sa solution et sans méconnaître les raisons qu'il y a à porter sans cesse le problème devant la conscience des nations, que celui-ci ne sera pas tranché à partir de la confrontation des idéologies et des forces des deux camps qui s'opposent aujourd'hui dans le monde. Ce qu'il faut faire ne pourra être fait, un jour, que par l'entente et l'action conjuguée des peuples qui ont toujours été, qui sont et qui resteront principalement intéressés au sort du voisin germanique, bref, les peuples européens. Que ceux-ci envisagent, d'abord d'examiner ensemble, ensuite de régler en commun, enfin de garantir conjointement, la solution d'une question qui est essentiellement celle de leur continent, telle est la seule voie qui puisse faire renaître, tel est le seul lien qui puisse maintenir, une Europe en état d'équilibre, de paix et de coopération d'un bout à l'autre du territoire que lui attribue la nature.

Assurément, la réussite d'une entreprise aussi vaste et aussi difficile implique beaucoup de conditions. Il s'agit que la Russie évolue de telle façon qu'elle voie son avenir, non plus dans la contrainte totalitaire imposée chez elle et chez les autres, mais dans le progrès accompli en commun par des hommes et par des peuples libres. Il s'agit que les nations dont elle a fait ses satellites puissent jouer leur rôle dans une Europe renouvelée. Il s'agit qu'il soit reconnu, avant tout par l'Allemagne, que le règlement dont elle pourrait être l'objet impliquerait nécessairement celui de ses frontières et celui de ses armements par accord avec tous ses voisins, ceux de l'Est et ceux de l'Ouest. Il s'agit que les six États qui, espérons-le, sont en voie de réaliser la communauté économique de l'Europe occidentale parviennent à s'organiser dans le domaine politique et dans celui de la défense afin de rendre possible un nouvel équilibre de notre continent. Il s'agit que l'Europe, mère de la civilisation moderne, s'établisse de l'Atlantique à l'Oural dans la concorde et dans la coopération en vue du développement de ses immenses ressources et de manière à jouer, conjointement avec l'Amérique sa fille, le rôle qui lui revient quant au progrès de deux milliards d'hommes qui en ont terriblement besoin. Quelle part pourrait être celle de l'Allemagne dans cette ambition mondiale de l'Ancien Continent rajeuni !

Sans doute, ces conditions paraissent-elles très complexes et des délais semblent-ils bien longs. Mais quoi ! La solution d'un problème aussi vaste que celui de l'Allemagne ne peut avoir que de grandes dimensions et de grandes conséquences.

La France, pour sa part, croit qu'il ne pourra être résolu autrement que par l'Europe elle-même, parce qu'il est à la dimension de l'Europe tout entière. C'est là, à terme, sur ce continent, l'objectif essentiel de la politique de la France.

J'espère vous avoir répondu. Je crois avoir épuisé vos questions.

Q. — *Quelles sont les perspectives des relations entre la France et les pays arabes, de l'Afrique du Nord au Moyen-Orient?*

R. — C'est une affaire en évolution. Pour ce qui est de l'Afrique du Nord, en évolution favorable, très favorable. Pour ce qui est de l'Orient, une évolution qui ouvre des perspectives fructueuses et, je crois, intéressantes.

Je voudrais dire un mot, quoiqu'on ne m'ait pas posé la question, simplement pour exprimer combien j'ai été satisfait du contact que j'ai pu avoir avec le Premier ministre britannique au cours de ma visite à Londres, où j'ai été rendre hommage au grand Churchill [1].

Évidemment, on s'est aperçu lors de ce contact qu'il n'y avait pas de montagnes entre l'Angleterre et la France ; il y a seulement un canal. Encore, avec un tunnel, pourrait-on, je crois, les rapprocher beaucoup. Probablement tous les problèmes qui sont communs à nos deux grands pays pourront-ils être traités aisément avec moi-même, avec le Premier ministre, avec les ministres français, quand le Premier ministre britannique viendra à Paris, ce que nous espérons bien.

Je vous remercie de votre attention.

1. Sir Winston Churchill est mort le 24 janvier 1965. Le Général de Gaulle s'est rendu à Londres les 29 et 30 janvier pour assister à ses obsèques. A cette occasion, il a rencontré le nouveau Premier ministre Harold Wilson, qui a pris la tête du Gouvernement britannique après la victoire électorale remportée par le parti travailliste le 15 octobre 1964.

15 FEVRIER 1965

Le Général de Gaulle s'est rendu à Brest pour y inspecter l'École navale.

ALLOCUTION PRONONCÉE A L'ÉCOLE NAVALE

Messieurs,

Je suis très heureux de me trouver à l'École navale. Je me félicite de l'avoir vue comme elle est et comme elle est en train de devenir : je veux dire quelque chose d'impressionnant, de solide et de définitif, pour autant que les choses humaines le soient. En tout cas, on est sorti ici du provisoire et j'y vois comme un symbole de tout ce qui est notre pays et de ce que sont, en particulier, ses forces et plus spécialement sa Marine.

Je salue, puisque j'y passe, ce site de Brest qui est marqué par la géographie pour être un haut lieu de notre destin, le destin de cette France pour laquelle, comme pour tous les pays d'ailleurs, la mer est à la fois un obstacle c'est-à-dire une défense, et aussi un chemin c'est-à-dire un moyen de se répandre, de la France qui est un cap d'un continent avec trois façades sur la mer, de la France qui est, par conséquent, marquée pour être un pays maritime.

Le fait est que la Marine, celle d'aujourd'hui et celle de demain, est faite pour la guerre, c'est-à-dire pour de grandes épreuves, lesquelles ne sont pas seulement, (je ne parle pas seulement du passé, je parle de l'avenir), ne sont pas seulement ses épreuves mais sont celles, matérielles et morales, de la nation; cela veut dire que, pour ce qui est de la Marine, ce dont il s'agit, c'est d'être faite pour ce pour quoi elle est faite : autrement dit pour combattre, pour s'y préparer d'abord et, le cas échéant, pour l'accomplir. Et pour ce qui est du pays, il s'agit, quand cela concerne la Marine, d'en avoir une qui existe pour lui et non pas seulement pour elle ; une Marine qui soit en mesure de frapper fort, de frapper comme c'est sa nature, sur la mer et, depuis la mer, tout ennemi de la France, de le frapper avec les armes les plus puissantes qui soient [1] et de le frapper, le cas échéant, sans réserve et sans conditions. Voilà le fait marin de la France.

Il se trouve, ai-je besoin de le dire, que notre époque est celle d'une immense révolution pour les moyens de combat : la force atomique est apparue, c'est elle qui déjà maintenant, à plus forte raison demain, domine tout à l'échelle mondiale, qu'il s'agisse de dissuasion ou, le cas échéant, qu'il s'agisse de destruction. Il se trouve aussi que la Marine est exceptionnellement appropriée à cet armement nucléaire. Elle l'est puisqu'elle agit sur l'Océan, autrement dit dans toutes les régions du Monde et éventuellement contre toutes les régions du Monde : elle l'est parce que sa nature c'est l'ubiquité — la faculté d'être partout — c'est le rayon d'action, c'est la capacité de dispersion et de concentration et puis, c'est le fait qu'elle peut agir avec ses bâtiments — que ce soient des vaisseaux ou que ce soient des avions — qu'elle peut agir en employant toutes les armes, et spécialement celles dont j'ai parlé tout à l'heure, et qu'elle peut les employer, privilège insigne, depuis le dessous de la mer. C'est dire que dans l'évolution de l'art de la guerre la Marine passe, de toute manière, pour tout le monde et en particulier pour nous, au premier plan.

Eh bien, Messieurs, vous serez la génération des Officiers et des Ingénieurs de Marine qui va prendre en compte une partie capitale de la puissance guerrière de la France, et vous serez des Officiers qui servirez dans un système de force navale peu à peu articulé autour de cette réalité nouvelle et colossale qu'est l'armement atomique. Vous aurez à servir dans ce système de force, ou bien pour employer directement l'élément dont je viens de parler, ou bien pour le couvrir sur la mer, dans le ciel, sous la mer, ou bien pour exploiter les effets qu'il aura produits, ou bien naturellement pour combattre, pour détruire, la même force, la force atomique de l'ennemi.

Votre destination, Messieurs, sera de ce fait, sans nul doute, très différente de ce que fut celle de vos aînés et vous aurez, vous avez déjà, à vous adapter pour faire la guerre, le cas échéant, à des conditions de service, de vie, d'instruction et de formation qui sont très nouvelles. Vous aurez tout le long de votre carrière à accomplir, de ce fait, un effort très difficile et très méritoire. Mais combien est exaltante pour vous l'idée que la Marine se trouve maintenant, et sans doute pour la première fois de notre Histoire, au premier plan de la puissance guerrière de la France et que ce sera dans l'avenir, tous les jours, un peu plus vrai.

1. C'est-à-dire avec les armes nucléaires.

Ce rôle de premier plan que le destin continental de notre pays a jusqu'à présent empêché la Marine de jouer, même hélas après le désastre métropolitain de 1940 [1], voilà qu'il lui est offert, et qu'elle va avoir à le jouer. Eh bien ! quant à moi, du fait de la marque que les événements ont pu m'imprimer, du fait des fonctions que j'exerce, je salue, Messieurs, à travers vous, la Marine française de demain et j'ai confiance en elle et en vous pour répondre à ce que la France attend et ce dont elle a besoin plus que jamais : la force et l'honneur de ses armes.

Messieurs, j'ai l'honneur de vous saluer.

16 FEVRIER 1965

Le Général de Gaulle inspecte l'École spéciale militaire de Saint-Cyr Coëtquidan.

ALLOCUTION PRONONCÉE A L'ÉCOLE SPÉCIALE MILITAIRE DE SAINT-CYR-COETQUIDAN

Je suis heureux de vous voir, je suis heureux de vous saluer, de saluer les deux promotions et l'École interarmes ; je suis heureux aussi de saluer parmi vous les élèves des pays amis qui se trouvent à l'École.

En venant vous voir je vous dirai franchement que j'éprouve une double impression ; d'abord l'impression d'un grand changement : voilà votre École en pleine nature; la voilà auprès d'un grand camp, en pleine construction de bâtiments qui vont lui donner, à la fin des fins, sa forme et son emplacement définitifs et la sortir du provisoire [2] ; d'un grand changement aussi dans les méthodes qui président à votre formation générale et à votre

1. Les bâtiments de la Marine française, à peu d'exceptions près, n'ont pas rejoint la France Libre en 1940. Certains ont été coulés par les Britanniques à Mers-el-Kébir le 3 juillet 1940. D'autres ont été neutralisés à Alexandrie jusqu'au 17 mai 1943. Enfin, la flotte de Toulon s'est sabordée le 27 novembre 1942.

2. Établie jusqu'à 1939 à Saint-Cyr, à côté de Versailles, l'École spéciale militaire est installée après la Seconde Guerre mondiale en Bretagne, au camp de Coëtquidan, en même temps que l'École militaire interarmes, anciennement située à Saint-Maixent (Deux-Sèvres).

formation militaire. Voilà toutes sortes d'innovations, et cependant je vois, je sais et je sens que l'âme de l'École est toujours la même : l'âme de Saint-Cyr, et que l'esprit qui domine ici c'est l'esprit militaire.

En somme, voyez, il y a à la fois, ici, les grandes transformations modernes et en même temps l'esprit traditionnel. Cette combinaison-là me paraît exprimer très bien ce que devient et ce que doit devenir notre Armée.

Quand j'ai commencé ma carrière [1], la guerre telle qu'on l'imaginait et telle qu'ensuite les Saint-Cyriens de ma génération eurent à la faire (la première, avant qu'ils n'aient eu à faire la deuxième) était, vous le savez, comme la bataille de deux armées entièrement à pied ou à cheval, une bataille où les coups portaient, devaient porter, croyait-on, généralement à 4 km et au maximum à 10, où on se battait, où on imaginait devoir se battre, sur sa frontière ou un petit peu en deçà ou un petit peu au-delà ; et si l'on voulait agir dans une région éloignée, il fallait s'y rendre en y apportant ses fusils et ses canons. C'est ainsi que Napoléon avait été à Vienne, et puis à Berlin, et puis à Madrid, et puis à Moscou. C'est ainsi que l'Armée du Second Empire avait débarqué en Crimée [2] ou avait fait irruption en Italie [3], que les Prussiens de 1870 étaient venus mettre le siège devant Paris, que les grandes puissances avaient occupé Pékin [4] et que les forces des Japonais et des Russes, pour se rencontrer, avaient dû se transporter les unes et les autres en Mandchourie [5].

Par la suite, le moteur combattant est apparu, qui a apporté sa révolution, la sienne, à son tour ; il a pu faire marcher les navires sur la mer et sous la mer, assez vite, de telle façon qu'ils puissent agir d'une manière directe, non plus seulement sur les armes de l'adversaire mais sur ses communications maritimes, par conséquent sur sa vie et sur sa défense ; on l'a vu alors sur terre se couvrant de cuirasse et, en portant de l'artillerie, donner aux armées une mobilité, une vitesse et une capacité de manœuvre et d'exploitation qui ont transformé de fond en comble le rythme et la portée des batailles ; on l'a vu en l'air faisant voler des avions qui lançaient des bombes verticales sur les villes, sur

1. Reçu au concours de 1909, le Général de Gaulle a été élève-officier à l'École spéciale militaire de Saint-Cyr de 1910 à 1912, après avoir accompli un an de service dans un corps de troupe, conformément au règlement alors en vigueur.

2. En 1854.

3. En 1859.

4. En 1900.

5. En 1904.

les usines, sur les communications territoriales de l'adversaire et, par conséquent, érigeant la mort des civils comme un élément de la décision du conflit.

Tout cela a été acquis et le demeure, mais voici que l'armement nucléaire apporte lui aussi sa révolution et que, désormais, encore une fois, tout peut changer. A partir de maintenant, depuis son territoire, un pays qui est armé comme il faut peut lancer la destruction sur une autre nation où qu'elle soit et ébranler un État quel qu'il soit ; en même temps, sur la terre et en l'air, les forces combinées de terre et de l'air sont en mesure d'empêcher que l'on vive à plusieurs centaines de kilomètres en avant d'elles, à condition qu'elles soient pourvues de ce qui est nécessaire pour cela, vous m'entendez bien [1], et les forces de terre et de l'air ainsi combinées peuvent également tomber du ciel dans n'importe quelle région du monde et porter ainsi au cœur même de l'ennemi la destruction et l'occupation ; ainsi ces forces de terre et ces forces de l'air combinées couvrent, peuvent couvrir, les bases principales de lancement des grands projectiles ou bien peuvent aller saisir les bases de l'ennemi, ou bien peuvent, je le répète, porter la force au cœur même du territoire de l'adversaire ; en même temps, sur la mer cet armement nucléaire permet aux navires de lancer des projectiles depuis la surface et depuis le dessous de la mer, et de le faire dans toutes les régions du monde, puisque la mer est à peu près partout, et de le faire éventuellement contre toutes les régions du monde. Encore une fois, nous sommes en train de subir une rénovation, une innovation, totale de ce que nous avons eu l'habitude de faire jusqu'à présent.

Et vous voilà, les officiers français de demain, vous qui allez faire votre carrière tout au long des années dans ces conditions nouvelles, nouvelles quant au service, quant à l'instruction, quant à la formation, quant à la vie, et peut-être quant à la guerre, car une armée n'est faite que pour faire la guerre et, en attendant, pour la préparer. Vous aurez tout le long de votre existence militaire à adapter ceux qui seront sous vos ordres à tous les échelons et à vous adapter vous-mêmes à ces terribles conditions-là.

Mais quelles que soient les méthodes, quels que soient les buts, quels que soient les changements de tout, vous aurez à prendre des décisions, à porter des responsabilités, à donner l'exemple, à vous instruire pour vaincre [2], et les actions que vous aurez à

1. C'est-à-dire d'un armement nucléaire et des engins (fusées ou avions) capables de transporter les bombes.

2. « Ils s'instruisent pour vaincre » : devise de l'École spéciale militaire.

accomplir éventuellement, seront toujours techniquement calculées, seront toujours tactiquement rapides et seront toujours catégoriques. C'est cela qui va marquer votre activité militaire moralement et, peut-être, les services que vous aurez à rendre sous les armes à la Patrie. Pour le faire, vous trouverez dans un cadre qui vous tiendra et vous soutiendra, en fait d'ardeur, en fait de discipline, en fait de dévouement, dans le cadre de l'Armée.

Encore une fois, je salue vos promotions et je vous dis en mon propre nom, au nom de l'État et au nom de la Patrie, que j'ai confiance en vous.

Merci.

23 MARS 1965

Le Général de Gaulle prend la parole lors d'une réception donnée au Palais de l'Élysée en l'honneur de l'ambassadeur de l'U.R.S.S.

TOAST ADRESSÉ A S.E M. VINOGRADOV, AMBASSADEUR DE L'U.R.S.S.

Nous regrettons de voir partir Monsieur l'ambassadeur Vinogradov.

Nous le regrettons, je le dis très sincèrement et très simplement, en raison des grandes qualités diplomatiques et, j'ajoute, humaines, qu'il a montrées au cours de sa mission de douze années à Paris. Or, il suffit d'évoquer les conditions souvent difficiles dans lesquelles ont évolué, pendant ce temps, les relations de l'Union Soviétique et de la République française pour mesurer quels mérites furent les vôtres, Monsieur l'Ambassadeur. Si, fort heureusement, la politique de votre Gouvernement et celle du Gouvernement français comportent aujourd'hui une zone commune et grandissante d'entente et de coopération, nous savons que vous n'avez jamais cessé de le souhaiter et d'y travailler.

Sans doute, y a-t-il dans ce développement l'effet de la sympathie séculaire et de l'affinité naturelle qui porte incessamment les Français et les Russes à se rapprocher en dépit de tous les obstacles. Sans doute, s'y trouve-t-il aussi le fait qu'une même conviction, quant à la nécessité de la coexistence et de la paix, inspire maintenant nos deux peuples. Mais le début de réussite européenne et, par là, internationale, que représente l'état actuel de nos rapports, ne manque pas d'apparaître comme la consécration de votre mission en France. L'important accord de coopération technique, au sujet de la télévision, que vous venez de signer avec nous [1] vient, comme par hasard, fort à point pour illustrer l'heureux aboutissement du long effort et du travail fécond qui furent les vôtres au milieu de nous. Je tiens, Monsieur l'Ambassadeur, à vous en donner hautement et cordialement le témoignage.

Je lève mon verre en l'honneur de Son Excellence Monsieur Serge Vinogradov, ambassadeur de l'Union Soviétique, en l'honneur de Madame Vinogradov dont nous avons toujours et beaucoup apprécié la bienveillante et intelligente amabilité, en l'honneur de l'amitié traditionnelle, mais renouvelée, de la Russie et de la France.

2 AVRIL 1965

Le Général de Gaulle prend la parole au Palais de l'Élysée lors d'une réception donnée en l'honneur du Premier ministre britannique.

TOAST ADRESSÉ A M. HAROLD WILSON, PREMIER MINISTRE BRITANNIQUE

Nous sommes heureux que M. le Premier ministre britannique soit au milieu de nous aujourd'hui. Nous le sommes aussi de le voir accompagné par M. le Secrétaire d'État au Foreign Office[2].

1. Une conférence internationale va s'ouvrir à Vienne (Autriche) pour examiner les divers systèmes de télévision en couleurs, un procédé allemand, un procédé américain et un procédé français, dit SECAM (Séquentiel à Mémoire). Un communiqué franco-soviétique du 22 mars a fait connaître que les Gouvernements de Moscou et de Paris proposeront l'adoption en Europe d'un système unique de télévision en couleurs sur la base du procédé SECAM. Celui-ci sera finalement utilisé par tous les États d'Europe de l'Est et, naturellement, par la France, mais beaucoup d'États d'Europe occidentale ne l'adopteront pas.

2. M. Michael Stewart.

Heureux, d'abord, en raison de la personnalité de nos éminents visiteurs dont nous connaissons, estimons et saluons la grande valeur.

Heureux, également, parce que leur présence nous permet d'échanger les vues de notre Gouvernement avec celles du Gouvernement britannique au sujet de toutes les questions qui intéressent nos deux pays, questions nombreuses puisqu'il s'agit de toutes les questions mondiales !

Heureux, encore, à cause du fait que nos entretiens se déroulent dans une franchise et une cordialité qui ne manquent pas d'être bien agréables.

Heureux, enfin et tout simplement, parce qu'un contact direct est ainsi pris entre l'Angleterre et la France et qu'une longue Histoire nous a montré combien d'inconvénients résultent de leur éloignement, combien d'avantages comporte leur rapprochement.

Je lève mon verre en l'honneur de Monsieur Harold Wilson, Premier ministre britannique, et de Madame Harold Wilson, à qui nous sommes heureux de présenter nos respectueux hommages.

5 AVRIL 1965

Le Général de Gaulle accueille à Orly les souverains du Danemark, qui accomplissent en France une visite officielle.

ALLOCUTION DE BIENVENUE A S.M. FRÉDÉRIC IX, ROI DU DANEMARK

Sire,

La visite de Votre Majesté et de Sa Majesté la Reine nous honore et nous touche. Vous représentez, pour la France, une très noble et très ancienne dynastie européenne. Vous êtes pour nous le souverain d'un État qui, au prix de dures épreuves, fut de tous temps notre ami et, bien souvent, notre allié, qui l'est encore aujourd'hui [1], et dont la civilisation, l'idéal, même le destin, sont liés de très près aux nôtres.

Mais en outre, Sire, le Danemark d'à présent intéresse vivement la France nouvelle. Que Votre pays sache être à la fois maritime et continental et rayonne à ce double titre, qu'il tienne en un équilibre fort bien organisé sa capacité industrielle et sa valeur agricole, qu'il soit en même temps fidèle à sa tradition et avide de progrès, le tout à l'avantage du peuple tout entier, voilà qui nous inspire à son égard plus de considération que jamais.

C'est Vous dire, Sire, de quels sentiments Vous-même et Sa Majesté la Reine êtes entourés à Paris.

Vive le Danemark !

5 AVRIL 1965

Le Général de Gaulle prend la parole au Palais de l'Élysée lors d'une réception donnée en l'honneur des souverains du Danemark.

TOAST ADRESSÉ A S.M. FRÉDÉRIC IX, ROI DU DANEMARK

Sire,

Une fois de plus, avec une profonde satisfaction, la France s'honore d'accueillir à Paris les souverains du Danemark, royaume ami et allié. Car la présence de Votre Majesté et de Sa Majesté la Reine est un nouveau témoignage de l'amitié qui unit nos deux pays et qui, pour le mien, se joint à l'estime et à la confiance sans réserve qu'il porte au Vôtre.

Estime et confiance ! Certes, oui ! Toute l'histoire du Danemark est, en effet, celle d'un peuple dont les entreprises et, dans certains dangers extrêmes, la volonté d'indépendance ont tenu à son courage et à la conscience de sa valeur plutôt qu'à l'étendue de son territoire et au nombre de ses habitants. C'est ainsi que, dès l'origine, les Danois se risquèrent au loin sur les mers, essai-

1. Le Danemark appartient à l'Alliance Atlantique.

mant en Grande-Bretagne quand les Romains cessèrent d'en interdire les abords, ou bien sur les rivages de la Baltique, de la Mer du Nord et de l'Océan Arctique. On dit même que, bien avant Colomb et ses caravelles, vos esquifs portèrent en Amérique des marins venus de chez vous.

Votre audace dans l'aventure devait nécessairement vous mettre au contact du grand pays qui était alors en train de devenir la France. Les Danois, remontant la Seine, voici plus de mille années, inquiétèrent souvent Paris. Mais comme vous et nous, quels que pussent être nos élans, étions déjà des gens raisonnables, il se trouva que nombre des vôtres, grâce à la clairvoyance de notre roi Charles le Simple, s'installèrent dans une de nos provinces et, Normands, y devinrent des Français. Le Traité de Saint-Clair-sur-Epte, en 911, fonda entre nous une intime alliance. Grâce à quoi, le conquérant Guillaume, duc normand et prince français, partit ensuite de nos rivages pour faire entrer l'Angleterre à son tour dans cette série d'épreuves et de gloires que l'on convient d'appeler l'Histoire.

Depuis lors, le Danemark et la France eurent, tantôt ensemble et tantôt séparément, leurs jours heureux et leurs jours malheureux. Mais, au milieu de ces vicissitudes, nul conflit ne les opposa jamais. Notre « Traité de paix et d'amitié perpétuelle » de 1742 ne faisait que sanctionner une longue réalité. Ce traité est toujours en vigueur. Nos deux peuples y sont restés fidèles et Vous-même, Sire, l'avez prouvé, comme l'ont prouvé, depuis des siècles, les rois qui furent Vos ancêtres.

Fidèles, lorsque le Danemark, allié de Napoléon, demeura jusqu'au bout à nos côtés.

Fidèles, lorsque le Danemark, auquel en 1864 ses provinces méridionales avaient été arrachées[1], en recouvra la plus grande partie, au lendemain du premier conflit mondial, grâce à la victoire et avec l'appui de la France.

Fidèles, lorsqu'au cours du drame de la dernière guerre, le Danemark, comme la France, choisit l'honneur et la liberté.

Fidèles, lorsqu'ensuite le Danemark et la France décidèrent de faire partie de l'alliance conclue par l'Occident pour défendre sa civilisation, tandis que notre continent se répartissait en deux camps hérissés de lourdes menaces[2].

Mais voici qu'aujourd'hui l'esprit de raison semble se faire jour en Europe. Les nécessités du progrès, divers changements

1. Par la Prusse.

2. Il s'agit de l'Alliance Atlantique, conclue en 1949.

peu à peu apparents du côté totalitaire, par-dessus tout l'instinct de cette antique parenté qui existe entre les peuples de notre Ancien Continent quels qu'aient été leurs conflits passés et quels que soient leurs régimes présents, pourraient amener les conceptions et les politiques à envisager que l'avenir de l'Europe s'appellerait la compréhension, voire même la coopération, pourvu que chacun, qu'il soit de l'Ouest ou de l'Est, y trouve sa place dans l'indépendance, dans l'équilibre et dans la paix.

S'il devait en être ainsi, le Danemark aurait assurément à jouer son rôle dans une pareille évolution. Non point seulement en raison de sa situation géographique, placé qu'il est à un point crucial, soit du danger, soit du contact pacifique, mais aussi parce qu'il est le pays d'Andersen, de Kierkegaard, de Niels Bohr[1], aussi hardi en fait de navigation, de commerce, de progrès, aussi doué pour explorer le rêve, cultiver la pensée, développer la science, que pratique et pondéré dans le domaine politique et capable de discerner ce qui, dans notre Europe divisée, pourrait servir le rapprochement et, peut-être un jour, l'union.

Si cette route ancienne et, cependant, nouvelle devait s'ouvrir devant nous, qui peut douter que la France et le Danemark s'y trouveraient ensemble, comme ils le furent bien souvent hier et comme ils le sont aujourd'hui?

Je lève mon verre en l'honneur de Sa Majesté Frédéric IX, roi du Danemark, en l'honneur de Sa Majesté la Reine à qui nous sommes heureux de présenter nos très respectueux hommages, en l'honneur du Danemark, si proche de la France par l'esprit et par le cœur.

1. Andersen, romancier et conteur (1805-1875) ; Kierkegaard, philosophe et théologien (1813-1855) ; Niels Bohr, physicien, spécialiste de la constitution de l'atome (1885-1962).

27 AVRIL 1965

Le Général de Gaulle expose aux Français les données et les principes de la politique extérieure d'indépendance qui est celle de la France.

ALLOCUTION RADIODIFFUSÉE ET TÉLÉVISÉE PRONONCÉE AU PALAIS DE L'ÉLYSÉE

Dans le monde d'aujourd'hui, où se posent tous les problèmes, où l'éventuel danger s'élève jusqu'à l'infini, où se heurtent âprement les besoins et les ambitions des États, quelle est l'action de la France?

Reconnaissons qu'ayant été autrefois un peuple-colosse, en fait de population, de richesse et de puissance, nous revenons de loin pour jouer à nouveau notre rôle international. Car, il y a une centaine d'années, notre expansion démographique et économique et, du même coup, notre force commencèrent à décliner. Ensuite, se succédèrent les deux guerres mondiales qui nous ruinèrent et nous décimèrent, tandis que deux grands pays, les États-Unis et la Russie, parvenaient, à leur tour, au sommet. Dans cette situation actuellement diminuée, la tentation du renoncement, qui est à un peuple affaibli ce que celle du laisser-aller est à un homme humilié, aurait pu nous entraîner vers une décadence sans retour. D'autant plus, qu'ayant pris jadis l'habitude d'être toujours au premier rang, parfois non sans outrecuidance, notre amoindrissement relatif risquait à présent de nous faire trop douter de nous-mêmes. Nous aurions pu nous décourager en comparant à nos statistiques celles qui relatent la population totale de chacun des deux pays géants, ou la production globale de leurs usines et de leurs mines, ou le nombre des satellites qu'ils lancent autour de la terre, ou la masse des mégatonnes que leurs engins sont en mesure d'emporter pour la destruction.

De fait, après le sursaut de confiance et de fierté françaises qui, au cours de la dernière guerre, nous tira d'un abîme mortel et en dépit des forces vives qui reparaissaient chez nous avec une vigueur renouvelée, la tendance à l'effacement s'y était momentanément fait jour, au point d'être érigée en doctrine et en politique. C'est pourquoi, des partisans eussent voulu nous rattacher corps et âme à l'Empire totalitaire [1]. C'est aussi pourquoi, d'autres professaient qu'il nous fallait, non point seulement, comme c'est le bon sens, rester les alliés de nos alliés tant que se dresserait à l'Est une menace de domination, mais encore nous absorber dans un système atlantique, au sein duquel notre défense, notre économie, nos engagements, dépendraient nécessairement des armes, de l'emprise matérielle et de la politique américaines. Les mêmes, dans la même intention, entendaient que notre pays, au lieu qu'il participât, ainsi qu'il est naturel, à une coopération organisée des nations libres de l'Ancien Continent, fût littéralement dissous dans une Europe dite intégrée et qui, faute des ressorts que sont la souveraineté des peuples et la responsabilité des États, serait automatiquement subordonnée au protecteur d'outre-Océan [2]. Ainsi, resterait-il, sans doute, des ouvriers, des paysans, des ingénieurs, des professeurs, des fonctionnaires, des députés, des ministres, français. Mais il n'y aurait plus la France. Eh bien ! le fait capital de ces sept dernières années c'est que nous avons résisté aux sirènes de l'abandon et choisi l'indépendance.

Il est vrai que l'indépendance implique des conditions et que celles-ci ne sont pas faciles. Mais, comme on peut le voir, nous parvenons à les remplir. Dans le domaine politique, il s'agit que, sans renier notre amitié américaine, nous nous comportions en Européens que nous sommes et, qu'en cette qualité, nous nous appliquions à rétablir d'un bout à l'autre de notre continent un équilibre fondé sur l'entente et la coopération de tous les peuples qui y vivent comme nous. C'est bien ce que nous faisons, en nous réconciliant avec l'Allemagne, en proposant à nos voisins des deux côtés du Rhin et des Alpes une réelle solidarité des Six, en reprenant avec les pays de l'Est, à mesure qu'ils émergent de leurs écrasantes contraintes, les rapports d'active compréhension qui nous liaient à eux autrefois. Quant aux problèmes qui se posent dans le reste de l'univers, notre indépendance nous conduit à mener une action conforme à ce qui est à présent notre propre conception, savoir : qu'aucune hégémonie exercée par qui que ce soit, aucune intervention étrangère dans les affaires intérieures

1. Allusion au Parti communiste et à l'U.R.S.S.

2. Allusion aux partisans d'une « Europe supranationale » dont le Général de Gaulle a toujours affirmé que, faute de pouvoir donner naissance à une véritable volonté politique, elle ne pourrait être qu'un satellite des États-Unis.

d'un État, aucune interdiction faite à n'importe quel pays d'entretenir des relations pacifiques avec n'importe quel autre [1], ne sauraient être justifiées. Au contraire, suivant nous, l'intérêt supérieur de l'espèce humaine commande que chaque nation soit responsable d'elle-même, débarrassée des empiètements, aidée dans son progrès sans conditions d'obédience. De là, notre réprobation devant la guerre qui s'étend en Asie de jour en jour [2] et de plus en plus, notre attitude favorable à l'égard des efforts de libération humaine et d'organisation nationale entrepris par divers pays d'Amérique latine, le concours que nous apportons au développement de bon nombre de nouveaux États africains, les rapports que nous nouons avec la Chine, etc. Bref, il y a, maintenant, une politique de la France et elle se fait à Paris.

Au point de vue de la sécurité, notre indépendance exige, à l'ère atomique où nous sommes, que nous ayons les moyens voulus pour dissuader nous-mêmes un éventuel agresseur, sans préjudice de nos alliances, mais sans que nos alliés tiennent notre destin dans leurs mains. Or, ces moyens nous nous les donnons. Sans doute, nous imposent-ils un méritoire renouveau. Mais nous ne les payons pas plus cher que ceux qu'il nous faudrait fournir à l'intégration atlantique, sans être sûrement protégés pour autant, si nous continuions de lui appartenir comme auxiliaires subordonnés. Ainsi, en venons-nous au point où aucun État du monde ne pourrait porter la mort chez nous sans la recevoir chez lui ; ce qui est, certainement, la meilleure garantie possible.

Dans l'ordre économique, scientifique, technique, pour sauvegarder notre indépendance, étant obligés de faire face à l'énorme richesse de certains sans cependant nous refuser à pratiquer avec eux des échanges de toute nature, nous devons faire en sorte que nos activités demeurent, pour l'essentiel, sous administration et sous direction françaises. Nous devons aussi soutenir coûte que coûte la concurrence dans les secteurs de pointe, qui commandent la valeur, l'autonomie, la vie, de tout l'ensemble industriel, qui comportent le plus d'études, d'expérimentations, d'outillages perfectionnés, qui requièrent en grand nombre, les équipes les plus qualifiées de savants, de techniciens, d'ouvriers, Enfin, lorsqu'il est opportun, dans une branche déterminée, de conjuguer nos inventions, nos capacités, nos moyens, avec ceux

1. Allusion aux efforts des États-Unis pour empêcher les autres États de reconnaître la Chine communiste.

2. Il s'agit de la guerre du Viet-nam : depuis le 6 février 1965, l'aviation américaine effectue des raids de bombardement sur le Nord Viet-nam.

d'un autre pays, nous devons souvent choisir l'un de ceux qui nous touchent de plus près et dont nous pouvons penser que le poids ne nous écrasera pas.

Voilà pourquoi, nous nous imposons une stabilité financière, économique et monétaire qui nous dispense de recourir à l'aide de l'étranger ; nous changeons en or l'excès de dollars importés chez nous par suite du déficit de la balance des paiements américains [1] ; nous avons, depuis six ans, multiplié par six les crédits consacrés à la recherche ; nous organisons un marché industriel et agricole commun avec l'Allemagne, l'Italie, la Belgique, la Hollande et le Luxembourg ; nous perçons le Mont-Blanc conjointement avec les Italiens ; nous canalisons la Moselle en association avec les Allemands et les Luxembourgeois [2] ; nous nous unissons à l'Angleterre pour construire le premier avion de transport supersonique du monde [3] ; nous sommes prêts à étendre à d'autres types d'appareils civils et militaires cette collaboration franco-britannique ; nous venons de conclure avec la Russie soviétique un accord relatif à la mise au point et à l'exploitation de notre procédé de télévision en couleurs [4]. En somme, si grand que soit le verre que l'on nous tend du dehors, nous préférons boire dans le nôtre, tout en trinquant aux alentours.

Certes, cette indépendance, que nous pratiquons à nouveau dans tous les domaines, ne laisse pas d'étonner, voire de scandaliser, divers milieux pour lesquels l'inféodation de la France était l'habitude et la règle. Ceux-là parlent de machiavélisme, comme si la conduite la plus claire ne consistait pas justement à suivre notre propre route ; ils s'alarment de notre isolement, alors qu'il n'y eut jamais plus d'empressement autour de nous. D'autre part, le fait que nous ayons repris notre faculté de jugement et d'action à l'égard de tous les problèmes semble parfois désobliger un État qui pourrait se croire, en vertu de sa puissance,

1. Voir la note 3, p. 334.

2. Voir plus haut pp. 212 et 213, le toast prononcé à Metz et le discours fait à Trèves le 26 mai 1964 à l'occasion de l'inauguration des travaux de canalisation de la Moselle.

3. L'accord franco-britannique pour l'étude et la construction en commun de l'avion supersonique Concorde a été signé à Londres le 29 novembre 1962. En décembre 1964, le nouveau Gouvernement britannique a paru vouloir remettre cet accord en cause, mais le Gouvernement français ne s'est pas prêté à un tel abandon. Le 20 janvier 1965, le Gouvernement travailliste a fait connaître son accord pour la poursuite de la réalisation de ce projet.

4. Après le communiqué franco-soviétique du 22 mars 1965 (voir note 1 p. 353) un accord industriel a été conclu entre la Compagnie française de télévision et les organismes soviétiques compétents : le procédé français SECAM sera adopté en Europe de l'Est.

investi d'une responsabilité suprême et universelle[1]. Mais, qui sait si, quelque jour, l'intérêt que ce pays ami peut avoir à trouver la France debout ne l'emportera pas, de loin, sur le désagrément qu'il en éprouve à présent? Enfin, la réapparition de la nation aux mains libres, que nous sommes redevenus, modifie évidemment le jeu mondial qui, depuis Yalta, paraissait être désormais limité à deux partenaires[2]. Mais comme, dans cette répartition de l'univers entre deux hégémonies et, par conséquent, en deux camps, la liberté, l'égalité, la fraternité des peuples ne trouvent décidément pas leur compte, un autre ordre, un autre équilibre, sont nécessaires à la paix. Qui peut les soutenir mieux que nous pourvu que nous soyons nous-mêmes?

Françaises, Français, vous le voyez ! Pour nous, pour tous, autant que jamais, il faut que la France soit la France !

Vive la République !

Vive la France !

5 MAI 1965

Le Général de Gaulle accueille à l'aérodrome d'Orly le Président de la République du Liban, qui accomplit en France un voyage officiel.

ALLOCUTION DE BIENVENUE ADRESSÉE A S.E. M. CH. HELOU, PRÉSIDENT DE LA RÉPUBLIQUE DU LIBAN

Monsieur le Président,

La France se félicite de recevoir officiellement, en la personne de Votre Excellence, le Liban qu'elle connaît, qu'elle estime et qu'elle aime depuis bien longtemps. D'autant plus que la situation de votre pays, je veux dire celle d'un État libre et indé-

1. Les États-Unis.

2. La Conférence de Yalta, en février 1945, a réuni Churchill, Roosevelt et Staline : mais ces deux derniers ont imposé leurs conceptions à la Grande-Bretagne.

pendant dans une région du monde qui est en active gestation, nous porte à le considérer avec autant d'intérêt que jamais.

C'est pourquoi, Monsieur le Président, vous vous trouvez ici en pleine compréhension et, j'ajoute, en pleine amitié. Aussi votre visite offre-t-elle à la coopération pratique de la République libanaise et de la République française l'occasion de se resserrer.

M. le Président de la République libanaise, MM. les Ministres et les personnalités qui les accompagnent sont à Paris les très bien venus. Laissez-moi, Madame, vous dire respectueusement à quel point vous l'êtes aussi.

Vive le Liban !

5 MAI 1965

Le Général de Gaulle prend la parole lors d'une réception donnée au Palais de l'Élysée en l'honneur du Président de la République du Liban.

TOAST ADRESSÉ A S.E. M. CH. HELOU, PRÉSIDENT DE LA RÉPUBLIQUE DU LIBAN

Monsieur le Président,

La visite que vous nous faites à Paris donne à nos deux pays l'importante et émouvante occasion d'évoquer leurs liens du passé, de resserrer ceux du présent, d'organiser ceux de l'avenir. Nous nous en félicitons d'autant plus que le Chef de l'État libanais, que nous avons aujourd'hui pour hôte, est vous-même, Monsieur le Président, dont nous saluons avec joie la haute valeur et la grande culture.

Depuis toujours, le Liban apparaît aux Français comme la porte de l'Orient et, depuis beaucoup de siècles, la voix de l'Occident est, pour les Libanais, avant tout celle de la France. Rien n'était donc plus naturel que le mouvement qui, à mesure du temps et en dépit d'épisodiques incidents généralement provoqués du dehors [1], nous a portés les uns vers les autres. Rien ne fut, au total, plus fécond que les contacts de toutes sortes qui nous ont longuement rapprochés. Rien ne demeure plus constant que l'amitié qui nous unit.

C'est pourquoi nous, Français, restons fidèles aux souvenirs que l'Histoire nous laisse à votre sujet. Accueillant en votre personne, Monsieur le Président, la nation indépendante, prospère et cultivée qu'est la République libanaise, nous pensons avec satisfaction qu'aucun autre État du monde n'a, autant que la France, aidé à cet aboutissement [2]. Inversement, c'est avec gratitude que nous songeons à tout ce que, de génération en génération, vous nous avez apporté en fait de sympathie et d'encouragements. Comment aurais-je moi-même oublié, après en avoir, alors, directement recueilli sur place tant de preuves, le soutien, qu'au cours de la dernière guerre mondiale et bien au-dessus des conjonctures politiques, le Liban donna à la France, d'abord malheureuse, mais demeurée combattante, et pour finir, présente à la victoire.

Laissez-moi vous dire, Monsieur le Président, que la façon dont la République libanaise poursuit maintenant son destin ne fait qu'ajouter à la confiance qui lui est assurée ici. Si divers que puissent être les éléments ethniques et religieux qui la composent, nous la voyons, en effet, affermir son unité et sa personnalité nationales. Sur un territoire que la nature divise en trois zones contrastées à l'extrême : une haute chaîne de montagnes, une longue côte maritime, une plaine étroite allongée sur les bords de l'Oronte et du Litani, nous la voyons mettre laborieusement en valeur ses propres ressources, jouer avec une légendaire ingéniosité son rôle de pays transitaire de ce que l'Orient échange avec l'Europe et l'Amérique, envoyer nombre de ses enfants dans toutes les régions de la terre où ils implantent leurs activités. Enfin, dans cette partie de l'Asie que les géographes croient devoir appeler « mineure », bien qu'elle ait été le berceau du monde et qu'un des foyers les plus actifs de la civilisation y ait brûlé de tout temps, nous voyons la République libanaise assurer son intégrité et ses droits, mais aussi faire valoir l'équilibre et la raison, au milieu des désirs ardents et des

1. Par les intrigues d'agents britanniques au Levant ou par la politique du Gouvernement de Londres.

2. La France a été investie en 1919 d'un mandat au Levant. Elle a conduit cet État à l'indépendance, qui lui a été reconnue à l'issue du second conflit mondial après lui avoir été promise le 27 septembre 1941 au nom du Comité National Français présidé par le Général de Gaulle.

élans passionnés dont sont animés les peuples de son voisinage. Ainsi, l'estime que nous vous portons trouve-t-elle, jour après jour, de nouvelles justifications.

Mais, dès lors qu'existent entre le Liban et la France tant de liens plus forts que jamais : traditionnelle amitié, culture en grande partie commune, identique volonté d'agir autour de soi et partout ailleurs pour le progrès et pour la paix, tout engage les deux États à nouer dans maints domaines une coopération plus étroite et plus active. Tout leur commande aussi de mieux concerter leurs rapports et, le cas échéant, leurs attitudes, vis-à-vis des crises dangereuses dont les impérialismes modernes invoquant, comme toujours, des idéologies contraires, menacent notre univers. Veuillez être assuré, Monsieur le Président, que la France est, pour sa part, très disposée à un tel développement pratique de l'entente qui déjà tient nos deux pays naturellement rapprochés.

Je lève mon verre en l'honneur de Son Excellence Monsieur Charles Helou, Président de la République libanaise, en l'honneur de Madame Helou à qui nous sommes heureux de présenter nos très respectueux hommages, en l'honneur du Gouvernement libanais dont nous nous réjouissons de voir le chef, Monsieur Aoueini, lui aussi, à nos côtés, en l'honneur du Liban qui est l'ami de la France, aujourd'hui autant que jamais.

1er JUIN 1965

Le Général de Gaulle accueille à l'aérodrome d'Orly les souverains d'Afghanistan, qui accomplissent en France un voyage officiel.

ALLOCUTION DE BIENVENUE ADRESSÉE A S.M. MOHAMMAD ZAHER SHAH, ROI D'AFGHANISTAN

Sire,

La France se félicite vivement de recevoir en la personne de Votre Majesté l'éminent souverain d'un peuple fier, courageux et amical.

Si la situation de l'Afghanistan a pu longtemps nous paraître lointaine, nous n'en étions pas moins proches de lui par la culture et par le sentiment. Or, voici que l'époque moderne réduit les dimensions du monde ; que le progrès, l'équilibre et la paix sont, pour l'Humanité, les conditions essentielles, non seulement de son développement, mais même de son existence ; qu'ainsi l'entente politique et la coopération pratique de la France et de l'Afghanistan ont les meilleures raisons d'être.

Sire, c'est donc avec joie et avec honneur que Paris accueille aujourd'hui la visite de Votre Majesté et de Sa Majesté la Reine.

Vive l'Afghanistan !

1er JUIN 1965

Le Général de Gaulle prend la parole lors d'une réception donnée au Palais de l'Élysée en l'honneur des souverains d'Afghanistan.

TOAST ADRESSÉ A S.M. MOHAMMAD ZAHER SHAH, ROI D'AFGHANISTAN

Sire,

C'est un fait bien remarquable que la sympathie et l'estime que se portent mutuellement l'Afghanistan et la France, bien loin de s'altérer depuis qu'ils ont pu se connaître, n'ont, au contraire, jamais cessé de grandir en force et en sincérité. Sans doute, Votre pays est-il longtemps apparu aux Français comme lointain et d'accès difficile. Pourtant, nous savions qu'il était, par excellence, noble, tenace et courageux. Nous n'ignorions pas que, par une sorte de décret de la nature, il s'était, depuis plus de mille ans, au cœur de l'Asie centrale, rencontré avec la domination des Perses, ou avec les conquérants de l'Occident hellénique et romain, ou avec la pénétration indienne, ou avec les grandes marées mongoles, ou avec les ambitions contraires des Russes et des Britanniques, mais que les Afghans avaient su, sous les flots qui se heurtaient chez eux, garder leur personnalité propre. Nous avions, tout naturellement, salué avec satisfaction, il y a quelque cinquante années, l'avènement de l'Afghanistan sur la scène internationale, en tant qu'État reconnu par tous et dont les rois, ancêtres de Votre Majesté, notamment Ahmed Shah Dourani ou le Grand Émir Mohammad Khan, s'identifiaient avec son indépendance.

De votre côté, bien souvent, les pensées s'étaient tournées vers la France, toujours aux prises avec son dur destin de nation faite pour susciter, répandre et soutenir dans le monde la cause du droit des hommes et des peuples à disposer dignement d'eux-mêmes. Cependant, des siècles s'étaient écoulés avant que des rapports réguliers puissent se nouer entre Paris et Kaboul. Mais, à peine cela était-il fait, au lendemain de la Première Guerre mondiale, que de multiples et fortes raisons déterminaient nos deux pays à s'approcher l'un de l'autre.

Bien entendu, c'est par la culture que le mouvement a commencé. Car tout procède de l'esprit. Ainsi, sous la conduite d'Alfred Foucher[1], encouragé par le Gouvernement de Kaboul, un groupe de savants archéologues de chez nous fut tout de suite attiré par une contrée remplie de ces vestiges et monuments par lesquels de grands Empires passagers ont, tour à tour, attesté sur le sol leurs ambitions, fondations et illusions, tandis que les Afghans eux-mêmes y imprimaient, partout, leur propre marque. En même temps, nos universitaires, nos juristes, nos médecins, prenaient contact avec les élites afghanes, et celles-ci faisaient à la France l'honneur d'utiliser sa langue, de pénétrer son génie et d'accueillir son enseignement. Quels exemples de cette communauté de culture pourrais-je citer, Sire, qui soient plus illustres et plus frappants que le Vôtre et celui des princes, Vos fils ? Ainsi, la France, à qui l'Afghanistan ouvrait généreusement les portes de sa pensée, s'y voyait elle-même comprise et connue, avant tout au sommet de l'État. Il est vrai que le drame et les conséquences de la dernière guerre mondiale avaient quelque peu distendu les relations des deux pays ; le Vôtre ayant dû faire face aux remous qui l'entouraient ; le mien s'étant trouvé plongé dans la lutte pour l'existence, puis absorbé par sa reconstruction. Mais, voici que les conditions nouvelles les engagent, d'une manière pressante, à resserrer leur coopération.

En effet, l'Afghanistan, maître de son destin, conscient de ses possibilités naturelles et de ses capacités humaines, à l'œuvre enfin, sous l'impulsion de Votre Majesté, pour réaliser en lui-même la profonde transformation économique et sociale qu'exige

1. Indianiste et archéologue français (1865-1952).

l'époque moderne, peut souhaiter recevoir, en vue de son développement, le concours pratique de la France. D'autre part, celle-ci, qui a guéri ses blessures, établi son activité sur des bases financières et monétaires solides, pris un nouvel et grand essor scientifique et technique, est en mesure de participer plus largement au progrès matériel et culturel d'un royaume dont elle a éprouvé les qualités et l'amitié.

Mais aussi, c'est l'évolution du monde qui suggère à l'instinct et à la raison des deux peuples de resserrer les liens qui les unissent déjà. Aucun grief d'aucune sorte n'oppose Afghans et Français ! Au contraire, ils ont le sentiment que c'est en s'associant plus étroitement pour le progrès que nos deux pays peuvent servir, non seulement leur intérêt direct, mais encore l'équilibre et la paix. Telle est, Sire, n'est-il pas vrai? la signification et tel sera, sans doute, le résultat de la visite que Votre Majesté a voulu faire à la France et dont nous ressentons la plus profonde satisfaction.

Je lève mon verre en l'honneur de Sa Majesté Mohammad Zaher Shah, roi d'Afghanistan, et à celui de Sa Majesté la reine Homaira à qui nous nous félicitons de présenter nos très respectueux hommages. Bonheur et prospérité à l'Afghanistan noble peuple ami de la France !

1er JUILLET 1965

Le Général de Gaulle prend la parole lors d'une réception donnée au Palais de l'Élysée en l'honneur du Chancelier autrichien.

TOAST ADRESSÉ A M. J. KLAUS, CHANCELIER DE LA RÉPUBLIQUE FÉDÉRALE D'AUTRICHE

Monsieur le Chancelier fédéral,

Nous nous félicitons de votre visite. Car, aujourd'hui autant que jamais, ce qui est autrichien intéresse et touche vivement la France.

Il y a beaucoup de siècles, en effet, que votre pays et le mien se connaissent et s'estiment — ce qui n'est pas exceptionnel — mais aussi qu'ils se plaisent, ce qui est plus rare et, à beaucoup d'égards, très précieux. Il s'est tissé entre eux, et depuis bien longtemps, toute une trame de liens intellectuels, artistiques et pratiques. Ils ont pris, à mesure de l'Histoire, nettement conscience du fait que leur personnalité nationale, autrement dit leur indépendance, est essentielle à notre Europe, qu'il faut que chacun d'eux garde complètement la sienne et, qu'au besoin, il doit aider l'autre à la défendre ou à la recouvrer. Aussi nous paraît-il très naturel et très important de vous recevoir à Paris. D'autant plus qu'à vos côtés se trouvent M. le ministre Kreisky et M. le secrétaire d'État Bobleter.

Votre voyage aura donc permis aux Gouvernements de Paris et de Vienne, non seulement de resserrer leurs relations déjà très bonnes, mais encore de préciser leurs positions quant aux sujets européens qui les concernent en commun, que ces sujets soient d'ordre politique ou économique, qu'ils se rapportent à l'Ouest ou à l'Est, qu'ils se posent tout de suite ou à terme. En somme, nos entretiens auront directement servi ce qui est aujourd'hui capital pour le destin de notre continent et, par là, pour celui du monde, je veux dire le progrès, l'équilibre et la paix.

En vous demandant de transmettre mon très cordial salut à S.E.M. Frantz Jonas, Président de la République fédérale d'Autriche, je lève mon verre en votre honneur, M. le Chancelier, et en l'honneur de l'Autriche, nation noble et laborieuse, ancienne en même temps que moderne, en laquelle la France voit une associée et une amie.

7 JUILLET 1965

Le Général de Gaulle accueille à l'aérodrome d'Orly le Président de la République du Chili, qui accomplit en France une visite officielle.

ALLOCUTION ADRESSÉE A S.E. M. E. FREI, PRÉSIDENT DE LA RÉPUBLIQUE DU CHILI

Monsieur le Président,

Votre visite officielle est, pour la France, un événement aussi heureux qu'important.

D'abord parce que, depuis bien longtemps, nous n'avons jamais eu pour le Chili que de l'estime et de l'amitié.

Ensuite, pour ce motif qu'après l'inoubliable accueil que votre pays m'a fait l'an dernier nos deux peuples peuvent et doivent trouver, grâce à votre voyage, l'occasion de resserrer leurs rapports dans tous les domaines et, par là, de rapprocher l'Amérique latine et l'Europe dont la coopération est désormais nécessaire à l'équilibre et à la paix du monde.

Enfin, nous nous réjouissons pour cette raison que c'est vous que nous recevons, c'est-à-dire un homme d'État dont nous connaissons la très haute capacité, et qu'à vos côtés nous sommes très honorés de saluer Madame Frei.

Vive le Chili !

7 JUILLET 1965

Le Général de Gaulle prend la parole lors d'une réception donnée au Palais de l'Élysée en l'honneur du Président de la République du Chili.

TOAST ADRESSÉ A S.E. M. E. FREI, PRÉSIDENT DE LA RÉPUBLIQUE DU CHILI

Monsieur le Président,

Il y a 134 ans, la France reconnaissait le Chili comme un État indépendant. De toutes les nations de l'Europe, elle était, tout naturellement, la première à le faire. Car le grand mouvement qui, après de nombreuses et dramatiques vicissitudes, conduisait alors votre pays à prendre en main son destin, jaillissait de la même source dont était auparavant sorties l'inspiration et l'action assumées par la France devant le monde, au nom de la liberté, de l'égalité et de la fraternité.

Par la suite, de multiples liens furent tissés entre les deux peuples, notamment dans les domaines de la pensée, de la science, de l'art et du sentiment, au point que jamais ils ne se prirent mutuellement pour des étrangers ordinaires. Aussi, les hommes de chez vous n'avaient-ils pas cessé de suivre avec une ardente attention les dures épreuves des Français. Ce fut le cas, par exemple, au cours de la dernière guerre mondiale où nos malheurs suscitèrent de votre part une sympathie, notre combat un soutien, notre victoire un enthousiasme, inoubliables pour nous et, en particulier, laissez-moi le dire, pour moi. D'autre part, ce qu'il advenait d'heureux ou de douloureux au Chili, tandis qu'il organisait, malgré les pires traverses, son existence nationale et sa vie internationale, ne laissait pas de retentir ici dans les esprits et dans les cœurs. Bref, en dépit de la géographie, tout disposait nos deux peuples au rapprochement. Cependant, c'est un fait que leurs politiques respectives, tout comme les efforts que l'un et l'autre déployaient pour leur développement, demeuraient assez éloignés.

Eh bien ! voici rompu ce charme malencontreux. Chiliens et Français, se regardant par-dessus les mers, les montagnes et les plaines, discernent, non plus seulement qu'ils sont d'accord sur les principes, mais aussi qu'ils peuvent et doivent coopérer plus activement dans beaucoup de domaines pratiques. Lors de la visite que j'eus l'honneur de faire au Chili, l'automne dernier, dans une extraordinaire atmosphère d'amitié, telle était bien l'intention qui inspirait, n'est-il pas vrai? l'accueil magnifique que je reçus du Président Jorge Alessandri, du Congrès, de la Cour suprême, de l'Université, les excellents entretiens que j'eus avec vous-même, déjà élu par le peuple et qui étiez à la veille d'assumer la charge suprême, enfin les émouvantes manifestations populaires d'Arica, de Valparaiso, de Santiago, de Rancagua. Aujourd'hui, c'est votre voyage officiel à Paris qui, tout en nous donnant l'occasion de marquer en quelle exceptionnelle considération nous tenons l'homme d'État que vous êtes, montre à tous qu'effectivement le Chili et la France sont résolus à coopérer, non plus par saccades et épisodes, mais d'une manière régulière et organisée.

Que de raisons justifient ce resserrement des rapports des deux peuples ! Certes, le très rapide progrès des moyens de communication y est pour quelque chose. Mais il se trouve surtout que, pour mon pays et pour le vôtre, les conditions de leur situation intérieure et extérieure les pressent de se rapprocher.

C'est qu'en effet la France, qui a relevé ses ruines et guéri ses blessures, adopté des institutions capables d'indépendance et de desseins continus, pris un grand et nouvel essor scientifique, technique, économique et social, est désormais en mesure de servir dans un monde menacé la cause dont dépend la vie même de notre espèce, je veux dire celle du progrès, de l'équilibre et de la paix. Aussi, l'avènement, au premier plan de la scène mondiale, de l'Amérique latine et des vastes ressources matérielles et humaines qu'elle contient lui paraît-il essentiel. C'est dire pourquoi et comment elle est disposée à s'associer avec votre pays qu'elle voit en train d'accomplir, sur un continent en proie à tant de troubles, une exemplaire réussite nationale.

De son côté, le Chili, qui a su établir son unité ethnique et politique sur un territoire étroitement resserré entre la crête des Andes et la mer, mais très longuement étendu au bord du Pacifique où se jouera le sort des hommes ; qui s'efforce de mettre en œuvre toutes les possibilités dont l'a pourvu la nature ; qui vient de marquer, librement et nettement, grâce à vous et autour de vous, Monsieur le Président [1], sa volonté de mener à bien, au profit de tous ses enfants, les réformes nécessaires à son développement humain et matériel ; qui entend, pour y parvenir, utiliser des pouvoirs publics fondés sur le choix et le concours directs du peuple et, par là même, solides et efficaces ; qui considère avec faveur l'évolution de l'Europe sortie de ses malheurs et de ses divisions pour redevenir l'élément capital de la civilisation, le Chili incline, nous semble-t-il, à voir en la France nouvelle une nation digne et capable de l'aider à conduire lui-même son destin.

Voilà pourquoi, Monsieur le Président, votre présence à Paris constitue un événement très agréable pour nous Français, très important pour nos deux peuples, très significatif pour l'un et l'autre de nos deux continents.

Je lève mon verre en l'honneur de Son Excellence Monsieur Eduardo Fréi, Président de la République du Chili, en l'honneur de Madame Fréi, à qui nous sommes heureux de présenter nos très respectueux hommages, en l'honneur du Chili, qui fut toujours l'ami de la France, mais qui l'est aujourd'hui davantage et mieux que jamais.

1. Les élections législatives du 11 mars 1965 ont été un succès pour le parti démocrate chrétien de M. Ed. Fréi, qui avait été élu Président de la République le 4 septembre 1964.

16 JUILLET 1965

Le Général de Gaulle, de concert avec M. Giuseppe Saragat, Président de la République italienne, inaugure le tunnel routier du Mont-Blanc. Il prend la parole dans le val d'Aoste, à Courmayeur.

ALLOCUTION PRONONCÉE A L'OCCASION DE L'INAUGURATION DU TUNNEL SOUS LE MONT-BLANC

Monsieur le Président,

Côte à côte, fort à l'aise, en quinze minutes, nous venons de traverser le Mont-Blanc ! Puisque j'ai l'honneur d'être reçu par vous sur le sol de votre pays, j'adresse tout de suite à l'Italie l'amical salut de la France. Et, comme je suis à Courmayeur, je remercie les chers Valdotains de leur émouvant accueil.

Notre époque, parce qu'elle est celle des machines, ouvre une immense carrière à l'audace et à la puissance techniques. Dès lors, les initiatives pénètrent les massifs, percent les isthmes, barrent les fleuves, captent les sources thermiques, hydrauliques et atomiques de l'énergie, explorent l'espace, installent l'homme sous les mers. Mais, de toutes les grandes entreprises dont elles marquent l'univers, aucune ne paraît mieux réussie que celle dont nous célébrons l'achèvement. En effet, voilà foré à sa base le plus haut sommet de l'Europe. Voilà vaincus les obstacles éternels que sont l'altitude et la neige. Voilà frayée à travers les Alpes, non plus seulement une voie ferrée, comme au Gothard, au Simplon, au Mont-Cenis, mais une belle et bonne route souterraine — la plus longue du monde — précisément là où la nature l'interdisait le plus expressément. Aussi, mon pays, du même cœur que le vôtre, rend-il hautement témoignage à ceux qui ont, depuis longtemps, imaginé, étudié, préparé, cet extraordinaire exploit ; aux deux sociétés : l'une italienne et l'autre française, qui ont su le mettre en œuvre avec le concours de nos gouvernements ; aux ingénieurs, techniciens, ouvriers (dix-huit y ont perdu la vie !) qui, à force de travail, d'habileté, de risques, l'ont, après six années, magnifiquement réalisé. Oui ! C'est un fait technique exceptionnel que nous consacrons aujourd'hui.

C'est aussi un fait économique d'une importance considérable. Car, le passage sous le Mont-Blanc relie l'une à l'autre, directement et en toutes saisons, l'Italie du Nord et la Savoie française. Aoste et Turin sont donc maintenant en communication facile et permanente avec Chamonix, Annecy et Chambéry. Du coup, Milan, Gênes, Florence et Rome se trouvent plus proches de Lyon, Genève, Dijon et Paris. Nul doute qu'entre nos deux pays les échanges de marchandises n'en soient accrus ; que les visites ne se multiplient, notamment vers cette belle vallée, que le sang, la langue, le sentiment, apparentent de si près à la France ; qu'en particulier le tourisme, forme moderne et massive de la découverte, n'établisse de nouveaux courants ; au total, qu'il n'y ait demain des contacts franco-italiens plus nombreux et plus aisés qu'ils ne l'étaient jusqu'ici.

Grand événement technique et économique, le percement routier du Mont-Blanc constitue également un fait politique éclatant. D'abord, parce qu'il est ainsi prouvé que nos deux peuples, négligeant les forteresses construites naguère pour interdire les cols et oubliant les malveillances qui flottaient sur les crêtes et sur les vallées, sont portés l'un vers l'autre par la force même des choses, vingt ans après la fin des combats dont les Alpes furent le triste théâtre. Ensuite, pour la raison que les cousins, s'étant retrouvés, proclament de cette manière leur volonté de rester bons amis. Enfin, à cause des liens nouveaux qui vont s'ajouter à ceux qui les unissaient déjà et, par suite, aider à conjuguer leurs destins. En somme, l'ouverture de ce passage transalpin est un effet de plus et sera une cause nouvelle de la solidarité de l'Italie et de la France.

Au demeurant, la même impulsion, qui, grâce à la technique moderne, fait ainsi d'une voie frayée entre deux voisins le signe et le moyen de leur rapprochement, ne laisse pas de se manifester ailleurs. A preuve : la canalisation de la Moselle dès à présent accomplie dans une région où, bien longtemps, les fossés que l'on creusait ne furent que des barrages hostiles ; le tunnel sous la Manche, qu'on se dispose à entreprendre alors que, depuis toujours, le bras de mer du Pas-de-Calais paraissait indispensable à la sécurité de l'un et de l'autre bord ; le projet de réaliser, suivant le Rhin et le Rhône, une communication directe par eau, par route et par fer, reliant la Mer du Nord et la Méditerranée et se joignant au Danube, parce que c'est l'association, et non plus la méfiance, qui s'impose désormais aux États intéressés. Ainsi, notre continent, qui, au long des siècles, bouleversa et scandalisa le globe par ses guerres, lui donne aujourd'hui l'exemple de la paix.

Qui sait, si quelque jour l'entente et la coopération, établies non plus seulement à l'Occident de l'Europe mais sur toute son étendue, et naturellement marquées par des réalisations techniques à l'échelle d'un pareil avènement, ne feront pas d'elle l'élément capital du développement des nations, de l'équilibre pacifique du monde et du progrès de tous les hommes? Suivant la France, si l'on n'admet pas que notre espèce soit condamnée aux catastrophes, telle est, dès aujourd'hui, la raison d'être et telle sera demain l'ambition de l'Europe européenne !

Vive l'Italie !

Vive l'amitié de l'Italie et de la France !

9 SEPTEMBRE 1965

Trois mois avant l'élection présidentielle qui doit avoir lieu en décembre, le Général de Gaulle a convoqué les journalistes au Palais de l'Élysée.

CONFÉRENCE DE PRESSE TENUE AU PALAIS DE L'ÉLYSÉE

Mesdames, Messieurs,

Je me félicite de vous voir. J'ai l'impression que notre réunion d'aujourd'hui revêt une espèce de relief particulier. Cela tient aux conjonctures : celles du monde qui est en pleine gestation et troublé actuellement par maintes secousses ; celle de notre pays qui entreprend une nouvelle étape dans son progrès intérieur et extérieur ; et, enfin, celle qui est liée au terme prochain de l'actuel septennat. C'est dans cet état d'esprit que je me trouve, tandis que je vous demande de bien vouloir formuler les questions que vous voudrez me poser. Je vous écoute :

Q. — *Monsieur le Président, pouvez-vous nous dire si vous comptez vous présenter à l'élection du 5 décembre?*

R. — Je vous réponds tout de suite que vous le saurez, je vous le promets, avant deux mois d'ici.

Q. — *Mon Général, qu'avez-vous à dire au sujet de la crise actuelle entre l'Inde et le Pakistan?*

Q. — *Monsieur le Président, je voudrais prolonger la question de mon confrère sur le sujet indo-pakistanais. Je voudrais savoir si la France, qui est alliée avec le Pakistan dans le cadre du traité de l'O.T.A.S.E. par exemple, doit prendre position pour son partenaire ou, au contraire, prêcher la conciliation?*

R. — Sur la question que vous me posez relativement au conflit déplorable qui a lieu actuellement entre le Pakistan et l'Inde, je vous dirai simplement ceci aujourd'hui : que cela, encore une fois, est déplorable, que, dans l'immédiat, il y a une procédure qui est engagée normalement par l'Organisation des Nations Unies et spécialement par son secrétaire général qui est sur place, et qu'on peut espérer que ses démarches parviendront à établir un cessez-le-feu [1]. Ce ne sera naturellement qu'une solution provisoire. Quant au règlement définitif du problème, je vous en parlerai quand je serai amené à parler de l'ensemble de la politique française vis-à-vis du monde d'aujourd'hui.

. . . .

En somme, si je comprends bien, les uns et les autres, vous m'interrogez d'abord sur le point où nous en sommes et ce vers quoi nous allons quant au point de vue économique et social. Voilà un premier point. En second lieu, on me parle du Marché commun — plusieurs questions m'ont été posées et c'est bien explicable. On m'interroge aussi sur différentes questions concernant la politique de la France vis-à-vis du monde tel qu'il est ; il s'agit de l'Europe ; il s'agit du conflit du Sud-Est asiatique ;

1. Les revendications de l'Inde et du Pakistan sur le Cachemire ont donné naissance à la fin d'août 1965 à un conflit. L'envoi par le Pakistan de partisans au-delà de la ligne du cessez-le-feu imposé en 1949 par le Conseil de sécurité de l'O.N.U. a provoqué une contre-attaque des forces de l'Inde, qui ont franchi la frontière entre les deux États. Faute d'être appuyé par ses alliés musulmans du Pacte de Bagdad, la Turquie et l'Iran, le Pakistan paraît se tourner vers la Chine populaire. Le 6 septembre, la France s'est associée à un vote du Conseil de sécurité invitant le Secrétaire général de l'O.N.U. à se rendre sur place pour tenter de mettre fin au conflit. Un cessez-le-feu interviendra le 22 septembre.

il s'agit d'autres sujets encore... Et enfin vous me parlez du septennat et du régime par rapport au septennat. Je vous répondrai sur ces différentes questions.

Q. — *Mon Général, on enregistre, en cette rentrée, des jugements contradictoires sur la situation économique du pays. Les uns sont optimistes, les autres pessimistes. Pourriez-vous nous dire ce que vous en pensez et plus précisément quelles perspectives peut ouvrir le V*e *Plan à cet égard?*

R. — Je ne crois pas que jamais les études, les discussions, les conclusions, relatives à notre situation économique et sociale, aux conditions de notre développement, aux objectifs qu'il nous faut atteindre, à l'action qu'il nous faut mener en conséquence, n'aient été aussi méthodiques et aussi approfondies qu'elles le sont cette année. L'élaboration du Ve Plan [1] par le Commissariat général et ses diverses Commissions, la collaboration des Commissions de développement économique régional[2], les décisions prises par le Gouvernement, les débats qui ont eu lieu ou qui vont s'engager au Conseil économique et social pour qu'il formule ses avis sur les dispositions proposées, au Parlement pour qu'il en fasse une loi, le tout accompagné par toutes les voix de l'information, ont permis de fixer en connaissance de cause l'orientation et les choix qui détermineront pour cinq ans notre activité nationale.

Il y a là, sans nul doute, un progrès décisif de la planification, telle que nous l'avions, lors de la Libération, adoptée et instituée dans l'état misérable où nous nous trouvions alors, puis passablement négligée au temps où notre vie économique dépendait pour une large part des prêts fournis par l'étranger, enfin mise en vigueur et en honneur depuis que nous avons recouvré notre indépendance dans ce domaine comme dans les autres.

Mais on peut être indépendant de deux manières très différentes. Ou bien en s'enfermant derrière des remparts et, s'il s'agit d'économie, en se couvrant de barrières douanières, ou bien en affrontant les moyens et les capacités d'autrui, c'est-à-dire, si l'on parle d'échanges, en ouvrant et multipliant les relations commerciales. Comme, pour nous, accoutumés que nous sommes au protectionnisme par une longue facilité, l'aiguillon des rivalités nous est salutaire dans notre effort de transformation ; comme, d'autre part, les marchés neufs sont à l'extérieur de

1. Le Ve Plan doit couvrir les années 1966-1970.

2. Les Coder, qui ont été créées en 1963.

chez nous ; comme, enfin, dans le monde entier, la présence suit la marchandise et que nous voulons être présents partout, nous avons, moyennant des précautions vis-à-vis de tel et tel pays encombrés de leurs surplus et tout en pratiquant des préférences à l'égard de nos partenaires du Marché commun européen ou de ceux des États d'Afrique auxquels nous sommes liés par des accords particuliers, choisi de vivre désormais en état de concurrence.

Cette concurrence, encore faut-il la soutenir et en tirer profit. C'est dire que tout tient à ce que vaut notre appareil de production par rapport à celui des autres. Aussi, notre effort collectif au cours des cinq prochaines années aura-t-il pour objet principal de rendre cet appareil décidément compétitif. L'indépendance et la puissance économiques de la France en dépendent directement, tandis que l'augmentation du revenu national et celle du niveau de vie en seront les conséquences. Or, face aux capacités industrielles et agricoles qui nous entourent, l'adaptation de nos moyens exige un vaste effort d'investissement.

Investissement ! Au plan de l'État, cela implique que ce qu'il consacre au fonctionnement des administrations et des services publics soit aussi réduit que possible par rapport à ce qu'il fait pour l'équipement du pays. En outre, parmi les dépenses de cette dernière catégorie, la priorité doit appartenir à celles qui améliorent le plus directement la productivité nationale, je veux dire principalement la recherche scientifique, les communications de toute nature, l'enseignement technique, la formation professionnelle.

Oui ! Au cours des années qui viennent, on va voir la France en bonne place dans le peloton mondial de tête en fait de personnel et de moyens d'invention, d'expérimentation, d'application. On va la voir pousser activement la construction de ses autoroutes, si exceptionnellement bonnes et nombreuses que soient ses routes secondaires, et développer son réseau téléphonique. On va la voir mettre ses collèges, lycées et instituts techniques au même plan que les classiques, comme il convient à un pays qui veut avoir, à tous les étages de son activité, des cadres multiples et de qualité. On va la voir assurer plus largement à ses jeunes gens et à ses adultes la possibilité, soit de bien apprendre un métier, soit d'en changer, soit de s'élever en qualification, parce que l'évolution moderne impose d'améliorer constamment le rendement dans les entreprises, d'employer au mieux une jeunesse de plus en plus nombreuse, d'accroître la mobilité des travailleurs français entre régions et entre professions et, notamment, d'offrir à ceux qui se trouvent en surnombre dans l'agriculture des débouchés rapides et honorables dans l'industrie ou dans le secteur tertiaire. Certes, ce qui est en cours de progrès dans d'autres branches : logement, hospitalisation, sports, etc., doit être activement poursuivi, mais compte tenu de ce qu'il faut faire avant tout en faveur de l'infrastructure et de l'équipement humain et matériel de la production nationale, dont, au demeurant, tout dépend.

L'investissement, qui de budget en budget absorbe ainsi une part grandissante des dépenses du secteur public, constitue en même temps, pour l'ensemble des entreprises privées, l'impératif catégorique. Que celles-ci y procèdent par autofinancement ou par recours au marché financier, c'est là, pour elles, la chance unique, mais combien efficace ! de disposer d'un outillage qui les rende compétitives dès lors que notre économie est ouverte aux échanges internationaux. Or, si à cet égard l'inflation et la hausse des produits ont pu, naguère, leur offrir certaines facilités malsaines, jusqu'à ce que notre appareil économique, financier, monétaire et social tout entier chancelât au bord du gouffre, le nécessaire est fait maintenant et continuera de l'être pour que soient désormais taries ces sources empoisonnées.

Au contraire, l'épargne, ressuscitée par la stabilité des prix et de la monnaie et par l'équilibre du budget, redevient le grand réservoir où puiser la prospérité. C'est, naturellement, pour les prochaines années, une tâche capitale de l'État que d'encourager l'accroissement de l'épargne plutôt que celui de la consommation, de contribuer à rendre les ressources ainsi formées plus actives grâce à l'intéressement et plus aisément accessibles aux entreprises qui en valent la peine, la concentration et l'organisation étant, pour ce qui les concerne, les critères essentiels. Notons que cette action étendue de l'État en vue d'augmenter la capacité de l'équipement national, ou bien dans le secteur privé, ou bien dans le secteur des entreprises publiques et semi-publiques, ou bien dans le secteur placé directement sous son administration, implique que les précisions fournies à ses plus hautes instances soient plus complètes et mieux coordonnées. Trois Hauts Comités, composés d'un très petit nombre d'idoines, vont être institués à cet effet dès que le Ve Plan entrera en application.

Dans la mesure où la menace de la guerre générale cessera d'étreindre le monde et la conquête brutale de solliciter les plus forts, le progrès deviendra une aspiration universelle ; la science, la technique et l'industrie ouvriront à chaque pays développé la possibilité de l'accroître et de le répandre ; la rapidité des communications et la multiplicité des contacts entre les peuples susciteront chez tous un désir grandissant d'avoir affaire les uns avec les autres. Aussi, la compétition sera-t-elle de plus en plus le ressort d'une juste ambition. C'est pourquoi la France veut en avoir les moyens.

Q. — *Quelles sont, selon vous, les causes de la crise du Marché commun et comment pensez-vous qu'on puisse en sortir?*

R. — Ce qui s'est passé à Bruxelles, le 30 juin, au sujet du règlement financier agricole a mis en lumière, non seulement les persistantes réticences de la plupart de nos partenaires en ce qui concerne l'entrée de l'agriculture dans le Marché commun, mais aussi certaines erreurs ou équivoques de principe qui figurent dans les traités relatifs à l'union économique des Six. C'est pourquoi la crise était, tôt ou tard, inévitable [1].

Les trois traités, créant respectivement la C.E.C.A., l'Euratom et le Marché commun, avaient été conclus avant le redressement français de 1958. Aussi, tenaient-ils compte surtout de ce que demandaient les autres. C'est ainsi que la C.E.C.A., indépendamment du rapprochement franco-allemand qu'elle entendait manifester, consistait essentiellement à rendre à l'Allemagne la disposition de son charbon et de son acier et à donner à l'Italie, naturellement dépourvue de houille et de fer, la possibilité de s'en procurer à bon compte pour se doter, à son tour, d'une grande industrie métallurgique. Pour l'Euratom, l'institution tendait à mettre en commun tout ce qui était fait ou à faire dans le domaine de l'énergie atomique — et dont la France, en raison de l'avance qu'elle avait prise, fournirait la plus large part —, ensuite à contrôler la production des matières fissiles en vue d'en empêcher l'utilisation militaire, alors que, parmi les Six, seul notre pays était en mesure de fabriquer un armement nucléaire. Quant au Traité de Rome, enfin, il réglait très complètement les conditions de la Communauté industrielle dont se souciaient surtout nos voisins, mais pas du tout celles du Marché commun agricole auquel nous étions les plus intéressés.

D'autre part, les trois traités instituaient chacun une figuration d'exécutif sous la forme d'une Commission indépendante

1. La France n'a pu obtenir de ses partenaires européens que soient adoptés le 30 juin 1965 les règlements financiers agricoles définitifs dont il avait été décidé en 1962 qu'ils devraient intervenir au plus tard à cette date. Elle a pris acte de cet échec et a mis fin aux négociations. Son attitude a été exactement conforme à ce qui avait été publiquement annoncé le 21 octobre 1964.

des États, bien que ses membres fussent nommés et rétribués par eux, et une figuration de législatif sous les espèces d'une Assemblée réunissant des membres venus des divers Parlements, sans toutefois que leurs électeurs leur eussent donné aucun mandat qui ne fût pas national. Cette hypothèque d'une technocratie, en majeure partie étrangère, destinée à empiéter sur la démocratie française dans le règlement de problèmes qui commandent l'existence même de notre pays, ne pouvait évidemment faire notre affaire dès lors que nous avions résolu de prendre notre destin entre nos mains [1].

Qui peut ignorer que l'idée de grouper, au point de vue économique et, j'ajoute, politique, les États de l'Europe occidentale est la nôtre depuis longtemps? Il n'est, pour le constater, que de se reporter aux déclarations que j'ai faites à ce sujet au cours et au lendemain de la guerre mondiale, alors que personne n'en parlait, ensuite en de multiples et solennelles occasions, mais aussi à tous les actes effectivement accomplis dans ce but par mon gouvernement. Pour ce qui est de l'économie, nous tenons en effet pour vrai que l'ajustement organisé des activités respectives des pays situés de part et d'autre du Rhin et des Alpes répond au fait qu'ils sont étroitement des voisins, qu'au point de vue de la production ils se trouvent à la fois analogues et complémentaires et qu'il est conforme aux conditions de notre époque de constituer des ensembles plus vastes que chacun des États européens. En outre, la France, qui est en plein essor et dont la monnaie est devenue l'une des plus fortes du monde, a toutes raisons de renoncer à son ancien protectionnisme et de s'ouvrir progressivement à la concurrence. C'est pourquoi, depuis sept ans, nous avons très activement aidé à bâtir la Communauté économique, créée théoriquement en 1957 mais qui, jusqu'en 1959, n'existait que sur le papier parce que le déficit chronique de la balance française des paiements empêchait l'organisation de prendre le départ autrement que dans des discours. Mais, ce que nous avons voulu hier et ce que nous voulons aujourd'hui, c'est une Communauté qui soit équitable et raisonnable.

1. Au mois de juin 1965, la Commission du Marché commun a pris des initiatives d'ordre politique, en proposant d'utiliser le produit des droits de douane sur les produits industriels pour alimenter le Fonds européen de garantie des prix agricoles, qui devait l'être exclusivement par les prélèvements mis à la charge des États qui importent des denrées alimentaires produites hors du Marché commun, et en suggérant un élargissement des attributions budgétaires de l'Assemblée unique des Communautés européennes, composée de délégués des Parlements nationaux, et qui s'est donnée à elle-même le titre de « Parlement européen », non prévu par les Traités.

Équitable : cela veut dire que les produits agricoles, compte tenu des conditions qui leur sont propres, doivent entrer dans le Marché commun en même temps que les produits industriels. Raisonnable : cela signifie que rien de ce qui est important, à présent dans l'organisation, plus tard dans le fonctionnement, du Marché commun des Six ne doit être décidé et, *a fortiori*, appliqué que par les pouvoirs publics responsables dans les Six États, c'est-à-dire les Gouvernements contrôlés par les Parlements.

Or, on sait, Dieu sait si on le sait ! qu'il y a une conception différente au sujet d'une fédération européenne dans laquelle, suivant les rêves de ceux qui l'ont conçue, les pays perdraient leur personnalité nationale, et où, faute d'un fédérateur, tel qu'à l'Ouest tentèrent de l'être — chacun d'ailleurs à sa façon — César et ses successeurs, Charlemagne, Othon, Charles Quint, Napoléon, Hitler, et tel qu'à l'Est s'y essaya Staline, ils seraient régis par quelque aréopage technocratique, apatride et irresponsable. On sait aussi que la France oppose à ce projet contraire à toute réalité le plan d'une coopération organisée des États évoluant, sans doute, vers une confédération [1]. Seul, ce plan lui paraît conforme à ce que sont effectivement les nations de notre continent. Seul, il pourrait permettre un jour l'adhésion de pays tels que l'Angleterre ou l'Espagne qui, comme le nôtre, ne sauraient accepter de perdre leur souveraineté. Seul, il rendrait concevable dans l'avenir l'entente de l'Europe tout entière.

Cependant et quelles que pussent être les arrière-pensées en fait de théories politiques, il avait pu sembler que les très longues et minutieuses négociations de Bruxelles étaient sur le point d'aboutir. Certes, nous avions eu les plus grandes difficultés à faire admettre en pratique par nos partenaires que les produits agricoles fassent partie intégrante de la Communauté. Or, nul ne l'ignore, c'est là pour nous une condition « sine qua non », car, faute qu'elle soit remplie, nous resterions chargés du poids très lourd que représente pour nous, plus que pour nos voisins, le soutien de notre agriculture et nous serions, par là, handicapés dans la concurrence industrielle. Aussi, avions-nous dû, en janvier 1962, ne consentir à ce qu'on passât à la deuxième phase du traité, c'est-à-dire à un abaissement considérable des barrières douanières, que moyennant l'engagement formellement pris par les

1. Il s'agit des projets d'organisation politique de l'Europe, élaborés par la Commission présidée par M. Christian Fouchet, et que l'opposition de la Belgique, des Pays-Bas et de l'Italie, lors de la Conférence du 17 avril 1962, n'a pas permis de réaliser.

Six de régler le problème agricole, notamment au point de vue financier, au plus tard le 30 juin de cette année, dans des conditions et suivant un calendrier précisés explicitement. Bien qu'il y ait eu alors quelques pleurs et grincements de dents, nous avions pu, sur le moment, obtenir l'adhésion de nos partenaires et nous étions en droit de croire qu'à l'échéance ils rempliraient leurs engagements.

D'autre part, tout en observant que le très lourd appareil international construit à grands frais autour de la Commission faisait souvent double emploi avec les Services qualifiés des six Gouvernements, nous avions, à mesure des travaux, pris acte de la compétence des fonctionnaires de la Communauté et constaté qu'ils s'abstenaient d'empiètements excessifs sur les seules responsabilités qui fussent valables, à savoir celles des États.

C'était trop beau pour aller jusqu'au terme! En effet, à Bruxelles, le 30 juin, notre délégation se heurta à une fin de non-recevoir pour ce qui concernait la mise au point définitive d'un règlement financier conforme à ce à quoi on s'était engagé. Peu auparavant, d'ailleurs, la Commission, sortant soudain de sa réserve politique, avait formulé au sujet de ce règlement des conditions tendant à la doter elle-même d'un budget propre dont le montant aurait atteint jusqu'à 20 milliards de nouveaux francs, les États versant entre ses mains les prélèvements et recettes douanières qui eussent fait de cet organisme littéralement une grande puissance financière indépendante. Il est vrai que, suivant les auteurs du projet, ce budget énorme, que les États alimenteraient aux frais de leurs contribuables mais qu'ils ne contrôleraient pas, serait soumis à l'examen de l'Assemblée européenne. Mais l'intervention de celle-ci, qui est essentiellement consultative et dont les membres n'ont jamais, nulle part, été élus pour cela, ne ferait qu'aggraver le caractère d'usurpation de ce qui était réclamé. Quoi qu'il en soit, la conjonction, préméditée ou non, des exigences supranationales de la Commission de Bruxelles, de l'appui que plusieurs délégations s'affirmaient prêtes à leur accorder, enfin du fait que certains de nos partenaires revenaient au dernier moment sur ce qu'ils avaient antérieurement accepté, nous imposait de mettre un terme à ces négociations.

Je dois ajouter, qu'à la lumière de l'événement, nous avons plus clairement mesuré dans quelle situation notre pays risquerait de se trouver demain si telle et telle dispositions, initialement prévues par le Traité de Rome, étaient réellement appliquées. C'est ainsi, qu'en vertu du texte, les décisions du Conseil des ministres des Six seraient, dès le 1er janvier prochain, prises à la majorité, autrement dit que la France serait exposée à se voir forcer la main dans n'importe quelle matière économique, par conséquent sociale et souvent même politique, et qu'en particulier ce qui aurait paru acquis dans le domaine agricole pourrait être, malgré elle, remis en cause à tout instant. En outre, à partir de la même date, les propositions que ferait la Commission de Bruxelles devraient être adoptées, ou non, telles quelles par le Conseil des ministres, sans que les États puissent y changer rien à moins que, par extraordinaire, les Six États fussent unanimes à formuler un amendement. Or, on sait que les membres de la Commission, naguère nommés par accord entre les Gouvernements, ne sont désormais aucunement responsables devant eux et que, même au terme de leur mandat, il faudrait pour les remplacer l'unanimité des Six, ce qui en fait les rend inamovibles. On voit à quoi pourrait nous conduire une telle subordination si nous nous laissions entraîner à renier, à la fois, la libre disposition de nous-mêmes et notre Constitution, laquelle fixe que « la souveraineté française appartient au peuple français, qui l'exerce par ses représentants et par la voie du référendum », sans qu'il y soit prévu aucune espèce d'exception.

Les choses en sont là. Sans doute est-il concevable et désirable que la grande entreprise de la Communauté puisse être remise un jour en chantier. Mais cela n'aura lieu, éventuellement, qu'après un délai dont on ne peut prévoir la durée. Qui sait, en effet, si, quand, comment, la politique de chacun de nos cinq partenaires, compte tenu, d'ailleurs, de certaines conjonctures électorales ou parlementaires, s'adaptera finalement aux nécessités qui viennent d'être, une fois de plus, démontrées[1] ?

Quoi qu'il en soit, la France, pour sa part, est prête à participer à tous échanges de vues qui lui seraient proposés sur ce sujet par les autres Gouvernements. Le cas échéant, elle envisage de renouer la négociation de Bruxelles, dès lors que l'entrée de l'agriculture dans le Marché commun serait véritablement adoptée et qu'on voudrait en finir avec les prétentions que des mythes abusifs et chimériques opposent au bon sens et à la réalité.

1. Cette adaptation se produira au printemps 1966, et l'intransigeance de la France n'aura aucunement compromis le développement du Marché commun, tout en sauvegardant à la fois les intérêts de ses agriculteurs et le principe de sa souveraineté nationale.

Q. — *Monsieur le Président, la diplomatie de la France repose sur le principe de l'indépendance nationale. Les adversaires de ce principe disent qu'il est dépassé. Peut-on concilier cette politique d'indépendance nationale avec les aspirations des peuples vers une plus grande unité en Europe?*

Q. — *Diverses questions sur l'O.T.A.N., l'Europe, les pays de l'Est, le Sud-Est asiatique.*

R. — Nous sommes en un siècle qui arrive aux deux tiers de sa durée, pas plus. Pourtant, depuis qu'il est né, le monde a subi des changements sans précédents quant au rythme et à l'étendue. Tout donne à penser que le mouvement va se poursuivre. Car un ensemble de faits d'une immense portée est actuellement à l'œuvre pour repétrir l'univers.

Dans cet ensemble, il y a : l'avènement à la souveraineté d'un grand nombre d'États qui se sont créés ou restaurés depuis la guerre et, du même coup, le déploiement de leurs querelles réciproques ; la puissance prépondérante acquise par deux pays, l'Amérique et la Russie, et qui les porte à rivaliser entre elles et à ranger sous leur hégémonie respective les peuples qui sont à leur portée ; la très profonde gestation qui s'accomplit dans l'énorme Chine et qui la destine à un rôle mondial de premier plan ; l'existence et l'accroissement d'armements nucléaires capables de détruire de grandes nations tout à coup et de fond en comble ; enfin et par-dessus tout, l'élan général vers le progrès que les possibilités de l'époque industrielle moderne suscitent dans chaque région de la terre. Bref, le monde, en pleine évolution, est rempli tout à la fois d'espérances presque infinies et de gigantesques dangers.

Devant cette situation, quel peut être le rôle de la France? Mais d'abord, faut-il qu'elle en ait un? Il ne manque pas de gens, on le sait, pour penser que non. Suivant eux, n'étant plus en mesure d'agir par nous-mêmes, politiquement, économiquement, techniquement, militairement, nous devons désormais nous laisser conduire par d'autres. D'ailleurs, les idéologies sont là pour couvrir ce renoncement. Ainsi, certains, chez nous, utilisant le paravent de l'Internationale, voudraient nous soumettre à l'obédience de Moscou. D'autres, invoquant tantôt des théories arbitraires, tantôt les convenances des intérêts, professent que notre pays doit effacer sa personnalité dans des organisations internationales faites de telle sorte que les États-Unis puissent y exercer, du dedans [1] ou du dehors [2], une action prépondérante

1. Dans l'Alliance Atlantique.
2. Dans le Marché commun.

à laquelle, par principe, nous n'avons qu'à nous conformer. C'est de cette façon que ceux-là conçoivent notre participation à l'O.N.U. ou à l'O.T.A.N. et souhaitent nous voir nous dissoudre dans une fédération qualifiée « d'européenne » et qui serait, en fait, « atlantique ».

Je ne crois pas — vous vous en doutez! — que cette sorte d'abdication nationale serait justifiée. Je ne crois pas qu'elle serait utile aux autres, même à la Russie ou à l'Amérique. Je ne crois pas que le peuple français, dans son immense majorité, la tienne pour conforme à la conscience qu'il a de sa propre valeur, ni même au simple bon sens. Sans doute, la France n'apparaît-elle plus comme la nation mastodonte qu'elle était aux temps de Louis XIV ou de Napoléon Ier. Sans doute aussi, l'effondrement brutal de 1940, bien qu'il ait été précédé, au cours de la Première Guerre mondiale, par le déploiement admirable des capacités et des mérites de notre pays et qu'il ait été suivi, au cours de la Seconde, par l'élan de la résistance, le succès de la libération et la présence à la victoire, a-t-il laissé, dans nombre d'esprits, l'empreinte du doute, sinon du désespoir. Sans doute, l'inconsistance du régime d'hier avait-elle contrarié le redressement national. Mais celui-ci est maintenant évident, voire impressionnant. Nous sommes un peuple qui monte, comme montent les courbes de notre population, de notre production, de nos échanges extérieurs, de nos réserves monétaires, de notre niveau de vie, de la diffusion de notre langue et de notre culture, de la puissance de nos armes, de nos résultats sportifs, etc. Nos pouvoirs publics font preuve d'une stabilité et d'une efficacité que, depuis bien longtemps, on ne leur avait pas connues. Enfin, dans le monde entier, les possibilités de la France, ce qu'elle fait, ce qu'elle veut faire, suscitent à présent une attention et une considération qui tranchent avec l'indifférence ou la commisération dont, naguère, elle était trop souvent entourée. Bref, nous pouvons et, par conséquent, nous devons avoir une politique qui soit la nôtre.

Laquelle? Il s'agit, avant tout, de nous tenir en dehors de toute inféodation. Certes, dans des domaines multiples, nous avons les meilleures raisons de nous associer avec d'autres. Mais à condition de garder la disposition de nous-mêmes. C'est ainsi, qu'aussi longtemps que la solidarité des peuples occidentaux nous paraîtra nécessaire à la défense éventuelle de l'Europe, notre pays restera l'allié de ses alliés, mais qu'à l'expiration des engagements pris jadis, c'est-à-dire au plus tard en 1969, cessera, pour ce qui nous concerne, la subordination qualifiée « d'intégration » qui est prévue par l'O.T.A.N. et qui remet notre destin à l'autorité étrangère. C'est ainsi que, tout en travaillant à unir, aux points de vue économique, politique, culturel et stratégique, les États situés de part et d'autre du Rhin et des Alpes, nous faisons en sorte que cette Organisation ne nous prive pas de notre libre arbitre. C'est ainsi que, tenant pour bon qu'un système international aménage les rapports monétaires, nous ne reconnaissons à la monnaie d'aucun État en particulier [1] aucune valeur automatique et privilégiée par rapport à l'or, qui est, qui demeure, qui doit demeurer, en l'occurrence, le seul étalon réel. C'est ainsi qu'ayant été, avec quatre autres puissances, fondateurs de l'O.N.U. et désirant que celle-ci demeure le lieu de rencontre des délégations de tous les peuples et le forum ouvert à leurs débats, nous n'acceptons pas d'être liés, fût-ce dans l'ordre financier, par des interventions armées contradictoires avec la Charte et auxquelles nous n'avons pas donné notre approbation. D'ailleurs, c'est en étant ainsi ce que nous sommes que nous croyons le mieux servir, en définitive, l'alliance des peuples libres, la communauté européenne, les institutions monétaires et l'Organisation des Nations Unies.

En effet, l'indépendance ainsi recouvrée permet à la France de devenir, en dépit des idéologies et des hégémonies des colosses, malgré les passions et les préventions des races, par-dessus les rivalités et les ambitions des nations, un champion de la coopération, faute de laquelle iraient s'étendant les troubles, les interventions, les conflits, qui mènent à la guerre mondiale. Or, la France est, par excellence, qualifiée pour agir dans ce sens-là. Elle l'est par sa nature qui la porte aux contacts humains. Elle l'est par l'opinion qu'on a d'elle historiquement et qui lui ouvre une sorte de crédit latent quand il s'agit d'universel. Elle l'est par le fait qu'elle s'est dégagée de toutes les emprises coloniales qu'elle exerçait sur d'autres peuples. Elle l'est, enfin, parce qu'elle apparaît comme une nation aux mains libres dont aucune pression du dehors ne détermine la politique.

D'ailleurs, nous ne nous bornons pas à célébrer en principe la coopération. Nous la mettons en pratique partout où nous le pouvons, dans des conditions naturellement appropriées à la situation de nos divers partenaires. C'est le cas pour presque tous les peuples d'Afrique qui nous étaient naguère rattachés, ainsi que pour le Ruanda et le Congo-Léopoldville et, en Asie, pour le Cambodge et le Laos ; chacun de ces États, devenu indépendant,

1. C'est-à-dire, en fait, au dollar des États-Unis.

ayant fixé ses relations avec nous par des accords particuliers en vue de son développement, accords dont le dernier en date, et non le moins important, règle les rapports pétroliers franco-algériens [1]. Nous tendons à ce que ce soit le cas pour les divers pays d'Amérique latine, vers laquelle nous portent tant de profondes affinités ; dont l'avènement au rang d'un continent économiquement puissant, politiquement indépendant [2] et socialement libéré est désormais nécessaire à l'équilibre et à la paix du monde ; où déjà le Mexique et, voici deux mois, le Chili à l'occasion de la visite du Président Fréi ont décidé de conjuguer plus étroitement leurs progrès avec les nôtres. Nous souhaitons que ce soit le cas, dans une mesure grandissante, ainsi que nous l'avons marqué récemment lors des voyages à Paris du roi Hussein et du Président Helou, pour les peuples de l'Orient, depuis Istamboul jusqu'à Addis-Abeba, et depuis Le Caire jusqu'à Kaboul, conformément aux raisons humaines et naturelles qui ont tissé entre eux et nous une traditionnelle amitié.

Il est vrai que, pour procurer les moyens de vivre dignement et de progresser à leur tour aux deux milliards d'hommes qui n'en disposent pas, il faut un effort qui dépasse de loin les possibilités de la France. Fort heureusement, parmi les pays bien pourvus, d'autres que nous en prennent aussi leur part, bien que la nôtre soit la plus grande par rapport à nos ressources. Mais ces concours, qui sont dispersés et trop souvent opposés, combien gagneraient-ils à être conjugués sur une vaste échelle! En particulier, quel rôle pourrait jouer à cet égard une Europe qui voudrait s'unir! Précisément, l'apaisement de notre ancien continent déchiré, puis le rapprochement de tous les peuples qui l'habitent, enfin leur coopération pour leur propre développement et le développement des autres, constituent des buts essentiels — fussent-ils à longue échéance — de la politique française.

C'est ainsi qu'avec l'Allemagne, malgré tant de blessures subies et de griefs accumulés, nous avons conclu un traité [3] qui, s'il est en beaucoup de matières demeuré jusqu'à présent à l'état de cordiale virtualité, organise cependant la réunion périodique des deux Gouvernements et fructifie dans certains domaines comme la culture ou les rencontres de jeunesse. C'est ainsi que nous avons formé avec cinq de nos voisins un début

1. Cet accord a été conclu le 29 juillet 1965.

2. Par rapport aux États-Unis.

3. Le Traité de coopération du 22 janvier 1964.

de communauté économique, dont nous voulons espérer qu'elle pourra être un jour achevée, et que nous leur avons proposé d'organiser, tout au moins, une collaboration politique. C'est ainsi que nos contacts et nos échanges vont se multipliant avec les pays de l'Est, chacun d'entre eux n'étant, bien entendu, traité par nous qu'en considération de sa personnalité nationale. A cet égard, nous attachons une grande importance au cours nouveau que prennent nos rapports avec la Russie. Nous nous félicitons des résultats atteints à l'occasion de la visite du Président Maurer [1] en ce qui concerne les relations franco-roumaines. Avec grande satisfaction, nous allons recevoir le Président Cyrankiewicz [2], espérant que sa présence chez nous pourra servir au rapprochement pratique des peuples français et polonais, amis et alliés en tous les temps de leur Histoire. Nous n'hésitons pas à envisager qu'un jour vienne où, pour aboutir à une entente constructive depuis l'Atlantique jusqu'à l'Oural, l'Europe tout entière veuille régler ses propres problèmes et, avant tout, celui de l'Allemagne, par la seule voie qui permette de le faire, celle d'un accord général. Ce jour-là, notre continent pourrait reprendre dans le monde, pour le bien de tous les hommes, un rôle digne de ses ressources et de ses capacités.

Dans des conditions très différentes, mais suivant la même inspiration, nous croyons qu'en Asie la fin des combats en cours, puis le développement satisfaisant des peuples, ne pourront être obtenus que par des relations à établir, des négociations à ouvrir, un « modus vivendi » à réaliser, entre les puissances dont la responsabilité directe ou indirecte a été engagée depuis la fin de la guerre mondiale dans les événements du Sud-Est de ce continent, c'est-à-dire : la Chine, la France, l'Amérique, la Russie, l'Angleterre [3]. Mais nous croyons aussi plus fermement que jamais que la condition élémentaire d'une telle entente serait la fin effective de toute intervention étrangère, par conséquent la neutralisation complète et contrôlée de la zone où l'on se bat. C'est à quoi la France avait souscrit, pour sa part, en 1954. C'est ce qu'elle a ensuite rigoureusement observé. C'est ce qu'elle tient pour nécessaire depuis qu'après le départ de ses forces d'Indochine les États-Unis y sont intervenus. Mais il est trop

1. Le chef du Gouvernement roumain a effectué un voyage à Paris du 27 au 31 juillet 1964. Il a été reçu le 28 juillet par le Général de Gaulle.

2. M. Cyrankiewicz, Président du Conseil des ministres de la République populaire de Pologne sera reçu le 11 septembre par le Général de Gaulle.

3. Il s'agit des cinq États qui ont participé à la Conférence de Genève en juin-juillet 1954.

évident que ce n'est pas là le chemin que l'on prend. C'est pourquoi, toutes spéculations concernant l'hypothèse d'une médiation de la France ne reposent que sur des nuées. Actuellement, elle n'a rien d'autre à faire que de se ménager pour plus tard, et si tant est que le moment en vienne jamais, la possibilité d'être utile, notamment à Pékin, à Washington, à Moscou et à Londres, quant aux contacts qui seraient nécessaires pour aboutir à la solution, quant aux contrôles qui auraient à la garantir et quant à l'aide qui devrait être apportée ensuite à de malheureux pays qu'elle n'a certes pas oubliés.

Au reste, la même entente des mêmes puissances qui ont les moyens de la guerre et de la paix est, pour la période historique que nous traversons, indispensable à la compréhension et à la coopération que le monde doit établir entre toutes ses races, tous ses régimes et tous ses peuples, à moins d'aller, tôt ou tard, à sa propre destruction. Il se trouve, en effet, que les cinq États, dont dépend en définitive le destin de l'Asie du Sud-Est et qui, d'ailleurs, sont ceux qui détiennent les armes atomiques [1], ont fondé en commun, il y a vingt ans, l'Organisation des Nations Unies pour être les membres permanents de son Conseil de sécurité. Ils pourraient demain, s'ils le voulaient, et dès lors naturellement qu'ils y seraient ensemble, faire en sorte que cette institution, au lieu d'être le théâtre de la vaine rivalité de deux hégémonies, devienne le cadre où serait considérée la mise en valeur de toute la terre et où s'affermirait, par là, la conscience de la communauté humaine. Il va de soi qu'un tel projet n'a actuellement aucune chance de voir le jour. Mais, s'il devait jamais apparaître que le rapprochement, puis l'accord, des principaux responsables du monde fussent possibles à cette fin, la France serait, pour sa part, toute disposée à y aider.

Telle est, dans son ensemble, la politique de notre pays. Assurément, les buts qu'elle vise sont à longue portée. Cela tient à la dimension des problèmes qui se posent au monde de notre temps. Mais cela tient aussi à ce que la France, n'étant plus accrochée par de stériles entreprises, ni dépendante de ce que font les autres, ni incitée à courir à tout moment et en tous sens derrière les chimères qui passent, est désormais en mesure de poursuivre des desseins étendus et continus. C'est ce qu'elle fait au-dehors, tout en travaillant au-dedans à bâtir sa nouvelle puissance.

1. La Chine a fait exploser une première bombe atomique le 16 octobre 1964 et une seconde le 14 mai 1965.

Q. — *Au terme de votre septennat, et dans la perspective de la prochaine élection présidentielle, pouvez-vous porter un jugement sur les institutions de la Ve République, et notamment sur le rôle du Président de la République?*

R. — Le régime que le pays a adopté il y a sept ans et auquel tout permet de penser qu'il se tiendra désormais, c'est le régime de la majorité nationale, je veux dire de celle qui se dégage de la nation tout entière, s'exprimant en sa masse indivise et souveraine.

Dès lors qu'une nation est formée, qu'à l'intérieur d'elle-même des données fondamentales, géographiques, ethniques, économiques, sociales et morales sont la trame de sa vie et, qu'au-dehors, elle se trouve en contact avec les influences et les ambitions étrangères, il y a pour elle, en dépit et au-dessus de ses diversités, un ensemble de conditions essentiel à son action et, finalement, à son existence et qui est l'intérêt général. C'est, d'ailleurs, l'instinct qu'elle en a qui cimente son unité et c'est le fait que l'État s'y conforme, ou non, qui rend valables, ou incohérentes, ses entreprises politiques. Dans une démocratie moderne, tournée vers l'efficacité et, en outre, menacée, il est donc capital que la volonté de la nation se manifeste globalement quand il s'agit du destin. Telle est bien la base de nos présentes institutions.

Sans doute, dans le régime d'hier, le peuple était-il appelé périodiquement à élire une assemblée qui détenait la souveraineté. Mais cela ne se faisait naturellement qu'à une échelle fragmentaire, de telle sorte que les résultats n'avaient qu'une signification morcelée et, dès lors, contestable et confuse. En effet, pratiquement, seuls les partis, c'est-à-dire des organisations constituées pour faire valoir des tendances particulières et soutenir les intérêts de telles ou telles catégories, proposaient des candidats aux suffrages des électeurs. Encore, le faisaient-ils dans des circonscriptions différentes les unes des autres quant aux régions et aux habitants. Il est vrai qu'il leur arrivait parfois, pour le temps d'un scrutin, de coaliser leurs hostilités afin d'écarter des adversaires, mais il ne s'agissait là que d'opérations négatives [1]. En fait, le Parlement, auquel étaient attribués le droit et le devoir de décider seul et sans recours de ce qui était vital pour la nation et d'être la source exclusive des pou-

1. Allusion à la pratique des « désistements » sous la IIIe République, au système des « apparentements » sous la IVe.

voirs, consistait en une juxtaposition de groupes rivaux, voire opposés, dont une majorité ne pouvait se dégager que moyennant d'aléatoires et fallacieuses combinaisons. On comprend qu'un tel régime, quelle que fût la valeur des hommes qui s'y trouvaient, n'ait pu normalement faire sien et accomplir l'ensemble de desseins fermes et continus qui constitue une politique, ni, à plus forte raison, assumer la France dans les grands drames contemporains.

Certes, la Constitution, que les Français, éclairés par beaucoup de leçons, ont donnée à la République en 1958, attribue au Parlement le pouvoir législatif et le droit au contrôle. Car il faut, dans l'action publique, des débats et un équilibre. Mais ce que notre Constitution comporte de tout nouveau et de capital, c'est d'une part l'avènement du peuple, en tant que tel et collectivement, comme la source directe du pouvoir du chef de l'État et, le cas échéant, comme le recours direct de celui-ci, d'autre part l'attribution au Président qui est, et qui est seul, le représentant et le mandataire de la nation tout entière, du devoir d'en tracer la conduite dans les domaines essentiels et des moyens de s'en acquitter. C'est en vertu de cette double institution et parce qu'elle a pleinement joué, que le présent régime a disposé de la stabilité, de l'autorité et de l'efficacité qui l'ont mis à même de résoudre de graves problèmes avec lesquels la France était confrontée et de mener ses affaires de telle sorte que sa situation apparaisse aujourd'hui, à tous égards, comme meilleure et plus solide qu'hier.

Oui ! le fait que le Président de la République, appelé et soutenu par la confiance de l'ensemble de la nation, agissait en conformité avec les charges et les responsabilités qui sont, dans notre régime, celles que lui impose sa fonction, quand, au cours des sept dernières années, il fixait l'orientation de la politique française au-dedans et au-dehors ; quand il en contrôlait à mesure le développement ; quand il prenait les suprêmes décisions relativement aux problèmes qui engageaient le destin et qui, par là, impliquaient que fussent tranchés autant de nœuds gordiens. Ainsi en a-t-il été dans les domaines des institutions, de la sûreté de l'État, de la défense nationale, du développement général du pays, de la stabilité économique, financière et monétaire, etc. ou bien de l'affaire algérienne, de l'Europe, de la décolonisation, de la coopération africaine, de notre attitude vis-à-vis de l'Allemagne, des États-Unis, de l'Angleterre, de la Russie, de la Chine, de l'Amérique latine, de l'Orient, etc. D'autre part, en demandant au pays, à quatre reprises, d'exprimer son approbation par la voie du référendum[1], en procédant une fois à la dissolution de l'Assemblée Nationale [2], en faisant, lors d'une crise alarmante, application de l'article 16 [3], le chef de l'État a usé simplement des moyens que la Constitution lui donne pour faire en sorte, qu'en de graves circonstances, la nation elle-même décide de son propre sort et pour assurer le bon fonctionnement et la continuité des pouvoirs publics; cela à l'encontre de quelques-uns qui pensent, comme Chamfort, « que la souveraineté réside dans le peuple mais que le peuple ne doit jamais l'exercer ».

On a parlé de « pouvoir personnel ». Si l'on entend par là que le Président de la République a pris personnellement les décisions qu'il lui incombait de prendre, cela est tout à fait exact. Dans quel poste, grand ou petit, celui qui est responsable a-t-il le droit de se dérober? D'ailleurs, qui a jamais cru que le Général de Gaulle, étant appelé à la barre, devrait se contenter d'inaugurer les chrysanthèmes? Par exemple, quand le problème algérien préoccupait — c'est le moins qu'on puisse dire — la France entière, à qui d'autre attribuait-on, et d'une seule voix, la tâche de le résoudre? Mais si l'on veut dire que le Président s'est isolé de tout et de tous et que, pour agir, il n'écoutait que lui-même, on méconnaît l'évidence. De combien d'avis et de consultations ne s'est-il pas entouré! Jusqu'à présent, au cours du septennat, le chef de l'État a réuni 302 fois le Conseil des ministres, 420 fois des Conseils interministériels restreints, reçu dans son bureau 505 fois le Premier ministre, 78 fois les Présidents des Assemblées, près de 2 000 fois l'un ou l'autre des membres du Gouvernement, plus de 100 fois les Présidents ou Rapporteurs des Commissions parlementaires ou les Présidents de Groupe, environ 1 500 fois les principaux fonctionnaires, experts, syndicalistes, le tout sans préjudice des lettres, notes, rapports, qui lui ont été adressés par l'un ou l'autre des responsables et de l'étude des dossiers. Encore, pour ce qui est des problèmes extérieurs, quelque 600 heures de conversation avec des chefs d'État ou de Gouvernement étrangers et un millier d'entretiens avec leurs ministres ou leurs ambassadeurs, ont-ils largement complété l'information du Président. En tout cas, aucune mesure importante n'a été prise à son plan qu'après qu'ait eu lieu autour de lui la délibération de

1. Le 28 septembre 1958, le 8 janvier 1961, le 8 avril 1962, le 28 octobre 1962.

2. Le 10 octobre 1962.

3. Au moment de la tentative de coup d'État perpétué à Alger le 22 avril 1961 par les généraux Challe, Salan, Jouhaud et Zeller.

ceux qui en connaissaient les éléments et en assureraient l'exécution. C'était, d'ailleurs, tout naturel. Car les affaires publiques sont aujourd'hui trop variées et trop compliquées pour être traitées autrement. En ce qui les concerne, le risque réside beaucoup moins dans des ukases lancés du haut d'une tour d'ivoire que dans des examens sans fin dont aucune décision ne sort.

Cependant, c'est avant tout avec le peuple lui-même que celui qui en est le mandataire et le guide se tient en contact direct. C'est ainsi, en effet, que la nation peut connaître en personne l'homme qui est à sa tête, discerner les liens qui l'unissent à lui, être au fait de ses idées, de ses actes, de ses projets, de ses soucis, de ses espoirs. Et c'est ainsi, en même temps, que le chef de l'État a l'occasion de faire sentir aux Français, quelles que soient leurs régions et leurs catégories, qu'ils sont tous au même titre les citoyens d'un seul et même pays, de connaître, en allant sur place, où en sont les âmes et les choses, enfin d'éprouver, au milieu de ses compatriotes, à quoi l'obligent leurs encouragements.

Je ne crois pas que, jamais, de tels contacts aient été multipliés autant que depuis sept ans. 30 allocutions adressées au pays tout entier par la voie de la radio et de la télévision ; 12 conférences de presse intégralement diffusées ; 36 discours solennellement prononcés lors des cérémonies publiques ; séries de voyages accomplis — indépendamment d'au moins 200 apparitions officielles à Paris — dans les 94 départements de la métropole et d'outre-mer, au cours desquels le chef de l'État a vu, de ses yeux, au moins quinze millions de Français, invité à conférer avec lui tous les membres du Parlement, tous les Corps constitués, tous les Conseillers généraux, tous les Maires de France, visité environ 2 500 communes, dont toutes les principales, répondu dans les Hôtels de ville à la bienvenue de près de 400 Conseils municipaux et de 100 000 notables, parlé depuis des estrades dans plus de 600 localités à la population assemblée, dialogué avec tant de personnes qu'on ne pourrait les compter et serré d'innombrables mains.

En somme, le Président de la République, désigné par la majorité nationale, est désormais comme la clef de voûte qui couvre et soude l'édifice de nos institutions. Comment contester que, par là, les pouvoirs publics se tiennent maintenant en équilibre? La cohésion du Gouvernement — qui n'a d'ailleurs en sept ans compté que deux Premiers ministres [1], chacun d'eux

1. M. Michel Debré du 8 janvier 1959 au 14 avril 1962, M. Georges Pompidou depuis cette dernière date.

investi, soutenu et maintenu par la confiance du chef de l'État — est un fait nouveau et exemplaire par rapport à la discordance des assemblages hasardeux qu'étaient les ministères d'antan. De là, dans l'action publique et dans l'administration du pays, une continuité et une efficacité dont le progrès est évident.

En même temps, et pour la première fois dans l'histoire de la République, il existe au Parlement une majorité certaine, parce qu'une majorité nationale s'étant formée dans le pays autour du Président, cet événement capital n'a pu manquer d'avoir des conséquences lors des élections générales, en dépit de la diversité inhérente aux tendances, aux personnes et aux circonscriptions. Aussi, l'œuvre législative, réalisée depuis 1958, aux points de vue économique, social, financier, administratif, comme en ce qui concerne le droit civil, l'enseignement, l'équipement, la défense, etc., comporte-t-elle un ensemble de réformes exceptionnellement important et cohérent, tandis que le budget a toujours été adopté avant la fin de l'année, ce qui naguère n'arrivait jamais. Enfin, dans le cadre ordonné où les pouvoirs exercent sans saccades leurs responsabilités, les corps de l'État, la fonction publique, la diplomatie, les armées, se trouvent à même d'accomplir normalement et objectivement leur tâche.

La perfection n'est pas de ce monde. Mais, par rapport à ce qu'il était hier, l'État français apparaît à présent comme entièrement transformé en fait de solidité et de capacité. Nul ne s'y trompe dans l'univers. Avant trois mois, le pays dira, par ses suffrages, s'il entend revoir les pratiques du passé, ou s'il veut que le régime nouveau assure, demain comme aujourd'hui, la conduite de la vie nationale. Car, chacun le sent et le sait, tel sera bien l'enjeu de l'élection présidentielle.

Mesdames et Messieurs, je vous remercie et j'ai l'honneur de vous saluer.

11 SEPTEMBRE 1965

Le Général de Gaulle prend la parole lors d'une réception donnée au Palais de l'Élysée en l'honneur du Président du Conseil polonais.

TOAST ADRESSÉ A S.E. M. CYRANKIEWICZ, PRÉSIDENT DU CONSEIL DES MINISTRES DE LA RÉPUBLIQUE POPULAIRE DE POLOGNE

Monsieur le Président,

Votre visite officielle à Paris est pour nous, à tous égards, un événement considérable. Il l'est au point de vue national car, de tous temps, ce qu'est, ce que fait, ce que souffre, ce que réussit, la Pologne intéresse au premier chef et émeut notre pays. Au long de notre Histoire, nous nous sommes fait de vous, Polonais, l'idée très chère et très vivante d'un peuple sans cesse battu par des tempêtes que sa personnalité et son courage lui ont toujours permis de surmonter et qui fut l'ami et l'allié de la France chaque fois qu'il lui fut possible d'agir à sa volonté. Comment, à ce sujet, n'évoquerais-je pas très haut le souvenir de la dernière guerre où nos épreuves furent simultanées, nos espérances communes et nos efforts respectifs tendus vers la même victoire? Mais aussi, comment ne dirais-je pas quelle considération nous avons pour le très vaste effort de reconstitution et de développement accompli, depuis lors, par votre pays?

D'autre part, votre présence ici nous paraît marquer ce fait, à nos yeux capital, que, pour nos deux pays, séculairement conscients de ce qu'ils valent, les contingences idéologiques et les systèmes politiques du moment, quelles que soient leurs différences, ne sauraient les empêcher d'être l'un en face de l'autre et de se voir mutuellement tels qu'ils sont dans leur profondeur et dans leur réalité.

Enfin, dans l'ordre européen et, j'ajoute, international, la rencontre délibérée de nos deux Gouvernements, l'examen qu'ils font ensemble des problèmes qui se posent à eux dans le monde d'aujourd'hui et le développement de leur coopération revêtent un caractère à la fois important et exemplaire.

Sans méconnaître, Monsieur le Président, que, par le temps qui court, les réalisations communes à la Pologne et à la France, dans les domaines politique, économique et culturel, sont naturellement complexes et nécessairement progressives, nous sommes tout prêts, pour notre part, à les développer dans le présent et dans l'avenir. Car ainsi, nous sommes certains de bien servir, tout d'abord notre pays et, laissez-moi ajouter, le vôtre, ensuite et par là même notre Europe, enfin la cause de l'équilibre et de la paix du monde entier.

Monsieur le Président, je lève mon verre en votre honneur. En même temps, j'adresse à la Pologne le témoignage de l'amitié fidèle et confiante de la France.

Niech zyje Polska [1] !

2 OCTOBRE 1965

Le Général de Gaulle s'est rendu à la Porte de Versailles pour inaugurer la 9e Exposition nationale du Travail.

ALLOCUTION PRONONCÉE LORS DE L'INAUGURATION DE LA IXe EXPOSITION NATIONALE DU TRAVAIL

Monsieur le Président [2],

Merci de ce que vous venez de dire et de dire fort bien.

Vous me voyez très intéressé par les œuvres que j'ai l'avantage de découvrir ici et par les hommes que j'ai l'honneur d'y rencontrer ; très pénétré aussi du relief que prend, dans l'activité économique française, cette Exposition nationale du Travail.

Pour ce qui est des œuvres, comment n'être pas saisi par leur signification, qu'il s'agisse de l'idée qui a inspiré chacune d'elles,

1. Vive la Pologne !

2. M. Paul Minot, ancien président du Conseil municipal de Paris, président du Comité permanent des Expositions nationales du travail

du choix et de l'emploi des matériaux dont elle est faite, de l'habileté technique avec laquelle elle fut façonnée, de l'art, enfin, que l'ouvrier en a fait jaillir par le travail de ses mains?

Quant aux hommes, les meilleurs ouvriers de France, comment ne pas saluer, sous leur titre noble entre tous, tout ce que chacun d'entre eux a consacré de capacité, de qualité, de dignité, au chef-d'œuvre qui est le sien?

Mais c'est aussi l'Exposition elle-même qui paraît exemplaire aujourd'hui. Oui ! Au temps de la production massive, en série, à la grosse, à la chaîne, cette démonstration magistrale de travaux, non seulement bien faits, mais encore faits chacun par quelqu'un et, comme disait Péguy, « pour lui-même, en son être même », apparaît comme une compensation. En tout, il faut l'équilibre. Dans le domaine du travail, aussi bien que dans les autres, la sélection et la perfection sont d'autant plus nécessaires que s'étendent l'uniformité et la mécanisation. C'est ce qui fait l'importance et l'éloquence de l'ensemble des éminentes valeurs professionnelles et personnelles que vous mettez en lumière ici.

Honneur aux meilleurs ouvriers de France !

Bonne chance à l'Exposition nationale du Travail !

12 OCTOBRE 1965

Le Général de Gaulle prend la parole lors d'une réception donnée au Palais de l'Élysée en l'honneur du cardinal Tappouni, patriarche d'Antioche.

TOAST ADRESSÉ A S.E. RÉVÉRENDISSIME LE CARDINAL TAPPOUNI, PATRIARCHE D'ANTIOCHE POUR LES SYRIENS

C'est un grand honneur et une grande joie pour nous que de recevoir aujourd'hui officiellement Son Éminence Révérendissime le cardinal Tappouni, patriarche d'Antioche des Syriens.

Grand honneur et grande joie, d'abord parce qu'il s'agit d'un prince de l'Église et que sa visite a lieu au moment même où le Concile œcuménique — dont le cardinal Tappouni est membre du Conseil de Présidence — se dispose à conclure des travaux d'une exceptionnelle importance pour les Chrétiens et pour le monde.

Grand honneur et grande joie, aussi, pour cette raison que le patriarche d'Antioche pour les Syriens est à la tête d'une Communauté qui, tout en se joignant à l'Église romaine, a su maintenir son antique et noble personnalité et jouer en Orient, au cours de siècles troublés, et souvent avec l'aide de la France, un rôle de compréhension et de conciliation éminemment utile aux peuples et aux États.

Mais grand honneur et grand plaisir, enfin, parce que la France voit et salue en la personne du cardinal Tappouni un de ses amis les plus déterminés, les plus chers et les plus respectés. Ici même, aujourd'hui, près de vous, Eminence Révérendissime, aux côtés des ambassadeurs de Syrie et du Liban, vous voyez des autorités françaises aussi qualifiées que possible pour apprécier ce que fut votre action personnelle aux époques où la conjoncture politique posait à la France de graves problèmes dans cette région. Comment aurais-je moi-même oublié les précieux avis que vous me donniez à ce sujet, Monsieur le Cardinal, au cours de la dernière guerre? Et comment ne saurions-nous pas tous dans quel sens si favorable à notre pays vous n'avez jamais cessé d'exercer votre haute influence? Je suis profondément heureux d'avoir à présent l'occasion de vous en adresser le témoignage.

Je lève mon verre en l'honneur de Son Excellence Révérendissime le cardinal Tappouni, patriarche d'Antioche pour les Syriens.

16 OCTOBRE 1965

Le Général de Gaulle prend la parole lors d'une réception donnée au Palais de l'Élysée en l'honneur du Vice-président de la République arabe unie.

TOAST ADRESSÉ A M. LE MARÉCHAL AMER, VICE-PRÉSIDENT DE LA RÉPUBLIQUE ARABE UNIE

Monsieur le Maréchal,

C'est, depuis trente-huit ans, la première fois qu'un homme d'État égyptien de premier rang fait une visite officielle à la France. D'autre part, des changements, dont le moins qu'on puisse dire est qu'ils furent gravement fâcheux, étaient naguère survenus dans les rapports de votre pays et du mien [1]. Aussi, votre présence à Paris revêt-elle une importante signification. Car, le fait que l'Égypte et la France tendent à renouer entre elles les liens d'une amitié qui, jadis, a marqué l'Histoire et qu'elles se disposent aujourd'hui à étendre une coopération qui, chez l'une comme chez l'autre, répond à leur nature et à leur intérêt peut et doit compter pour beaucoup.

Voici, en effet, que la République arabe unie a fait, et continue de faire, la preuve qu'elle veut vivre et agir dans l'indépendance et suivant son propre génie. Voici que, en dépit des obstacles que lui opposent la nature, les retards longuement subis, l'accroissement extrêmement rapide de sa population, elle fournit un effort de construction et de progrès admirable à maints égards. Voici que, pour poursuivre en Orient, au milieu du monde arabe, la tâche éminente qu'elle s'est fixée, elle a décidément choisi un chemin adapté aux conditions de la politique dont on sait qu'elle est l'art des réalités. Voici que, tirant parti de son exceptionnelle situation géographique, de son prestige historique et de sa valeur d'aujourd'hui, elle a su, dans le domaine inter-

1. Allusion à l'expédition franco-britannique de novembre 1956.

national, prendre un poids et jouer un rôle qui lui méritent partout une haute attention et une grande considération. Voici, enfin, qu'apparaît, dans toute sa vaste portée, l'action clairvoyante et énergique que le Président Nasser y exerce comme chef de l'État. A cette action, Monsieur le Maréchal, vous êtes, par excellence, directement associé de tous vos mérites qui sont grands.

Avec l'Égypte nouvelle, telle que la réalise la République arabe unie, soyez assuré que la France nouvelle, telle que la Ve République est en train de l'accomplir, se trouve très disposée à mettre en œuvre une action commune. Or, par le temps qui court, pour rapprocher deux pays comme les nôtres, il s'agit, certes, de compréhension politique, mais il s'agit aussi de contacts entre les âmes et les activités, autrement dit d'échanges, culturels, économiques, techniques et scientifiques. C'est pourquoi, Monsieur le Maréchal, nous nous félicitons de votre visite, qui nous donne l'occasion de considérer avec vous les voies et moyens pratiques de développer l'ensemble des rapports franco-égyptiens. En le faisant, nos deux Gouvernements donnent satisfaction aux sentiments réciproques que se portent les deux peuples, accordent leurs pas dans la marche vers le progrès et apportent un concours exemplaire à l'équilibre et à la paix du monde.

En vous demandant de transmettre à Son Excellence le Président Gamal Abd-el-Nasser le salut de ma très haute considération, je lève mon verre en votre honneur, Monsieur le Maréchal, Premier Vice-président de la République arabe unie, et en l'honneur de l'Égypte à laquelle la France souhaite de tout cœur bonheur et prospérité.

21 OCTOBRE 1965

Le Général de Gaulle prend la parole lors d'une réception donnée au Palais de l'Élysée en l'honneur du patriarche grec catholique d'Antioche.

TOAST ADRESSÉ A SA BÉATITUDE ÉMINENTISSIME MAXIMOS IV SAYEGH, PATRIARCHE GREC CATHOLIQUE D'ANTIOCHE, CARDINAL DE LA SAINTE ÉGLISE

Nous nous félicitons hautement de recevoir à Paris, dont le Cardinal-Archevêque [1] a bien voulu être présent ici, Sa Béatitude Éminentissime Maximos IV Sayegh, patriarche grec catholique, cardinal de la Sainte Église.

La France, en effet, honore en Votre personne, Béatitude Éminentissime, la Communauté melchite [2], qui, en dépit des pires épreuves, a toujours su garder son caractère propre et sa vigoureuse personnalité et avec laquelle, au long des siècles, mon pays a entretenu de constants rapports, non sans lui assurer, parfois, une salutaire protection.

Inversement, sous la direction des patriarches d'Antioche, d'Alexandrie, de Jérusalem et de tout l'Orient, les Grecs catholiques, ont toujours, au milieu du monde oriental, été fidèles à l'amitié française. Je n'oublie pas en avoir reçu de Vous-même, sur place, le précieux témoignage au cours du drame de la dernière guerre.

Mais aussi, nous saluons en Vous, Béatitude Éminentissime, le patriarche d'Orient dont l'heureuse influence s'est si clairement manifestée au sein du Conseil œcuménique vers lequel toute la chrétienté et, je puis dire, toutes les âmes humaines portent en ce moment même leurs respects et leurs espoirs.

Je lève mon verre en l'honneur de Sa Béatitude Éminentissime

1. Mgr Feltin.

2. Nom donné à la Communauté catholique de rite byzantin d'Asie Mineure et d'Égypte.

le patriarche Maximos IV Sayegh et en l'honneur de la Communauté melchite, avec les vœux de la France pour la Sainte Église tout entière.

4 NOVEMBRE 1965

Le septennat du Général de Gaulle est sur le point de s'achever. Conformément à la loi constitutionnelle adoptée par le peuple français le 28 octobre 1962, le suffrage universel sera appelé le 5 décembre à élire pour sept ans un Président de la République. Plusieurs candidats sont déjà sur les rangs. M. Gaston Defferre, qui avait annoncé publiquement le 18 décembre 1963 son intention d'être candidat, y a renoncé le 25 juin 1965 en raison de l'impossibilité où il s'est trouvé d'obtenir le soutien conjugué des socialistes et des centristes. Mais M. Jean-Louis Tixier-Vignancour a annoncé sa candidature le 20 avril 1964, et a procédé au cours de l'été 1965 à une tournée de propagande sur les plages françaises. M. Pierre Marcilhacy a été désigné comme candidat le 25 avril 1965 par une « Convention Libérale ». M. François Mitterand a rendu publique le 9 septembre sa candidature, à laquelle se sont ralliés le Parti communiste, le Parti socialiste, le Parti radical, le Parti socialiste unifié et la Convention des Institutions Républicaines (dont il est le président). M. Jean Lecanuet s'est enfin déclaré le 19 octobre : il obtiendra le soutien, non seulement du M.R.P. dont il était le président jusqu'à cette date, mais aussi du Centre national des Indépendants et Paysans et du Comité de liaison des démocrates. Le Général de Gaulle annonce aux Français qu'il a décidé de leur demander de lui renouveler le mandat qu'il exerce depuis le 8 janvier 1959.

ALLOCUTION RADIODIFFUSÉE ET TÉLÉVISÉE PRONONCÉE AU PALAIS DE L'ÉLYSÉE

Françaises, Français !

Il y a vingt-cinq ans, lorsque la France roulait à l'abîme, j'ai cru devoir assumer la charge de la conduire jusqu'à ce qu'elle fût libérée, victorieuse et maîtresse d'elle-même. Il y a sept ans, j'ai cru devoir revenir à sa tête pour la préserver de la guerre civile, lui éviter la faillite monétaire et financière et bâtir avec elle des institutions répondant à ce qu'exigent l'époque et le monde modernes. Depuis lors, j'ai cru devoir exercer les pouvoirs de Chef de l'État afin qu'elle puisse accomplir, au profit de tous ses enfants, une étape sans précédent de son développement intérieur, recouvrer la paix complète et acquérir dans l'univers une situation politique et morale digne d'elle. Aujourd'hui, je crois devoir me tenir prêt à poursuivre ma tâche, mesurant en connaissance de cause de quel effort il s'agit, mais convaincu qu'actuellement c'est le mieux pour servir la France.

Car, ainsi, notre pays se voit offrir le meilleur moyen de confirmer, par ses suffrages, le régime stable et efficace que nous avons ensemble institué. Que l'adhésion franche et massive des citoyens m'engage à rester en fonctions, l'avenir de la République nouvelle sera décidément assuré. Sinon, personne ne peut douter qu'elle s'écroulera aussitôt et que la France devra subir — mais cette fois sans recours possible — une confusion de l'État plus désastreuse encore que celle qu'elle connut autrefois.

Françaises, Français ! C'est dire que, suivant votre choix, notre pays pourra, ou non, continuer la grande œuvre de rénovation où il se trouve engagé. Or, qu'il s'agisse de son unité, de sa prospérité, de son progrès social, de sa situation financière, de la valeur de sa monnaie, de ses moyens de défense, de l'enseignement donné à sa jeunesse, du logement, de la sécurité, de la santé de sa population, l'avance qu'il a réalisée depuis sept ans apparaît comme éclatante. Certes, il y a encore, il y aura toujours, beaucoup à faire. Mais, comment y parviendrait-on, si l'État, livré aux partis, retombait dans l'impuissance? Au contraire, quel élan nouveau prendra notre République quand celui qui a l'honneur d'être à sa tête aura été approuvé par vous dans son mandat national !

En même temps, se trouvent en jeu : la situation et l'action de la France dans un monde au-dessus duquel planent d'incommensurables dangers ; l'indépendance reprise sans renier nos amitiés ; la coopération pratiquée avec des peuples où notre colonisation était devenue anachronique et, souvent, sanglante ; l'union de l'Europe occidentale poursuivie de telle sorte qu'elle s'organise dans des conditions équitables et raisonnables, que la France y reste elle-même et, qu'au plus tôt, tout notre continent puisse s'accorder pour marcher en commun vers la paix et vers le progrès ; le rayonnement de notre culture vivifié et grandissant ; la considération et l'audience des autres peuples justement obtenues par nous en soutenant partout la cause de la libération, du développement et de l'entraide dont dépend désormais le sort de la communauté humaine. Eh bien ! Voici que le monde entier regarde vers vous pour savoir si vous allez, par votre vote, ratifier ou effacer ce que nous avons accompli au-dehors, appuyer ou empêcher ce que nous sommes en voie d'y réussir.

Une grande responsabilité nationale incombera donc, dans un mois, à vous toutes et à vous tous. Telle est, d'ailleurs, la raison d'être de la loi constitutionnelle qui s'appliquera pour la première fois et en vertu de laquelle le peuple français tout entier désignera le Chef de l'État, garant du destin de la nation. En élisant le Président de la République, il vous sera donné de fixer, en conscience, par-dessus toutes les sollicitations des tendances partisanes, des influences étrangères et des intérêts particuliers, la route que va suivre la France. A moi-même, que vous connaissez bien après tout ce que nous avons fait ensemble dans la guerre et dans la paix, chacun de vous, chacune de vous, aura l'occasion de prouver son estime et sa confiance.

Ainsi, devant tous les peuples, le scrutin historique du 5 décembre 1965 marquera le succès ou le renoncement de la France vis-à-vis d'elle-même. Françaises, Français ! J'espère, je crois, je sais, qu'elle va triompher grâce à vous !

Vive la République !

Vive la France !

30 NOVEMBRE 1965

Alors que les autres candidats — auxquels est venu s'ajouter au dernier moment M. Marcel Barbu — utilisent la totalité des deux heures par semaine qui sont mises à leur disposition pour leur propagande électorale sur les antennes de la Radio-télévision, le Général de Gaulle ne prendra la parole que deux fois pendant quelques minutes au cours de la campagne officielle du premier tour, qui s'est ouverte le 19 novembre.

ALLOCUTION RADIODIFFUSÉE ET TÉLÉVISÉE PRONONCÉE AU PALAIS DE L'ÉLYSÉE

Françaises, Français,

Dimanche prochain, en élisant le chef de l'État, vous aurez à désigner le Français que vous estimez, en conscience, le plus digne et le plus capable de représenter la France et de garantir son destin.

Car c'est de cela qu'il s'agit. Le Président de la République ne saurait être, en effet, confondu avec aucune fraction. Il doit être l'homme de la nation tout entière, exprimer et servir le seul intérêt national. C'est à ce titre et pour cette raison que je demande votre confiance.

Cinq oppositions vous présentent cinq candidats. Vous les avez tous entendus. Vous les avez tous reconnus. Leurs voix dénigrantes sur tous les sujets, leurs promesses distribuées à toutes les catégories, leurs appels à l'effacement international de la France, ce sont les voix, les promesses, les appels des anciens partis, tendant, quoi qu'ils prétendent, à retrouver le régime d'antan. Aussi, le seul point sur lequel s'accordent leurs passions, c'est mon départ ! Mais ce n'est pas assez. Car, quelles que puissent être les illusions que s'efforcent de répandre ces divers porte-parole, leurs contradictions mutuelles, leurs clientèles inconciliables, leurs combinaisons divergentes, démontrent, à l'évidence, que l'accession de l'un quelconque d'entre eux au poste suprême marquerait infailliblement le retour à l'odieuse confusion où se traînait naguère l'État pour le malheur de la France.

Or, ces jeux-là nous coûtèrent assez cher pour que nous ayons appris que, dans le monde difficile et dangereux où nous vivons, rien de valable ne peut être accompli sans l'adhésion profonde de la nation à ce qui lui est commun et essentiel. Eh bien ! Vous le savez, c'est cela que les événements m'ont amené à représenter à travers toutes les tempêtes et par-dessus tous les intérêts et c'est à cause de cela que j'ai trouvé votre appui.

Pour quoi faire? Pendant la guerre, après le désastre, où le régime des partis avait conduit notre pays, divisé par eux et privé par eux des armes nécessaires, la résistance qui aboutit à la victoire. Lors de la libération, un ensemble sans précédent de réformes, comme, par exemple, la sécurité sociale, les allocations familiales, les nationalisations, les comités d'entreprises, le statut du fermage, le droit de vote des femmes, etc., réformes qui, en nous évitant de très graves bouleversements, remplacèrent le mauvais système du « laissez faire, laissez passer ! », réformes auxquelles, après mon départ, le régime des partis, se débattant dans l'impuissance, n'a jamais rien ajouté.

Depuis sept ans, après son effondrement devant l'abîme de la guerre civile et l'imminence de la faillite économique et monétaire, commença la marche en avant, par l'adoption d'institutions stables et efficaces, la coopération remplaçant la colonisation, le développement planifié, au profit de tous les Français, de notre économie, de notre équipement, de notre enseignement, de notre capacité scientifique et technique, bref, l'impulsion dans tous les champs d'action ouverts à nos forces vives ; au-dehors, par une politique d'indépendance et d'équilibre, l'action menée partout en faveur de la paix, notamment en Asie où sévit une absurde guerre [1], l'effort entrepris pour recoudre notre continent déchiré, d'une part en poursuivant l'organisation de l'Europe occidentale, d'autre part en nouant avec les pays de l'Est des rapports multipliés, la présence, l'influence, la culture françaises, s'affermissant dans toutes les parties de la terre.

Est-ce parfait? Est-ce complet? Bien sûr que non ! puisqu'il s'agit d'une œuvre humaine. Mais, cette œuvre-là qui s'appelle le salut et le début de la rénovation, peut bien être décriée par les champions de la décadence. Elle n'en est pas moins évidente

1. La guerre du Viet-nam, à laquelle les États-Unis consacrent un effort sans cesse accru.

et reconnue du monde entier. Cependant, il faut qu'elle se développe et s'élargisse davantage encore.

Oui ! La République nouvelle veut que le peuple lui donne demain, plus tard et toujours, une tête qui en soit une et que l'homme ainsi mandaté pour répondre du destin, notamment dans les jours graves, porte lui-même ses responsabilités.

Oui ! La République nouvelle veut que notre pays continue d'avancer dans la prospérité, comme le prévoit la loi du Plan, de telle façon que les revenus de tous les Français s'accroissent avec le produit national, sur la base d'une économie concurrente de celle de tous les autres, d'une monnaie inébranlable et de budgets équilibrés.

Oui ! la République nouvelle veut que la France, tout en restant l'alliée de ses alliés et l'amie de ses amis, ne pratique plus, vis-à-vis de l'un d'eux [1], une subordination qui ne serait pas digne d'elle et qui pourrait, en certains cas, la jeter automatiquement dans des conflits qu'elle n'aurait pas voulus.

Oui ! La République nouvelle veut doter la France d'un armement nucléaire, parce que quatre autres États [2] en ont un et que cela n'excède pas ses moyens, parce que, tout le monde sachant qu'elle ne menace personne, un pareil instrument revêt, pour sa défense, un caractère de dissuasion incomparablement efficace par rapport au système d'autrefois, parce qu'il ne nous coûte pas plus cher et nous permet de réduire de moitié la durée du service actif, enfin parce qu'à notre époque, atomique, électronique et spatiale, nous ne devons pas nous priver de tout ce que la recherche, la science, la technique, l'industrie, françaises tirent et tireront, quant à leurs progrès et à leur activité, de cette nécessaire entreprise.

Oui ! La République nouvelle, qui a déployé pour l'union de l'Europe occidentale de grands et incessants efforts en partie couronnés de succès, veut que l'édifice s'achève dans des conditions équitables et raisonnables ; que l'agriculture française entre dans le Marché commun effectivement et sans que, par la suite, quelque commission dite supranationale et quelque règle de la majorité puissent remettre tout en cause ; que, s'il s'agit un jour de bâtir une organisation politique des Six, la France ne risque pas, par l'effet de cette même procédure, d'être entraînée, sur notre continent, dans une action dangereuse et qu'elle n'approuverait pas ; bref, que des précautions soient

1. Les États-Unis.
2. Les États-Unis, la Grande-Bretagne, l'U.R.S.S. et la Chine.

prises pour qu'elle reste toujours en mesure de sauvegarder, à tous égards, ses intérêts essentiels.

Or, tout cela se fait sans que jamais soit étouffée aucune de nos libertés. Cela se fait, non point en opposant mais, au contraire, en conjuguant le courant du mouvement qui pousse aux changements et aux réformes et celui de l'ordre qui tient à la règle et à la tradition. Cela se fait grâce aux appels que j'ai maintes fois adressés franchement et directement à chacune, à chacun, de vous. Pour Dimanche, ce sera le cas, puisqu'il va dépendre de vous toutes et de vous tous que je poursuive, ou non, ma mission.

Le 5 décembre, si vous le voulez, la République nouvelle sera définitivement établie. Alors, elle prendra le départ pour une autre étape d'autant plus ardente et féconde. Il s'agit que, pendant le temps où je resterai à sa tête, elle redouble son effort national et mondial, qu'après moi elle demeure, normalement et suivant sa ligne, enfin, qu'au long de l'avenir elle procure à notre pays ce qu'elle lui assure aujourd'hui : l'indépendance, le progrès, la paix.

Françaises, Français ! Continuons la France !

Vive la République !

Vive la France !

3 DECEMBRE 1965

Le Général de Gaulle prend une seconde fois la parole avant le scrutin du 5 décembre.

ALLOCUTION RADIODIFFUSÉE ET TÉLÉVISÉE PRONONCÉE AU PALAIS DE L'ÉLYSÉE

Françaises, Français,

La décision que, par votre vote, vous allez prendre après-demain engagera, sans doute pour toujours, le sort de notre pays. C'est donc une décision d'ensemble, qui implique un jugement d'ensemble sur la République nouvelle ainsi que sur le Français qui a l'honneur de la présider.

Il y a sept ans, où en étions-nous? La situation d'alors se

résumait en ceci que le régime des partis, épouvanté par sa propre faillite, abdiquait, une fois de plus, ses responsabilités et faisait place à notre République. Je le dis, vous le savez, en complète connaissance de cause. C'est pourquoi, me paraissent d'autant plus outrecuidantes les leçons que prétendent donner des candidats qui, quoi qu'ils disent, ne s'inspirent que du régime d'antan et qui, héritant des mêmes divisions, procédant des mêmes combinaisons et abusant des mêmes illusions, ne demandent qu'à recommencer.

Maintenant, où allons-nous? Cinq problèmes essentiels, qu'on dissimulait jadis sous les faux-semblants et les équivoques, faute qu'on fût capable de les résoudre, sont effectivement réglés. Les institutions, naguère faites pour l'impuissance, alors qu'il y a aujourd'hui, avec un Chef de l'État, un Gouvernement qui dure et qui gouverne et un Parlement qui exerce efficacement et dignement son pouvoir législatif. La décolonisation, qui divisait les Français, nous aliénait l'univers et agitait notre armée, mais qui est réalisée. La paix, que depuis au moins un demi-siècle, nous n'avions, en somme, jamais connue, et que nous avons retrouvée. L'inflation, qui rongeait l'économie, les finances, la monnaie, et entretenait, au point de vue social, une insécurité constante et de perpétuelles injustices ; elle est désormais jugulée. Enfin, l'indépendance, reprise alors qu'on l'étouffait sous un amas de mythes mensongers.

C'est à partir de cette base nécessaire que nous sommes en train d'avancer dans beaucoup d'autres graves domaines : adaptation et expansion de l'industrie, de l'agriculture, des échanges, niveau de vie réel, équipement, recherche scientifique, enseignement, logement, retraites, hôpitaux, sports, etc. Quant à l'étape de demain, elle est déjà tracée. C'est la loi du Ve Plan, la loi du progrès social, décidée par notre République [1] et qui fixe, pour cinq ans, le but, la route et les moyens de la marche à la prospérité de notre pays tout entier et de chacun de ses enfants. Cette charte de notre progrès, nous avons à l'accomplir avec l'ardeur d'un peuple qui monte, tout en préparant la suite pour qu'elle soit encore meilleure et plus fraternelle.

Au-dehors, nous entendons que l'union économique de l'Europe occidentale, qui fonctionne déjà en partie, soit achevée entre les Six sur la base du bon sens et de la bonne amitié, puis,

1. Le Ve Plan a été approuvé en novembre par une loi à laquelle s'est opposé le Sénat, mais qui a été adoptée par l'Assemblée Nationale en application du « dernier mot » que la Constitution confère à celle-ci.

un jour sans doute, élargie à d'autres pays voisins. En même temps nous voulons conduire, jusqu'à l'entente et à la coopération pratiquées dans tous les domaines, la vaste entreprise du rapprochement avec l'Est, si heureusement entamée. Enfin, pour multiplier les liens nouveaux ou renouvelés que nous tissons avec l'Asie, l'Afrique, l'Amérique latine, l'Orient, quelle tâche est et sera la nôtre ! Voilà comment la France, qui est redevenue la France, avec son ambition humaine et son génie de toujours, doit aider le monde à trouver son équilibre qui est la seule voie de la paix.

Françaises, Français, en demandant à chacune, à chacun, de vous, le témoignage de sa confiance, je vous offre le moyen décisif de confirmer la République nouvelle. Si vous le faites, je suis certain que l'équipe de l'action et de la réussite qu'elle fait naître à mesure chez nous, et la masse profonde de notre peuple qui l'a fondée à mon appel, poursuivront, sous son égide, le magnifique effort que nous avons commencé. Je suis certain, qu'après moi, la République nouvelle durera, vivante et féconde, parce que le peuple souverain aura marqué qu'elle est la sienne et que ce sont des hommes dignes d'elle, qu'au long de l'avenir, il choisira pour répondre de ses destinées.

Françaises, Français ! Une fois de plus, devant vous toutes et devant vous tous, j'ai pris ma responsabilité. Dimanche, vous prendrez la vôtre.

Vive la République !

Vive la France !

11 DECEMBRE 1965

Le scrutin du 5 décembre a donné les résultats que voici :

Général de Gaulle :	*10 821 521*	*suffrages (44,64 %)*
M. F. Mitterand :	*7 694 005*	*suffrages (31,72 %)*
M. J. Lecanuet :	*3 777 120*	*suffrages (15,57 %)*
M. J.L. Tixier-Vignancour :	*1 260 208*	*suffrages (5,19 %)*
M. P. Marcilhacy :	*415 017*	*suffrages (1,71 %)*
M. M. Barbu :	*279 885*	*suffrages (1,15 %)*

La loi constitutionnelle adoptée le 28 octobre 1962 requiert la majorité absolue des suffrages exprimés pour l'élection au premier tour. Il y a donc lieu à un scrutin de ballottage, qui doit intervenir le 19 décembre, pour lequel pourront seuls rester en présence les deux candidats arrivés en tête au premier tour. Le Général de Gaulle s'adresse aux Français le jour où s'ouvre officiellement la campagne en vue de ce second tour.

ALLOCUTION RADIODIFFUSÉE ET TÉLÉVISÉE PRONONCÉE AU PALAIS DE L'ÉLYSÉE

Françaises, Français,

Tandis que coule le flot bourbeux de la démagogie en tous sens, des promesses à toutes les clientèles, des invectives de tous les bords, naturellement soulevé par les partis dans leur campagne, le jour approche où vous allez décider du sort de la France. Car il dépend de vous toutes et de vous tous, qu'en définitive, la République nouvelle, si elle est maintenue et confirmée par vous en la personne de son Président, poursuive et développe, d'abord avec lui, plus tard avec d'autres, son œuvre de progrès, d'indépendance et de paix. C'est de cet avenir, pourvu qu'il reste ouvert, que je vous parlerai ce soir.

J'ai dit : le progrès. Qu'il s'agisse du développement réalisé depuis sept ans et de celui qui est engagé par notre économie : industrie, agriculture, échanges ; ou bien de ce qu'en moyenne chacun a acquis et de ce que la loi l'assure d'acquérir dans les cinq prochaines années ; ou bien de ce qui est fait et de ce qui va l'être pour notre collectivité nationale en ce qui concerne les grands investissements et transferts sociaux qui vont à la recherche scientifique, à l'enseignement, à l'agriculture, au logement, aux retraites, aux hôpitaux, aux sports, à l'équipement du territoire, etc. ; ou bien, enfin, du point où en sont, par rapport à ce qu'elles étaient, nos finances et notre monnaie et de ce qui est décidé qu'elles seront dans l'avenir, voici qui donne une idée de l'avance de la prospérité française.

Depuis 1958, ce que nous avons produit, évalué en francs constants, s'est accru de 4,9 % en moyenne par an ; cet accroissement devant atteindre 5 % en moyenne par an au cours des cinq prochaines années. L'élévation du niveau de vie réel, autrement dit compte tenu de l'augmentation des prix, a été, pendant la même période, de 3,7 % par an, en moyenne et pour chacun, et sera de 4 % par an, en moyenne et pour chacun, jusqu'en 1970. Quant à l'effort direct de l'État pour le développement économique et social de la nation, les investissements ont, pour ainsi dire, triplé de 1958 à 1965 et grandiront encore pendant la durée du Ve Plan. Le budget est en strict équilibre, et la monnaie inébranlable ; il en sera ainsi désormais. Voilà du vrai, du sérieux, du solide.

J'ai dit : l'indépendance. Il y a dans le monde de grandes réalités au milieu desquelles vit la France. Ce sont : deux pays actuellement colossaux, États-Unis et Russie soviétique, en concurrence pour l'hégémonie ; la Chine, énorme par sa masse et par son avenir ; l'Europe occidentale, à laquelle, après de terribles déchirements, tout commande de s'unir à tous les égards ; enfin, le Tiers Monde d'Afrique, d'Asie, d'Amérique latine, innombrable et dépourvu. Que fait la République nouvelle vis-à-vis de cet ensemble? Elle fait ceci que la France, si elle demeure l'amie et l'alliée de l'Amérique, si elle se sent avec la Russie, par-dessus les régimes qui passent, beaucoup d'affinités naturelles et d'importants intérêts communs, n'accepte d'être subordonnée ni à l'une, ni à l'autre ; que la France noue avec la Chine des liens qui se multiplient ; que la France travaille en Europe à achever l'union économique des Six, tout en comptant qu'un jour plusieurs voisins pourront s'y joindre et en resserrant, en tous domaines, ses rapports avec les pays de l'Est ; que la France, dans la mesure de ses moyens, politiques, moraux et matériels, aide les peuples venus ou revenus à l'indépendance à affermir leur personnalité nationale et, par là même, leur responsabilité internationale, à améliorer leur État, leur administration, leur économie, leur capacité culturelle, scientifique et technique, bref à devenir des membres à part entière de la civilisation moderne. Pour une telle action, la France doit avoir les mains libres. Elle les a.

J'ai dit : la paix. Désormais suspendus au-dessus de l'univers, le fait nucléaire et le fait spatial, que la science et l'industrie ont rendus inéluctables, ont naturellement produit et continuent de produire des armes dont la puissance de destruction est incommensurable. Pour éviter à la race des hommes des malheurs inouïs, la condition « sine qua non » est que ces armes n'entrent pas en action. Mais, comme la guerre atomique risque d'être l'aboutissement d'un engrenage, ou comme on dit d'une escalade, il est d'intérêt vital et universel de réprouver et de liquider les conflits armés quels qu'ils soient. C'est ce que fait la France qui, pour sa part, n'en mène plus aucun et qui s'offre à coopérer au règlement de ceux qui font rage, en particulier en Asie, tout en se donnant à elle-même, tant que les autres en auront, les moyens de dissuasion, autrement dit de sauvegarde, qu'elle est en mesure d'avoir et en refusant d'être, le cas échéant, sous prétexte d'intégration européenne ou d'intégration atlantique, intégrée dans une guerre qu'elle n'aurait pas voulue.

Le progrès, l'indépendance, la paix, comment pourrait les assurer le désastreux système des partis? Le système des rivalités, des combinaisons, des contradictions, au milieu desquelles, entre mon départ en 1946 et mon retour en 1958, 23 ministères s'effondraient et par l'effet desquelles réapparaissent dans leur camp toutes les ambitions, tous les faux-semblants et toutes les astuces d'autrefois. Le système de l'inflation, qui nous avait, avant de disparaître, menés au bord de la faillite. Le système qui, paralysé par ses jeux scandaleux, empêtré dans des problèmes intérieurs et extérieurs qu'il ne pouvait pas résoudre, offrant sa docilité en échange des secours du dehors, faisait que notre pays était appelé « l'homme malade du monde »?

Non ! L'avenir n'est pas là ! L'avenir, c'est la République nouvelle, qui a pour raison d'être, non point de fractionner, de diviser, d'opposer entre eux, les Français, mais au contraire de les réunir pour renouveler la France, comme celui qui a l'honneur d'être le Chef de l'État leur a demandé naguère de le faire pour la sauver ; la République nouvelle, qui ouvre un cadre moderne, digne et solide à l'action, à l'ardeur, au succès, de tous ceux qui veulent construire, non point détruire ; la République nouvelle, que le peuple français a fondée à mon appel, pour le seul service de la France.

Vive la République !

Vive la France !

13 DECEMBRE 1965

Utilisant cette fois pleinement le temps d'antenne dont il dispose à la radio-télévision, comme le fait l'autre candidat, le Général de Gaulle poursuit sa campagne sous la forme de trois entretiens avec M. Michel Droit.

PREMIER ENTRETIEN RADIODIFFUSÉ ET TÉLÉVISÉ AVEC M. MICHEL DROIT

M. Michel Droit. — Mon Général, c'est la première fois que vous acceptez de répondre sur l'écran de la télévision aux questions d'un journaliste. Je voudrais donc essayer de vous poser les principales questions que la plupart des Français, ceux qui s'apprêtent à voter pour vous, comme ceux qui s'apprêtent à ne pas voter pour vous, aimeraient vous poser s'ils étaient à ma place ce soir ; et, je dirai même, aimeraient vous poser depuis bien longtemps et avant même que la campagne électorale pour la désignation du Président de la République ne soit engagée. La première de ces questions, sera, si vous le voulez bien, celle-ci :

— Vous avez écrit en tête du premier tome de vos Mémoires de guerre : « Toute ma vie, je me suis fait une certaine idée de la France » ; nous savons que cette certaine idée de la France est élevée et qu'elle est exigeante. Seulement, vous le voyez, mon Général, les Français ont souvent l'impression que vous vous faites également d'eux « une certaine idée » et que cette idée est très différente de celle que vous vous faites de la France, en d'autres termes qu'elle est moins élevée, et je crois que ça ne leur fait pas très plaisir.

Général de Gaulle. — Cher Monsieur, il est vrai que c'est la première fois depuis longtemps que j'ai le plaisir de m'entretenir avec un journaliste en particulier, si j'ose m'exprimer ainsi, car il y a beaucoup de gens qui nous voient et qui nous entendent. Très souvent, j'ai eu devant moi des journalistes par centaines mais enfin il est vrai que, cette fois-ci, en voilà un.

Vous me parlez de l'idée que je me fais de la France. Ce n'est pas un sujet nouveau. Il est tout à fait vrai — je dirai que c'est ma raison d'être — il est tout à fait vrai que, depuis toujours, et aujourd'hui encore, je me fais de la France une certaine idée. Je veux dire par là, qu'à mon sens, elle est quelque chose de très grand, de très particulier. C'est du reste, je le pense, ressenti par le monde entier. Il y a même là quelque chose d'extraordinaire. Dans nos malheurs, on s'en aperçoit tout de suite et, quand nous sommes heureux, prospères, glorieux et forts, on s'en aperçoit aussi dans la mesure où les gens nous regardent avec envie. C'est vrai, la France est une chose à mes yeux très considérable, très valable, et elle doit avoir dans le monde, quel qu'il soit, à toute époque, naturellement d'après les circonstances, elle doit avoir un rôle à elle. Il faut que la France joue son rôle, c'est exact, et pour qu'elle joue son rôle il faut qu'elle soit la France.

Et les Français? Eh bien ! c'est eux qui font la France. C'est eux qui en sont responsables, de génération en génération. La France, c'est plus que les Français du moment, la France vient de loin, elle est ce qu'elle est maintenant, et puis elle a l'avenir ; autrement dit, la France embrasse toutes les générations de Français et, d'abord, bien entendu, les générations vivantes. Ces générations vivantes sont responsables de la France et c'est ainsi, c'est vrai, que je considère, dans leur ensemble, les Français, et c'est ainsi que je souhaite que les Français, dans leur ensemble, se considèrent eux-mêmes. Il y a à cet égard-là entre eux, et pour cela, une solidarité que je dis être nationale, faute de laquelle la France risque de n'être pas ce qu'elle est, ce qu'elle est de tout temps, et par conséquent de ne plus jouer son rôle, de ne plus, à proprement parler, exister. Voilà ce que je peux vous dire, des Français par rapport à la France, de nous autres Français d'aujourd'hui, par rapport à la France de toujours.

M. Michel Droit. — Mon Général, puisque nous parlons des Français, je voudrais également vous dire ceci :

Les Français ont souvent l'impression que, par nature profonde peut-être, vous êtes davantage préoccupé de la conduite des affaires de la France à un niveau très élevé que de leurs propres problèmes à eux, leurs problèmes quotidiens, leurs problèmes matériels. On a exprimé cela d'une façon schématique, un peu militaire, en disant que vous ne vous intéressez pas beaucoup à l'intendance. Or, les Français, s'ils se sentent concernés évidemment par les affaires de la France, se sentent aussi très concernés par ce que j'appellerai familièrement les affaires de leur porte-monnaie, par ce que leur porte-monnaie leur permet de se procurer. Je me permets de vous le dire très respectueusement mais très franchement, les Français ont souvent l'impression que vous êtes un peu au-dessus de ces contingences.

Général de Gaulle. — On m'a prêté, en effet, ce mot que je n'ai jamais dit et à plus forte raison que je n'ai jamais pensé : « l'intendance suit ». Ce sont des blagues pour les journaux. En réalité, je vous le répète, les Français sont responsables de la France, mais ils sont sur la terre, ils ont leur vie, et pour que la France existe il faut que les Français existent. Pour que la France soit forte, il faut que les Français soient prospères, autant que possible bien entendu, et cela je le sais, je ne dirai pas mieux que personne, mais certainement autant que personne. Alors, voici la question et, notamment, la question du jour, la question plus exactement de notre époque, qui est une époque économique et sociale. Il y en a, ce sont les démagogues, tranchons le mot, il faut bien le dire, ce sont les partis, c'est-à-dire ceux qui caressent les clientèles pour être élus, et souvent les journaux pour être lus, alors ceux-là, assez volontiers, et même très volontiers, disent : « Mais il en faut plus pour un tel ou un tel, il faut faire davantage pour les ouvriers, il faut faire plus pour les paysans, il faut faire mieux pour les cadres, il faut augmenter les fonctionnaires, les agents des services publics, il faut même donner un petit peu plus aux chefs d'entreprise, avec un peu d'inflation. Il faut beaucoup plus de logements, beaucoup plus d'autoroutes, beaucoup plus de téléphones, il faut un enseignement encore bien mieux organisé avec beaucoup plus d'écoles, d'universités, etc., etc.

Ça, c'est très commode, c'est vulgairement commode !

M. Michel Droit. — Oui, mon Général, mais c'est aussi ce que les Français individuellement se disent.

Général de Gaulle. — Si vous voulez dire que je ne suis pas sur ce plan-là, vous avez raison ! Moi, je suis sur le plan que voici : il faut que le peuple français soit prospère. Il le faut, parce que, s'il n'est pas prospère, la France dont nous parlions tout à l'heure ne pourrait pas jouer son rôle dans le monde d'aujourd'hui. Donc, rien ne m'occupe davantage, depuis bien longtemps, que la prospérité nationale. Je dirai même, puisque vous avez parlé d'intendance, que ça me fait un peu sourire, car, si vous y faites attention, rien, rien, rien, de ce qui a été fait d'important, au point de vue économique et social, depuis la Libération, n'a été fait, excepté par mon gouvernement. Après la Libération, c'était le point de vue social immédiat qui l'emportait. Il fallait que nous retrouvions, après cette secousse épouvantable, notre équilibre. Alors, mon gouvernement a fait la sécurité sociale, les allocations familiales, les nationalisations, les comités d'entreprise. Aujourd'hui, ou plus exactement depuis que je suis revenu, depuis sept ans, c'est l'économie qui me paraît l'emporter sur tout le reste, parce qu'elle est la condition de tout, et en particulier la condition du progrès social. Ce n'est pas la peine de nous raconter des histoires, si nous sommes pauvres ou en désordre, économiquement parlant, nous ne progresserons pas socialement ; au contraire, si nous sommes prospères, et à condition bien entendu que l'État fasse son devoir, tous les Français en profitent et en profiteront.

M. Michel Droit. — Alors justement, mon Général, est-ce que nous pourrions essayer de passer en revue ces différents domaines où les Français, quelquefois, pensent que les choses ne vont pas aussi bien qu'elles devraient aller? D'abord le niveau des prix, le niveau de vie des Français?

Général de Gaulle. — Le niveau de vie des Français? Pas plus tard que samedi j'ai donné des chiffres. A mon avis, ils sont éclatants. Je répète : depuis 7 ans, le niveau de vie des Français a augmenté de 3,7 % par an et, d'après ce qui est décidé par notre Ve Plan et ce qui est devenu possible, grâce à nos progrès économiques, le niveau de vie des Français va monter à 4 % par an. Ça veut dire que 18 ans après mon retour, en 1976, le niveau de vie des Français aura doublé. Ce n'est pas si mal ! Alors, c'est comme le bonheur, ça existe par comparaison. C'est pourquoi, je demande que l'on considère ce qu'il en était avant mon retour : les prix montaient, depuis 1946 jusqu'en 1958, automatiquement, en moyenne, de 10 % par an, et tout ce qu'on faisait pour les salaires, pour les traitements, et aussi pour les revenus paysans, était dévoré à mesure par cette augmentation. Il est parfaitement exact que tout en faisant monter le niveau de vie, et je le dis bien le niveau de vie réel, eh bien ! il est parfaitement exact que mon gouvernement a stabilisé les prix, dans toute la mesure où, à notre époque, c'est possible. Au lieu que les prix augmentent de 10 % par an comme c'était le cas avant 1958, ils augmentent maintenant de 2,½ % par an. Il n'y a pas un pays d'Europe occidentale où les prix sont aussi limités dans leur ascension que chez nous. Il n'y en a qu'un dans le monde : ce sont les États-Unis. Pourquoi? Parce que les États-Unis, grâce à ce qu'on appelle le « gold exchange standard », ont la facilité d'exporter leur inflation. Mais nous n'avons pas cette facilité. Il a donc fallu faire le plan de stabilisation. Je reconnais que ce n'était pas facile. Je reconnais qu'il en est résulté des difficultés, notamment au point de vue de l'expansion immédiate, mais maintenant c'est fait, et par conséquent c'est sur cette base solide, stable, avec des budgets en équilibre, une monnaie qui ne bouge pas, et des prix, je vous le répète, qui pratiquement n'augmentent pour ainsi dire plus, et qui, comme vous le savez, ne doivent pas augmenter l'année prochaine de plus de 1,5 % par an, c'est sur cette base-là que notre niveau de vie s'élève et que tout le monde y gagne. Voilà la réalité, pour le niveau de vie.

M. Michel Droit. — Mon Général, tout à l'heure, nous passerons à un certain nombre d'autres questions comme les routes, le téléphone, l'enseignement surtout. Mais vous venez de parler du niveau de vie, de l'augmentation du niveau de vie de 3,7 % par an, mais il y a des catégories sociales en France qui ont l'impression que ces chiffres sont des chiffres moyens et que, pour elles, le niveau de vie n'augmente pas. Je pense en particulier aux paysans. Les paysans trouvent que leur niveau de vie n'augmente pas, ils ont peut-être raison, ils ont même sans doute raison. Il y a incontestablement un malaise paysan. Il y a plus, il y a un drame paysan. Vous le savez, ça, mon Général?

Général de Gaulle. — A qui le dites-vous, mon cher Michel Droit ! A qui le dites-vous ! Le problème de l'agriculture française, comme était hier le problème de l'Algérie et des colonies, comme est aujourd'hui encore, car ce n'est pas réglé tout à fait, le problème de l'enseignement, eh bien ! c'est un problème énorme, que nous avons à régler, et dont je prétends que nous le réglerons et je m'explique.

Problème énorme ! D'abord problème national. Au début du siècle les 2/3 des Français étaient des ruraux ; aujourd'hui il y en a 20 % et, évidemment, il y en aura moins dans les années prochaines. Cela résulte de ce qu'on appelle l'industrialisation. Nous étions un pays essentiellement agricole, avec une vie agricole, une agriculture d'ailleurs surtout de subsistance. Je veux dire par là que la plupart de nos paysans vivaient sur la terre où ils étaient — soit qu'ils en fussent les propriétaires, soit qu'ils en fussent les locataires — vivaient de ce qu'elle produisait, de ce que produisait leur exploitation. Il y avait un petit peu de surplus, alors ils le vendaient pour acheter ce qu'ils ne pouvaient pas produire eux-mêmes, ce qui était en réalité très peu de chose. L'industrialisation a créé le problème, immense d'un transfert colossal de population de notre agriculture à notre industrie. Ce transfert, naturellement, on peut le trouver regrettable, on peut en avoir du chagrin. Vous pensez bien que, pour un homme de mon âge qui, très longtemps dans sa vie, a été un soldat, c'est-à-dire quelqu'un qui savait, et qui sait, ce que la France a tiré depuis toujours, et en particulier pour sa défense, de ses paysans, il est certain qu'il y a là une transformation, une évolution, qui est, à beaucoup d'égards, attristante. Mais, c'est comme ça et, le fait étant ce qu'il est, la question est que la nation s'en accommode et que cette évolution nationale se fasse dans les meilleures conditions possibles. Voilà au point de vue national comment se pose le problème paysan : transfert d'une partie énorme de la population française de l'agriculture à l'industrie. Vous pensez bien que cela ne peut pas aller sans secousses, sans difficultés, sans chagrins.

Et puis alors, il y a un problème propre à l'agriculture, parce que maintenant l'agriculture est au milieu d'un monde économique qui, pour elle, est complètement nouveau. Elle est dans un monde de production, de productivité, d'outillage, de marchés, qu'elle ne connaissait pas du tout autrefois. Autrefois je le répète, c'était l'agriculture de subsistance. On vivait chacun où on était, avec ce qu'on produisait, et puis voilà ! Ce n'est plus possible ! Il faut produire ce qu'il faut produire ; il faut le produire dans les meilleures conditions possibles, et il faut pouvoir le vendre. Voilà comment se pose la question à l'agriculture.

Enfin, il y a naturellement une question infiniment respectable et qui se pose à chacun de nos agriculteurs : c'est la vie chez lui. Car là aussi tout s'est transformé. Un paysan, comme un ouvrier d'ailleurs, ne peut plus vivre, et ne veut plus vivre, et il a bien raison, comme il vivait hier. Il y a, pour un agriculteur, une question d'eau chez lui, une question d'électricité pour s'éclairer ou pour avoir la force, une question de chemin pour arriver à sa ferme, et puis il y a une question de choix de ce qu'il va produire, d'organisation de ses marchés, etc., et aussi d'éducation de ses enfants. Bref, il y a une transformation complète au point de vue national, au point de vue agricole et au point de vue individuel pour nos paysans.

Alors que fait l'État à l'heure qu'il est? L'État a pris le problème corps à corps, et il ne l'avait pas pris corps à corps avant mon retour, sauf cependant quelque chose de très important qui avait été fait en 1945 par mon gouvernement et qui s'appelait la loi sur le fermage. Je passe... Depuis que je suis revenu, qu'est-ce qu'on a fait? D'abord au point de vue général, on a fait l'orientation agricole, la loi d'orientation agricole [1] et la loi complémentaire [2], et, pour transformer l'agriculture, on y a appliqué une part très considérable des revenus collectifs, des revenus de l'État. Je vous dirai par exemple que pour soutenir les marchés agricoles, c'est-à-dire pour soutenir les prix à l'intérieur et pour aider à vendre à l'extérieur par des subventions, eh bien ! on donnait 500 millions par an — je parle de nouveaux francs — quand je suis arrivé. Actuellement on donne 2 milliards, c'est-à-dire 4 fois plus. Pour ce qui est du social, de tout ce qui est social dans le domaine agricole, on donnait quand je suis arrivé 1 milliard 400 millions ; on donne aujourd'hui 7 milliards — je parle du budget de 1965 — c'est-à-dire cinq fois davantage. Enfin, il est vrai que nous avons voulu, mon gouvernement et moi-même, nous avons voulu et nous voulons, pour compléter cette transformation, pour aider à cette transformation, notamment en ce qui concerne le revenu agricole, que le Marché commun soit ouvert. Nous y reviendrons, s'il vous plaît, tout à l'heure ou quand vous voudrez. Mais il est vrai qu'il y a eu des secousses dans l'évolution du revenu agricole. Comment en aurait-il été autrement? Mais il est vrai aussi que notre Ve Plan, car il ne faut pas l'oublier, nous avons un Plan — c'est une loi — eh bien ! notre Ve Plan prévoit que, des revenus de toutes les catégories de Français, ce sont les revenus agricoles qui, dans les cinq prochaines années, doivent le plus augmenter. Voilà ce

1. Votée en juillet 1960.

2. Votée en juillet 1962.

qui est fait pour notre agriculture, par comparaison avec ce qui était fait autrefois.

M. Michel Droit. — Mon Général, tout à l'heure en parlant des paysans vous avez évoqué le problème de l'éducation. Il faisait partie des questions que je voulais vous poser.

Général de Gaulle. — Eh bien ! je vous dirai, pour ce qui est de notre enseignement agricole tel qu'il est organisé actuellement, qu'en 1965, il y a plus de professeurs qu'il n'y avait d'élèves en 1957. Voilà la réalité.

M. Michel Droit. — Je voudrais vous parler de l'enseignement en général, qui préoccupe évidemment beaucoup les Français, je dois dire que les Français sont absolument effarés par l'abondance des réformes de l'enseignement. Ils sont complètement perdus. Quand on est père de famille soi-même, on est complètement perdu. Donc il y a cette abondance de réformes de l'enseignement qui semblent traduire une certaine incohérence, je le dis comme les Français le voient, et puis il y a tous les problèmes : pénurie de maîtres, pénurie de locaux, etc. Ce sont des problèmes extrêmement graves et je crois que les Français aimeraient bien que vous les abordiez pour eux.

Général de Gaulle. — Je vous ai dit tout à l'heure que le problème de l'enseignement était un problème fondamental, capital, pour la France de notre temps. Je veux dire par là, d'abord que tout exige que l'enseignement soit ouvert à tous les Français et le soit à tous les étages, non seulement parce que c'est juste, mais aussi parce que c'est l'intérêt national, car, dans tout ça, c'est l'intérêt national qu'il faut voir aussi. Eh bien ! l'intérêt national exige que les cadres de la nation, petits, moyens et supérieurs, tous les cadres puissent être puisés dans la nation tout entière, dans la jeunesse française tout entière ; par conséquent, il faut ouvrir à celle-ci l'accès à tous les degrés de l'enseignement. C'est ce que l'on fait. Bien sûr, cela exige des constructions d'écoles, cela exige un recrutement de professeurs à la même dimension, cela exige une scolarisation totale de notre jeunesse. C'est cet effort-là qui est en cours. Savez-vous que, lorsque je suis arrivé, en 1958, le budget prévoyait, pour ce qui est des dépenses concernant l'enseignement tout entier, 9 % des dépenses totales. Eh bien ! actuellement, cette part est de 17 %. Voilà les chiffres, ceci donne la mesure de l'effort qui a été accompli, car avant mon retour on n'avait rien accompli du tout. On dit : Mais pourquoi n'avez-vous pas fait assez d'écoles, mais pourquoi n'avez-vous pas assez recruté de maîtres? Les gens qui vous disent ça, ils se sont traînés dans ce qu'ils appelaient « le pouvoir », et qui n'en était pas un. Pendant douze ans après mon départ en 1946, qu'est-ce qu'ils ont fait? Quelles écoles ont-ils faites? Quels professeurs ont-ils recrutés en masse? En réalité, le problème était entier. Ils n'avaient rien fait et ils n'avaient rien prévu ! D'ailleurs, c'est tout naturel. Qu'est-ce qu'ils pouvaient prévoir et qu'est-ce qu'ils pouvaient faire, avec leur régime des partis?

Voilà où on en est pour l'enseignement. C'est une œuvre qui n'est pas terminée et qui se poursuit. Je crois que le plus fort est fait.

M. Michel Droit. — Vous avez, vous-même, mon Général, tout à l'heure, dans ce tableau préliminaire, évoqué le problème des routes, des autoroutes en particulier, le problème du téléphone. J'aimerais que vous y reveniez brièvement, parce que le téléphone, c'est devenu un lieu commun, ça ne marche pas en France, incontestablement.

Général de Gaulle. — En 1957, j'ai vu les chiffres, on a ajouté au nombre des postes téléphoniques français 114 000 postes. Bon ! Eh bien ! en 1965, on en a ajouté 210 000 et j'ajoute que, dans le Ve Plan, comme peut-être vous le savez, il y a un effort très considérable qui est prévu pour accélérer ce développement du téléphone, que tout le monde demande aujourd'hui, y compris d'ailleurs nos campagnes, et ceci, du reste, est le signe évident de l'accroissement de notre prospérité.

M. Michel Droit. — Et les routes, mon Général, les autoroutes ?

Général de Gaulle. — Les routes ! Quand je suis arrivé il y avait 77 km d'autoroutes. Voilà ce qu'on avait fait comme autoroutes : 77 km ! Eh bien, il y en a actuellement 522 km et dans le Ve Plan il est prévu qu'on en rajoute 1 800 kms ! A l'heure qu'il est, il n'y a pas un pays d'Europe occidentale qui fasse plus de kilomètres d'autoroutes que nous n'en faisons.

M. Michel Droit. — Je crois qu'il y a un dernier problème qu'il faudrait aborder si vous le voulez bien, parce que c'est aussi un problème d'intérêt immédiat pour les Français, c'est celui du logement. Les Français s'estiment mal logés et, à juste titre, bien souvent...

Général de Gaulle. — Ils ont parfaitement raison. Ce n'est pas encore une question qui soit résolue. Néanmoins, elle a fait des progrès évidents et je vais vous donner des chiffres. Je vous dirai par exemple que pendant les sept ans qui ont précédé mon retour, on a fait — je me suis fait donner des chiffres précis et je les ai vérifiés — on a fait 1 370 000 logements. Voilà ce qu'on avait fait en France pendant 7 ans ; depuis mon retour on a fait 2 400 000 logements. A l'heure qu'il est, on en est au rythme de 400 000 logements par an, et je suis convaincu que l'on va arriver dans un, deux ou trois ans, à 500 000 logements par an. Voilà des chiffres et des réalités.

Michel Droit. — Ces logements coûtent cher souvent.

Général de Gaulle. — Ces logements coûtent cher. C'est pourquoi d'ailleurs l'effort actuel, comme vous le savez, l'effort de l'État, est dirigé surtout vers les logements sociaux. C'est là la part la plus considérable de l'effort de l'État en ce qui concerne le logement. C'est parfaitement exact.

Michel Droit. — Mon Général, je crois qu'il nous reste encore deux minutes et demie. Je voudrais que vous disiez quand même quelques mots de la recherche scientifique, qui est un sujet difficile, un problème difficile.

Général de Gaulle. — Capital ! capital ! Que de choses, pour ne pas dire tout, qui dépendent de la recherche scientifique ! En 1957, on donnait 2 % de notre budget à la recherche scientifique publique, c'est-à-dire ce que fait l'État pour la recherche. Eh bien ! en 1965 on a donné 6 % et on va l'augmenter encore dans les années qui viennent.

Tout cela, dont nous avons parlé, eh bien ! je ne l'ai pas fait tout seul ; je l'ai fait avec un Gouvernement et je l'ai fait avec un Parlement. Seulement voilà ! ce Gouvernement en était un, et il a duré, et ce Parlement a joué son rôle, c'est-à-dire qu'il ne s'est pas perdu dans des agitations politiciennes, mais s'est concentré sur sa tâche législative.

Voilà comment, je pense, en sept ans, nous avons largement réussi. Il faut poursuivre et c'est là tout le problème.

M. Michel Droit. — Mon Général, je vous remercie, et puisque vous avez accepté de revenir demain devant les caméras de la télévision, je vous donne rendez-vous, et si vous le voulez bien, nous parlerons demain de la France par rapport au monde.

Général de Gaulle. — Cher Michel Droit, très volontiers, c'est entendu.

14 DECEMBRE 1965

DEUXIÈME ENTRETIEN RADIODIFFUSÉ ET TÉLÉVISÉ AVEC M. MICHEL DROIT

M. Michel Droit. — Mon Général, comme nous l'avons dit hier, nous allons parler ce soir de la France par rapport au monde et au milieu du monde. Tout d'abord, vous avez fait allusion hier soir, à propos de l'agriculture, au Marché commun. Je crois qu'il faudrait vraiment, maintenant, aborder cette question du Marché commun. En effet, on vous a accusé très nettement de ne pas croire au Marché commun, même quelquefois de vouloir le torpiller, en tout cas d'avoir « cassé » le Marché commun sur la question de l'agriculture, à Bruxelles [1]. Alors, je crois qu'il serait très important que vous vous expliquiez nettement là-dessus.

Général de Gaulle. — Très volontiers. J'en ai déjà parlé bien souvent. Mais nous allons revenir sur les choses et mettre les points sur les « i ». Rien n'est plus logique, si tant est que la logique conduise le monde, rien n'est plus logique aujourd'hui que de constituer un Marché commun européen, avec des pays qui sont voisins entre eux : la France, l'Allemagne, l'Italie, la Hollande, la Belgique, le Luxembourg, un jour probablement l'Angleterre, un jour aussi l'Espagne, peut-être d'autres ; voilà un fait géographique qui est devenu aussi un fait économique parce qu'ils sont très rapprochés, parce qu'ils sont en

1. Lorsque la France, en présence du refus de ses partenaires de tenir les engagements qu'ils avaient pris en 1962 quant à l'adoption le 30 juin 1965 au plus tard des règlements financiers pour l'agriculture, a interrompu la négociation et décidé provisoirement de ne plus participer aux réunions du Conseil des ministres de la Communauté économique européenne.

contact immédiat, direct, les uns avec les autres, et puis parce qu'ils sont du même ordre économique, les uns et les autres, ils sont au même étage.

Enfin, parce qu'aujourd'hui la concurrence est nécessaire : c'est l'aiguillon qui est indispensable au progrès et notamment au progrès économique. Il serait absurde pour un pays de s'enfermer comme on le faisait autrefois, comme nous le faisions autrefois, dans des douanes et dans des barrières. Par conséquent, pour se mettre à la page, jour après jour, année après année, il faut encore une fois la concurrence, bref, il faut un marché étendu. C'est pourquoi, je suis tout à fait convaincu, et je crois bien que tout le monde est de cet avis, qu'il est bon, qu'il est utile et même qu'il est nécessaire d'aboutir à créer un Marché commun entre les Six.

Ce n'est pas moi qui ai fait le Traité de Rome [1] qui, comme vous le savez, a institué en principe ce Marché commun. Il est probable que, si j'avais été aux affaires quand on a fait le Traité de Rome, on l'aurait fait d'une manière assez différente, mais enfin je l'ai pris comme il était et, avec mon gouvernement, nous avons tâché d'en tirer le meilleur parti possible. Qu'est-ce que cela voulait dire? Cela voulait dire, du point de vue industriel, que progressivement, et à mesure que notre industrie à nous se mettait à la hauteur des industries concurrentes, en particulier l'industrie allemande, eh bien ! on pouvait ouvrir les barrières douanières et communiquer largement entre soi. Il fallait, bien entendu, des règles à toutes sortes d'égards : je conviens que le Traité de Rome prévoit ces règles pour l'industrie d'une manière raisonnable. Et puis il y a l'agriculture.

Un pays comme le nôtre ne peut pas se lancer dans la concurrence économique, du moment qu'elle ne serait qu'industrielle parce que — j'ai parlé hier de la transformation agricole et de ce que l'État doit faire pour cette transformation — si nous restions seuls parmi les Six, avec la charge exclusive de notre agriculture, nous serions handicapés dans la concurrence industrielle et, pour nous, le Marché commun deviendrait une duperie. Mais il faut bien convenir que le Traité de Rome ne parlait que très vaguement de ce qui était agricole. Il parlait très largement, et d'une manière très explicite, de ce qui était industriel, mais, je le répète, très vaguement de ce qui était agricole, soit parce que l'école dirigeante d'alors se souciait dans les relations et les conventions internationales de faire beaucoup plaisir

1. Le Traité de Rome a été conclu le 25 mars 1957.

aux autres — et les autres c'était des puissances industrielles et, avant tout, l'industrie allemande —, soit parce que le problème de l'entrée de l'agriculture française dans le Marché commun était un problème énorme et qu'on reculait devant cette nécessité. Eh bien ! depuis que moi-même et mon gouvernement avons pris en main l'application du Traité de Rome, la mise en œuvre du Traité de Rome, nous nous sommes acharnés à faire entrer l'agriculture française dans le Marché commun, et ce n'est pas commode. Pourquoi? parce que, je vous le répète, nous sommes à cet égard un pays très particulier : nous avons une agriculture très considérable à tous les égards, ce qui n'est pas le cas des autres. Un pays comme l'Allemagne, comment se nourrit-il? Il se nourrit à peine pour la moitié de ce qu'il produit, et le reste, il l'importe. Quant à nous, ce n'est pas le cas. Nos agriculteurs font du blé, plus que nous n'en mangeons. Ils font de la viande, et ils devraient en faire plus que nous ne pouvons en manger, et ils le peuvent. Ils font du lait, plus que nous n'en buvons. Ils font du vin, plus que nous n'en absorbons. Ils font du fromage, plus que nous n'arrivons à en manger sur nos tables. Tout cela doit être exporté. Exporté où? Dans le Marché commun. Pensez bien que ce n'est pas sans mal que l'on pouvait réaliser cela. C'est à quoi, je le répète, nous nous sommes appliqués, à ce point que, le 1er janvier 1963 et les jours qui suivirent, est venue l'échéance : Ou bien l'agriculture française entre dans le Marché commun et les autres l'acceptent, ou bien, est-ce que nous n'allons pas arrêter le Marché commun? Et nous avons mis, c'est le cas de le dire, ce marché dans la main de nos partenaires, et ils ont consenti ce jour-là, ces jours-là, à faire entrer l'agriculture française dans le Marché commun.

Mais il ne suffisait pas de le dire, il fallait le faire et ce n'était pas commode. La preuve, c'est qu'à la dernière échéance, c'est-à-dire le 30 juin dernier, où il fallait effectivement aboutir avec le règlement financier, on n'a pas pu aboutir. Nous avons trouvé encore toutes sortes de réticences devant nous et il n'y a pas eu moyen d'aller plus loin. Alors que faire? Eh bien ! il faut reprendre la question et, comme vous le savez, comme nous l'avons dit, nous y sommes pour nous, pour notre part à nous Français, tout disposés et même résolus, à condition, bien entendu, que ce soit pour aboutir et qu'on ne vienne pas adorner, si je peux dire, cette entrée de l'agriculture française dans le Marché commun qui complétera l'ensemble économique des Six, qu'on n'aille pas adorner cela de conditions politiques dont nous aurons peut-être à parler tout à l'heure et qui, du point de vue de la France, ne sont pas, évidemment, acceptables. Voilà où en sont les choses, voilà la route qui est ouverte et voilà les espoirs que nous avons.

M. Michel Droit. — Mon Général, je crois que la question du Marché commun nous amène presque automatiquement à l'Europe et là encore, si je disais tout à l'heure que l'on vous a accusé d'être contre le Marché commun, de ne pas y croire, de ne pas le vouloir, on vous accuse aussi très fréquemment de ne pas être européen et de ne pas croire à l'Europe. Et, pourtant, vous avez dit un jour, ou tout au moins essayé de définir votre conception de l'Europe en disant « l'Europe des patries ». Vous avez souvent parlé aussi de « l'Europe de l'Atlantique à l'Oural ». Seulement « l'Europe des patries », j'ai l'impression que ceux qui se croient et qui se disent européens, trouvent que ce n'est pas assez et que « l'Europe de l'Atlantique à l'Oural », c'est trop. Alors, je vous pose très nettement la question : « Mon Général est-ce que vous êtes européen, ou non »?

Général de Gaulle. — Du moment que je suis français, je suis européen. Étant donné que nous sommes en Europe — et je dirai même que la France a toujours été une partie essentielle, sinon capitale, de l'Europe — par conséquent, bien sûr, je suis européen. Alors, vous me demandez si je suis pour une organisation de l'Europe et, si je vous entends bien, vous voulez parler d'une organisation de l'Europe occidentale. A cet égard, je ne sais pas s'il vous arrive de relire les déclarations que j'ai pu faire depuis des années et des années. Si cela vous arrive, vous vous apercevrez que j'ai parlé de l'Europe, et en particulier de la conjonction, du groupement, de l'Europe occidentale, avant que personne n'en parle, et même en pleine guerre, parce que je crois que c'est en effet indispensable. Dès lors que nous ne nous battons plus entre Européens occidentaux, dès lors qu'il n'y a plus de rivalités immédiates et qu'il n'y a pas de guerre, ni même de guerre imaginable, entre la France et l'Allemagne, entre la France et l'Italie et, bien entendu, entre la France, l'Allemagne, l'Italie et l'Angleterre, eh bien ! il est absolument normal que s'établisse entre ces pays occidentaux une solidarité. C'est cela l'Europe, et je crois que cette solidarité doit être organisée. Il s'agit de savoir comment et sous quelle forme. Alors, il faut prendre les choses comme elles sont, car on ne fait pas de politique autrement que sur les réalités. Bien entendu, on peut sauter sur sa chaise comme un cabri en disant « l'Europe ! », « l'Europe ! », « l'Europe ! », mais cela n'aboutit à rien et cela ne signifie rien. Je répète : il faut prendre les choses comme elles sont. Comment sont-elles? Vous avez un pays français, on ne peut pas le discuter, il y en a un. Vous avez un pays allemand, on ne peut pas le discuter, il y en a un. Vous avez un pays italien, vous avez un pays belge, vous avez un pays hollandais, vous avez un pays luxembourgeois et vous avez, un peu plus loin, un pays anglais et vous avez un pays espagnol, etc. Ce sont des pays, ils ont leur histoire, ils ont leur langue, ils ont leur manière de vivre et ils sont des Français, des Allemands, des Italiens, des Anglais, des Hollandais, des Belges, des Espagnols, des Luxembourgeois. Ce sont ces pays-là qu'il faut mettre ensemble et ce sont ces pays-là qu'il faut habituer progressivement à vivre ensemble et à agir ensemble. A cet égard, je suis le premier à reconnaître et à penser que le Marché commun est essentiel, car si on arrive à l'organiser, et par conséquent, à établir une réelle solidarité économique entre ces pays européens, on aura fait beaucoup pour le rapprochement fondamental et pour la vie commune.

Alors, il y a le domaine politique ! Que peuvent-ils faire, en commun, politiquement? Il y a deux choses à considérer : Quand on parle de politique, de tout temps, et notamment par les temps qui courent, il y a à considérer la défense — dans le cas où l'on serait obligé de se défendre — et puis il y a à considérer l'action, c'est-à-dire ce que l'on fait au-dehors. Du point de vue de la défense, si cette Europe occidentale devait être attaquée — et par qui pourrait-elle l'être? jusqu'à présent ou plutôt jusqu'à ces derniers temps, on pouvait imaginer qu'elle risquait de l'être à partir de l'Est et ce n'est pas encore absolument impossible — dans ce cas-là, il y a une solidarité de défense entre les Six et cette solidarité, je le crois, peut et doit être organisée. Et puis, il y a l'action, c'est-à-dire, ce que cet ensemble devrait faire dans le monde. Alors, à cet égard, c'est beaucoup plus difficile, car il faut bien convenir que les uns et les autres ne font pas tous la même chose et ne voient pas tous les choses de la même façon. Les Allemands, que voulez-vous ! ils se voient comme ils sont, c'est-à-dire coupés en deux et même en trois si l'on tient compte du statut de Berlin et ils se retrouvent avec une puissance économique renaissante qui est déjà considérable. Forcément ils ont des ambitions. Est-il nécessaire que les ambitions de l'Allemagne soient automatiquement les nôtres? Les Anglais ont à faire un peu partout et, on le voit bien, ils ont des embarras, actuellement en Afrique, avec la Rhodésie [1] ; ils en ont dans les pays arabes, avec Aden ; ils en ont en Extrême-Orient, avec la Malaisie, et ainsi de suite. Est-ce que ces ennuis, ces inconvénients, doivent être nécessairement les nôtres, en même temps? Vous voyez ce que je veux dire, il n'est pas si facile que cela d'ajuster les politiques. Alors j'ai fait, peut-être vous en souvenez-vous, c'était en 1961, la première de toutes les propositions qui aient été faites de réunir périodiquement ensemble les Chefs d'État et de Gouvernement et puis les différentes sortes de ministres, et notamment les ministres des Affaires étrangères, pour confronter la situation de chacun, les vues de chacun et les accorder [2].

M. Michel Droit. — Oui, c'est ce que l'on avait appelé, bien que vous n'ayez pas, je crois, prononcé la formule, ce que l'on avait appelé « l'Europe des patries ».

Général de Gaulle. — Je n'ai jamais parlé de « l'Europe des patries », c'est comme « L'intendance suit ». Chacun a sa patrie. Nous avons la nôtre, les Allemands ont la leur, les Anglais ont la leur, et c'est ainsi. J'ai parlé de la coopération des États, alors cela oui, j'en ai parlé, et je crois que c'est indispensable. Nous avons tâché de l'organiser à cette époque mais cela n'a pas réussi et, depuis, on n'a plus rien fait, excepté nous, qui avons fait quelque chose avec l'Allemagne, car nous avons solennellement, et c'était incroyable après tout ce qui nous était arrivé, nous avons solennellement fait avec l'Allemagne un Traité de réconciliation et de coopération [3]. Cela n'a pas non plus jusqu'à présent donné grand-chose. Pourquoi? Parce que les politiques sont les politiques des États, et qu'on ne peut pas empêcher cela.

Alors, vous en avez qui crient : « Mais l'Europe, l'Europe supranationale ! il n'y a qu'à mettre tout cela ensemble, il n'y a qu'à fondre tout cela ensemble, les Français avec les Allemands, les Italiens avec les Anglais », etc. Oui, vous savez, c'est commode et quelquefois c'est assez séduisant, on va sur des chimères,

1. La Rhodésie, dont le régime comporte la domination politique d'une population d'origine européenne très minoritaire sur la population autochtone, a proclamé unilatéralement son indépendance le 11 novembre 1965.

2. Il s'agit des propositions d'organisation politique de l'Europe qui, mises en forme par la Commission présidée par M. Christian Fouchet, n'ont pas été acceptées par les partenaires européens de la France le 17 avril 1962.

3. Le Traité du 22 janvier 1963.

on va sur des mythes, mais ce ne sont que des chimères et des mythes. Mais il y a les réalités et les réalités ne se traitent pas comme cela. Les réalités se traitent à partir d'elles-mêmes. C'est ce que nous nous efforçons de faire, et c'est ce que nous proposons de continuer de faire. Si nous arrivons à surmonter l'épreuve du Marché commun — j'espère bien que nous le ferons — il faudra reprendre ce que la France a proposé en 1961 et qui n'avait pas réussi du premier coup, c'est-à-dire l'organisation d'une coopération politique naissante entre les États de l'Europe occidentale. A ce moment-là, il est fort probable qu'un peu plus tôt, un peu plus tard, l'Angleterre viendra se joindre à nous et ce sera tout naturel. Bien entendu, cette Europe-là ne sera pas comme on dit supra-nationale. Elle sera comme elle est. Elle commencera par être une coopération, peut-être qu'après, à force de vivre ensemble, elle deviendra une confédération. Eh bien ! je l'envisage très volontiers, ce n'est pas du tout impossible.

M. Michel Droit. — Mon Général, je voudrais maintenant vous poser un certain nombre d'autres questions. Je me permets de vous rappeler, parce que, tout en vous écoutant, j'ai l'œil sur le chronomètre, que nous avons encore à peu près 12 minutes. Je voudrais vous poser la question suivante. On dit aussi, très fréquemment, que vous êtes anti-américain. Vous avez une fois parlé d'hégémonie américaine. Les Américains ont mal pris cela, ils ont considéré que c'était péjoratif et même beaucoup de Français considèrent que c'est péjoratif. Alors, est-ce que vous pourriez également vous expliquer sur votre anti-américanisme?

Général de Gaulle. — Vous savez, depuis que j'ai eu à faire une action nationale, c'est-à-dire depuis 1940, qui était en même temps une action internationale, je me suis toujours entendu traiter d'anti-quelque chose. Je me rappelle ce pauvre Churchill. Il me disait : « Vous êtes anti-britannique ». C'était assez drôle puisque j'étais alors, avec ceux qui m'entouraient, nous étions les seuls Français qui soyons restés à combattre aux côtés de l'Angleterre. Les Américains, après, ont dit « Vous êtes anti-américain » et alors, ils se sont présentés en Afrique du Nord sans vouloir que je vienne avec eux, à cause du fait qu'ils nous considéraient comme anti-américains. Là, les Français, qui étaient encore sous l'obédience de Vichy, leur ont tiré dessus par tous les bords [1]. En réalité, qui a été l'allié des Américains de bout en bout sinon la France de de Gaulle? Il n'y en a pas eu d'autre et, le cas échéant, si le malheur devait arriver et si la liberté du monde était en cause, qui seraient automatiquement les meilleurs alliés de nature sinon la France et les États-Unis, comme ils l'ont été souvent en pareil cas? D'ailleurs, moi, je ne dis pas que les Américains soient anti-français, et pourtant ! si c'est parce qu'ils ne nous ont pas toujours accompagnés qu'ils seraient anti-français, eh bien ! ils ne nous ont pas toujours accompagnés. En 1914, nous étions en guerre contre Guillaume II, les Américains n'étaient pas là, ils sont arrivés en 1917, et ils ont fort bien fait, pour eux et pour tout le monde. En 1940, ils n'étaient pas là et nous avons été submergés par Hitler, et c'est en 1941, parce que les Japonais ont coulé une partie de la flotte américaine à Pearl-Harbour [2], que les États-Unis sont entrés en guerre. Loin de moi l'idée de méconnaître l'immense service qu'ils ont rendu, à eux, au monde et à nous-mêmes, en entrant dans la guerre en 1917 et en entrant dans la guerre en 1941. Je le sais bien, je ne dis pas qu'ils sont anti-français parce qu'ils ne nous ont pas accompagnés toujours. Eh bien ! je ne suis pas anti-américain parce qu'actuellement je n'accompagne pas les Américains toujours, et en particulier, par exemple, dans la politique qu'ils mènent en Asie [3]. Il est tout à fait vrai que je ne les en approuve pas. Alors, de là à dire que je suis anti-américain, je ne peux pas l'empêcher, mais il y a le fond des choses !

M. Michel Droit. — Mon Général, je voudrais que vous répondiez maintenant à deux autres questions qui touchent à certaines dépenses engagées par votre politique et que beaucoup jugent exagérées, à savoir : les dépenses pour la force de frappe et les dépenses pour l'aide aux pays du Tiers Monde.

Général de Gaulle. — Quand je suis arrivé, nous avions une armée. C'était l'armée d'Algérie pour dire le mot. Ça nous coûtait 30 % de notre budget. Actuellement, nous en avons une qui est en train de se rénover complètement, à base atomique.

1. Le 8 novembre 1942.
2. Le 7 décembre 1941.
3. Il s'agit de la guerre du Viet-nam et du refus de reconnaître le Gouvernement de la République populaire de Chine.

Elle nous coûte 21 % de notre budget et, entre-temps, nous avons diminué presque de moitié la durée du service militaire. Si nous n'avions pas cette force atomique, qui est un instrument terrible, dont la capacité de dissuasion, même quand elle n'est pas, en chiffres, équivalente à celle des colosses, est tout de même énorme, de dissuasion et de sauvegarde. Si nous n'avions pas ça, qu'est-ce que nous aurions? Ou bien nous n'aurions pas d'armée du tout. C'est une conception. Alors, on ne parlerait plus de la France dans la coopération du monde pour sa défense et, par conséquent, pour la politique. Ou bien, nous aurions une armée, comme on dit : conventionnelle. Ce serait l'armée que nous avions en 1957, et encore faudrait-il lui donner un armement moderne qu'alors elle n'avait pas. Ça nous coûterait encore bien plus cher que ce que nous sommes en train de faire maintenant et serait infiniment moins efficace. Du reste, les Allemands, qui ne peuvent pas, qui ne doivent pas, se faire des armes atomiques, les Allemands ont une armée conventionnelle qui leur coûte relativement plus cher que ne nous coûte la nôtre. Voilà les faits.

Alors, vous me dîtes : les pays sous-développés? Je sais bien. On parle des dépenses extraordinaires que nous faisons pour les pays sous-développés.

M. Michel Droit. — Oui ! On dit même parfois : « La France entretient des rois nègres et ne dépense pas d'argent pour elle ! »

Général de Gaulle. — La France donne, en effet, au total, quelque chose comme 2 milliards de nouveaux francs pour la coopération avec les pays sous-développés. Voilà ce qu'elle fait. Ces 2 milliards, ce n'est pas de l'argent perdu, à beaucoup près. D'abord, c'est ainsi que nous gardons avec ces pays-là des liens extrêmement étroits au point de vue culturel — cela va de soi puisqu'ils parlent tous français — au point de vue politique, au point de vue économique puisqu'ils sont un grand débouché de nos exportations et puis, enfin, du point de vue de notre standing international, car il est bon qu'un pays comme la France ait des amis, et des amis qui soient des amis particuliers. Pourquoi pas? Or, c'est ce que nous faisons. Un pays comme la France ne peut renoncer à un rôle d'aide internationale. Elle n'en a pas le droit, ou alors elle ne serait pas la France, et elle l'est. Par conséquent, cet argent que nous donnons pour l'aide aux pays sous-développés n'est de l'argent perdu à aucun point de vue. Je considère même que c'est un très bon placement.

M. Michel Droit. — Mon Général, une dernière question. Il nous reste encore cinq minutes, cinq minutes et demie. Vous parlez très souvent dans vos conférences de presse, dans vos discours, dans vos allocutions, de l'équilibre du monde que vous liez à la notion de paix dans le monde. Mais on vous reproche de sacrifier volontiers nos alliances traditionnelles au bénéfice de relations nouvelles avec les pays de l'Est. Comment est-ce que peut se concilier cette politique de la France, qui est la vôtre, avec le rôle que doit jouer la France dans l'équilibre du monde et pour la paix du monde?

Général de Gaulle. — Nous avons un monde qui est en train de changer énormément. D'année en année, il n'est plus le même. Il apparaît des forces nouvelles : je parle, par exemple, de la Chine ; il y en a d'autres comme la Russie soviétique, qui évolue à l'intérieur d'elle-même et face au dehors ; il y en a d'autres comme les États-Unis, qui évoluent aussi et qui, de puissance essentiellement isolationniste qu'ils étaient autrefois, deviennent puissance interventionniste, c'est le moins qu'on puisse dire. Tout ça, c'est un changement capital. Il y a l'Allemagne qui se transforme et dont nous ne savons pas, absolument pas, où iront ses ambitions. Naturellement, nous espérons qu'elles iront dans le bon sens et nous avons des raisons de l'espérer. Mais on ne peut pas dire qu'on en soit certain. Par conséquent, nous sommes obligés de prendre le monde comme il est, et d'agir, et de vivre, dans ce monde-là. Alors, qu'est-ce que ça signifie? Ça signifie que la France n'a à s'interdire à elle-même aucune possibilité. La France est pour la paix, il lui faut la paix. La France, pour renaître vraiment, pour se refaire et pour s'étendre, au sens le plus noble du terme, il lui faut la paix. Par conséquent, la France cherche la paix, cultive la paix, aide la paix, partout. Comment? En étant en rapport avec tout le monde. Il n'y a aucune espèce de raison pour que nous excluions d'avoir de bons rapports avec ceux-ci ou avec ceux-là. Nous sommes les amis des Américains et leurs alliés, tant qu'il semble subsister quelque menace venant de l'Est sur l'Europe occidentale. Nous sommes également en termes de plus en plus étroits avec l'Europe de l'Est parce qu'elle existe et parce qu'il n'y a aucune espèce de raison pour que nous ne prenions pas tous ces contacts pacifiques avec elle. Nous avons pris des contacts, également pacifiques et étroits, avec la Chine. Nous en avons avec d'autres réalités du monde comme l'Amérique latine, comme l'Afrique bien entendu, comme l'Inde, comme le Japon. Ce que nous appelons l'équilibre qui va avec la paix, c'est un commencement de coopération internationale, c'est cela que la France cherche à aider et c'est pourquoi la France n'exclut aucun rapport avec qui que ce soit. Elle cherche à être en contact pratique, direct, fécond, avec tout le monde et elle l'est, figurez-vous ! Je dirai même qu'actuellement dans le monde, si vous y faites attention, elle est la seule. Les Américains, tout puissants qu'ils soient, ne sont pas en bons termes avec tout le monde ; les Anglais non plus, pas encore ; les Allemands, je n'en parle pas ; la Russie soviétique, ce n'est pas certain. Nous, nous sommes ce pays-là, c'est conforme au génie de la France. Nous n'en sommes plus à la domination et à vouloir l'établir, mais nous sommes le peuple fait pour établir, pour aider la coopération internationale. C'est ça notre ambition nationale aujourd'hui et, faute de celle-là, nous n'en aurions aucune, mais, il nous en faut une et celle-là nous l'avons, elle est pour le bien de l'homme, elle est pour l'avenir de l'humanité, il n'y a que la France qui puisse jouer ce jeu-là et il n'y a que la France qui le joue.

M. Michel Droit. — Mon Général, je vous remercie. Puisque vous avez accepté de revenir demain devant les caméras, nous parlerons, si vous le voulez bien, pour ce troisième et dernier entretien, de la République et des institutions.

Général de Gaulle. — Eh bien ! nous parlerons de la République !

15 DECEMBRE 1965

TROISIÈME ENTRETIEN RADIODIFFUSÉ ET TÉLÉVISÉ AVEC M. MICHEL DROIT

M. Michel Droit. — Mon Général, nous étions convenus hier, je crois, que ce troisième et dernier entretien aurait pour thème la République et les institutions. Alors, la première question que je voudrais vous poser est celle-ci : le scrutin du 5 décembre pourra, en tout cas, prouver que 85 % des Français sont définitivement favorables à l'élection du Président de la République au suffrage universel, de même bien entendu que les candidats des différentes oppositions, même si cela n'avait pas toujours été leur avis. D'autre part, aucun des candidats de ces oppositions, donc pas davantage M. Mitterand qui sera votre adversaire au second tour, n'a explicitement remis en cause les institutions que vous avez créées et auxquelles vous êtes attaché. Par conséquent, il y a quelque chose que l'on comprend assez mal. On nous dit quelquefois : Si le Général de Gaulle venait à ne pas être élu, les institutions seraient menacées et ce que l'on comprend mal justement, c'est comment ces institutions pourraient être menacées par des gens qui ne les remettent pas en cause?

Général de Gaulle. — Les institutions, une Constitution, c'est une enveloppe. La question est de savoir ce qu'il y a dedans. Nous avons fait, j'ai proposé au pays de faire, la Constitution de 1958, après les drames que vous savez et dans l'intention — que d'ailleurs j'avais annoncée de la façon la plus formelle et la plus publique — de mettre un terme au régime des partis. Il s'agissait d'empêcher que, dans la République, l'État, fût, comme il l'était avant, à la discrétion des partis. C'est dans cet esprit que la Constitution a été faite, et c'est dans cet esprit que je l'ai proposée au peuple, qui l'a approuvée. Je suis sûr qu'il l'a approuvée dans cet esprit. Mais si, malgré l'enveloppe, malgré les termes, malgré l'esprit de ce qui a été voté en 1958, les partis se réemparent des institutions, de la République, de l'État, alors, évidemment, rien ne vaut plus ! On a fait des confessionnaux, c'est pour tâcher de repousser le diable ! Mais si le diable est dans le confessionnal, cela change tout ! Or, ce qui est en train d'être essayé, c'est, par le détour de l'élection du Président de la République au suffrage universel, de remettre l'État à la discrétion des partis. Car, comment peut marcher la Constitution de 1958, et comment marche-t-elle, et marche-t-elle très bien, depuis 7 ans? Elle marche grâce à un Chef d'État qui n'appartient pas aux partis ; qui n'est pas délégué par plusieurs d'entre eux, ni même, à plus forte raison, par tous ; qui est là pour le pays ; qui a été désigné sans doute par les événements, mais qui, en outre, répond à quelque chose qui est commun à tous les Français, par-dessus les partis, et qui est leur intérêt commun, leur intérêt national.

C'est comme cela que la Constitution marche depuis 1958. Si, à la place de ce Chef d'État, qui est fait pour empêcher que la République ne retombe à la discrétion des partis, on met un Chef d'État qui n'est qu'une émanation des partis, alors je vous le répète, on n'aura rien fait du tout et tout ce que l'on aura écrit dans la Constitution ne changera rien à rien, on en reviendra à ce qui était avant, avec peut-être quelque forme légèrement différente, mais on en reviendra au gouvernement — si tant est que l'on puisse l'appeler comme cela — des partis et ce serait, j'en suis sûr, comme j'en ai toujours été sûr, une catastrophe nationale.

M. Michel Droit. — Mon Général, votre adversaire du second tour, M. François Mitterand, se présente comme le candidat unique de la gauche et, de fait, il est le candidat du parti communiste, du parti socialiste, du parti radical qui, en 1936, formaient à eux trois le Front populaire. Mais, de votre côté, vos adversaires de droite vous ont souvent reproché d'avoir fait en matière de décolonisation, par exemple, une politique de gauche et de faire encore aujourd'hui, en matière de politique étrangère, une politique de gauche. Je sais bien que les notions de gauche et droite sont de plus en plus floues et entremêlées dans la politique française. Néanmoins, et peut-être, justement pour cela, j'aimerais que vous précisiez la façon dont vous les entendez, dont vous concevez ces notions de gauche et de droite?

Général de Gaulle. — La France, c'est tout à la fois, c'est tous les Français. Ce n'est pas la gauche, la France ! Ce n'est pas la droite, la France ! Naturellement, les Français, comme de tout temps, ressentent en eux des courants. Il y a l'éternel courant du mouvement qui va aux réformes, qui va aux changements, qui est naturellement nécessaire, et puis il y a aussi un courant de l'ordre, de la règle, de la tradition, qui lui aussi est nécessaire. C'est avec tout cela qu'on fait la France. Prétendre faire la France avec une fraction, c'est une erreur grave, et prétendre représenter la France au nom d'une fraction, cela c'est une erreur nationale impardonnable. Vous me dites : à droite, on dit que je fais une politique de gauche au-dehors ; à gauche, du reste, vous le savez bien, on dit : « de Gaulle, il est là pour la droite, pour les monopoles, pour je ne sais pas quoi». Le fait que les partisans de droite et les partisans de gauche déclarent que j'appartiens à l'autre côté, prouve précisément ce que je vous dis, c'est-à-dire que, maintenant comme toujours, je ne suis pas d'un côté, je ne suis pas de l'autre, je suis pour la France. Il y a, pour ce qui est de la France, ce qui se passe dans une maison : la maîtresse de maison, la ménagère, veut avoir un aspirateur, elle veut avoir un frigidaire, elle veut avoir une machine à laver et même, si c'est possible, une auto ; cela c'est le mouvement. Et, en même temps, elle ne veut pas que son mari s'en aille bambocher de toute part, que les garçons mettent les pieds sur la table et que les filles ne rentrent pas la nuit ; ça c'est l'ordre. La ménagère veut le progrès mais elle ne veut pas la pagaille, eh bien ! c'est vrai aussi pour la France. Il faut le progrès, il ne faut pas la pagaille.

Or, le régime des partis, c'est la pagaille. Évidemment, on l'a vécu avant la Première Guerre mondiale, pendant longtemps cela allait cahin-caha. A ce moment-là, on ne risquait pas grand-chose. A l'intérieur, on était très riche ; je ne parle pas de tous les Français, bien entendu, il s'en faut, mais je vous parle de l'ensemble de ce que l'on appelait « la Société », qui était très riche. Il y avait le 3 %, il y avait la monnaie-or, il y avait les placements à l'étranger, ainsi de suite, on restait là sous la protection des douanes et on vivait comme cela, à l'intérieur, confortablement. Il y en a qui disaient que c'était la « belle époque ». Bien sûr ! On ne se transformait pas, on n'évoluait pas ! D'autres devenaient de grands pays industriels, comme l'Allemagne, l'Angleterre, qui avaient commencé avant tout le monde, les États-Unis qui avaient entrepris leur essor. Nous, nous restions, cahin-caha, comme nous étions. Et puis alors, au-dehors, on ne risquait pas grand-chose non plus. Bien sûr ! Il y avait la menace allemande à l'horizon pour le cas où... mais, il y avait l'Alliance russe. Après, il y a eu l'Entente cordiale. Enfin, ça allait comme cela. Puis, il y a eu 1914 : désastre initial, auquel nous avons échappé par une chance inouïe, par un sursaut du tréfonds national qui nous a permis de nous en tirer, Dieu sait d'ailleurs avec quelles pertes ! et encore de nous en tirer en 14-15 grâce au « pouvoir personnel » du Père Joffre, et puis, en 17-18, à la fin, où ça devenait dramatique et infiniment grave de nouveau, grâce au « pouvoir personnel » de Clemenceau ! Mais, dans l'intervalle, qu'est-ce qu'ils avaient fait, les partis? Ils n'avaient rien fait ! Ils renversaient les ministères comme à l'habitude, ils renversaient le ministère Viviani, puis le premier ministère Briand, puis le deuxième ministère Briand, et puis le ministère Ribot, et puis le ministère Painlevé, et allez donc ! Voilà ce qu'ils faisaient, les partis ! Entre les deux guerres, après qu'on eut liquidé Clemenceau — que les partis aient liquidé Clemenceau — il y a eu alors ce qu'on sait, c'est-à-dire, un régime de médiocrité, un régime d'impuissance, où le désastre se dessinait à l'horizon sans qu'on fît en réalité rien pour l'empêcher. Entre M. Clemenceau et M. Paul Reynaud, c'est-à-dire, de 1920 à 1940, on a eu 47 ministères en vingt ans. Voilà le régime des partis ! Alors, naturellement, on a été battu, écrasé en 1940. On n'avait rien préparé, on était divisé par les partis, on n'avait pas les armes nécessaires.

Vous me parlez, actuellement, d'un candidat du Front populaire. Hélas ! Moi, j'ai connu le Front populaire. Je vous dirai même qu'à cette époque-là, c'était en 1936, j'avais quelques idées sur la nécessité de rénover notre défense nationale et je crois bien que l'expérience a prouvé que, si on m'avait écouté [1], on aurait évité le désastre et on aurait probablement tué l'entreprise d'Hitler dans l'œuf avant même qu'elle ne pût s'étendre. Enfin j'espérais un peu que ce mouvement du Front populaire, qui me paraissait être la nouveauté, la réforme etc., allait effectivement s'emparer aussi de la défense. Eh bien ! Il m'a fallu bien déchanter et, finalement, le régime du Front populaire, la majorité du Front populaire, la Chambre du Front populaire, le Gouvernement du Front populaire, cela a fini par le désastre de Sedan, l'abdication de la République et la capitulation devant l'ennemi. Du reste, je me hâte de vous dire que, si au lieu d'être ce Gouvernement du Front populaire, c'est-à-dire des partis du Front populaire, ç'avait été le Gouvernement des autres partis, des partis conservateurs, ç'aurait été probablement la même chose. Les partis ne peuvent pas conduire la France, c'est trop dur, et c'est pourquoi, d'ailleurs, après mon retour, en 1945, quand les partis ont reparu, tous contre moi bien entendu, moi parti, ils n'ont plus rien fait du tout, excepté 23 crises ministérielles, dont j'ai parlé samedi dernier. Alors vous me dites : « le personnage que vous citez, il est le candidat de la gauche ». Mais pas du tout ! Il est aussi le candidat de la droite [2]. Je ne vous l'apprends pas, il est le candidat des partis. Voilà la vérité ! Car tous les partis sont d'accord pour que de Gaulle

1. Voir dans les *Mémoires de Guerre*, T.I. pp. 18-20, le récit de la conversation que le Général de Gaulle — alors colonel — a eue avec Léon Blum à ce sujet au mois d'octobre 1936.

2. Dès le lendemain du premier tour, M. Tixier-Vignancour, candidat d'extrême-droite, a invité ses électeurs à voter pour M. François Mitterrand au scrutin de ballottage ; le 8 décembre, M. Jean Lecanuet a invité les siens à voter « pour l'Europe unie » ; le 15 décembre, il leur a demandé de ne pas voter pour le Général de Gaulle, sans cependant indiquer clairement s'il leur conseille de se prononcer pour M. Mitterand ou de voter blanc. Quant à M. Marcilhacy, sans donner explicitement son appui au « candidat unique de la Gauche », il le lui a accordé en fait puisqu'il a accepté, sur sa demande, de présider une commission qui se donnerait pour rôle de veiller à la régularité des opérations électorales.

s'en aille. Naturellement, car de Gaulle, une fois au loin, eh bien ! ils reprennent leurs jeux et leur régime, quand même ils ont été obligés de passer par le détour de l'élection du Président de la République au suffrage universel, c'est-à-dire de la désignation de l'un d'entre eux, de leur homme, à la Présidence de la République, ce qui fait que nous reviendrons directement au régime que nous avons connu et qui nous a coûté, Dieu sait combien ! Voilà ce que je peux vous dire.

M. Michel Droit. — Mon Général, je voudrais maintenant vous poser une question qui se divise en deux sous-questions. Premièrement : On vous accuse depuis longtemps, et plus particulièrement ces derniers temps, d'avoir établi, de faire régner, sur la France, un pouvoir personnel et, deuxièmement, votre adversaire du dimanche 19 a déclaré l'autre jour que si vous étiez élu le dimanche 19, d'une part pour punir les Français de ne pas vous avoir élu le dimanche 5, et d'autre part pour juguler vos adversaires politiques, vous donneriez un tour de vis à nos libertés. Est-ce que vous pourriez, mon Général, répondre sur ces deux questions : le pouvoir personnel et le tour de vis?

Général de Gaulle. — Une fois de plus, je vous répondrai sur le pouvoir personnel : Quand quelqu'un a des responsabilités — ce qui est mon cas — à cause de l'Histoire et aussi à cause du fait que je suis là et que je suis là de par la volonté du peuple jusqu'à présent, alors, naturellement, il a des responsabilités et je vous prie de croire qu'elles sont lourdes. Il faut qu'il les porte lui-même. Pourquoi les passerait-il à d'autres? Mais je ne suis pas tout seul, bien sûr ! J'ai un gouvernement. J'en ai eu deux successivement, pendant le septennat. Ce n'est pas beaucoup par rapport à d'autres régimes. Enfin, il y a tout de même des ministres ! Je vous prie de croire que je ne fais pas tout ; du reste je ne pourrais pas. Il y a un Parlement, qui a été élu par le peuple, qui fait les lois ! Et puis, c'est lui qui les fait les lois, le Parlement, ce n'est pas moi ! Alors, voilà ce que c'est que le « pouvoir personnel » ! Ce sont des expressions qu'on peut employer comme cela, par démagogie, mais qui, en réalité, sont de mauvaise foi. Voilà la vérité !

M. Michel Droit. — Il y a d'ailleurs eu un très bon mot. On a dit : « Un dictateur? On n'a jamais vu un dictateur en ballottage ! »

Général de Gaulle. — Oui. Parlons des libertés publiques. Où sont les libertés publiques que j'ai détruites? C'est moi qui les ai rendues. Je les ai rendues quand je suis rentré en France en 1944, je les ai rendues toutes ! Il n'y en avait plus, pourquoi? Il n'y en avait plus, parce que les partis avaient capitulé dans les mains de Pétain et des Allemands. Moi, j'ai rendu les libertés publiques, je ne les ai pas détruites ! Et, depuis 7 ans que je suis là, je n'ai pas détruit les libertés publiques. La liberté de la presse, est-ce qu'elle n'existe pas? Presque toute la presse m'est hostile et je ne l'en empêche pas ! Et la liberté syndicale, est-ce que je l'empêche? Pas le moins du monde ! Bien au contraire, je fais tout pour essayer d'associer les syndicats au développement en commun de la France. Et quelles autres libertés ai-je détruites? La liberté de vote? Vous voyez bien ce qui se passe ! Le 1er juin 1958 — j'étais revenu la veille, c'est la veille que j'avais reçu l'investiture, que j'étais devenu Président du Conseil avant d'être Président de la République — j'ai rétabli la liberté de la presse que le régime des partis, les jours d'avant, parce qu'il mourait de peur, avait supprimée. J'ai supprimé la censure, je ne l'ai jamais rétablie ! Voilà la réalité. Alors, il faudrait que les plaisanteries soient plus courtes, parce qu'elles seraient meilleures, mais, quand elles sont très longues, elles sont très mauvaises, les plaisanteries !

M. Michel Droit. — Mon Général, je voudrais maintenant vous poser une dernière question : — A la suite de votre allocution du 4 novembre, au cours de laquelle vous avez annoncé aux Français que vous aviez décidé de vous porter candidat à la Présidence de la République, on a beaucoup dit et beaucoup répété, que vous nous aviez placés devant une alternative qui pourrait s'exprimer de la façon suivante : « Moi ou le chaos ! » ou, avec cette variante : « Moi ou le néant ! ». Certes, personne ne prétendait que c'était exactement dit dans la lettre du texte, mais beaucoup le voyaient de façon assez claire dans l'esprit de ce texte. Évidemment, on interprétait cela comme une sorte de condamnation implicite des institutions si elles n'étaient pas capables de fonctionner après vous, mais surtout, ce qui était peut-être encore plus grave, comme une preuve de défiance vis-à-vis de votre entourage, où vous ne voyiez personne capable d'assurer un jour votre succession. Alors, je crois qu'il est nécessaire, pour terminer, que vous vous expliquiez sur ce point, ou même sur ces deux points.

Général de Gaulle. — Comme vous l'avez remarqué, je n'ai pas dit : « Moi », et je n'ai pas dit : « le chaos ». J'ai dit, et je répète ceci : S'il devait arriver le 19 décembre que le peuple français décidât d'écarter de Gaulle, c'est-à-dire, tranchons le mot, de renier ce qui est une partie de son Histoire, et, je le crois, excusez-moi, encore aujourd'hui, pour le moment, une nécessité nationale ; si le peuple français en décidait ainsi, je suis convaincu que le régime des partis revenant, ainsi que je l'ai expliqué tout à l'heure, ce serait pour le pays un immense malheur. J'ai dit pourquoi et je ne vois pas, encore une fois, qu'il puisse en être autrement dès lors que, moi parti, ceux que nous savons, les fractions que nous savons, reviendraient maîtres de l'État et de la République. Alors on dit : « Oui! Mais, et votre succession? Parce que ça ne pourra pas durer toujours ! » Je suis le premier à savoir que cela ne durera pas toujours. Eh bien ! ma succession, pour le moment, n'est pas ouverte, à moins, naturellement, que le peuple français, encore une fois, l'ouvre lui-même dimanche prochain. Sinon, elle n'est pas ouverte et, par conséquent, pour un temps dont je n'apprécie pas la durée, il sera possible à l'actuel Président de la République de le demeurer. Mais, naturellement, un jour viendra, un peu plus tôt, un peu plus tard, où ce ne sera plus le cas et où de Gaulle disparaîtra. Sa succession sera donc ouverte. Que se produira-t-il alors? Que doit-il se produire? Le même débat que nous vivons aujourd'hui se reproduira alors. Si, alors, le peuple français revient aux mêmes combinaisons, au même système, aux mêmes fractions, dont nous avons longuement parlé tout à l'heure, c'est-à-dire au régime des partis, ce n'aura été que reculer pour moins bien sauter. Si, au contraire, le peuple français demeure, au moment de l'élection de mon successeur, fidèle à la ligne qu'il a tracée, à mon appel, et qui est celle d'un Chef de l'État qui n'appartient à personne, excepté à la France, et qui n'est là pour servir personne, excepté la France et les Français, ce personnage-là — ce n'est pas le même que celui dont j'ai parlé tout à l'heure — ce personnage-là étant accompagné de tous ceux, et ils sont nombreux, qui pensent de même, et de tous ceux qui, peut-être, d'ici là, viendront se joindre à eux, alors je crois que l'avenir a les plus grandes chances d'être assuré. Bien sûr, mon successeur ne fera pas comme moi. Il n'aura pas, comme j'ai dit à certaines occasions, la même « équation personnelle ». Il fera comme il pourra. Il fera comme il voudra. Il ne fera pas pareil, mais, pour l'essentiel, qui est de n'appartenir encore une fois qu'au pays tout entier, il pourra le faire et, s'il le fait, je crois que la République doit durer et la France aussi. La question est là.

Françaises, Français, vous avez assisté à notre dialogue. Eh bien ! c'est votre affaire, ce qui va se passer dimanche et ce qui se passera plus tard. Je n'ai jamais servi que votre affaire et, aujourd'hui et demain, je ne suis là que pour cela. Après moi, il vous appartient de suivre la même ligne que nous avons tracée ensemble depuis 1958 et de la suivre franchement. Cela vous appartient et appartient, en particulier, à vous, jeunes Français, qui n'avez pas encore été mêlés à tout cela, je parle des micmacs dont nous avons parlé longuement tout à l'heure, et dont je souhaite ardemment que vous ne vous mêliez pas, que vous considériez votre chose qu'est le pays tout entier, la France, et que vous marchiez droit, comme, je crois, j'ai marché droit à la tête de la République et de la France, depuis quelque vingt-cinq ans. Voilà ce que je veux dire. Du reste, quoi qu'il arrive, j'aurai rempli mon destin, j'aurai fait mon service et, si j'ai été assez heureux pour rendre à la France ce service-là d'avoir fait avec elle, mis en route avec elle et fait accepter par elle un régime nouveau, un régime d'action, un régime de réalisation, un régime de cohésion, alors, j'aurai rempli ma vie !

M. Michel Droit. — Mon Général, je vous remercie d'avoir répondu, ces trois soirs, aux questions que je vous ai posées; aux questions que je crois, beaucoup de Français auraient voulu pouvoir vous poser eux-mêmes. Oh ! je ne me fais pas d'illusions. On dira : Il n'a pas posé toutes les questions qu'il aurait dû poser, mais je crois sincèrement, en toute conscience, que j'ai posé les principales et que vous y avez répondu. Mon Général, je vous remercie.

Général de Gaulle. — Eh bien ! tant mieux ! je vous remercie moi-même, mon cher ami.

17 DECEMBRE 1965

Deux jours avant le scrutin décisif, le Général de Gaulle s'adresse directement aux Français.

ALLOCUTION RADIODIFFUSÉE ET TÉLÉVISÉE PRONONCÉE AU PALAIS DE L'ÉLYSÉE

Françaises, Français,

Vous allez décider !

Où est le choix? A travers deux hommes, il est entre deux régimes bien connus, c'est-à-dire entre deux expériences que la nation a faites successivement et entre deux avenirs opposés à tous les égards.

Il y a, d'une part, le régime du passé, où l'État, la nation, le destin, étaient à la discrétion des partis ; le régime des jeux politiciens, des combinaisons fallacieuses, des ministères-châteaux de cartes ; le régime de l'impuissance, de l'abaissement et de l'échec. S'il reparaît, personne ne peut douter qu'il ramène automatiquement l'affreuse confusion d'autrefois. Encore, celle-ci serait-elle plus désastreuse que naguère parce que les éléments mutuellement contraires, qui s'accordent aujourd'hui uniquement pour écarter de Gaulle, se retrouveraient, s'ils réussissaient, plus frénétiques que jamais dans leurs divisions réciproques et dans leurs appétits rivaux ; parce que le pays, constatant que les démagogues l'auraient trompé une fois de plus, se montrerait de moins en moins passif à l'égard de leurs palinodies ; parce qu'au-dehors l'estime et la considération qui entourent notre politique feraient place à une commisération, voire même à une dérision, qui certainement nous coûteraient très cher ; parce que les deux puissances étrangères qui rivalisent pour l'hégémonie [1] ne manqueraient pas de faire de cette mêlée un théâtre de leur querelle par personnes interposées. En fin de compte et encore une fois, c'est au drame qu'irait l'aventure.

1. L'U.R.S.S. et les États-Unis.

Ce régime-là a son candidat. Je ne crois pas qu'aucun autre l'aurait été plus que lui. Désigné par les clans des partis, n'ayant de réalité et de possibilités que par eux et que pour eux, son mandat, s'il l'obtenait, ne pourrait avoir d'autre objet que de les remettre en place afin qu'ils reprennent leur tragicomédie au point où, voici sept ans, leur panique l'avait arrêtée. Après quoi, que ferait-il d'autre, à supposer qu'il s'en soucie, que d'être l'enveloppe flottante de leurs intrigues et de leurs crises, en attendant leur déconfiture? Car il n'y a pas de textes constitutionnels, fussent-ils interprétés suivant l'occurrence, ni de déclarations habilement balancées, ni de promesses gratuitement distribuées, qui puissent faire qu'en France un Chef de l'État en soit véritablement un, s'il procède, non point de la confiance profonde de la nation, mais d'un arrangement momentané entre professionnels de l'astuce.

Il y a, d'autre part, la République nouvelle. Depuis sept ans qu'elle fut fondée par la volonté du peuple, elle fait ses preuves dans la démocratie et sans manquer à la liberté. Elle donne à nos pouvoirs publics une stabilité, une continuité et une efficacité que nous n'avions jamais connues. Elle nous procure une paix complète, ce qui ne nous était jamais arrivé depuis plus d'un demi-siècle. Sur la base de finances en ordre et d'une monnaie exemplaire — extraordinaire innovation ! — elle assure à notre économie une croissante prospérité. Elle veut que tous y trouvent leur compte en élevant le niveau de vie réel de chaque Français à mesure que monte le revenu national et en s'obligeant elle-même, de par la loi de notre Plan, à corriger les retards. Après de grands progrès accomplis quant aux problèmes de l'agriculture, de l'enseignement, de la recherche, du logement, des retraites, des sports, de l'équipement du territoire, etc., elle est prête pour un nouveau bond en avant afin de les résoudre à fond. Ayant placé la France parmi les peuples à un rang digne d'elle et affirmé partout sa présence et son influence, elle entend porter l'Europe de l'Ouest à s'unir pour sa prospérité, s'efforcer d'établir l'entente et la sécurité sur le Continent tout entier, contribuer à régler le conflit qui sévit en Asie et menace de mener au pire, favoriser l'essor des pays les moins avantagés, déterminer les plus puissants à une coopération directe pour le bien et le salut communs.

La République nouvelle a son Président. C'est moi. Me voici, tel que je suis. Je ne dis pas que je sois parfait et que je n'aie pas mon âge. Je ne prétends nullement tout savoir, ni tout pouvoir. Je sais, mieux que qui que ce soit, qu'il faudra que j'aie des successeurs et que la nation les choisisse pour qu'ils suivent la même ligne. Mais, avec le peuple français, il m'a été donné, par l'Histoire, de réussir certaines entreprises. Avec le peuple français, je suis actuellement à l'œuvre pour nous assurer le progrès, l'indépendance et la paix. Avec vous toutes et vous tous, qui êtes le peuple français, je pourrai, demain, donner à nos affaires une impulsion nouvelle, veiller de plus près encore à ce que chacun ait sa part dans le développement national, conduire la France, suivant sa vocation, à une action humaine redoublée au milieu du monde moderne.

Françaises, Français ! Voilà pourquoi je suis prêt à assumer de nouveau la charge la plus élevée, c'est-à-dire le plus grand devoir.

Vive la République !

Vive la France !

31 DECEMBRE 1965

Le 19 décembre, le Général a été réélu Président de la République par 13 085 407 suffrages (55,2 %) contre 10 623 247 à M. François Mitterand. Au moment où va s'ouvrir son nouveau mandat, il dit aux Français ce que doit être l'année qui va s'ouvrir.

ALLOCUTION RADIODIFFUSÉE ET TÉLÉVISÉE PRONONCÉE AU PALAIS DE L'ÉLYSÉE

Pour la France, la nouvelle année peut et doit être l'année de la sérénité, de la confiance et de l'ardeur.

L'année de la sérénité. Car il n'y a pour nous, actuellement, ni angoisses au-dedans, ni combats au-dehors. Certes, comme nous sommes un peuple très vivant, en plein essor de progrès, mais s'obligeant lui-même à avancer en bon ordre, nous avons, dans l'ensemble, des difficultés à vaincre et, dans le détail, des désirs qui ne sont pas encore comblés. Mais les troubles profonds qui nous étreignaient naguère : confusion politique permanente, faillite imminente, subversion menaçante, ne sont plus que de mauvais souvenirs, à moins même qu'on les ait oubliés. En fait, nous sommes établis sur des institutions solides et qui viennent d'être confirmées, sur des finances et une économie assainies de fond en comble, sur une défense nationale dont ceux qui ont à l'assurer ne s'occupent pas d'autre chose.

En outre, si, dans le monde, les hégémonies rivales mettent nombre de peuples en état de pénible tension, si d'effrayants moyens de destruction entretiennent les inquiétudes, si quatre des cinq puissances mondiales se trouvent directement ou indirectement impliquées dans divers conflits et, notamment, dans celui qui s'étend en Asie, nous ne sommes, nous, engagés nulle part et nous faisons le nécessaire pour n'être, le cas échéant, intégrés dans aucune guerre qui ne serait pas la nôtre.

L'année de la confiance. Car ce que nous avons récemment réalisé pour régler nos lourds problèmes nous convainc qu'en définitive nous saurons en venir à bout. Notre industrie démontre, en ce moment même, que sans protectionnisme et sans inflation elle est capable de se transformer, en fait d'organisation, de concentration et de productivité, pour faire face à tous les risques de la concurrence internationale. Ce qui est fait et ce qui est en cours, afin que notre agriculture ait sa bonne place dans notre économie, que ses exploitations, ses productions, ses marchés, s'adaptent aux exigences modernes, que les conditions d'existence de ceux dont elle est la vocation ne soient pas désavantagées, nous prouve que nous y parviendrons. Ayant, comme nous l'avons fait, bâti tant et tant d'écoles, de collèges, de lycées, d'universités, recruté autant de maîtres, entamé d'aussi larges et profondes réformes de l'enseignement, nous sommes dorénavant certains de réussir notre immense entreprise d'éducation nationale. Au terme d'une année qui fut celle de notre fusée Diamant, de nos premiers satellites, des succès de nos savants notamment dans le domaine de la biologie moléculaire, du classement de notre procédé de télévision en couleurs au premier rang du concours mondial, nous sommes fondés à attendre beaucoup de nos recherches scientifiques et techniques. Puisque nous avons, en 1965, construit 410 000 logements, installé 210 000 nouveaux postes téléphoniques, allongé nos autoroutes de 176 kilomètres, implanté dans toutes nos régions quelque cinq cents usines de plus, c'est que nous sommes en bonne voie pour doter notre pays de l'équipement économique et social qu'il lui faut. Enfin, notre expansion étant, à l'heure qu'il est, partie pour un nouveau bond, nous comptons voir, dans les douze mois qui viennent et comme l'indique notre plan, s'élever de 4 % le niveau de vie des Français.

A l'extérieur, partant de l'indépendance retrouvée et sans renverser pour autant nos amitiés ni nos alliances, nous pouvons : reprendre l'organisation du Marché commun des Six à des conditions qui soient équitables et raisonnables et avec l'espoir que, sur une telle base, d'autres voisins s'y joindront ; développer davantage encore avec les pays de l'Est nos rapports économiques, scientifiques, techniques et politiques ; établir avec la Chine des relations multipliées ; resserrer les liens d'amicale coopération que nous tissons entre notre peuple et ceux d'Afrique, d'Orient, d'Asie, d'Amérique latine.

L'année de l'ardeur. Car c'en est fini des doutes, des tâtonnements, des renoncements ! Tout en nous gardant de céder à l'illusion et à l'outrecuidance, nous savons qu'il y a, maintenant, dans nos têtes, nos cœurs et nos mains, tout ce qu'il faut pour que la France parcoure une étape décisive de son progrès, pour qu'elle apporte encore plus de justice dans la répartition, entre tous ses enfants, du produit du travail national, pour qu'elle exerce au milieu des nations — comme c'est son génie de le faire — une action exemplaire de compréhension et de paix. Après avoir, depuis un siècle, subi tant d'épuisantes épreuves, manqué tant de bonnes occasions, accumulé tant de graves retards, voici enfin qu'en mettant en œuvre un État stable et efficace, en nous servant à fond de nos moyens, en y ajoutant ce qu'apportent la science et la technique, en voulant que notre peuple soit désormais un bon compagnon pour tout autre pays du monde, nous sommes sans doute en train d'accomplir une des plus réelles et fécondes réussites de notre Histoire.

Françaises, Français, c'est donc dans la sérénité, dans la confiance et dans l'ardeur que j'adresse à chacune et à chacun de vous mes meilleurs vœux pour 1966 et que, tous ensemble, nous souhaitons une bonne année à la France.

Vive la République !

Vive la France !

31 DECEMBRE 1965

Comme chaque année, le Général de Gaulle adresse ses vœux aux Armées dont il est le Chef.

VŒUX AUX ARMÉES

Aux officiers, sous-officiers, soldats, marins, aviateurs, des armées de Terre, de Mer et de l'Air, j'adresse mes souhaits de nouvel an profondément sincères et affectueux.

1966 verra nos Armées accroître matériellement et moralement leurs forces. Il le faut, car leur mission incomparable sera demain, comme elle était hier, de veiller sans relâche à la sécurité du pays et de préparer sa défense.

Autant que jamais, la France compte sur leur valeur, leur discipline et leur dévouement.

Général de Gaulle.

TABLE DES MATIÈRES

1962

1963

1964

1965

CET OUVRAGE, TIRÉ SUR SELECTEKA,
A ÉTÉ ACHEVÉ D'IMPRIMER
SUR LES PRESSES DE
L'IMPRIMERIE HÉRISSEY — ÉVREUX
LE 22 JUIN 1970

LA RELIURE A ÉTÉ EXÉCUTÉE DANS
LES ATELIERS DE LA N.R.I.

Dépôt légal : 3e trimestre 1970
No d'imprimeur : 10104
No d'éditeur 9719
Imprimé en France